21世纪经济管理新形态教材·金融学系列

金融学

滑冬玲　孔繁成 ◎ 主　编

清华大学出版社
北　京

内 容 简 介

本书介绍了货币与货币制度、信用与信用工具、利率与利息、金融市场、金融机构、商业银行、中央银行、货币政策等金融学基本知识，阐释了货币供求理论、利率理论、通货膨胀和通货紧缩理论及金融发展理论等金融理论，以期为解决各种金融难题提供中国智慧和中国方案。

本书各篇章之间既相互联系又相对独立，组成相互独立的"模块"，自成体系。本书包括课本和教学资源包，课本是教师和学生在课堂上共同使用的材料，包括引导案例、复习思考题等。教学资源包提供课件、教学大纲等教学辅助资源，供教师下载使用。

本书除了可以作为高等院校经济学、金融学专业的本科教学用书，也可作为金融硕士（MF）、高等院校金融学通识课教学的参考教材，亦能作为政府部门和非政府组织的专业培训用书，同时还可作为金融机构、金融管理部门从业人员的自学书籍。

本书封面贴有清华大学出版社防伪标签，无标签者不得销售。
版权所有，侵权必究。举报：010-62782989，beiqinquan@tup.tsinghua.edu.cn。

图书在版编目（CIP）数据

金融学/滑冬玲，孔繁成主编. —北京：清华大学出版社，2022.1（2024.8重印）
21世纪经济管理新形态教材·金融学系列
ISBN 978-7-302-59263-1

Ⅰ. ①金… Ⅱ. ①滑… ②孔… Ⅲ. ①金融学-高等学校-教材 Ⅳ. ①F830

中国版本图书馆 CIP 数据核字(2021)第 192819 号

责任编辑：张　伟
封面设计：汉风唐韵
责任校对：宋玉莲
责任印制：杨　艳

出版发行：清华大学出版社
网　　址：https://www.tup.com.cn, https://www.wqxuetang.com
地　　址：北京清华大学学研大厦A座　　　　邮　编：100084
社 总 机：010-83470000　　　　　　　　　　邮　购：010-62786544
投稿与读者服务：010-62776969，c-service@tup.tsinghua.edu.cn
质 量 反 馈：010-62772015，zhiliang@tup.tsinghua.edu.cn
课 件 下 载：https://www.tup.cn, 010-83470332

印 装 者：三河市君旺印务有限公司
经　　销：全国新华书店
开　　本：185mm×260mm　　印　张：17.75　　字　数：396千字
版　　次：2022年1月第1版　　　　　　　　　印　次：2024年8月第2次印刷
定　　价：49.80元

产品编号：093558-01

前言

本书精选"金融学"教学体系中必须掌握的知识结构和教学内容,既满足课堂教学的需要,又便于学生对知识的系统性掌握。本书具有以下特点:第一,紧扣党的二十大报告中提出的加强和完善现代金融监管、强化金融风险防控能力的金融体系改革目标,凸显中国特色社会主义金融理论知识体系,在教材中穿插中国金融实践案例,结合相关理论总结中国金融改革经验;第二,符合《普通高等学校本科专业类教学质量国家标准》(2018 版)中经济学类专业、金融学类专业"金融学"课程课时要求,结构紧凑,内容精练,适合课堂教学;第三,大多数章设置"专栏",以案例强化学生对理论知识的掌握;第四,适用性广泛,不仅适用于经济学、金融学类专业本科教学,亦可作为教辅用书、通识教育读本等;第五,作为新形态教材,拥有丰富的线上学习资源和教辅资料供学生与教师使用。

本书共十一章,包括:货币与货币制度,信用与信用工具,利率与利息,金融市场,金融机构,商业银行,中央银行,货币政策,货币金融理论,金融发展、金融危机与金融监管以及国际金融体系。

本书的写作参阅并部分借鉴了国内外金融学领域的专著、教材和其他研究成果,我们将其中一些著述作为"进一步阅读书目"向读者做了推荐。对于这些文献资料的作者,我们在此一并致谢。对于业已成为专业共识的观点和内容,由于已经成为学界的共同财富和人类文明建设的共同成果,本书没有一一标明出处,敬请理解和支持,相信它们作为专业发展的基础理论会进一步得到普及。

本书由滑冬玲策划,各章编写分工如下:第一章由李玉编写,第二章、第十章由滑冬玲编写,第三章由张晓宇编写,第四章由许茜茜编写,第五章由孔繁成编写,第六章由唐红编写,第七章由张喻姝编写,第八章由缪言编写,第九章由罗琦编写,第十一章由孟猛编写。初稿完成后,由滑冬玲、孔繁成负责修改、统稿和定稿。本书付梓之际,感谢全体编写人员的精诚合作,感谢大家为本书的完成所付出的巨大努力。

尽管我们尽力完善所编写的内容,但是由于编者的学识有限,不当之处在所难免。恳请金融学方面的专家、同行和广大读者不吝赐教,对疏漏之处批评指正,我们定不胜感激,在今后修订时补正。

滑冬玲

2024 年 7 月

目 录

第一章 货币与货币制度 ... 1
- 第一节 货币的定义与职能 ... 1
- 第二节 货币的形式 ... 5
- 第三节 货币制度 ... 7
- 第四节 货币供应量的衡量 ... 11
- 【本章小结】 ... 14
- 【复习思考题】 ... 14
- 【进一步阅读书目】 ... 15
- 即测即练 ... 15

第二章 信用与信用工具 ... 16
- 第一节 信用概述 ... 16
- 第二节 信用形式 ... 20
- 第三节 信用工具及其特征 ... 25
- 【本章小结】 ... 31
- 【复习思考题】 ... 32
- 【进一步阅读书目】 ... 32
- 即测即练 ... 32

第三章 利率与利息 ... 33
- 第一节 利息及其计算 ... 33
- 第二节 利率概述 ... 36
- 第三节 利率的计算 ... 40
- 【本章小结】 ... 49
- 【复习思考题】 ... 50
- 【进一步阅读书目】 ... 50
- 即测即练 ... 51

第四章 金融市场 ... 52
- 第一节 金融市场概述 ... 52
- 第二节 货币市场 ... 55
- 第三节 资本市场 ... 61

第四节 金融衍生品市场 ··· 68
【本章小结】 ··· 74
【复习思考题】 ··· 75
【进一步阅读书目】 ··· 75
即测即练 ··· 75

第五章 金融机构 ·· 76

第一节 金融机构概述 ··· 76
第二节 西方国家金融机构体系 ··· 78
第三节 中国金融机构体系 ··· 84
第四节 国际金融机构体系 ··· 89
【本章小结】 ··· 95
【复习思考题】 ··· 95
【进一步阅读书目】 ··· 96
即测即练 ··· 96

第六章 商业银行 ·· 97

第一节 商业银行概述 ··· 98
第二节 商业银行的资产负债表 ··· 103
第三节 商业银行的表外业务 ··· 113
第四节 商业银行的经营管理 ··· 116
【本章小结】 ··· 135
【复习思考题】 ··· 135
【进一步阅读书目】 ··· 136
即测即练 ··· 136

第七章 中央银行 ·· 137

第一节 中央银行概述 ··· 137
第二节 中央银行的性质、职能与独立性 ··· 144
第三节 中央银行的资产负债表与业务 ··· 150
第四节 中央银行的金融监管 ··· 165
【本章小结】 ··· 173
【复习思考题】 ··· 173
【进一步阅读书目】 ··· 173
即测即练 ··· 174

第八章 货币政策 ·· 175

第一节 货币政策的目标 ··· 175
第二节 货币政策的工具 ··· 183

第三节　货币政策的传导机制 ·· 191
　　第四节　货币政策的效果 ··· 197
　　【本章小结】··· 201
　　【复习思考题】·· 201
　　【进一步阅读书目】·· 202
　　即测即练··· 202

第九章　货币金融理论 ··· 203

　　第一节　货币供求理论 ··· 203
　　第二节　利率理论 ··· 208
　　第三节　通货膨胀与通货紧缩理论 ···································· 214
　　【本章小结】··· 219
　　【复习思考题】·· 220
　　【进一步阅读书目】·· 220
　　即测即练··· 220

第十章　金融发展、金融危机与金融监管 ····························· 221

　　第一节　金融发展理论 ··· 221
　　第二节　金融压制、金融深化与金融约束理论 ····················· 226
　　第三节　金融风险与金融危机 ·· 235
　　第四节　金融监管的必要性及体制 ···································· 238
　　【本章小结】··· 245
　　【复习思考题】·· 246
　　【进一步阅读书目】·· 246
　　即测即练··· 247

第十一章　国际金融体系 ··· 248

　　第一节　国际收支 ··· 248
　　第二节　外汇与汇率 ·· 256
　　第三节　汇率制度 ··· 261
　　第四节　国际货币体系 ··· 265
　　【本章小结】··· 270
　　【复习思考题】·· 271
　　【进一步阅读书目】·· 271
　　即测即练··· 271

参考文献 ··· 272

第一章

货币与货币制度

【本章学习目标】

通过本章学习,学生应该能够:
1. 了解什么是货币;
2. 理解货币的各种职能,重点掌握货币职能的特点;
3. 了解货币的形式及其发展;
4. 了解货币制度的基本内容,理解货币制度演变的原因;
5. 掌握货币层次划分的依据和我国货币层次的划分。

没有货币的麻烦

19世纪的英国经济学家威廉·斯坦利·杰文斯讲述了这样一个故事:巴黎利里克剧院的马德姆·泽丽在社会群岛进行的一场演出中演唱了5首歌曲,她可以获得总收入的1/3(与帕瓦罗蒂150年以后演出一次的收入比例差不多)。但由于社会群岛货币十分稀缺,只能用实物来支付报酬。结果,给马德姆的报酬是3头猪、23只火鸡、44只家鸡、500个可可果子,另外还有大量的香蕉、柠檬和橘子。在巴黎,这些牲畜和水果大约值4 000法郎,对于唱5首歌曲来说,这份报酬十分丰厚。但是,这些东西的绝大部分马德姆自己一个人是不可能全部消费掉的,最后只能用水果喂养这些牲畜和家禽。

 引导案例分析

资料来源:迈耶. 大银行家[M]. 海口:海南出版社,2000.

第一节 货币的定义与职能

一、货币的定义

货币是我们日常生活中经常接触到的东西。在一般人看来,货币无非就是可以拿去购买自己所需物品的人民币、美元或英镑等。不过,在经济学里,这样定义货币是不准确的。当今,支票、信用卡、银行卡都可以作为我们购物支付的工具,随着互联网的发展,网络虚拟货币出现,与此同时互联网还促进了第三方支付的兴起,支付宝、微信支付等使购物和乘车都不再需要现金了。

那么，经济学家是如何定义货币的呢？经济学家对货币的研究是力求找到货币与经济中各种主要经济变量的关系，并试图利用对货币的调节达到控制经济的目的。通常地，经济学家将被人们普遍接受的，可以充当价值尺度、交易媒介、支付手段和价值贮藏以及可以在世界市场上发挥一般等价物作用的物品，都看成是货币。基于这一定义，货币既可以是黄金、白银这样的有形物品，也可以是一种被普遍接受的符号，只要它具有以上职能，都可以称为货币。

二、货币的职能

（一）价值尺度

人们以货币为尺度来表现商品价值，并衡量商品价值量的大小时，货币便发挥了价值尺度的职能。

在商品交换过程中，货币成为一般等价物，可以表现任何商品的价值，衡量一切商品的价值量。货币作为价值尺度衡量其他商品的价值，把各种商品的价值都表现为一定量的货币，货币就充当了商品的外在价值尺度。而货币之所以能够执行价值尺度的职能，是因为货币、商品同样具有价值，都是凝结了一般人类劳动。价值尺度的实质是表示商品所花费的社会必要劳动时间，货币的这一职能，是依靠社会必要劳动时间来表现和衡量商品价值的。

商品并不是由于有了货币才可以互相比较，恰恰相反，只是因为一切商品作为价值都是物化的人类劳动凝结，它们具有相同的质，在量上才可以相互比较。货币出现以后，才使不同的商品共同用一个特殊商品来计量自己的价值。

商品价值的货币表现就是商品价格。货币在执行价值尺度职能时有两个特点：①货币在执行价值尺度职能时，并不需要有现实的货币，只需要观念上的货币。例如，1辆自行车值1克黄金，只要贴上个标签就可以了。当人们在进行这种价值估量的时候，只要在他的头脑中有金的观念就行了。因为这仅是商品价值的表现，而不是商品价值的实现过程。②用观念的货币表现商品的价格，绝不是说人们可以随心所欲地规定商品的价格。因为货币商品与普通商品的交换，也是等价交换。正因为货币本身具有价值，它才能表现其他商品的价值和衡量其他商品价值量的大小。

（二）交易媒介

在货币出现之前，商品交易采取物物交换的形式。在原始社会后期，各部落除了满足自身的消费需求外，还偶尔把多余的产品拿去交换。在这种交换过程中，一种商品的价值偶然地表现在另一种商品上，这种形式就是简单的、偶然的价值形式，如1只绵羊＝2把石斧。

随着商品交换种类的增多和范围的扩大，一种商品的价值已经不是偶然地表现在某一种商品上，而是经常地表现在一系列的商品上。如：

$$1\text{只绵羊} = \begin{cases} 2\text{把石斧} \\ 25\text{千克大米} \\ 7\text{米布} \\ 0.5\text{克黄金} \end{cases}$$

其实，无论是简单的、偶然的价值形式，还是扩大的价值形式，都属于物与物直接交易，这种物与物直接的交易有个显著的特点，就是要满足需求"双重耦合"的条件，否则交易很难达成。为了克服上述缺陷，人们开始自发地用自己的商品先换成一种大家都愿意接受的商品，然后再去交换自己所需要的商品。那么这种商品就从众多的商品中分离出来，表现其他商品的价值，成为一般等价物。如：

$$\left.\begin{array}{l}2\text{ 把石斧}\\25\text{ 千克大米}\\7\text{ 米布}\\0.5\text{ 克黄金}\end{array}\right\} = 1\text{ 只绵羊}$$

这种一般等价物在不同地区、不同时期是不一样的。一般等价物具有完全的排他性，拒绝与任何其他商品并列，拥有特殊的地位。一般等价物使物物的直接交换变成了以一般等价物为媒介的间接交换。一般等价物实际上就是货币的雏形，它离货币只有一步之遥。

随着商品生产和商品交换的不断发展，人们需要选择一种价值含量高、价值统一、便于分割、便于携带、便于保存的商品固定地充当一般等价物。第二次社会大分工后，人们终于找到了这种最适宜充当一般等价物的商品——贵金属。当人们选择用贵金属做一般等价物时，一般等价物就相对稳定了，货币也就产生了。由此可见，"金银天然不是货币，但货币天然是金银"。

货币在充当商品流通的媒介时，具有以下两个显著的特点：①作为交易媒介的货币必须是现实的货币。因为商品流通过程是实现价值的过程，必须用现实的货币进行交换。②作为交易媒介的货币可以是不足值的货币。因为货币不是交换的目的，而是交换的手段，在交换过程中，货币是转瞬即逝的媒介。这个特点为纸币代替金属货币作为交易媒介提供了可能性。

(三) 支付手段

商品流通决定货币流通，但货币运动不一定与商品运动同时进行，它可以先于或后于商品运动。当货币用于单方面的支付，而不是双方面的交换，如货币被用来清偿债务、赋税，付租金和工资等时，货币发挥支付手段职能。

支付手段是商品流通发展的结果。商品流通既然使买卖分离，W—G—W，这个运动就有可能以赊购方式先进行第二形态变化，再进行第一形态变化，以取得货币去还债。在这里货币作为支付手段，独立地把这一过程结束。

这种延期支付是与生产和再生产的某些需要相适应的。随着商品生产和商品交换的发展，各种商品的生产时间也不同，有的长些，有的短些，还有的具有季节性。同时，各种商品在流通过程中情况也各有不同，有的就地生产就地销售，有的要运销远方。商品生产和销售的情况不同，就要求商品流通采取相应的运动形式。因此，出现了先赊购后还债的情况，货币由此成了支付手段。最初，这一职能与商品流通相联系，但随着商品市场经济的进一步发展，货币被用来支付工资。在这些关系中，价值的独立形态从一个人手中转到另一个人手中，它发挥着支付手段的职能。

货币作为支付手段具有以下三个特点：①商品和货币在交换过程中不再同时出现，

货币运动与商品运动两者相分离,并且货币的支付过程可以独立存在。②商品的价格是在订立支付契约时就已确定的,也就是买者必须按契约规定金额清偿债务。③支付手段的货币,既不是作为媒介,也不是作为贮藏的手段,而是作为偿还债务的工具,以支付手段的形式进入流通领域的。

(四)价值贮藏

货币退出流通领域以后,被人们保存、收藏起来就发挥价值贮藏的职能。货币产生以后,买和卖成了两个独立的环节,如果卖出商品后不必立即买入商品,在买入商品之前的这段时间里,货币就退出了流通领域,这时货币就发挥了价值贮藏的功能。

在商品经济发展的不同阶段,由于商品经济性质不同,货币贮藏职能服务的目的和所采取的主要形式是不同的,货币作为贮藏手段有以下四种形式:①流通手段准备金。商品生产者和商品经营者为了在有利的时候进行只买不卖而大量保存货币,就必须在平时实行只卖不买的货币贮藏。②支付手段准备金。为了履行某一时期支付货币的义务,必须事前实行货币贮藏。③世界货币准备金。世界货币准备金是为了平衡国际收支差额所需要的货币贮藏。卖得多买得少,是为了今后买得多卖得少。④一般社会财富贮藏。一般社会财富贮藏是把货币作为财富保存,最适当的形式是长期贮存,如货币所有者把它埋藏在地下,或者制成金银制品——这是一种美的贮藏形式。

贮藏手段对货币流通起着蓄水池的作用。这种蓄水池对流通中的货币来说,既是排水渠,又是引水渠。排水渠——当商品流通规模扩大时,意味着需要更多的货币投入流通。这时不仅货币会从产源地被引入流通,而且贮藏货币从蓄水池中被排出,会投入流通。引水渠——当商品流通规模缩小时,就意味着商品流通的某些环节中断,从而货币流通就转化为货币贮藏。货币贮藏手段职能能够自发地调节流通中货币的数量,使货币的实际流通量符合流通界对货币的需要量。但是,只有在金属货币流通和可以兑换金银券流通时,货币贮藏才能发挥这种作用。

(五)世界货币

随着商品流通越出国界,扩大到世界范围,货币也超越国界。当货币在世界市场上发挥一般等价物的作用时,就执行世界货币职能。

世界货币要求货币本体(金、银)以原始的条块形式按实际重量发挥职能。因为各个国家内部起作用的价格标准、铸币形态、纸的货币符号等是在各国经济发展特点的基础上,根据习惯或国家的强制力而获得社会意义的,对其他国家来说则毫无意义。

世界货币职能具体包括以下三个方面的内容:①作为国际的支付手段,用来支付国际收支差额。②作为国际的一般购买手段,主要是一国单方面向另一国购买商品,货币商品直接同另一国的一般商品相交换。③社会财富的转移,如资本的转移、对外援助、战争赔款等。货币发挥世界货币职能后,每个国家为了国内流通需要有准备金,为了国际流通也需要有准备金。因此,货币贮藏一部分是用作国内流通手段和支付手段,一部分是用作世界货币。作为世界货币准备金形式的货币贮藏,始终需要实在的货币商品,即真实的金和银。

第二节 货币的形式

货币在世界上各个民族和国家里，由于经济和文化的差异，有其不同的演变和历史发展过程，从产生至今，货币大约有以下几种形式。

一、实物货币

实物货币是商品价值和货币价值相等的货币。实物货币是人类最早的货币形态。我国夏代已经将贝作为货币使用。在人类经济发展史上，各种商品，如谷物、布、兽皮、家畜等，都在不同时期扮演过货币的角色。实物货币是与原始的、落后的生产方式相适应的。但这些实物货币都有其缺点，如体积笨重、不能分割、携带不方便等，无法充当理想的货币。实物货币的这些缺陷有碍于商品交换的发展。随着商品生产和商品流通速度的加快，货币材料逐渐转移到那些适合充当一般等价物的金属身上，因此货币逐渐自发地固定在贵金属货币上。

二、金属货币

金属货币的出现，反映了社会生产力的发展和人类社会的进步。金属货币是指以金属作为货币材料、充当一般等价物的货币。由于金属矿藏的发现、开采以及手工业的发展和熔炼技术的发明，金属在交换中逐步成为主要对象，从而使金属成为货币材料。金属货币经历了由贱金属到贵金属、由称量货币到铸币、由私人铸币到国家铸币的演变过程。

货币金属最初是贱金属，多数国家和地区使用的是铜。贱金属与初步发展起来的商品经济是相适应的，但后来由于货币材料与生产资料、生活资料争夺原材料，且贱金属价值量逐渐降低，它愈发不适应大宗交易。随着贵金属的开采和冶炼技术的提高，币材由铜向银和金过渡。贵金属货币具有如下特点：①同质性，金、银的纯度比较高，同纯度的金或银是同质的，从而它们的价值也相等；②可分性，金属可分割成不同的等份而不影响它的性质；③便于携带，金或银贵金属体积小，携带方便；④适于保存，金、银贵金属防腐蚀性很强，长期储存不变质。这说明金银的自然属性适于行使货币的职能。

金属货币最初是以条块状流通的，每次交易时要称其重量、估其成色，这时的货币称作称量货币。英镑的"pound"、五铢钱的"铢"都是重量单位，从中可以看出称量货币的踪迹。称量货币在交易中很不方便，难以适应商品生产和交换发展的需要。随着社会第三次大分工——商人阶层的出现，一些信誉好的商人就在货币金属块上打上印记，标明其重量和成色，进行流通，出现了最初的铸币，即私人铸币。当商品交换突破区域市场的范围后，金属块的重量和成色就要求有更具权威的证明，国家便开始管理货币，并凭借其政治权力铸造货币，于是经国家证明的、具有规定重量和成色的、铸成一定形状的国家铸币便出现了。金属具有实物货币不可替代的优越性，如价值比较稳定，质地均匀，易于分割、保存，体积小、价值大，便于携带等。

中国最早的金属货币是商代的铜贝。商代在我国历史上也称青铜器时代，当时相当发达的青铜冶炼业促进了生产的发展和交易活动的增加。而当时最广泛流通的贝币来源不稳定而使交易发生不便，因此人们便寻找更适宜的货币材料，自然而然也就集中到青铜上，青铜币应运而生。但这种用青铜制作的金属货币制作工艺很粗糙、设计简单、形状不固定、没有使用单位，在市场上也未达到广泛使用的程度。由于其外形很像作为货币的贝币，因此人们大都将其称为铜贝。据考古材料分析，铜贝产生以后，是与贝币同时流通的，铜贝发展到春秋中期，又出现了新的货币形式，即包金铜贝，它是在普通铜币的外表包一层薄金，既华贵又耐磨。铜贝不仅是我国最早的金属货币，也是世界上最早的金属货币。

三、代用货币

代用货币是在贵金属货币流通的制度下，代替金属货币流通的货币符号。代用货币的本身价值低于其货币价值。代用货币通常是政府或银行发行的纸币。这种纸币代表金属货币作为交换媒介在市场流通，都有充足的金银货币作为保证，以满足代用货币随时兑换金属货币。与金属货币比较，代用货币的优点在于：发行成本低，易于携带，节省金银等稀有金属以作他用。我国是世界上最早使用纸币的国家。早在西汉时，汉武帝发行的皮币就已具有纸币的性质了。到了约1 000年前的北宋时代，出现了一种用纸币的印版印刷的"交子"，也叫"钱引"，这是一种兑换券，也是我国纸币的雏形。

四、信用货币

代用货币进一步发展就出现了信用货币。信用货币是以信用作为保证、通过一定信用程序发行、充当流通手段和支付手段的货币形态，是货币发展中的现代形态。信用货币是金属货币制崩溃的直接后果。在金属货币流通的后期，金银的开采难以满足商品流通的需要；同时由于信用制度的不断发展，商品流通对货币作为支付手段的要求不断提高，于是就出现了信用货币并促进信用货币的不断发展。

银行券、票据、纸币、金属辅币以及电子货币均属信用货币。信用货币本身的价值低于货币价值，而且不代表任何金属货币，其作为一种信用凭证，完全依靠政府信用和银行信用而流通。信用货币是目前世界上几乎所有国家都采用的货币形态。

信用货币的基本特征有：①由中央银行（central bank）发行的信用货币是由中央银行代表国家发行的纸制本位货币，它是一种价值符号，不具有十足的内在价值，黄金基础也已经消失。②信用货币是债务货币。信用货币实际上是银行债务凭证，信用货币流通也就是银行债务的转移。③具有强制性。它是法定货币，由银行发行并强制流通使用。④国家可以通过银行来控制和管理信用货币流通，把货币政策作为实现国家宏观经济目标的重要手段。

五、电子货币

电子货币是无形的信用货币，是信用货币的新形态。电子货币是以电子计算机系统储存和处理的存款，是一种储值或预付产品，可以分为智能卡和网络货币，如银行的储蓄卡、信用卡等。

严格地讲，电子货币属于信用货币的一种，只不过电子货币已经没有任何可以看得见、摸得着的实体形式，纯粹是一种观念上的无形符号。但是，电子货币还是依赖于持卡人在银行开立的账户，持卡人电子货币的余额随着他在银行存款账户上的余额增减而变化。人们消费时，不必再取出现金，而是直接通过微信、支付宝等从关联账户上划走资金。因此，现金交易和通过电子货币交易都没有使货币总量发生变化，只是电子货币取代了流通中的现金，但并没有取代银行存款这种信用货币，从这个角度讲，电子货币还是信用货币的一种。

在当代市场经济中，尤其是信用制度发达的国家中，信用货币的构成比例发生了显著的变化。现钞货币所占比例越来越小，存款货币越来越多，这就为银行通过电子计算机划拨资金提供了空间和可能。电子货币以银行的电子划拨系统记录和转移存款货币，以电汇的方式替代处理大量纸张的手续，以无支票的自动清算替代现钞和票据的支付。电子货币较之运用现钞和票据来完成大规模的商品交换更节约、更方便、更准确、更安全。电子货币是现代商品经济高度发达和银行转账清算技术不断进步的产物，是货币作为支付手段不断进化的表现。它代表着现代信用货币形式的发展方向。

扩展阅读 1：中国货币历史

第三节　货　币　制　度

一、货币制度及其内容

货币制度又称币制，是国家以法律形式确定的该国货币流通的结构和组织形式。

货币制度是伴随金属铸币的出现而形成的，早期铸币在形状、成色、重量等方面不统一，加之民间私铸、盗铸，使货币流通极其混乱，不利于正确计算成本价格和利润，不利于建立广泛、稳定的信用联系，严重阻碍商业发展与市场的统一，从而阻碍经济发展。因此国家为了消除货币流通中的问题，以法令的形式对货币的流通作出规定。这些规定逐步累计下来，形成了统一稳定的货币制度。因此，各国建立货币制度的目的是使货币流通的各个要素形成一个有机的整体，从而保持币值的稳定和经济的正常发展。

货币制度的内容主要包括：规定币材，规定货币单位，规定主币和辅币及其铸造、发行和流通程序，金准备制度。

（一）规定币材

国家在货币制度中首先要确定哪些商品可以作为货币材料，确定不同的货币材料就构成不同的货币本位，用银、金银或金共同作为货币材料分别形成银本位制、金银复本位制和金本位制。"本位"是货币制度的一个术语，是指国家将其货币同某种特定商品固定联系在一起，也就是选择币材。一个国家选择哪种币材由国家规定，但也受到客观经济条件的制约。币材的确定实际上是对流通中已形成的客观现实进行法律上的肯定。

（二）规定货币单位

规定货币单位即规定货币单位的名称和货币单位的值。国家通常是以习惯形成的名称作为基础规定货币单位的名称。最初的货币单位名称和材料本身的重量单位是一致的，后来由于种种原因，货币单位的名称和重量单位名称逐渐脱离，货币单位名称已经不代表任何重量。规定货币单位的值是指在金属货币流通条件下，规定货币单位所含货币金属的重量及成色。如英国1816年实行金本位制时规定：货币单位名称为"镑"（pound），1镑的含金量约为7.97克。美国的货币单位为"美元"（dollar），1934年规定其含金量约为0.888 671克。

（三）规定主币和辅币及其铸造、发行和流通程序

主币就是本位币、本币。本位币是一个国家流通中的基本通货，是该国的法定价格标准。在金属货币制度下，本币是指用货币金属按照国家规定的货币单位铸成的货币。金属本币在流通上具有以下特点：①自由铸造。自由铸造即每个公民都有权把货币金属送到铸币厂要求铸造成本币，其数量不受限制，并且铸币厂不收或只收取很低的费用。同时国家也允许公民将本币熔化成金属条块。②无限法偿。无限法偿即国家规定本币具有无限支付能力。换而言之，不论每次支付数额多少，用本币支付，任何人都不能拒绝接收或要求改用其他货币。无限法偿保障了本币的绝对权威，有利于金融市场的统一和货币流通的稳定。③规定磨损公差。本币是具有一定成色和重量的铸币，会因技术或流通过程中的磨损造成实际重量与法定标准不符。为了避免因此而导致本币贬值，国家规定了每枚铸币不足法定重量的限度，这一限度就是磨损公差。超过这一限度的铸币不能流通使用。根据英国1870年的铸币条例，1镑金币的重量标准是123.274 47格令，法律规定磨损后的铸币重量不得低于122.5格令，如果低于这个数值就可以请求兑换新币。

辅币是本币货币单位以下的小面额货币，一般为本币的等分，其面值多为本币的1/10或1/100。辅币是专门为不足1个货币单位的零星支付使用的。因为流通频繁、磨损快，辅币多以贱金属铸造，其实际价值低于名义价值，为不足值货币。为了保证辅币按照面值流通，国家通过法律形式对本币与辅币的固定兑换加以规定。辅币在流通上有如下特点：①限制铸造。辅币只能由国家铸造，这是因为辅币是不足值货币，铸造辅币可以获得铸币利差。限制铸造可以将铸币利差收益纳为国家所有，并能防止辅币排斥本币引起的流通混乱。②无限法偿。根据《中华人民共和国人民币管理条例》第三条规定：中华人民共和国的法定货币是人民币。以人民币支付中华人民共和国境内的一切公共的和私人的债务，任何单位和个人不得拒收。所以我国辅币也具有无限法偿能力。各国都对辅币的支付限额作出规定，美国规定辅币10美分以上每次支付以10美元为限；中国在民国时期《国币条例》中规定5角银币每次支付限额为20元，1角、2角在5元以内。一般来讲，用辅币向国家纳税和向银行兑换时，可不受此限制。

随着经济的发展，金属货币已经不能满足生产和流通的需要，于是便出现了纸币和各种信用货币如商业票据、银行券等价值符号的流通。在不兑现信用货币制度下，中央银行发行的银行券具有无限法偿的能力，其他如商业票据、支票等不具备这种资格。

（四）金准备制度

金准备是货币制度的一项重要内容。在金属货币流通条件下，金准备是一国货币稳定的坚实基础，作为金准备的贵重金属一般由国家集中储备于中央银行或国库。货币金

属准备的用途主要有三个方面：①作为国际支付的准备金。②作为调节国内金属货币流通的准备金。③作为支付存款和兑换银行券的准备金。

在当前世界各国已无金属货币流通的情况下，货币金属准备的第二个用途和第三个用途已经不复存在，只有第一个用途还依然存在，因为黄金仍然是国际支付和清算的最终手段。在当前信用货币流通条件下，各国建立了以特定国家或区域货币如美元、欧元等作为准备金的制度。

二、货币制度的演变

（一）银本位制

银本位制是最早实行的货币制度之一。15世纪末，哥伦布发现了美洲大陆，白银矿藏相继发现，白银生产技术的提高使世界白银的产量激增，为很多国家实行银本位制创造了条件。早期实行银本位制的国家有西班牙、墨西哥、秘鲁等，后来西欧各国相继使用银本位制。中国是最早以银为货币的国家之一，早在公元前119年的西汉时期便开始铸造银币，自宋代开始银铜并行，至1910年，清政府颁布了《币制则例》正式确定我国的银本位制。1935年宣布实行的"法币改革"最终废止了中国的银本位制。

银本位制的基本内容是：规定以白银为货币金属，享有无限法偿能力；规定了银铸币的重量、成色、形状以及货币单位；白银可以自由铸造和熔化，银行券可以自由兑换成银币。银本位制从16世纪到19世纪盛行了300多年。

银本位制主要适用于商品经济不够发达的情况。随着欧洲工业革命的进行，商品经济迅速发展，商品交易日益频繁，交易规模不断扩大，增加了货币的需求量，白银供应虽不断增加，但由于白银价值比较低且体积、重量较大，因此不利于交易。而此时在巴西大量的金矿被发现和采掘，使黄金的产量随之增加，随后黄金大规模进入流通领域，和白银一起充当货币材料，从而出现了金银复本位制。

（二）金银复本位制

金币与银币共同作为本币的制度被称为金银复本位制。英国是最早实行金银复本位制的国家，1663年，英国铸造金币"基尼"与原有的银币"先令"并用。随后欧洲各国也纷纷采用金银复本位制。

实行金银复本位制，必须确定金银币之间的比价，按照比价确定的方式不同，金银复本位制又分为三种类型。

1. 平行本位制

在这种本位制下，金银币的比价由金银的市场价值决定。由于金银的市场价值不断变动，金银币之间的比率也会随之改变，这就使延期支付的实行以及债权债务的授受出现争执。

2. 双本位制

在这种本位制下，金银币间的比价由国家规定。双本位制在19世纪曾盛极一时，实行双本位制的主要原因在于它可以使金银市场比价相等，从而稳定货币单位的价值标准。在这种制度下，当金银的市场比价与法定比价不一致时，市场价格较高的金属货币将减少，而市场价格较低的金属货币将增加，从而出现"劣币驱逐良币"的现象。这一现象最早被英国人格雷欣发现，所以也被称为"格雷欣法则"。"格雷欣法则"揭示了货币作为一般等价物而言，具有排他性和独占性，即价值尺度无法双重化。在双本位制下，如果市场上金银的供求变动不大，而且各个实行双本位制的国家所规定的法定比价均一致，则可以产生效果。但实际情况远非如此，最终导致双本位制的失败。

3. 跛行本位制

在这种本位制下，金银共同为本位币且有固定比价，但国家同时规定金币可以自由铸造而银币则不能自由铸造。这种本位制实际上是向金本位制过渡时出现的一种货币制度。这是由于在18世纪末到19世纪初，世界白银产量猛增，银价下跌，实行双本位制的国家白银供给过多、金币减少。为了不影响货币流通秩序，国家采取了跛行本位制，将白银的铸造权收归政府，用以保持金银币的比价稳定。在这种制度下，银币的地位已经下降成为金币的符号，并且不再是完全的本位币。跛行本位制已不是典型的复本位制，而是由复本位制向金本位制过渡时期的一种特殊的货币制度。

（三）金本位制

金本位制是以黄金为本位货币的一种货币制度。金本位制有三种形式：金币本位制、金块本位制和金汇兑本位制。

1. 金币本位制

金币本位制是19世纪中叶到20世纪初主要资本主义国家实行的货币本位制度，是金本位制中的典型形式。其特点有以下几方面：①金币可以自由铸造、自由熔化，具有无限法偿能力。金币的自由铸造和自由熔化能够自发调节流通中的货币量，保证金币的币值与其所含黄金的价值保持一致，使金币面值与实际价值保持相符。②辅币与银行券可以自由兑换金币。辅币和银行券按各自的面额自由兑换金币，以保证其稳定地按面额进行流通。③黄金可以自由出入国境。黄金自由出入国境可以保持外汇市场的相对稳定，使世界市场得到统一。④货币储备全部采用黄金，并以黄金进行国际结算。从1816年英国采用金本位制开始，到第一次世界大战爆发为止近百年，世界主要国家都采用这种货币制度，它对经济发展起到一定积极作用，也是金本位制的全盛时期。第一次世界大战时期，世界经济发展不平衡，黄金的自由流通、银行券的自由兑换和黄金的自由出入境遭到破坏，各国为阻止黄金外流，先后放弃了金币本位制。

2. 金块本位制

金块本位制又称生金本位制，是指在国内不铸造、不流通金币，而流通代表一定重量黄金的银行券，黄金集中储存于政府，银行券只能按照一定条件向发行银行兑换金块的一种货币制度。如英国1925年规定银行券一次至少兑换400盎司重的金块，美国则规定公民不再享有兑换或保存金币、金块的权利。金块本位制由英国在1925年首先推行，以后欧洲其他国家相继采用。但在1929年世界经济危机的冲击下，1931年英国放弃了金块本位制，到了1936年，其他国家也相继放弃。

3. 金汇兑本位制

金汇兑本位制又称虚金本位制，是指国内没有金币流通，但将本国货币依附于实行金本位制国家的本位币（如英镑、美元等），同时将黄金外汇储备存放在该国的货币制度，本国货币仍然规定含金量，但国内流通的银行券不能兑换金币或金块，只能换成在外国兑取黄金的外币汇票。这就是说，本国不能直接兑换黄金，只能同实行金币本位制或金块本位制的国家的主币保持固定比价，并在这些国家存放外汇或黄金作为外汇黄金储备，以便随时出售外汇来稳定本国的外汇行市。采用这种币制，必然使本国货币依附与之相联系的国家货币，本质上是一种附庸的货币制度。在第一次世界大战前，多用于殖民地与附属国。第二次世界大战后以美元为中心的货币体系，也属于金汇兑本位制。只不过此时美国国内也不维持美元对黄金的兑换，而只维持对外国中央银行和金融当局的兑换。

金块本位制和金汇兑本位制是残缺的金本位制，是不稳定的货币制度。第一，由于没有金币流通，金本位制所具备的自发调节货币流量、保持币值相对稳定的机制不复存在。第二，银行券不能自由兑换黄金，削弱了货币制度的基础。第三，发行基金和外汇基金存放他国，加剧了国际金融市场的动荡，一旦主要经济国家发生币制不稳，必然连带与其关联的其他国家的金融秩序。

（四）信用货币制度

1929—1933 年的世界性资本主义经济危机过后，各国的金本位制先后崩溃，各国开始实行不兑现的信用货币制度。这种币制是一种没有金属本位货币的货币制度，它沿用了金属本位币的单位名称，确定不兑现的信用货币为法偿货币。

在不兑现的信用货币制度下，黄金退出流通，切断了银行券与黄金的联系，黄金不再执行货币的职能，银行券在形式上不再规定含金量，不再兑换黄金，发行银行既不需要金银外汇储备，也不需要信用担保。不兑现的银行券由国家法律规定强制流通，成为无限法偿货币和最后支付手段。银行券由银行通过信用渠道投入流通，通过存款货币进行结转，非现金流通成为货币流通的主体。

信用货币制度具有如下特点：①国家授权中央银行垄断发行纸币，且具有无限法偿能力。②货币由现钞与银行存款构成。③货币主要通过银行信用渠道投放。④货币供应在客观上受国民经济发展水平的制约。一方面，现金发行量由国家规定发行最高限额；另一方面，国家授权中央银行或货币管理当局，通过货币政策和财政政策对货币供应实施管理。⑤货币供应量不受贵金属量的约束，具有一定的弹性，通过货币供应管理，可以使货币流量与经济发展需要相适应。

第四节　货币供应量的衡量

一、划分货币层次的依据

货币层次划分即货币供应量的层次划分，也称货币分层，是指各国中央银行在确定货币供给的统计口径时，以一定的标准并根据自身政策目的的特点和需要，将货币划分为若干层次。

货币层次的划分与货币范畴密不可分，虽然现金货币、存款货币和各种有价证券等均属于货币范畴，随时都可以转化为现实的购买力，但决不等于它们的流动性相同。例如，现金和活期存款是直接的购买手段和支付手段，随时可形成现实的购买力，流动性最强。而储蓄存款一般需转化为现金才能用于购买，定期存款到期才能用于支付，如果要提前支付，还要蒙受一定损失，因而流动性较差。票据、债券、股票等有价证券，要转化为现实购买力，必须在金融市场上出售之后，还原为现金或活期存款。由于上述各种货币转化为现实购买力的能力不同，从而对商品流通和经济活动的影响有别。因此，有必要把这些货币形式进行科学的分类，以便中央银行分层次区别对待，提高宏观调控的计划性和科学性。

关于货币层次的划分，各国有各自的划分标准，而且同一国家在不同时期，货币层次划分方法也可能有差别。西方学者在长期研究中，一直主张把流动性原则作为划分货币层次的主要依据。其原因在于：①相对能更准确地把握在流通领域中货币各种具体形态的流通特性或活跃程度上的区别；②在掌握变现能力的基础上，把握其变现成本、自身价格的稳定性和可预测性；③中央银行在分析经济动态变化的基础上，加强对某一层次货币的控制能力。所以，按流动性强弱将不同形式、不同特性的货币划分为不同的层次，对科学地分析货币流通状况，正确地制定、实施货币政策，及时有效地进行宏观调控，具有非常重要的意义。

二、货币层次的划分

各个国家信用化程度不同，金融资产的种类也不尽相同。因而，各个国家把货币划分几个层次，每个层次的货币内容都不完全一样。

（一）美国货币层次的划分

美国中央银行货币供应量统计体系由 M1、M2 和 M3 三个层次组成：

M1 = 通货 + 活期存款 + 其他支票存款；

M2 = M1 + 小额定期存款 + 储蓄存款 + 货币市场存款账户 + 货币市场基金份额（非机构所有）+ 隔日回购协议 + 隔日欧洲美元 + 合并调整；

M3 = M2 + 大面额定期存款 + 货币市场基金份额（机构所有）+ 定期回购协议 + 定期欧洲美元 + 合并调整。

在货币供应量统计体系不含外汇存款的国家中，美国最具代表性，它拥有高度发达的经济和金融市场体系，美元是最重要的国际货币，同时货币市场和资本市场高度开放，巨额游资成为货币供应统计的扰动因素，致使货币供应量与经济运行和物价之间的关系变得松弛，如果把巨大且不稳定的外汇存款加入货币供应量中，势必进一步弱化货币供应量的监测价值。

（二）欧洲中央银行货币层次的划分

欧盟在货币层次划分方面，相对于美国有很大的差别。欧洲中央银行的货币供应量体系由三个层次组成，分别是狭义货币 M1、中间货币 M2 和广义货币 M3，其中 M3 是欧洲中央银行重点监测的指标。

M1＝流通中现金＋隔夜存款；

M2＝M1＋期限为两年以下的定期存款＋通知期限三个月以内的通知存款；

M3＝M2＋回购协议＋货币市场基金（MMF）＋货币市场票据＋期限为两年以内的债券。

（三）国际货币基金组织货币层次的划分

国际货币基金组织（International Monetary Fund，IMF）的货币划分为M0、M1和M2三个层次：

M0＝流通于银行体系外的现金通货；

M1＝M0＋商业银行活期存款＋邮政汇划资金＋国库接收的私人活期存款；

M2＝M1＋储蓄存款＋定期存款＋政府短期债券。

（四）我国中央银行货币层次的划分

中国人民银行于1994年第三季度开始，正式确定并按季公布货币供应量指标，根据当时的实际情况，货币层次的划分具体如下：

M0＝流通中的现金；

M1＝M0＋企业活期存款＋机关、团体、部队存款＋农村存款＋个人持有的信用卡存款；

M2＝M1＋城乡居民储蓄存款＋企业存款中具有定期性质的存款＋信托类存款＋其他存款；

M3＝M2＋金融债券＋商业票据＋大额可转让定期存单等。

在我国，M1是通常所说的狭义货币供应量，M2是广义货币供应量，M3是为金融创新而增设的。

M1反映经济中的现实购买力；M2不仅反映现实的购买力，还反映潜在的购买力。若M1增速较快，则消费和终端市场活跃；若M2增速较快，则投资和中间市场活跃。中央银行和各商业银行（commercial bank）可以据此判定货币市场政策。M2过高而M1过低，表明投资过热、需求不旺，有危机风险；M1过高而M2过低，则表明需求强劲、投资不足，有涨价风险。

美国的《白银法案》

美国在放弃金本位后，于1934年6月颁布了《白银法案》，它的主要内容是授权美国财政部在国内外市场收购白银直到白银价格达到每盎司1.29美元或者财政部储备的白银价值达到黄金储备的1/3，在收购的过程中，财政部有广泛的自由斟酌权。大量收购白银导致银价飞涨，以白银为货币的中国，大量白银外流，经济急转直下。

1929年的经济危机给白银生产者造成了严重的打击，白银价格急剧下降，由1928年的每盎司58美分下降到1932年下半年的25美分。白银对于生产比较集中的西部七州——犹他州、爱达荷州、亚利桑那州、蒙大拿州、内华达州、科罗拉多州和新墨西哥州的经济很重要,而来自这7个产银州的参议员控制了参议院中1/7的投票权。以这些州的议员尤其是民主党的议员为核心,再包括铜、铅、锌等以白银为副产品的生产者就形成了所谓的"白银集团",白银价格的下跌,使得"白银集团"立刻展开了抬升白银价格的游说活动,美国政府和政客们发现只有取悦"白银集团",才有可能顺利通过其他的政策或者法案。

1932年11月,民主党人罗斯福当选为美国总统,民主党在国会选举中也取得了重大胜利,与此同时,"白银集团"的紧密盟友——来自农业州的民主党参议员的势力也得到了加强。在强大的政治游说压力下,罗斯福总统不得不提高对白银生产者的补贴,1934年6月通过《白银法案》。

美国人认为,中国是当时仍然使用白银作为货币的大国,有大量的白银积累,又是世界上人口最多的国家,提高了银价就提高了中国的对外购买力,给美国商品开辟了广阔的市场,可以销售掉美国过剩的汽车和小麦,有助于美国摆脱当时的经济危机。同时,提高银价将使中国货币升值,增加中国工业产品的成本,削弱中国产品的竞争力,从而有利于美国的企业家和农民。

案例讨论分析

资料来源:80年前的中美货币战争:美国《白银法案》.
https://www.guancha.cn/america/ZOIL12-15-63124.shtml.

请思考:美国的《白银法案》对当时的中国经济产生怎样的影响?

【本章小结】

货币是被人们普遍接受的,可以作为价值尺度、交易媒介、支付手段和价值贮藏以及可以在世界市场上发挥一般等价物作用的物品。货币从产生至今大约有以下几种形态:实物货币、金属货币、代用货币、信用货币和电子货币。货币制度是国家以法律形式确定的该国货币流通的结构和组织形式。其内容主要包括:规定币材,规定货币单位,规定主币和辅币及其铸造、发行和流通程序,金准备制度。货币制度包括银本位制、金银复本位制、金本位制和信用货币制度。货币层次划分是指各国中央银行在确定货币供给的统计口径时,以一定的标准并根据自身政策目的的特点和需要,将货币划分为若干层次。西方学者在长期研究中,一直主张把流动性原则作为划分货币层次的主要依据。由于各个国家信用化程度不同,金融资产的种类也不尽相同,因而各个国家货币层次划分也都不完全相同。

【复习思考题】

1. 详细阐述货币的基本职能。
2. 货币都有哪些形式?
3. 货币金属准备的用途主要有哪些?
4. 货币制度是如何演变的?
5. 简述货币层次划分的依据和我国货币层次的划分。

【进一步阅读书目】

1. 伯南克. 金融的本质[M]. 2版. 北京：中信出版社，2017.
2. 王福重. 金融的解释[M]. 北京：中信出版社，2014.
3. 金. 金融炼金术的终结[M]. 北京：中信出版社，2016.
4. 窦学欣. 金融的力量[M]. 北京：时事出版社，2014.

 即测即练

自学自测　　扫描此码

练1

第二章

信用与信用工具

【本章学习目标】

通过本章学习,学生应该能够:
1. 了解信用的概念、产生与发展;
2. 掌握信用活动的主体及特征;
3. 熟悉主要信用形式及其特点;
4. 熟悉常见的信用工具及其分类;
5. 理解信用工具的特征及其相互关系。

信用贷款易获得　全因自身好信誉

在"中国信用"网站公布的典型案例中,有这样一个例子:天津市天成育酒店管理有限公司凭借自身良好信用,通过南开区中小微企业贷款绿色通道,成功从商业银行获得信用贷款及抵押保证贷款,有力支持了公司发展。

资料来源:天津市守信激励案例[EB/OL]. (2017-09-22). https://www.creditchina.gov.cn/yiqilanmu/dianxinganli/201709/t20170922_50219.html.

引导案例分析

第一节　信 用 概 述

一、信用的含义

"信用"一词,源于拉丁文"credo",原意为信任、相信、声誉等;英语为"credit",也有"相信、信任"之意。两者都具有诚实守信、信守诺言的含义,注重"信"的本意。信用在经济学中则是信贷行为的总称,是以偿还和付息为条件的价值单方面的让渡或转移,注重的是"信"和"用"两者的有机结合,其本质为"债"。

具体而言,"信用"一词包含三层含义:其一,信用作为一种基本道德准则,是指人们在日常交往中应当诚实无欺、遵守诺言的行为准则。"无信不立"是我国传统道德的核心,一个人失去信用就意味着与之交往的人将面临不可预测的道德风险。其二,信用作为经济活动的基本要求，是指一种建立在授信人对受信人偿付承诺的信任基础上，使后者无须付现金即可获取商品、服务的能力。由于现代市场经济中的大部分交易都是以信用为中介的交易，因此，信用是现代市场交易一个必须具备的要素。其三，信用作为一种法律制度（契约），即依法可以实现的利益期待，当事人违反诚信义务的，应当承担相应的法律责任。在现实生活中，合同债权、担保、保险、票据等均以信用为基础，同时，诚信为本也是民事商事活动的基本原则。

二、信用的本质特征

信用的本质特征是指信用区别于其他经济行为所固有的属性。偿还性是信用的基本特征。信用是一种有条件的借贷行为，即以偿还本金和支付利息为先决条件。信用的本质可以从以下几个方面来理解。

（一）信用是以偿还本金和支付利息为条件的

信用这种经济行为是以收回本金为条件的付出，或以偿还为义务的取得；是以取得利息为条件的贷出，或以支付利息为前提的借入，所以偿还和付息是信用最基本的特征，这一特征使它区别于财政分配。财政分配基本上是无偿的，财政收进来、支出去，都不需要偿还，没有直接的返还关系；而信用分配则是有偿的，具有直接的返还关系，贷款人到期必须向借款者收回贷款，而且借款者除归还本金外，还要按规定支付一定的利息，作为使用资金的代价。

（二）信用关系是债权债务关系

信用是商品货币经济中的一种借贷行为，在这种借贷活动中，体现了一定的生产关系。商品和货币的所有者由于让渡商品和货币的使用权而取得了债权人的地位，商品和货币的需求者则成为债务人，借贷双方具有各自对应的权利和义务。这种债权债务关系最初是由于商品的赊销和货款的预付而形成的，但随着融资行为和信用制度的广泛建立与发展，债权债务关系渗透到了经济生活的各个角落。无论是企业的生产经营活动或是个人的消费行为，还是政府的社会和经济管理活动，都依赖债权债务关系，所以，从本质上说，信用关系就是债权债务关系。

（三）信用是价值运动的特殊形式

价值运动的一般形式是通过商品的买卖关系来实现的。在商品买卖过程中，交易过程首先是所有权的转移，卖者让渡商品的所有权和使用权并取得货币的所有权和使用权，而买者则刚好相反；其次是等价交换，商品货币交换时，卖者虽然放弃了商品的所有权，但未放弃商品的价值，从商品的价值形式变为货币形态，而买者放弃货币，取得与货币等价的商品，这种买卖关系所形成的等价交换在买卖双方交割之后即宣告完成，即双方同时获得等价，用公式表示即为：$W–G–W$。但在信用活动中，一定数量商品或货币从贷者手中转移到借者手中，并没有同等价值的对立运动，只是商品或货币的使用权让渡，没有改变所有权，用公式表示即为：$G–G'$（$G+\Delta G$）。所以信用是价值单方面的转移，是价值运动的特殊形式。这是信用与其他价值运动形式的不同之处，也是各种社会形态下的信用共有的特征。

信用关系所引起的价值运动是通过一系列借贷、偿还、支付过程来实现的。货币或实物被贷出，其所有权并没有发生转移，只是使用权发生了变化。贷出者只是暂时让渡商品或货币的使用权，而所有权并没有发生变化。在信用关系中，等价交换的对象是商品或货币的使用权。

三、信用的产生和发展

信用是商品货币经济发展到一定阶段的产物，它是在私有制和商品交换的基础上产生的。从逻辑上推论，其发生的基本前提是私有制条件下的社会分工和剩余产品的出现，即私有财产和私有权。信用是以还本付息为条件的借贷行为，借贷双方是不同的财产利益所有者，因此，他们之间不得无偿占有或使用对方的财产，这是以私有制的存在为前提条件的。考察历史，信用活动最早产生于原始社会的末期。由于社会生产力的发展，劳动生产率有了明显的提高，劳动产品也有了剩余，从而使交换活动日益频繁。交换活动的扩大和发展，加速了原始公社公有制的瓦解和私有制的产生，使得原始公社内部发生了财富的分化，社会成员逐渐分化为富裕阶层和贫困阶层。富裕阶层手中集中了一定量的剩余产品、货币资金，而贫困阶层因缺少生活资料和生产资料，为了维持生活和继续生产，他们被迫向富裕阶层借贷，于是，信用随之产生。最早的借贷对象是实物，然后逐步发展为货币借贷，并且经历了从以实物借贷为主、辅之以货币借贷的形式逐步向以货币借贷为主的演进过程。

商品货币关系是信用存在的经济基础。在商品货币经济条件下，各经济主体的经济活动表现为商品买卖和货币的收付活动。由于现实中两者在时间上常常不一致，可能收支相等，处于平衡状态；也可能收支不相等，处于失衡状态，或收大于支，或支大于收。一方面，有的人持有货币但暂时不需要购买商品；另一方面，有的人需要购买商品却暂时缺乏货币，而商品交换必须遵循等价交换原则，这就在客观上产生相互借贷的需要，而且必须是有偿的借贷方式，才会被双方接受。当生产者以赊销方式出售商品时，形成了货币延期支付，货币的支付手段职能正是在信用交易的基础上产生和发展起来的，它的产生和发展又进一步促进信用关系的发展和完善，使信用关系超出了商品流通范围，得到普遍发展，所以，信用是与商品经济相联系的经济范畴。

信用产生后势必伴随着商品经济关系的发展而不断发展，它以不同形式和不同工具存在于各种不同的社会形态中，适应于不同的商品经济发展阶段，依次经历了高利贷信用和借贷信用两种形式，出现了从口头承诺、挂账到种类多样的现代票据凭证等信用工具。从实际经济活动中信用的存在形式看，有商业信用、银行信用、政府信用、消费信用和国家信用等，而且随着商品经济的发展，信用形式越来越多样化。

四、信用活动的主体及信用关系

现代信用是在社会化大生产的基础上建立起来的信用关系，产生于现代经济；现代经济则是一种以现代信用为纽带的信用经济。在现代经济生活中，信用表现为各种债权债务关系，是一种最普遍的经济关系，经济活动中的每一个部门、每一个环节都渗透着债权债务关系。小到企业、家庭、个人，大到政府和社会，都离不开信用；而信用关系正是建立在这些经济主体之间。参与信用活动的主体包括社会经济的各个部门，具体有企业、居民个人、政府及其所属机构、金融机构（financial institution）等，由于这些主体在社会经济活动中扮演的角色不同，在信用关系中所处的地位也是不同的。

（一）企业

企业在信用关系中是很重要的组成部分，因为企业是国民经济的细胞，社会再生产的发展离不开企业。企业既是货币资金的主要供给者，也是货币资金的主要需求者。企业既可以从事直接融资，也可以从事间接融资。如果把全社会所有的企业或公司作为一个整体来考察，由于社会生产力水平的迅速提高，生产发展和流通扩大导致企业融资需求的增加，所以在信用活动中，企业通常是资金的净需求者。

（二）居民个人

居民个人参与信用活动，既可能是收大于支，拥有结余，也可能是支大于收，需要借贷。就个人而言，其支出主要依靠收入，个人的支出主要是各种日常生活开支。一般来说，个人不会把当期收入花光，通常都会有结余；个人也会发生入不敷出的情况，由于种种原因支出突然增加，原有的结余不足以支付，就需要借债。随着经济和信用制度的发展，人们的生活观念和消费观念也在变化，不同的观念就会产生不同的选择。有些人倾向于增加当前消费，他们就会增加支出，减少储蓄或增加负债；有些人则相反，他们倾向于减少当前支出而增加储蓄。不同的人会采取不同的方式，而同一个人在不同的时期也会有不同的选择，但总的来说，作为一个整体，个人通常是结余单位。

（三）政府及其所属机构

政府在信用活动中的地位是由政府的收支状况决定的。世界各国政府职能的不断扩大，常常导致政府的财政入不敷出，表现为连年的财政赤字和日益增长的公共开支，为了弥补财政赤字，满足政府及其机构的资金需求，政府通过发行国债或其他的信用工具向社会公开筹措资金，所以政府一般是资金的净需求者。同时，为了提高资金的运转效率和调控宏观经济，政府也会在信用活动中扮演资金供给者的角色。

（四）金融机构

金融机构的主要功能就是充当信用媒介。信用可分为直接信用和间接信用。直接信用是指资金的供给者和需求者之间直接借贷形成的债权债务关系，间接信用是指资金的供给者和需求者之间通过信用中介机构来融通资金。金融机构作为信用中介，一方面从社会各方面吸收和积聚资金，另一方面通过贷款等活动把这些资金运用出去。吸收资金形成金融机构的负债，即债务；运用资金形成金融机构的资产，即债权。所以金融机构的日常经营活动本身也就是一种债权债务关系的信用活动。

现代信用和现代经济的关系还表现在现代信用对经济具有双重作用上。一方面它促进了经济的迅速发展；另一方面它也加深了社会生产方式所固有的矛盾。具体来看，其积极作用表现在：第一，实现了社会资本的转移，促进资本的再分配和利润率的平均化，进而自发调节各经济部门的发展比例，使得现代经济迅速发展；第二，节约流通费用，加速资本周转，提高全社会资本的利用效率；第三，加速资本的集中和积累，为扩大再生产提供了必要的前提条件。其消极作用表现在：第一，生产的扩大，加重生产过剩，使生产和消费之间的矛盾更加激化；第二，信用造成的虚假繁荣，可能导致经济危机的爆发；第三，资本投向高额利润回报的生产部门，使这些部门生产规模扩大，而其他部门由于投资减少而萎缩，从而加剧了国民经济各部门之间发展的不平衡。总之，正确认识信用的作用，才能充分有效发挥信用对经济的积极作用，进而推动社会经济向前发展。

【专栏 2-1】 历史上的高利贷信用

高利贷信用是历史上最早的信用形式，是最古老的生息资本形式，它是一种通过发放货币或实物以收取高额利息为特征的借贷活动。马克思说，"我们可以把古老形式的生息资本叫作高利贷资本"。

最初，高利贷是以实物借贷形式出现的，如借贷粮食、牲畜等。之后，随着商品货币经济的发展，其逐步转变为货币借贷，但在商品经济不发达、自然经济占优势的地方，实物借贷仍然存在。高利贷信用的主要特点是：第一，利率高，剥削重。第二，非生产性。高利贷利率一般在四成以上，有的超过本金 1~2 倍。在我国历史上，高利贷年利一般相当于本金，故又称"驴打滚"，即利滚利。

高利贷信用的历史作用具有双重性。在漫长的自然经济社会中，一方面，它是推动自然经济解体和促进商品经济发展的因素。由于高额的利息负担，借高利贷的小生产者往往不堪重负，从而使小农经济受到极大的破坏，加速了自然经济的解体。同时，因为高利贷信用主要是以货币借贷形式进行，债务人常常会努力发展商品生产，并通过出售商品换取货币，进而偿还债务，这样就促进了商品货币经济发展。特别是高利贷信用的贷款者通过高利盘剥，积累了大量的货币财富，有可能将高利贷资本转为产业资本，成为资本原始积累的来源之一，同时它又使广大的农民和手工业者破产，沦为无产阶级，从而促进了雇佣劳动后备军的形成。因此，高利贷促进了社会化大生产方式前提条件的形成。另一方面，高利贷信用破坏和阻碍生产方式的发展，对原有的生产方式即小生产和自耕农起着相当保守的作用。这种保守的作用必然阻碍高利贷资本向生产资本转化，而且它的高额利息使生产者无利可图，成为现代社会化大生产发展的巨大障碍，于是产业资本家采取各种斗争方式反对高利贷资本的高利率，最终建立和发展起适合社会化大生产发展的信用制度，即现代信用。

第二节 信用形式

信用作为一种借贷行为，要通过一定方式具体表现出来。表现借贷关系特征的形式称为信用形式。随着商品货币关系的发展，信用形式日趋多样化。按照借贷关系中债权人与债务人的不同，信用可分为以下几种基本形式。

一、商业信用

商业信用（commercial credit），是指企业之间进行商品交易时，以延期付款或预付款等形式提供的信用。商业信用的具体方式很多，如赊销商品、委托代销、分期付款、预付定金、预付货款及补偿贸易等，其中，以商品的赊销为主，即主要由卖方为买方提供信用。

（一）商业信用的特点

1. 商业信用的主体是厂商

商业信用是直接信用，是工商企业之间相互提供的信用，所以，其债权人和债务人都是厂商。商业信用是一个企业把商品赊销给另一个企业时，商品的所有权发生了转移，由卖方手中转移到买方手中，但由于商品的货款并没有立即支付，从而使卖方成了债权人，买方成了债务人，买卖双方形成了债权债务关系，买方到期必须以货币的形式偿还债务。

2. 商业信用的客体是商品资本

商业信用提供的不是暂时闲置的货币资本，而是处于再生产过程中的商品资本。即贷出的商品资本处于再生产循环过程中，它们仍是产业资本的一部分。

3. 商业信用与产业资本的动态一致

由于商业信用和处于再生产过程中的商品资本的运动结合在一起，所以，它与产业资本的动态是一致的。在经济复苏、繁荣时期，经济增长，产业资本扩大，商业信用的规模也就扩大；相反，在经济危机、萧条时期，商业信用又会随生产和流通的缩小而萎缩。

（二）商业信用的局限性

商业信用的优点在于方便和及时。在找到商品的买主或卖主的同时，既解决了资本短缺问题，也解决了商品买卖问题，从而缩短了融资时间和商品交易时间。但商业信用仍存在一定的局限性。

1. 受商品资本规模的限制

商业信用的规模只能局限于提供商业信用的厂商所拥有的商品资本额，即某企业最大的赊销额度是将其企业整体赊销出去。

2. 授信对象具有局限性

商业信用的债权人和债务人只能是商品的生产者或经营者，商品赊销中商品的卖方是债权人、买方是债务人，而在预付货款中买方是债权人、卖方是债务人。商品生产者和经营者以外的其他资金需求者无法获得商业信用。

3. 存在分散化的弊端

商业信用是分散在众多企业之间自发产生的，具有分散化特点。一方面，分散自发的特点导致国家经济调节机制对商业信用的控制能力微弱，中央银行和政府往往难以有效控制商业信用的扩张与收缩。另一方面，分散自发的商业信用形成相互交错的信用链条，一家企业信用违约就可能导致商业信用链条中断，引发债务危机。在这两方面的共同作用下，商业信用的积累扩张以及脆弱性，加大了经济的不稳定性。

二、银行信用

银行信用（banker's credit），是指银行及其他金融机构通过放款、贴现等方式，以货币形态提供的信用。银行信用是现代信用经济中的重要形式，银行信用的产生标志着一国信用制度的发展和完善。

（一）银行信用的特点

1. 银行信用是一种间接作用

银行信用的主体是银行和其他金融机构，但它们在信用活动中仅充当信用中介人的角色。银行及其他金融机构聚集社会闲散资金，贷给借款者。因而，银行信用是一种间接信用。

2. 银行信用的客体是货币资本

银行信用贷出的货币资本不是处于产业循环中的商品资本，而是从产业资本循环中独立出来的货币资本。

3. 银行信用与产业资本的变动保持着一定的独立性

由于银行信用贷出的资本是独立于产业资本循环之外的货币资本，其来源除工商企业外还有社会其他方面，如居民储蓄等。因此，银行信用的动态同产业资本的动态保持着一定的独立性。例如，在经济危机时，商业信用因为生产停滞而大量缩减，但企业为了防止破产及清偿债券，势必需要银行信用，导致对银行信用的需求激增，银行信用规模反而大幅增长。

（二）银行信用的优点

相对于商业信用而言，银行信用的优点表现在以下几个方面。

1. 银行信用克服了商业信用在规模上的局限性

银行信用能够聚集社会上各种暂时闲置的货币资本和货币储蓄，从而克服了商业信用在规模上的局限。

2. 银行信用克服了商业信用在授信对象和方向上的局限性

由于银行信用提供的是货币资本，可以不受商品流转方向的限制，从而克服了商业信用在授信对象和方向上的局限性。

3. 银行信用具有广泛性的特点

银行信用以货币资本形态提供，能够反映经济运行状况，可以根据经济发展灵活调度资金，中央银行能够通过银行信用实现宏观调控。商业银行以及其他金融机构作为专业的金融中介，具有资金规模优势、专业能力优势和信息优势，风险低、信誉好，因此银行信用具有更广泛的社会可接受度，克服了企业在信用能力上的局限性。

正是银行信用的上述优点，使得它成为现代信用的主要形式。当然，这并不意味着银行信用可以取代商业信用。二者往往互为补充、共同发展。如果没有银行信用，一个企业能否提供商业信用必然取决于企业自身的资金周转状况；而银行信用出现后，企业就能够在赊销商品后，通过向银行融资提前收回未到期的货款。这样，商业信用的提供者在银行信用的支持下,可以突破自身闲置资金的限制,促进商品销售和商业信用的发展;银行业可以通过其业务活动,把商业信用纳入银行信用的轨道,如利用票据贴现来引导和控制商业信用的发展。

三、国家信用

国家信用(fiscal credit),是指以国家为债务人,从社会上筹措资金以满足财政需要的信用。国家信用的债务人是政府,债权人是国内外的银行、企业和居民。国家从国内金融市场筹资,形成国家内债,从国际金融市场筹资则形成国家外债。

(一)国家信用的作用

国家信用的主要作用是弥补财政赤字和进行宏观调控。

1. 弥补财政赤字

通常有三种弥补政府财政赤字的方法:发行货币、向银行透支以及政府举债。前两种方法都会增加流通中的货币,可能引发通货膨胀,政府举债是国家信用的主要形式,对货币供给量影响不大,主要影响货币流通结构,因而国家信用成为各国政府弥补财政赤字的主要方法。

2. 进行宏观调控

当经济出现衰退、有效需求不足时,国家可以发行国债筹措资金,为政府投资提供资金支持,通过扩大政府投资拉动总需求,推动经济复苏,起到调节宏观经济的作用。

(二)国家信用的特点

1. 安全性高、信用风险小

由于由国家作为信用主体,国家信用违约的可能性极小,因此,国家信用是所有信用形式中风险最小、安全性最高的信用形式。

2. 具有财政和信用双重性

国家信用的财政属性体现在国家信用不以营利为目的,而是为宏观经济服务,是宏观调控的手段。

国家信用的信用属性体现在国家信用双方自愿协商缔约,有偿有息。国家信用不具有强制性,国家作为债务人有偿使用债权人的资金,并且必须按照约定到期偿还本利。

3. 用途专一

国家信用筹集的资金需列入国家财政预算中,并按照财政预算的用途进行使用,只能用于公益性资本支出,不得用于经常性支出。

四、消费信用

(一)消费信用的内涵

消费信用(consumption credit),是指企业、银行和其他金融机构向消费者个人提供的、用于生活消费目的的信用。消费信用与商业信用和银行信用并无本质区别,只是授信对象和授信目的有所不同。从授信对象来看，消费信用的债务人是个人，即购买生活资料的个人和家庭。从授信目的来看，是满足个人购买消费资料的资金需求。

（二）消费信用的主要形式

消费信用所采取的方式主要有以下几种。

1. 分期付款

分期付款是指零售企业（零售商）向个人（消费者）提供的购买所需消费品的一种消费信用形式，零售商和消费者签订书面合同，载明付款的期限、利息、每次付款的金额及其他费用。消费者先在支付一部分货款（第一次付现）后，拥有商品的使用权，然后按合同规定分期支付其余货款和利息。本息付清后，消费品即归消费者所有。分期付款多用于购买耐用消费品。例如，汽车经销商提供的汽车分期付款、家电经销商提供的空调分期付款业务。个人在购买耐用消费品时，只需按规定比例支付一部分货款，剩余部分按合同每月分期支付。但在货款付清之前，消费品的所有权仍属于卖方。这种信用形式期限一般不超过一年。

2. 消费贷款

消费贷款是银行和其他金融机构以货币形式向个人提供的以消费为目的的贷款。如住房抵押贷款、汽车抵押贷款，这种信用形式也是由个人先支付一定比例的首付款，剩余部分由金融机构提供贷款，然后，个人再根据合同分期偿还。这种消费信用形式的期限较长，可长达二三十年，属于中长期信贷。

3. 信用卡

信用卡是由发卡机构和零售商联合起来对消费者提供的一种延期付款的消费信用，是由银行和其他专门机构提供给消费者的赊购凭证，它规定了一定的使用限额和期限，持卡人可凭卡在任何接受信用卡支付的单位购买商品或者支付劳动服务等，待信用卡结账日再行还款。因此，信用卡实际上就是银行提供给用户的一种先消费后还款的小额信贷支付工具。

信用卡涉及的当事人包括发卡单位、持卡人、信用卡参加单位。其运行过程如下：持卡人消费商品或者服务时，通过刷取信用卡支付，持卡人需要签字或者输入密码验证身份，信用卡参加单位定期向发卡单位汇总交送签购单据，发卡单位扣除一定比例的佣金后将余额计入信用卡参加单位账户，最后在信用卡约定的还款期内发卡单位再与持卡人结算。

五、租赁信用

租赁信用是指租赁公司或其他出租者将租赁物的使用权出租给承租人，并在租期内收取租金、到期收回出租物的一种信用形式。

按租赁目的，租赁信用可分为金融租赁（finance lease）和经营租赁（operating lease）。

（一）金融租赁

金融租赁是指出租人按承租人的要求购买货物再出租给承租人的一种租赁形式。其特点主要有以下几个：第一，金融租赁涉及三方当事——出租人、承租人和供货商，涉及至少两个合同——买卖合同和租赁合同构成的自成一类的三边交易，有时涉及信贷合同。第二，承租人指定租赁设备。拟租赁的设备为承租人自行选定的特定设备，出租人只负责按承租人要求融资购买设备，因此设备的质量、规格、数量、技术上的检查、验收等事宜都由承租人负责。第三，完全付清性。基本租期内的设备只租给一个特定承租人使用，租金总额＝设备货价＋利息＋租赁手续费－设备期满时的残值。第四，不可撤销性。一般情况下，基本租期内租赁双方无权取消合同。第五，期满时承租人拥有多种选择权。基本租期结束时，承租人对设备一般有留购、续租和退租三种选择权。

（二）经营租赁

经营租赁泛指金融租赁以外的其他一切租赁形式。这类租赁的主要目的在于对设备的使用，即出租人将自己经营的设备或办公用品出租的一种租赁形式。因此，当企业需要短期使用设备时，可采用经营租赁形式，以便按自己的要求使用这些设备。经营租赁与金融租赁不同，是一种由出租人提供维修管理等售后服务的、可撤销、不完全支付的短期融资行为。

经营租赁的主要特点有：第一，可撤销性。合同期间内承租人可以中止合同，退回设备，以租赁更先进的设备。第二，不完全支付性。基本租期内，出租人只能从租金中收回设备的部分垫付资本，需通过将该设备以后多次出租给多个承租人使用，方能补足未收回的那部分设备投资和其应获利益，因此，经营租赁的租期较短（短于设备有效寿命）。第三，租赁设备由出租人批量采购。租赁设备多具有高度专门技术，需专门保养管理，技术更新快，购买金额大，且通用性强并有较好的二手货市场，垄断性强，需要有提供特别服务的厂商。

除以上五种主要的信用形式之外，随着商品经济的发展，保险信用、民间信用等其他信用形式也日益发挥其作用。

第三节 信用工具及其特征

一、信用工具概述

信用工具是信用活动的凭证，是资金供应者和需求者之间进行资金融通时所签发的、证明债权或所有权的各种具有法律效力的凭证。

按融资方式，信用工具可分为直接融资信用工具和间接融资信用工具；按偿还期，信用工具可分为短期信用工具、中长期信用工具和不定期信用工具。

本书将从偿还期的角度分类阐述各类信用工具及其主要特征。

二、信用工具的种类

（一）短期信用工具

短期信用工具是期限在一年以下的各类金融工具，包括汇票、本票、支票、国库券、信用卡、大额可转让存单、回购协议等。

1. 汇票

汇票是出票人（债权人）向债务人签发的，要求即期或定期无条件支付一定款项给收款人的支付命令书（或信用凭证）。

按出票人，汇票可分为银行汇票和商业汇票。银行汇票是由出票银行签发的，由其在见票时，按照实际结算金额无条件支付给持票人或收款人的票据。银行汇票的出票人是银行，汇款人应先将款项存入当地出票银行。商业汇票是工商企业作为出票人签发的，委托付款人在指定日期无条件支付确定的金额给收款人或者持票人的票据。

按承兑人，汇票可分为银行承兑汇票和商业承兑汇票。银行承兑汇票是在承兑银行开立存款账户的存款人签发，向开户银行申请并经银行审查同意承兑的汇票，银行承兑汇票将银行信用附加在商业汇票上。商业承兑汇票是指经由付款人（工商企业）承兑的汇票。

按付款期限，汇票可分为即期汇票和远期汇票。即期汇票是见票即付的汇票，是收款人或者持票人向付款人提示汇票、请求付款之时，付款人应即时付款的汇票。远期汇票是付款人于出票后一定期限或特定日期付款的汇票。

2. 本票

本票又称期票，是债务人（出票人）承诺在一定时间及地点无条件支付一定款项给受款人的支付承诺书或者保证书，其特征是出票人自己为付款人。

按出票人，本票可分为银行本票和商业本票。银行本票是银行签发的无条件支付保证书；商业本票是企业单位或个人签发并承诺在见票时或一定时间无条件支付一定金额给收款人或持票人的支付承诺书。

按付款期限，本票可分为即期本票和远期本票。即期本票是见票即付的本票；远期本票是见票后一定期限后付款的本票。

3. 支票

支票是银行活期存款户对银行签发的，通知银行在其存款额度内或约定的透支额度内，无条件支付一定款项给指定人或持票人的书面凭证。

常见的支票有转账支票和现金支票。转账支票只能转账，不能提取现金，而现金支票的持票人可以直接提取现金。

4. 国库券

国库券是国家为了弥补年度内先支后收或者短期收支不平衡，由财政部发行的以国家为债务人、期限在一年以内的短期信用凭证。

由于国库券是国家信用的信用工具之一，信用违约风险较小，常被看作无风险信用工具。国库券的利率水平较低，通常低于同期限的银行存款和其他债券。国库券通常由中央银行具体办理发行事宜，以拍卖方式公开招标。

5. 信用卡

信用卡是信用卡发卡机构和零售商联合为消费者提供的延期付款方式。

持有信用卡的消费者，在发卡机构约定的额度内，可以到特约商家刷卡消费，并在约定的还款期内延期进行支付。信用卡为提升消费能力提供了有效的方式。

6. 大额可转让存单

大额可转让存单是由商业银行发行的可以在市场上转让的存款凭证。

与普通存单相比，大额可转让存单具有以下特点：①可以自由流通转让、有活跃的二级市场；②面额固定且一般金额较大；③不记名，便于流通；④期限为3~12个月。

7. 回购协议

回购协议是在货币市场上出售证券以取得资金的同时，出售证券的一方同意在约定时间按照原价或者约定价格重新买回这笔证券的交易协议。

回购协议期限较短，多为隔夜回购，也可以是在双方约定的期限内定期回购，或者是连续回购，这种连续回购协议没有固定期限，双方都没有表示终止的意图时，合同每天自动展期，直至一方提出终止为止。

回购协议的实质是短期担保融资，先出售再购回的证券就是担保品。由于以有价证券作为担保，回购协议风险较小，其利率水平也较低，通常低于同期限的同业拆借利率。

（二）中长期信用工具

1. 公司债券

公司债券是企业为对外筹集资金而发行的一种债务凭证。企业对债券承诺在指定时间必须按票面规定还本付息。

公司债券具有以下三个特点：第一，债券持有者和企业之间是债权债务关系，不能参与公司管理；第二，债券持有者定期取得收入，到期收回本金；第三，利率高于国债利率。

公司债券一般在追加投资时发行，期限多在10年以上。20世纪70年代以来，浮动利率债券逐渐占据主导地位，债券支付的利息纳入企业成本不需纳税。

按有无抵押品，企业债券可分为有担保债券和无担保债券。有担保债券又可分为抵押债券（以公司不动产抵押）和质押债券（以有价证券做担保）。

2. 政府债券

政府债券是政府以债务人身份为筹措预算资金而发行的债务凭证，是国家信用工具，包括国家债券和地方政府债券等。

政府债券具有以下两个特点：第一，由政府发行并承担还款义务；第二，其发行目的是弥补财政赤字或者进行基础设施建设。

政府债券期限一般为10~30年，不记名，票面载有面值、偿还期和利率。西方地方政府债券的持有者可获得国家所得税豁免，有的还可以免交地方所得税，因此又被称为"免税债券"。

3. 金融债券

金融债券是金融机构为筹集资金而发行的债务凭证。在大多数西方国家，金融债券被视为公司债券，其发行、流通和转让受相同法规管理。

4. 股票

股票是股东投资入股并索取股息或者红利的所有权证书。股票持有者是企业的所有者，有企业监督管理权。

股票可以分为普通股和优先股。

普通股是股份公司最先发行的股票，持有人即普通股股东，是公司的基本股东。普通股股东不能要求退股，只能在二级市场上变现退出。其特点为：①红利和企业利润同方向变化；②股东有权出席股东大会，享有表决权；③股东享有优先认购权。

优先股同样也代表持股人在公司的财产或者所有权，优先股的股息一般是固定的，优先股股东没有企业的经营管理权，可按照约定将股票回售给公司。优先股持有者享有两项优先权益：①优先股股息的享有权，优先股股息在股票发行时确定，不受公司实际盈利水平的影响，是有保证的收入；②优先剩余财产索取权，当公司破产、改组和解散时，清还所有债务后，其剩余的部分先分配给优先股股东，若还有剩余，才分配给普通股股东。

（三）不定期信用工具

不定期信用工具主要是银行券。银行券是银行发行的一种信用货币，是在商业票据流通的基础上产生的，具有比商业票据更高的信用，随时可以兑现。

银行券也是一种货币符号，但是和纸币有所区别。二者的区别主要表现在以下四个方面：①银行券是从货币作为支付手段的职能中产生的，是由银行通过票据贴现等信用方式发行的，而纸币是从货币作为流通手段的职能中产生的，是由国家强制发行的；②银行券是为了代替流通中的商业票据，适应商品交易需要而发行的，而纸币是为了弥补财政赤字而发行的；③典型的银行券可以自由地与黄金或金币相兑换，而纸币不能自由兑换；④银行券不会贬值，而纸币发行量过多会出现贬值。

（四）金融衍生工具

金融衍生工具是金融市场上一系列自身价值依赖于标的资产价格变动的合约的总称。这里的标的资产价格既可以是金融资产也可以是某种商品的价格。

1. 金融衍生工具的功能

金融衍生工具具有以下功能。

1）转移风险

金融衍生工具能够将利率、汇率、价格风险由生产者和投资者转嫁给投机者，是能够转移金融风险的金融工具。

2）提供价格发现和信息传递机制

金融衍生工具的套利、套汇行为有利于形成市场价格机制，而投机者传播和分析信息，也有助于信息传递机制形成。

2. 金融衍生工具的种类

常见的金融衍生工具包括金融远期、金融期货、金融期权和金融互换。

1）金融远期

金融远期合约是买卖双方约定在未来某个时期按确定的交易价格交割一定数量的

特定金融资产的合约。约定购买交易标的物的一方为多头，约定卖出交易标的物的一方为空头。

2）金融期货

金融期货合约是交易双方约定在未来某一特定时期按约定条件进行交割的某种特定金融工具的标准化协议。

3）金融期权

金融期权合约是赋予期权的购买者在规定日期或者规定期限内按照约定的价格购买或者出售一定数量某种金融工具的权力的合约。

4）金融互换

金融互换协议是双方根据事先达成的条件在未来交换现金流的协议。互换的实质是远期合约的组合。互换的双方互惠互利，是"正和游戏"，而远期、期货、期权都是"零和游戏"。

三、信用工具的特征

（一）流动性或变现力

信用工具的流动性可以通过两个方面衡量。

1. 变现的难易程度

信用工具变现的难易程度指信用工具变现所花费的时间长短，信用工具变现所花费的时间越长，则该信用工具的流动性越低。通常偿还期越短的信用工具流动性越强。

2. 交易成本的大小

信用工具交易成本的大小指信用工具市场价格的波动程度，以及转让时所支付的费用。信用工具市场价格转让费用越高、价格越低，则该信用工具流动性越低。

（二）本金的安全性

信用工具本金的安全性指信用工具的本金是否会遇到损失的风险，主要风险有两类。

1. 信用风险

信用风险是债务人不履行合同，不按时还本付息。信用风险的大小取决于债务人的信誉和证券的性质。债务人实力强、信誉好，则信用风险较小，政府债券一般没有风险，公司债券风险较大。

同一债务人不同类型的证券信用风险不同。同一股份有限公司发行的普通股、优先股和债券，其利息支付和破产索偿权的法定顺序是债券优先、优先股次之、普通股居后。从本金的安全性上看，普通股风险最大、优先股次之、债券最小。

2. 市场风险

市场风险是由市场利率变化引起的信用工具市场价格波动的风险。市场利率和证券价格成反比。

（三）收益率

信用工具的收益性是指持有信用工具，能够给持有者带来利润。信用工具的收益性通过收益率来反映。收益率包括票面收益率、当期收益率和平均收益率。下面就通过一个例子来计算上述三种收益率。

例 2-1：投资者持有 10 年期债券 A，该债券面值为 500 元人民币，当期市场价格 400 元，票面利息 20 元。

1. 票面收益率（票面利率）

票面收益率是票面上规定的每期应付利息额与证券面值的比例。其公式可以表述为

$$票面收益率 = 票面利息/面值 \times 100\%$$

例 2-1 中债券 A 的票面收益率为：（20/500）× 100% = 4%

2. 当期收益率（当期利率）

当期收益率是票面利息与证券当期市场价格的比例。其公式可以表述为

$$当期收益率 = 票面利息/证券市场价格 \times 100\%$$

例 2-1 中债券 A 的当期收益率为：（20/400）× 100% = 5%

3. 平均收益率（实际收益率）

平均收益率是证券在整个有效期内，每年净收益（票面利息与年平均资本损益之和）与市场价格（对买者而言的本金）的比率。其公式可以表述为

$$平均收益率 = 净收益/市场价格 \times 100\% = （年票面利息 + 年平均损益）/市场价格 \times 100\%$$

其中，年平均损益 =（面值 − 市场价格）/偿还期

例 2-1 中债券 A 的平均收益率为：

年平均损益 =（500 − 400）/10 = 10

平均收益率 = [(20 + 10)/400] × 100% = 7.5%

（四）信用工具三个特征之间的关系

一种信用工具难以同时具有流动性高、收益率高以及风险小的特点。金融工具的三个特征不能在同一信用工具上得到完全的统一，它们之间的关系如下。

1. 信用工具的高安全性与高收益率不能兼顾

当信用工具的偿还期较短或者风险较低时，该信用工具遭受损失的风险较小，本金安全性较高，而期限短或者风险低的信用工具由于期限贴水和风险贴水低，对应的收益率也较低。因此，信用工具的高安全性与高收益率不能兼顾。

2. 信用工具的高流动性与高收益率不能兼顾

当信用工具流动性较高时，其变现所需的时间较短、成本较低，其承担的金融风险较低，该信用工具对应的收益率也较低。因此，信用工具的高流动性与高收益率不能兼顾。

3. 信用工具的高安全性与高流动性可以兼顾

当信用工具的流动性较高时，其变现快且成本低，该信用工具使持有者受损失的可能性较低，换言之，其本金安全性较高。因此，信用工具的高安全性与高流动性可以兼顾。

信用过度扩张的恶果——美国次贷危机

美国次贷危机的全称是美国次级信用住房抵押贷款危机,是美国住房抵押贷款过度扩张的恶果。21世纪之初,美国新经济泡沫的破裂和"9·11"事件的发生,迫使美联储实施宽松的货币政策,从2001年到2004年连续13次降息,利率水平从6.5%降至1%。低利率加上住房市场持续繁荣,使得抵押贷款机构可以通过向信用评级欠佳的购房人提供贷款而获取较高的回报率,这推动了美国的次级抵押贷款市场迅速发展壮大。美联储在2004年6月至2006年6月,连续17次调高联邦基金利率,将该利率从1%上调至5.25%,次级抵押贷款的还款利率也随之大幅上升,致使购房者的还贷负担大为加重。同时,美国住房市场开始降温,使购房者出售住房或是通过抵押住房再融资变得困难起来。2006年,次级抵押贷款的违约率开始上升。2007年3月13日,美国第二大次级抵押贷款机构——新世纪金融公司,因濒临破产被纽约证券交易所停牌,标志着次贷危机的正式爆发。2008年3月,贝尔斯登被摩根大通收购。2008年9月,美国两大住房抵押贷款机构——房利美和房地美被政府接管,美国第四大投资银行雷曼兄弟公司宣布申请破产保护,美林公司被收购。美国之外的法国、德国、日本等国金融机构也开始披露次贷相关损失,次贷危机向全球金融体系蔓延。

次贷危机中承受损失的首当其冲是美国住房抵押市场以及相关金融衍生产品。美国房地产抵押贷款余额为13 000亿美元,其中次级抵押贷款占整个比重约为13.7%。根据瑞士银行的估计,截至2006年底,美国次贷市场还款违约率为10.5%。根据First American Real Estate Solutions的估计,在2007—2010年间,美国抵押贷款带来的直接损失可能分别为350亿美元、550亿美元、450亿美元和250亿美元。根据瑞士银行的研究,截至2007年1月,美国全部住宅抵押贷款相关证券的规模总共为5.8万亿美元。其中,次级抵押贷款证券资产占13.7%,约8 120亿美元,可能给投资者带来的损失约为520亿美元,其中银行因投资CDO(担保债务凭证)的损失可能在50亿~150亿美元之间。2007年2月13日至8月18日,被报道出来的世界各国的预期损失约为214亿美元。

请思考:

1. 信用有哪些形式?次级信用住房抵押贷款属于哪种信用形式?
2. 消费信用的作用是什么?其过度扩张会带来什么后果?
3. 金融衍生工具在次级抵押贷款危机中扮演了什么角色?
4. 次贷危机产生的路径是怎样的?
5. 此次美国次贷危机对中国的启发是什么?

 案例讨论分析

【本章小结】

信用是以还本付息为条件的借贷行为。根据信用主体的不同,信用可分为商业信用、银行信用、国家信用、消费信用、租赁信用等形式。借贷双方融通资金的工具称为金融工具或者信用工具。信用工具包括短期信用工具、中长期信用工具、不定期信用工具和金融衍生工具。

【复习思考题】

1. 信用的本质特征是什么？
2. 信用活动的主体有哪些？
3. 商业信用的特点和局限性是什么？
4. 银行信用有哪些特点？
5. 国家信用的特点是什么？
6. 国家信用的作用有哪些？
7. 中长期信用工具包括哪些？
8. 短期信用工具有哪些？
9. 优先股和普通股的区别是什么？
10. 信用工具有哪些特征？它们之间的关系是怎样的？

【进一步阅读书目】

1. 马歇尔. 货币、信用与商业[M]. 北京：商务印书馆，1997.
2. 张捷. 信用战：全球历史演进元规则[M]. 太原：山西人民出版社，2012.
3. 孙磊. 信用体系演化的经济学分析[M]. 北京：中国金融出版社，2010.
4. 李斌，伍戈. 信用创造、货币供求与经济结构[M]. 北京：中国金融出版社，2014.

 即测即练

自学自测　扫描此码

第三章

利率与利息

【本章学习目标】

通过本章学习，学生应该能够：
1. 了解什么是利息、什么是利息的本质；
2. 了解什么是利率、利率的分类有哪些；
3. 熟悉和掌握利息与利率的计算；
4. 理解利率决定理论的主要内容。

"世界第八大奇迹"——复利

在印度有一个古老的传说：舍罕王打算奖赏国际象棋的发明人——宰相西萨·班·达依尔。国王问他想要什么，他对国王说："陛下，请您在这张棋盘的第 1 个小格里，赏给我 1 粒麦子，在第 2 个小格里给 2 粒，第 3 小格给 4 粒，以后每一小格都比前一小格加一倍。请您把这样摆满棋盘上所有的 64 格的麦粒，都赏给您的仆人吧！"国王觉得这要求太容易满足了，就命令给他这些麦粒。当人们把一袋一袋的麦子搬来开始计数时，国王才发现：就是把全印度甚至全世界的麦粒全拿来，也满足不了宰相的要求。那么，宰相要求得到的麦粒到底有多少呢？

引导案例分析

第一节　利息及其计算

一、利息的概念

利息是借贷资金的价格，是指在信用关系中债务人支付给债权人（或债权人向债务人索取）的报酬。

利息伴随着信用关系的发展而产生，是从属于信用活动的经济范畴，存在于不同的社会形态中。随着社会经济发展，商品、货币出现后，信用活动产生，利息也就伴随信用而产生。

在信用活动中，货币的所有者在不改变货币所有权的前提下，将货币的使用权在一定时期内让渡给货币需求者,在借贷期满时,凭借着货币的所有权从货币需求者那里获得超出借贷本金的增加额,这个增加额就是利息。因此,利息是借贷资金的增值额或使用借贷资金的代价。对于货币所有者来说,利息是他们让渡资金使用权而应该获得的报酬;对于货币需求者来说,利息则是他们取得资金使用权而应当付出的代价。

在商品交换的初期,借贷活动多以实物形式进行,利息也以实物形式支付,随着商品交换的进一步发展,产生了货币借贷,利息逐渐以货币为主要的支付形式。

二、利息的本质

(一)马克思的利息理论

马克思认为货币本身并不能创造货币,不会自行增值,只有当职能资本家用货币购买到生产资料和劳动力,才能在生产过程中通过雇佣工人的劳动创造出剩余价值,而货币资本家凭借对资本的所有权,与职能资本家共同瓜分剩余价值。因此,资本所有权与资本使用权的分离是利息产生的内在前提,再生产过程的特点导致资金盈余者和资金短缺者的共同存在,则是利息产生的外在条件。当货币被资本家占有,用来充当剥削雇佣工人剩余价值的手段时,它就成为资本,货币执行资本的职能,获得一种追加的使用价值,即生产平均利润的能力,谁掌握了货币的使用权,谁就拥有货币资本生产平均利润的使用价值。因此,货币资本就作为资本商品被提到市场上来。资本商品在市场上以利息为条件,进行不改变所有权而让渡使用权的借贷时,就成为借贷资本。从表面上看,借贷资本的运动形式为 $G-G'$。正如马克思所说,"把货币资本放出即贷出一定时期,然后把它连同利息(剩余价值)一起收回,是生息资本所具有的全部运动形式。"虽然是全部形式,但不是全部内容。实际上,货币资本不转换为生产资本,不经过生产过程,是绝不能自行增值的。

当剩余价值被看作是全部预付资本带来的产物时,就转化为利润。在所有资本家追求剩余价值的利益驱使下,利润又转化为平均利润。平均利润分割成利息和企业主收入,分别被不同的资本家所占有。因此,利息在本质上与利润一样,是剩余价值的转化形式,反映了借贷资本家和职能资本家共同剥削工人的关系。

(二)西方经济学中的利息理论

利息的本质取决于利息的来源。对于借贷资金何以能产生一个增值额,西方经济学家有多种解释,但大体上可分为两大学派:实质利息理论和货币利息理论。实质利息是实际资本的报酬和实际资本的收益,实际利息率最终取决于起初的生产力因素,如技术、资源的可用性和资本存量等。从17世纪古典经济学家对利息开始进行系统研究起,直到20世纪30年代,实质利息理论在利息研究领域一直居于主导地位。20世纪30年代,世界性的经济危机使传统利息理论难以有效地解释现实并陷入困境。凯恩斯的《就业、利息和货币通论》以流动性偏好论为基础,丰富和发展了货币利息理论,使之成为西方各国制定货币政策的主要依据,从而取代了实质利息理论,开始在利息研究领域占据主导地位。货币利息理论是一种短期利息理论,它认为利息是借钱和出售证券的成本,同时又是贷款和购买证券的收益。作为一种货币现象,利息率的高低完全由货币的供求决定。20 世纪 60 年代末，西方各国出现了通货膨胀和失业并存的"滞胀"局面，利率波动剧烈，注重短期纯货币分析的货币利息理论日益暴露出其局限性，从而出现了以价格预期为纽带，将两大利息理论融为一体的现代利息理论。下面，我们对现代利息理论中的一些代表性观点做简要介绍。

第一，节欲论。该理论的代表人物是西尼尔。节欲就是个人对于自己可以自由使用的那部分资金，不用于当前即能获得效用的非生产性用途，而把它用于未来方能产生效用的生产性用途。资本家通过节欲产生储蓄，把储蓄转化为资本进行扩大再生产，只有这样才能使将来获得比目前更多的消费。因此，节欲是比资本更基本的生产要素。利息的原始来源就是节欲，它是资本家节欲行为的报酬。而节欲意味着减少当前消费，减少当前消费则意味着有欲望不能满足，从而产生痛苦，利息就是对忍受这种痛苦的补偿。

第二，时间偏好论。时间偏好论又称"时差论"，代表人物是庞巴维克。该理论认为，由于人类生命的有限性，未来情况又具有不可预测性，因而人们对现有财货的评价大于对未来财货的评价。现在物品通常比同一种类和同一数量的未来物品更有价值。这种价值上的差别就是一切利息的来源。收取利息就是为了保证资金贷款人在将来收回本金时的价值至少等于现在的价值。只有这样，借贷行为才能发生。

第三，流动性偏好论。凯恩斯认为货币是唯一具有完全流动性的资产，人们出于交易动机、预防动机和投机动机，偏好以货币形式保存已有资产。人们贷出货币资金或者购买生息证券，都意味着放弃了自己的流动性偏好，但同时有一定的收益，这个收益就是利息。所以利息就是对人们在一定时期放弃流动性偏好的报酬。

三、利息的计算

利息的计量方法分为单利计息和复利计息。

单利计息是指在计算利息额时，不论期限长短，仅按本金计算利息，所生利息不再加入本金重复计算利息。

其计算公式为

$$I = P \times R \times n$$

式中，I 代表利息额；P 代表本金；R 代表利息率；n 代表时间。

例如，某人借款 10 000 元，月息率为 0.6%，借款期限为 2 年。按照单利计算，到期时借款人应支付的利息为

$$I = P \times R \times n = 10\,000 \times 0.006 \times 24 = 1440 （元）$$

复利是单利的对称。复利计息是计算利息时，要按一定期限（例如 1 年）将所生利息加入本金再计算利息，逐期滚算，俗称"利滚利"。

其计算公式为

$$S = P(1+R)^n$$
$$I = S - P$$

式中，S 代表本息合计；n 代表期数；I、P、R 意义与上式相同。

例如，某人借款 10 000 元，年利率为 7.2%，两年到期后归还（期数为 2），按照复利计算，则这笔贷款的利息为

$$S = P(1+R)^n = 10\,000 \times (1+7.2\%)^2 = 11\,491.84（元）$$
$$I = S - P = 11\,491.84 - 10\,000 = 1\,491.84（元）$$

用单利计算利息，手续简便，易于计算借款成本，有利于减轻借款者的利息负担；用复利计算利息，有利于提高资金的时间观念，有利于发挥利息杠杆的调节作用和提高社会资金的使用效益。

一个国家选择哪种利息计算方法，应根据各国的具体情况确定，一般应考虑经济体制、国家对利息杠杆的利用程度以及传统习惯等因素。

第二节 利率概述

一、利率的概念

利率也就是利息率，简单来说，它是指借贷期内形成的利息额与所贷资金额（本金）的比率。它反映利息水平的高低。用公式表示为

$$R = \frac{I}{P}$$

式中，R 表示利息率；P 表示本金；I 表示本金的增值额即利息。

由于安全性和流动性的不同，各种存贷款以及各种金融资产之间的利率各不相同。各种利率所形成的互相联系、互相制约的有机整体，就构成了利率体系。各种利率之间可以根据不同的标准，划分出多种不同的利率形态。

二、利率的分类

（一）年利、月利和日利

按计算利息的时间长短，可以将利率分为年利、月利和日利。年利是以年为时间单位计算利息，通常以百分之几计算（分）；月利是以月为时间单位计算利息，通常以千分之几计算（厘）；日利是以天为时间单位计算利息，习惯叫"拆息"，通常以万分之几计算（毫）。年利率与月利率之间的换算关系是：月利率乘以 12 为年利率；反过来，年利率除以 12 为月利率。

习惯上，我国不论是年息、月息或拆息都用"厘"做单位，如年利 7 厘、月利 5 厘、拆息 2 厘等。虽然都叫厘，但年利的厘是指百分之一，月利的厘是指千分之一，拆息的厘是指万分之一。如年利 7 厘指年利率为 7%；月利 5 厘指月利率为 0.5%，折合年利率 6%；拆息 2 厘意味着日利率为 0.02%，折合月利 0.6%，年利 7.2%。

（二）固定利率和浮动利率

固定利率是指在整个借贷期限内，利率不随借贷供求状况而变动的利率，它适用于短期借贷。浮动利率是指在借贷期限内随市场利率的变化而定期调整的利率，它适用于借贷时期较长、市场利率多变的借贷关系。

(三)市场利率和官方利率

市场利率是指由货币资金的供求关系决定的利率,货币供大于求,市场利率下跌,货币求大于供,市场利率上升。因此,市场利率是不受限制的利率,其水平高低由市场供求的均衡点决定。官方利率是由政府金融管理部门或者中央银行确定的利率,它是国家为了实现宏观调节目标的一种政策手段。

(四)短期利率和长期利率

以时间长短为标准,可以将利率分为短期利率和长期利率。短期利率一般指借贷时间在一年以内的利率;长期利率一般指借贷时间在一年以上的利率。利率的高低与期限长短、风险大小有着直接的联系。一般而论,期限越长的投资,风险越大,因而利率也越高;期限越短的投资,风险越小,因而利率也越低。

(五)名义利率和实际利率

名义利率是以名义货币表示的对物价变动因素未做剔除的利率,通常是指商业银行和其他金融机构对社会公布的挂牌利率。实际利率是指名义利率扣除当期通货膨胀率之后的真实利率。

实际利率较为简单的计算方法是

$$R = r - e$$

式中,R 为实际利率;r 为名义利率;e 为通货膨胀率。

在经济活动中,区别名义利率和实际利率至关重要。是赔是赚不能看名义利率,而要看实际利率。实际利率有两种,一种是事后的实际利率,它等于名义利率减去实际发生的通货膨胀率;一种是事前的实际利率,它等于名义利率减去预期的通货膨胀率。在经济决策中,更重要的是事前对实际利率的估计。事后实际利率对经济分析有用,对经济决策没什么用,因为事情已经过去,说什么也晚了,经济决策所需要的是事前对实际利率的判断。因此事前的实际利率比事后的实际利率更有意义。

(六)存款利率和贷款利率

存款利率是存款的利息与存款金额之比,而贷款利率则是贷款的利息与贷款金额之比。存款利率和贷款利率之间一定存在差异,这是由银行的经营特性决定的。存贷利差是银行很重要的一项利润来源,差额的大小随银行垄断程度的不同而有所不同。银行众多而且同业竞争激烈的,存贷利差趋小;反之,存贷利差较大。在西方成熟市场,激烈的竞争使银行利差不断缩小,由存贷利差带来的银行利润在其总利润中的比重也不断下降。而我国目前的存贷款利率尚未完全市场化,因此较高的存贷利差仍然是商业银行利润的重要来源。

三、影响利率的主要因素

(一)马克思的利率决定论

马克思认为利息是借贷资本家从职能资本家那里分割到的剩余价值的一部分,剩余价值表现为利润,因此,利息只是利润的一部分。利润本身就构成了利息的最高界限,平均利润率就构成了利息率的最高界限。因为若利息率超过平均利润率,职能资本家就不会借入资本。而利息率为零时,借贷资本家无利可图,就不会贷出资本。因此,利息率总是在零与平均利润率之间波动。

利息率取决于平均利润率,使得利息率有以下三个方面的特点:第一,随着技术的发展和资本有机构成的提高,平均利润率具有下降趋势。因此,平均利息率也有下降的趋势。第二,在某阶段考察利息率时,每个地区的平均利润率是一个稳定的量,所以平均利息率也是个相对稳定的量。第二,利息率不仅受到利润率的影响,还受供求竞争、传统习惯和法律规定等因素的作用,它的决定具有偶然性。

现实生活中面对的都是易变的市场利率,平均利息率只是一个理论概念,从总体上反映在一定时期利率水平的高低,是一个相对稳定的量。

(二)古典利率理论

古典学派认为利率决定于储蓄和投资的均衡。资本的供给来源于储蓄,资本的需求取决于投资需求。人们把财富用于储蓄而不用于现期消费,是为了将来获得以利息表示的更多消费补偿。因此,只有在利率水平足够高时,储蓄才会发生,而且利率水平越高,储蓄倾向越大。投资需求取决于资本的边际生产力,而资本的边际生产力随资本数量的增加而递减,当资本的边际生产力与利率的水平一致时,就是企业家的意愿投资需求点。因此,利率升高,投资就减少;利率降低,投资就上升。这样,一方面,一定的利率水平和一定的储蓄正向对应;另一方面,它又和一定的投资反向对应。因而利率水平依赖于储蓄和投资双方的相互调整,使投资能够全部吸收储蓄,而储蓄又能维持全部投资,即利率的水平取决于储蓄流量和投资流量的均衡,如图3-1所示。

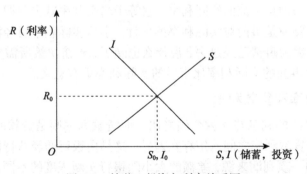

图 3-1 储蓄、投资与利率关系图

图 3-1 中,I 曲线为投资曲线,向下倾斜表示投资是利率的减函数;S 曲线表示储蓄曲线,向上倾斜表示储蓄是利率的增函数。两线的交点所确定的利率 R_0 就是均衡利率。

(三)流动性偏好利率理论

凯恩斯认为,货币对收入、产出和就业等均有重大影响,利息纯粹是一种货币现象,利率全由货币因素决定。利率是一种价格,使得公众愿意用现金形式(货币形式)来持有的财富,恰等于现有的现金量。流动性偏好和货币数量是构成利率的两大决定因素。该理论是货币数量均衡的利率理论。

引起流动性偏好的动机有三个：交易动机、预防动机和投机动机。交易动机和预防动机所需的货币量与利率无关，主要与收入有关；投机动机所需的货币量主要与利率相关。

总的货币需求为

$$MD = L = L_1(Y) + L_2(R)$$

式中，MD 表示货币需求；L 表示流动性偏好；$L_1(Y)$ 表示交易动机和预防动机所需的货币需求，与收入 Y 相关；$L_2(R)$ 表示投机动机所需的货币需求，与利率 R 相关。

货币供给是某一时期一个国家的货币总量，是由货币当局控制的，无弹性。若令 MS 表示货币供给，则 MD = MS 表示货币供给与货币需求相均衡，并依此决定利率，如图 3-2 所示。

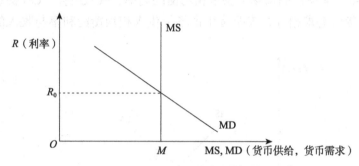

图 3-2 货币供给、货币需求与利率关系图

若社会总的货币供给量为 M，当货币的供求均衡，即 $M = L = L_1(Y) + L_2(R)$ 时，均衡的利率水平 R_0 将被决定。

（四）可贷资金利率理论

可贷资金利率理论试图把实际经济因素和货币因素进行综合考虑，从流量的角度研究借贷资金的供求和利率的决定。该理论认为利率取决于可贷资金的供求平衡。按照可贷资金利率理论，可贷资金的供给来源于两个部分：一是社会（包括家庭、政府和企业）的实际储蓄，在开放经济中，还包括来自外国资本的净流入；二是信用膨胀引起的货币供给净增额。可贷资金的需求也包括两方面：一是实际投资支出的需要，对于政府而言，则可能是弥补实际赤字额的需要；二是居民、企业增加货币持有的需要，用公式表示为

$$DL = I + \Delta MD；SL = S + \Delta MS$$

式中，DL 表示可贷资金的需求；SL 表示可贷资金的供给；I 表示投资；S 表示储蓄；ΔMD 表示该时期内货币需求的改变量；ΔMS 表示该时期内货币供应的改变量。当可贷资金供求双方相互作用达到平衡时，形成均衡的一般利率。均衡条件用公式表示为

$$DL = SL，即 I + \Delta MD = S + \Delta MS$$

从上式可以看出，即使投资与储蓄这一对实际因素的力量对比不变，货币供需增量的对比变化也足以改变利率。因此，可贷资金的供求均衡并不能保证产品市场和货币市场的同时均衡。从短期看，货币增量供求的不平衡或者投资储蓄的不平衡都会导致收入

水平的波动，通过货币因素的传导，均衡利率产生短期波动。从长期看，利率取决于实际经济因素，所以长期利率相对稳定。可贷资金利率理论借此解释了短期利率的易变性和长期利率的稳定性。

（五）IS-LM 利率论

这一理论由英国著名经济学家希克斯提出，经美国经济学家汉森进一步发展，是当代西方经济学中占支配地位的利率决定理论。希克斯认为，利率是一种特殊的价格，像其他价格一样，不能孤立地看待，必须从整个经济体系来研究利率的决定问题。

IS-LM 理论把古典利率理论和货币供求利率理论中提出的各种影响利率的因素综合起来，并放在不同的收入水平下研究这些因素对利率的影响。IS 曲线上各点均表示储蓄与投资相等，表明产品市场上供求相均衡的利率、收入组合。LM 曲线上各点均表示货币供给与货币需求相等，表明货币市场上供求相均衡的利率与收入的组合。如图 3-3 所示。

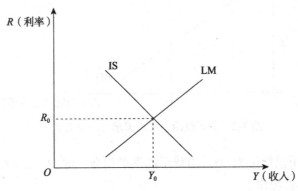

图 3-3　IS-LM 理论示意图

IS 曲线与 LM 曲线的交点表示货币市场和产品市场同时均衡的利率与收入的组合，在这点上所决定的利率 R_0 为均衡利率。

第三节　利率的计算

分期付款的现值

工薪阶层的小宋中了一张 500 万元的彩票，欣喜若狂，虽然兑奖方对他说要分 15 年期给他，但他心想：一年 33 万元，15 年加起来也是 500 万元，不都一样的吗。这时候他已经沉浸在了喜悦当中，甚至在想拿这 500 万元准备干什么。"是全球旅行还是买个大房子呢？"小宋心里喃喃道。但是当他回到家，把这条喜讯分享给学金融的老婆时，却被老婆浇了一盆冷水，"又不是一次性给你 500 万元，别这么嘚瑟，假如年利率算 5%，一年只发一次，15 年所有奖金放到今天只有 345 万元！相比一次性分发损失了 150 余万元！"小宋听到这顿时傻了眼，刚中奖时的那种兴奋劲仿佛消散了……

一、终值与现值

(一) 复利与终值

1. 单利与复利

单利与复利是两种不同的计息方法。单利是指以本金为基数计算利息,所生利息不再加入本金计算下期利息。中国政府发行的国债多采用单利。比如,财政部1986年向个人发的债券多采用单利为10%,借期为5年。我国银行存款的利息也是按单利计算的,如果老王在银行存款为100元,现在的年利为12%。第1年末,账户上的钱应该是112元,第2年的钱应该是124元,以此类推,第 n 年末的存款应为 $100(1+12\%n)$。

因此,单利的计算公式为

$$I = P \cdot R \cdot n$$
$$S = P + I = P(1 + R \cdot n)$$

式中,I 表示利息额;P 表示本金;R 表示利率;n 表示时间;S 表示本金与利息之和。

但是,在现实中,更有意义的往往是复利。复利也称利滚利,计算时要将每一期的利息加入本金一并计算下一期的利息。假如老王的账户上有100元,现在的年利为12%。第1年末,账户上的钱应该是

$$TV_1 = 100 \times (1 + 0.12) = 112 \text{(元)}$$

这112元就是100元在一年后的终值。最初的100元,在第1年末生成了12元的利息,而这12元的利息在第2年末又生成了1.44元的利息。换句话说,是对利息计息,因此叫复利。100元在第2年末的终值为

$$TV_2 = 100 \times (1.12)^2 = 125.44 \text{(元)}$$

第3年末为

$$TV_3 = 100 \times (1.12)^3 = 140.49 \text{(元)}$$

……

以此类推,第 n 年末的终值为:$TV_n = P(1+R)^n$。这里 P 为本金,R 为利率。这个公式是计算终值的最基本公式,很明显,利率越高,期限越长,终值越大。尽管我们这里讲的是利率,但复利的概念可以应用到很多场合,如一个公司的盈利为100 000元,且以12%的年增长率发展,那么从第1年到第5年末预期盈利见表3-1。

表3-1 某公司5年盈利计算

年	增长因子	预期盈利/元
1	1.120 0	112 000
2	1.254 4	125 440
3	1.404 9	140 490
4	1.573 5	157 350
5	1.762 3	176 230

2. 连续复利

现在我们假设100元的存款以12%的年利每半年支付一次利息,也就是说6个月

的收益是 12%的一半，即 6%。因此 6 个月末的终值为

$$TV_{1/2} = 100 \times (1 + 0.12/2) = 106（元）$$

年末终值为

$$TV_1 = 100 \times (1 + 0.12/2)^2 = 112.36（元）$$

这个数和一年计一次息的终值 112 元相比，多出 0.36 元是因为对第一个 6 个月的利息 6 元计算利息的缘故。如果一年中计息的次数增加，到了年底终值会越来越大。还用刚才的例子，假如一个季度支付一次利息，一年后的终值为

$$TV_1 = 100 \times (1 + 12\%/4)^4 = 112.55（元）$$

它比半年或一年的复利都要高。

一般地，若本金为 P，年利率为 R，每年的计息次数为 m，则 n 年末的终值公式为

$$TV_n = P(1 + R/m)^{mn}$$

例如，假定本金为 100 元，年利率为 12%，如果每季度支付利息，则第 3 年末的终值为

$$TV_3 = 100 \times (1 + 12\%/4)^{12} = 142.58（元）$$

每半年支付一次利息，第 3 年末的终值为

$$TV_3 = 100 \times (1 + 12\%/2)^6 = 141.58（元）$$

每年支付一次利息，第 3 年末的终值为

$$TV_3 = 100 \times (1 + 12\%)^3 = 140.49（元）$$

如果 m 趋近于 ∞，则 $(1 + R/m)^{mn}$ 项趋近于 e^{Rn}，其中 $e = \lim_{m \to \infty}\left(1 + \frac{1}{m}\right)^m$，它约等于 2.718 28。因此对于原始的存款 P，以连续复利 R 计算 n 年末的终值，得到 $TV_n = Pe^{Rn}$，这称为瞬时复利。

用上例，在连续复利下，100 元存款三年后的终值为

$$TV_3 = 100 \times e^{0.12 \times 3} = 143.33（元）$$

而以年、半年、季度和月计算的复利分别为 140.49 元、141.85 元、142.58 元和 143.25 元。因此，对于给定利率，在 n 年末的终值中，连续复利下的终值最大。

(二) 现值

我们知道一年以后的一元钱比现在的一元钱的价值小，道理很简单，如果老王现在有 1 元钱，他可以存银行，一年以后连本带利肯定大于 1 元钱。在没有任何通货膨胀的情况下，这个结论是成立的，如果有通货膨胀，一年以后的 1 元钱就更不值钱了。现值这个概念就是基于这一常识。在讨论现值这个概念时，我们先假定没有通货膨胀，如加入通货膨胀，则分析稍复杂一些，但基本道理是一样的。

1. 现值的概念

现值是指未来现金流量按照一定的折现率折合到现在的价值。如果从现在算起一年后我们要买 700 元的东西，现在的利率是 12%，那么我们需要把多少钱存入银行，一年后才能取出 700 元呢？如果用 A_1 代表一年后我们希望得到的钱数，PV 代表现在存入银行的钱数，R 代表利率，可以得到

$$A_1 = PV(1+R)$$

在这个例子中,这个公式就写成:$700 = PV(1 + 12\%)$

$$PV = 700/1.12 = 625（元）$$

将 625 元存入银行,一年后可以取出 700 元。换句话说,625 元是利率为 12%时一年后 700 元的现值。如果我们想在两年后取出 700 元,那么现值就由下面的公式计算:

$$PV = A_2/(1+R)^2 = 700/(1+12\%)^2 = 558.04（元）$$

我们看到,两年后 700 元的现值比一年后 700 元的现值要低,这就是货币的时间价值含义。上述公式中的利率 R 又被称为贴现率。

n 年后 1 元的现值可以用下式表示:

$$PV = 1/(1+R)^n$$

当 $n = 5$,即 5 年后 1 元的现值(假设贴现率为 8%):

$$PV = 1/(1+8\%)^5 = 0.680\ 6（元）$$

按贴现率为 8%计算的话,5 年后的 1 元相当于现在的 0.68 元。我们称 1 元的现值为贴现因子。一般来说,贴现率越高,贴现因子越小。随着贴现率的增加,现值开始下降,但递减的速度下降,因此两者之间是非线性关系。随着贴现率趋于∞,1 元的现值也趋于 0。

2. 系列现金流的现值

假如我们有一系列的现金流:第 1 年是 1,第 2 年是 2,第 3 年是 3,这一系列现金流的现值可以通过将每笔现金流的现值加总得到(假设贴现率为 8%):

第 1 年末收入 1 的现值:$1 \times (0.925\ 93) = 0.925\ 93$

第 2 年末收入 2 的现值:$2 \times (0.857\ 34) = 1.714\ 68$

第 3 年末收入 3 的现值:$3 \times (0.793\ 83) = 2.381\ 49$

总现值 5.022 10

一般地,系列现金流的现值可由下面的公式得到:

$$PV = \frac{A_1}{1+R} + \frac{A_2}{(1+R)^2} + \cdots + \frac{A_n}{(1+R)^n}$$

式中,A_n 代表第 n 年末的现金流量。

有一种特殊的系列现金流叫年金,它是周期性的等额现金支付。折旧、利息、租金通常表现为年金的形式。假设今后 3 年内每年的收入都为 1,贴现率为 8%,这一组年金的现值为

第 1 年末收入 1 的现值 = 0.925 93

第 2 年末收入 1 的现值 = 0.857 34

第 3 年末收入 1 的现值 = 0.793 83

总现值 2.577 10

年金的现值可以通过查年金现值系数表而简单地得到。

3. 连续复利下的现值

假如一年之内多次支付利息,此时现值的计算公式为

$$PV = \frac{A_n}{\left(1+\frac{R}{m}\right)^{mn}}$$

式中，A_n 为 n 年末的现金流；m 为每年计息的次数；R 为年贴现率。假定三年后可以收到 100 元，贴现率为 12%，且一季度计一次息，则

$$PV = \frac{100}{\left(1+\frac{12\%}{4}\right)^{4\times 3}} = 70.14（元）$$

如果是连续复利，那么现值的公式为

$$PV = \frac{A_n}{e^{Rn}}$$

若连续复利为 12%，则 3 年后的 100 元的现值为

$$PV = 100 / e^{0.12 \times 3} = 69.77（元）$$

我们把不同计息间隔下 3 年后的 100 元现值列一张表，见表 3-2。

表 3-2　不同计息间隔下 3 年后的 100 元现值　　　　　　　　　　元

计算间隔	现值
年	71.18
半年	70.50
每季度	70.14
月	69.81
连续	69.77

每年的计息次数越多，现值越小。这与计息次数与终值的关系正好相反，随计息间隔时间的缩短，现值递减的速度减小，最后等于连续复利的现值。

二、到期收益率

在金融市场上，存在着各种各样的债务工具，这些债务工具的计息方式各不相同。为了便于比较，我们需要有一个统一的衡量利息率高低的指标，这个指标就是到期收益率。本节介绍几种常见的债务工具及其到期收益率的计算方法。

（一）常见的债务工具

1. 普通贷款

这是一种最常见的融资方式，资金由贷方贷给借方，双方讲好还款的日期和利息，到期后连本带息一次性偿还。比如，工商银行贷给一位个体户 1 000 元，讲好贷期为一年，利率为 10%。一年后这位个体户要连本带息还给工商银行 1 100 元。

2. 分期付款的贷款

这种贷款是由贷方向借方提供一定量的资金，借方定期偿还一个固定的数额给贷方，双方要讲好借款的数额、还款的期限及每次偿还的数额等条件。比如小王借了 1 000

元的分期付款贷款，分 25 年还清，每年还 126 元。合同签好后，贷方立即贷给小王 1 000 元，小王以后每年还 126 元，一直到第 25 年还清为止。分期付款贷款的好处是简单，每次还款的负担小。消费者买汽车、买房子大多采用这种方式。一般分期付款贷款都采取按月还钱的方式，这里讲按年还钱，是为了讲解简单，基本道理是一样的。

3. 息票债券

这种债券的发行人按照债券的本金和票面利率定时向债券的所有者支付利息，到期后再将本金连同最后一期的利息一起支付给债券的所有者。不少国家的长期政府债券通常采取这种形式，利息是在债券发行时就定好的，而且是固定不变的。例如，彼得先生买了面值为 1 000 美元的政府债券，借期为 10 年，利息率为 10%。只要彼得持有这张债券不卖，美国的财政部就每年付给彼得先生 100 美元的利息，第 10 年底期满时，财政部将 1 000 美元的本金和最后一年的利息一起还给彼得。当然债券是可以自由买卖的，如果彼得半途将债券卖了，财政部就将以后的利息付给债券新的所有者。如果彼得先生持有这张债券三年半，然后卖掉，前三年利息彼得已收到，最后半年的利息由谁支付呢？一般来说是由债券新的所有者将这半年的利息付给彼得，也就是说，新的所有者除了要付债券的价格外，还要付彼得半年的利息。到第 4 年底付息时，财政部将全年的利息付给债券新的所有者。

4. 永久债券

永久债券与息票债券相似，它也是定期支付固定的利息，不同的是永久债券的期限无限长，没有到期日。永久债券最早是由英国政府在拿破仑战争时期所发行的。优先股由于股息率是相对固定的，而且没有到期日，所以它也可以被看作是一种永久债券。

5. 折扣债券（零息债券）

这种债券在发行时，以面值为基数给买债券者一个折扣，买债券者在持有债券期间得不到任何利息，债券到期时债券的发行人付给债券所有者面值的金额。

比如，一张面值为 1 000 元的债券，一年以后到期，现在卖 900 元，买债券者现在以 900 元买下，一年以后得 1 000 元，也就是债券的面值。折扣债券的利息实际上等于折扣价和面值之差。

（二）到期收益率计算

以上简单地介绍了五种最常见的债务工具，下面讨论一下怎样计算它们的到期收益率。计算到期收益率时要弄清几个问题。第一，你现在投下去的钱是多少，请注意债券的市场价格通常不等于它的面值。第二，债券或贷款什么时候到期，到期时你将拿回多少钱。第三，在到期之前你得到多少利息。弄清了这三个问题，再加上我们刚刚讨论过的现值的概念，到期收益率的计算就变得非常简单了。计算到期收益率只需解一个一元方程，方程的左边是今天出的本钱，方程的右边是将来收回本利的现值总和，方程的未知数就是要求的到期收益率。也就是说，到期收益率是使得债务工具未来收益的现值等于其今天的价格的贴现率。

1. 普通贷款

工商银行贷给一位个体户 1 000 元，这 1 000 元就是工商银行今天所贷出的本钱，一年以后那位个体户还给工商银行1 100元。我们把工商银行今天所付的本钱放在等式的左边,把工商银行一年以后所得还款的现值放在等式的右边:

$$1\,000 = 1\,100/(1+R)$$

请注意,1 100除以(1+R)就是一年以后的1 100元的现值。上述等式是个一元一次方程,其解为 $R=0.1$,即该笔普通贷款的到期收益率为10%,可见到期收益率和利息率是一回事。也许读者会说,这个问题太简单了,为什么要搞得这么烦琐呢?这里讲的是一个普遍的道理,懂得了这个道理,就能举一反三,解决比较复杂的问题。

2. 分期付款的贷款

小王向银行借了1 000元的分期付款贷款,分25年还清,每年还126元。要计算贷款银行的到期收益率,需要解一个方程式,这1 000元是小王今天拿到的钱,应放在等式的左边,等式的右边则是小王在未来25年还款现值的总数,于是我们有

$$1\,000 = \frac{126}{1+R} + \frac{126}{(1+R)^2} + \cdots + \frac{126}{(1+R)^{25}}$$

等式的右边有25项,第一项是小王一年以后第一次还款的现值,第二项是他第2年还款的现值。以此类推,这25项之和就是小王未来25年还款现值的总和。按照我们讲的原则,这25年还款现值的总和应等于小王今天所拿到的1 000元。在等式中只有一个未知数 R,即这笔分期付款贷款的到期收益率,其解为 $R=0.12$。这12%就是小王在这笔贷款中所支付的利率。

3. 息票债券

根据同样的道理,可知息票债券的到期收益率计算公式为

$$P = \frac{C}{1+R} + \frac{C}{(1+R)^2} + \cdots + \frac{C}{(1+R)^n} + \frac{F}{(1+R)^n}$$

式中,R 为到期收益率;P 为息票债券的市场价格;F 为息票债券的面值;C 为息票债券的年收入,它等于息票债券的面值 F 乘以票面利率;n 为债券的到期期限。

在公式中,如果我们已知债券的市场价格(当然,还有面值、票面利率和期限),便可求出它的到期收益率;反过来,如果我们知道债券的到期收益率,就可以求出债券的价格。从中不难看出,债券的市场价格越高,其到期收益率越低;反过来,债券的到期收益率越高,则其市场价格就越低。由此我们得到一个重要的结论,即债券的市场价格与其到期收益率呈反向关系。当市场利率上升时,到期收益率低于市场利率的债券将会被抛售,从而引起其价格的下降,直至其到期收益率等于市场利率。这就是人们通常会发现债券的价格随市场利率的上升而下降的原因。

由于息票债券的面值是固定的,而其价格又是随市场利率的变化而变化的,所以它们通常是不等的。可以证明,对于一年支付一次利息的息票债券,我们有下面的结论成立:

(1)如果息票债券的发行价格 = 面值,即平价发行,则其到期收益率等于息票利率;

(2)如果息票债券的发行价格 < 面值,即折价发行,则其到期收益率高于息票利率;

(3)如果息票债券的发行价格 > 面值,即溢价发行,则其到期收益率低于息票利率。

此外还可以观察到一个结论,即期限越长的息票债券,其价格受市场利率波动的影

响也越大。

在现实中，许多息票债券并不是一年支付一次利息，而是每半年支付一次利息，到期归还全部本金。这种息票债券的到期收益率（注意，它通常以年为单位）计算要比上面介绍的稍微复杂一些，其计算公式为

$$P = \frac{C/2}{\left(1+\frac{R}{2}\right)} + \frac{C/2}{\left(1+\frac{R}{2}\right)^2} + \cdots + \frac{C/2}{\left(1+\frac{R}{2}\right)^{2n}} + \frac{F}{\left(1+\frac{R}{2}\right)^{2n}}$$

例如，如果某公司以 12% 的年利率发行 5 年期的息票债券，每半年支付一次利息，当前的市场价格为 93 元，票面面值为 100 元，则上式变成

$$93 = \frac{6}{1+\frac{R}{2}} + \frac{6}{\left(1+\frac{R}{2}\right)^2} + \cdots + \frac{6}{\left(1+\frac{R}{2}\right)^{10}} + \frac{100}{\left(1+\frac{R}{2}\right)^{10}}$$

可以解出 $R = 14\%$。

如果债券在到期日之前就被卖掉了，持有期收益率并不等于到期收益率，持有期收益率是使利息的现值与卖出价的现值之和等于买入价的贴现率。如上例，用 116 元买入债券，但随后市场利率上涨，当两年后市场价格为 108 元时卖出债券，解下式：

$$116 = \frac{6}{1+\frac{R}{2}} + \frac{6}{\left(1+\frac{R}{2}\right)^2} + \frac{6}{\left(1+\frac{R}{2}\right)^3} + \frac{6}{\left(1+\frac{R}{2}\right)^4} + \frac{108}{\left(1+\frac{R}{2}\right)^4}$$

得持有期间的到期收益率 $R = 7\%$。

4. 永久债券

永久债券的期限无限长，比如英国政府的永久债券，没有到期日，定期支付利息。假设每年末的利息支付额为 A，债券的市场价格为 P，则其到期收益率 R 的计算公式为

$$P = \frac{A}{(1+R)} + \frac{A}{(1+R)^2} + \frac{A}{(1+R)^3} + \cdots$$

根据无穷递缩等比数列的求和公式可知，上式的右边等于 A/R，因此永久债券的到期收益率计算公式可以简化为

$$P = A/R$$

假设我们购买债券花了 100 元，每年得到的利息支付为 10 元，则到期收益率为

$$R = 10/100 = 10\%$$

我们说过，优先股也可以被视为一种永久债券。如一个公司的优先股面值为 100 元，每年的股息率为 8%，现在的市场利率为 10%，则优先股的市场价格就应该为

$$P = 8/10\% = 80（元）$$

5. 折扣债券

折扣债券不支付利息，折价出售，到期按债券面值兑现。如果按年复利计算，则其到期收益率计算公式为

$$P = \frac{F}{(1+R)^n}$$

式中，P 为债券价格；F 为面值；R 为到期收益率；n 为债券期限。

如果是按半年复利计算，则其到期收益率计算公式为

$$P = \frac{F}{\left(1+\frac{R}{2}\right)^{2n}}$$

假设某公司发行的折扣债券面值是 100 美元，期限是 10 年，如果这种债券的价格为 30 美元，那么根据

$$30 = \frac{100}{\left(1+\frac{R}{2}\right)^{20}}$$

就可解出其半年复利的到期收益率 $R = 12.44\%$。

如果市场利率为 14%，则按半年复利计算，这种债券的市场价格应为

$$P = \frac{100}{\left(1+\frac{0.14}{2}\right)^{20}} = 25.842（美元）$$

即投资人今天出 25.842 美元获得了 10 年后得到 100 美元的保证。

【专栏 3-1】 利率市场化

利率市场化是指金融机构在货币市场经营融资的利率水平。它由市场供求来决定，包括利率决定、利率传导、利率结构和利率管理的市场化。

利率市场化体现市场经济公平竞争的原则，反映真正的供需关系；让金融更好地支持实体，降低整个社会的融资成本，降低系统性风险。

我国利率市场化改革的长远目标是：建立以市场资金供求为基础、以中央银行基准利率为调控核心、由市场资金供求决定各种利率水平的市场利率体系的市场利率管理体系。

我国利率市场化改革按照先外币、后本币，先贷款、后存款，存款先大额长期、后小额短期的基本步骤，逐步建立由市场供求决定金融机构存、贷款利率水平的利率形成机制。

我国利率市场化改革从 1996 年正式启动，1999 年基本实现货币市场与债券市场利率市场化；2004 年我国利率市场化改革取得阶段性进展，就是实现了存款利率管上限、贷款利率管下限的阶段性目标，贷款利率可以在基准利率之上完全自由浮动，存款利率可以在基准利率及之下完全自由浮动；到 2013 年 7 月 20 日，我国利率市场化改革取得进一步进展，人民银行完全放开对金融机构贷款利率的下限管制。

2014 年 11 月 22 日，中国人民银行决定结合推进利率市场化改革，将金融机构存款利率浮动区间的上限由存款基准利率的 1.1 倍调整为 1.2 倍；2015 年 3 月 1 日，中国人民银行将金融机构存款利率浮动区间的上限由存款基准利率的 1.2 倍调整为 1.3 倍；2015 年 5 月 11 日，中国人民银行将金融机构存款利率浮动区间的上限调整为 1.5 倍；2015 年 8 月 26 日，中国人民银行决定，放开一年期以上（不含一年期）定期存款的利率浮动上限，活期存款以及一年期以下定期存款的利率浮动上限（1.5 倍）不变；2015 年 10 月 24 日起，中国人民银行决定对商业银行和农村合作金融机构等不再设置存款利

率浮动上限。

【专栏 3-2】 宏观调控的货币政策

货币政策是指政府或中央银行为影响经济活动所采取的措施，尤指控制货币供给以及调控利率的各项措施。

以降息为例，降息指中央银行增加货币供给，使基准利率下降，促进经济增长。西方经济学认为降息促进经济增长的机制是：随着利率的降低，人们将资金存入银行的预期收益减少，促使更多的人将资金留存在手中用于个人消费，从而促进经济增长。对于企业来说，降低贷款利率可以使企业融资成本降低，增加投资，促进经济增长。

近年来随着中国经济下行压力的逐渐增加，自2014年11月以来，人民银行先后四次下调贷款及存款基准利率，引导金融机构贷款利率持续下降。2015年7月，金融机构贷款加权平均利率为5.97%，自2011年以来首次回落至6%以下的水平，社会融资成本高的问题得到有效缓解。

当然货币政策也有其局限性。当名义利率极低、接近0利率水平时，有价证券的价格会达到很高，为避免因有价证券价格跌落而遭受损失，几乎每个人都愿意持有现金而不愿持有价证券。这意味着货币需求变得完全有弹性，人们对货币的需求趋向于无限大，表现为货币需求曲线的右端变成水平线。此时，货币当局即使增加货币供给也不能降低利率，从而不能增加投资影响经济。这就是"灵活偏好陷阱"，又称流动性陷阱。

负　利　率

小林鸣涧是日本东京某株式会所的一名普通员工，每天都会乘坐山手线去公司上班，在拥挤的地铁里用手机消磨时间对他来说是家常便饭。这天他像往常一样打开手机，看看今天早上及昨天发生的新闻。

眼前的一条新闻让小林眼前一亮，"我国央行宣布降息至-0.1%，从此开启负利率时代！"他感到十分疑惑，"难道以后把钱存在银行里面还要给银行钱？这不是变了相地让我们消费吗？"一头雾水的小林继续往下看，这才明白这次政策是央行针对金融机构的超额准备金实施的，跟个人储户并没有直接关系。

请思考：

1. 什么是负利率？此货币政策最早是由哪个国家实施的？
2. 探讨日本实施负利率政策的原因。
3. 实施负利率政策是否真的能够达到央行的预期目标呢？请对该政策实施的影响进行分析。
4. 日本及欧元区实施负利率政策对我国的货币政策有怎样的启示及建议？

案例讨论分析

【本章小结】

利率是衡量利息水平高低的指标，它有多种分类标准。在现实经济生活中，要特别注意名义利率和实际利率的区分。实际利率有两种,一种是事后的实际利率,它等于名义利率减去实际发生的通货膨胀率;一种是事前的实际利率,它等于名义利率减去预期的通货膨胀率,人们在作出经济决策时,往往依据的是事前的实际利率。

现值是指未来现金流量按照一定的折现率折合到现在的价值。到期收益率则是指使债务工具的现值等于其现在价格的折现率。利用到期收益率这一概念,我们能够对市场上纷繁复杂的各种债务工具的利率水平进行比较。

【复习思考题】

1. 简述凯恩斯流动性偏好利率理论的主要内容。

2. 如何评价三种利率决定理论?(古典学派的真实利率理论、流动性偏好利率理论、可贷资金利率理论)

3. 试比较名义利率和实际利率,并阐明判断货币政策松紧的标准。

4. 张某以 900 元的价格购买一张面额为 1 000 元的 1 年期国库券,1 年后按照 1 000 元的现值偿还。计算该债券的到期收益率与贴现收益率。

5. B 公司在 2001 年 2 月 1 日购买一张面额为 1 000 元的债券,其票面利率为 8%,每年 2 月 1 日计算并支付一次利息,并于 5 年后的 1 月 31 日到期。该公司持有该债券至到期日。

(1)当以 1 000 元的价格购买该债券时,计算其到期收益率;

(2)当以 1 105 元的价格购买该债券时,计算其到期收益率;

(3)当以 900 元的价格购买该债券时,计算其到期收益率;

(4)比较以上三个计算结果,得出什么结论?(提示:根据债券是平价发行、溢价发行、折价发行,其到期收益率与票面利率的关系。)

6. 李某于 2000 年 1 月 1 日以 120 元的价格购买了面值为 100 元、利率为 10%、每年 1 月 1 日支付一次利息的 1999 年发行的 10 年期国库券。

(1)若李某持有该债券到 2001 年 1 月 1 日以 125 元的价格卖出,则该债券的当期收益率是多少?资本利得率是多少?持有期收益率是多少?三者有何关系?

(2)若此人持有该债券到 2005 年 1 月 1 日以 140 元的价格卖出,则该债券的持有期收益率是多少?

【进一步阅读书目】

1. 易纲,吴有昌. 货币银行学[M]. 上海:格致出版社,2014.
2. 米什金. 货币金融学[M]. 9 版. 北京:中国人民大学出版社,2011.
3. 郑道平. 货币银行学原理[M]. 6 版. 北京:中国金融出版社,2009.
4. 范从来,姜宁,王宇伟. 货币银行学[M]. 南京:南京大学出版社,2013.
5. 胡庆康. 现代货币银行学教程[M]. 5 版. 上海:复旦大学出版社,2014.

第四章

金融市场

【本章学习目标】

通过本章学习,学生应该能够:
1. 了解什么是金融市场;
2. 了解金融市场各主体的行为;
3. 了解金融市场的类型和特点;
4. 理解金融市场的运作机制;
5. 熟悉和掌握各个子市场的金融资产的定价及相互关系。

全球央行大放水对金融市场的影响

2020年新冠肺炎疫情的突然来袭,使全球多个国家经济受损严重,为了尽快摆脱这种经济困境,以美国为首的12个发达经济体选择通过印钞来盘活经济。彭博社数据显示,八大经济体当年的货币供应增加14万亿美元,这大大超出了2008年金融危机时向市场注入的流动性。据不完全统计,2020年全球有68家央行降息次数高达207次,总共"大放水"约100万亿美元。这在一定程度上缓解了流动性危机,降低了流动性危机转变为货币危机的可能。同时,国际大宗商品的价格大幅上涨,涨幅大约是20%~50%,其中铁矿石价格全年累计上涨超50%。标普的数据显示,2020年年末全球股市市值增加了16%,达到104万亿美元,这是历史上首次突破100万亿美元,其中,全球股市市值增幅的近1/3都来自中国企业的股票。试分析资本市场价格上涨的原因。

引导案例分析

第一节 金融市场概述

一、金融市场的含义

金融市场是指以金融产品为交易对象而形成的供求关系及其机制的场所。金融产品可以是股票、债券、商业票据、可转让大额定期存单、共同基金等。另外,金融市场还为主体提供防范金融产品价格波动风险的工具,如远期、期货、互换和期权等金融衍生品。金融市场的参与者通过金融市场可以获取资金、获得投资收益、转移风险、进行投机套利。央行可以通过金融市场实施调节货币政策，监管部门可以根据金融市场运行状况制定不同的监管政策，以维护金融市场的稳定运行。

二、金融市场的运行机制

金融市场有赖于通过良好的市场机制来实现各种交易活动。运行良好的金融市场可以发挥信号系统和调控机制引导经济资源的优化配置，对国家整体经济的发展发挥着极其关键的作用。在一个有效的金融市场上，信息可以通过各种金融资产的价格以及市场指标及时、准确地反映出来，资金在价格信号的引导下向收益率高的部门和行业流动，实现资源的有效配置。价格机制是金融市场运行的重要基础，完善的法律制度、高效率的交易方式是其顺利运转的可靠保障。

三、金融市场的资金流动

在金融市场上，资金需求方以支付一定的利息为代价寻求资金，而资金供给方则愿意在一定时期内借出资金以获得投资收益。资金需求方也称资金赤字方，通过出售金融资产或发行金融证券来弥补资金缺口；资金供给方也称资金盈余方，通过购买赤字方出售或发行的金融资产或证券进行投资。如果资金的融通直接发生在需求方和供给方之间且不需要借助金融中介的介入，即为直接融资市场，包括股票发行市场、债券发行市场等。如果资金的融通通过金融中介进行，则是间接融资市场，包括存贷款市场、期货市场等。直接融资市场对交易双方来说成本相对较低，但门槛比较高，中小经济主体很难直接参与。间接融资市场的交易成本要高些，因为金融中介要收取一定的费用，但是参与者较少受限制，比如往银行存钱，几十元、几百元也可以存。直接融资市场和间接融资市场都是金融市场非常重要的部分，一般来说，越是发达的金融市场，金融制度的设计越合理，信用体系越成熟，交易方式也越先进、效率越高，越有利于直接金融市场和间接金融市场的运行与发展。如图4-1所示。

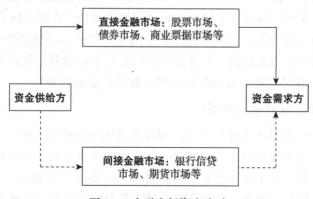

图4-1　金融市场资金流动

四、金融市场的参与者

金融市场的参与者有政府部门、中央银行、金融机构、工商企业、个人等。此外，国外金融机构、跨国公司和外国居民也在一定条件下被允许参与。政府部门可以通过发行国债或地方政府债券融资，也可以进行投资活动，还可以到国际市场上进行投融资。比如中国是美国国债的第二大持有国、盛产石油的阿拉伯地区的主权基金向发展中国家投资等。央行既要在金融市场中频繁交易以实现国家货币政策、稳定经济运行，还要对金融市场活动进行监管。工商企业在经营发展中不可避免地产生对资金短期或中长期的需求，需要通过发行证券、出售金融资产或银行贷款来融资，企业的富余资金也可以从事投资活动。个人可以将积蓄存入银行、购买股票或基金等来获得利息或投资回报，个人在进行贷款买房或其他消费时就体现了其资金需求。

最特殊的参与者是金融机构，它也是金融市场上最重要的参与者。金融机构不仅自身广泛地参与各项金融活动，而且给其他参与者提供平台和便利，有力推动了金融市场的运转。金融机构是金融市场上最大的买方和卖方，不仅为了自身运营进行投融资活动，也为潜在的和实际的金融交易双方创造条件交易。根据能否吸收存款，金融机构可分为存款性金融机构和非存款性金融机构。商业银行和储蓄机构是存款性金融机构；证券公司（securities company）、保险公司、投资基金以及养老基金，还包括从事咨询服务、风险投资和信用评级等机构是非存款性金融机构。

五、金融市场的类型

按不同的分类标准可以将金融市场分成不同的类型：按金融产品期限可分为货币市场与资本市场；按标的物可分为外汇市场、黄金市场、衍生品市场；按是否通过金融中介进行交易分为直接金融市场与间接金融市场；按证券交易的不同阶段分为发行市场与流通市场等；按是否有固定场所交易分为场内交易市场与场外交易市场；按地域可分为国内金融市场与国际金融市场。本章主要介绍货币市场、资本市场和金融衍生品市场，外汇市场相关知识将在第十一章进行介绍。

（一）货币市场与资本市场

货币市场交易的金融工具期限在一年以内，属于短期投融资市场；资本市场交易的金融工具期限在一年或一年以上，属于中长期投融资市场。货币市场主要是保持金融资产的流动性，参与者以政府、金融机构和企业为主。货币市场的价格由市场供求决定，能够及时反映市场资金供求状况。资本市场包括银行中长期存贷款市场和证券市场。除了期限和金融工具不同，两个市场在风险和收益等方面也有差异。

（二）外汇市场与衍生品市场

顾名思义，外汇市场从事外汇交易。国际贸易的发展推动了外汇市场的快速发展，跨国公司的外汇收支需要在外汇市场交易，金融机构常常具有外币敞口风险，为了减小或避免汇率波动风险，外汇衍生品也被跨国公司和金融机构普遍应用。

金融衍生品市场相对复杂，是以传统金融工具为标的物的衍生产品交易的市场。衍生品市场从20世纪80年代起快速增长，起初是为了规避农产品价格风险，接着为了满足汇率、股市等避险需求，从商品领域扩大至金融领域，并从美国推广到欧洲、亚洲，呈现爆发式增长。

(三)发行市场与流通市场

发行市场是一级市场,即股票、债券等初次发行上市、由投资者首次认购的市场。流通市场是二级市场,是股票、债券等转手买卖的市场。二级市场越发达,相关金融工具的流动性状况就越好。

(四)场内交易市场与场外交易市场

在固定交易场所内进行的交易,我们称为场内交易,没有固定交易场所的交易为场外交易。比如上海证券交易所、深圳证券交易所、中国金融期货交易所等都属于场内交易市场,外汇交易、远期和互换交易一般是场外交易。有的金融工具既有场内交易又有场外交易,比如股票、期权等。场内交易的金融产品是交易所设计的标准化产品,流动性较好,而场外交易的金融产品一般是根据个体需求设计出来的,流动性相对较差。

六、金融市场的发展

近半个世纪以来,金融市场创新层出不穷,主要表现为金融市场的自由化、工程化和全球化。金融市场的自由化兴起于美国,20 世纪 70 年代美国经济处于滞胀,市场去监管化的情绪越来越严重,随着银行业危机的发展,对利率的限制法规逐一被废除,为了促进经济发展,以金融支持实体经济,政府去除了不利于金融市场发展的一些法规。金融市场的工程化浪潮与冷战结束有关,冷战结束后,本来是研究军备武器的顶尖物理科学家不再有用武之地,不得不转向其他领域,而其中有些就进入华尔街。他们运用惊人的数理能力在金融市场上创造了复杂的数学模型,用以度量投资收益和风险水平。

金融市场在快速发展过程中,尤其表现出各个子市场的联系更加紧密、国际金融市场的联系更加密切的特征。各国金融市场的界限越来越模糊,一个国家的金融市场的波动往往迅速波及其他国家。如果美国股票市场波动,那么欧洲股票市场、澳大利亚股票市场以及亚太股票市场很容易受到波及。

第二节 货币市场

假设福特汽车对消费者购买福特轿车提供贷款,那么它可以通过发行商业票据来获得贷款资金来源。中国工商银行(Industrial and Commercial Bank of China,ICBC)需要补充短期流动性时,可以通过同业拆借、发行大额可转让定期存单或同业存单等筹措大额资金。中国人民银行面临市场流动性不足时,可以通过下调存款准备金率、再贴现、购买国债等途径来释放流动性以达到货币政策目标。本节介绍货币市场及货币市场证券,从中你可以了解货币市场对经济主体特别是金融机构如此重要的原因。

一、货币市场概述

(一)货币市场的含义

货币市场并不是交易货币的市场,而是交易短期证券的场所。短期证券期限不超过一年,因此流动性好,非常类似于货币,故称为货币市场。货币市场具有证券期限短、风险低和流动性好的特点。货币市场还是一个批发市场,它的大部分交易规模都很大,往往是百万级别以上的大笔交易,这使得大多数个人投资者不能直接参与到货币市场中去。政府、金融机构和企业通过发行货币市场证券进行短期融资或买卖货币市场证券来满足短期投融资需求。

(二)货币市场的参与者

货币市场的参与者广泛,包括金融机构、企业、政府、居民等,但各个子市场的参与者有所不同(表4-1)。同业拆借市场一般是金融机构之间进行短期资金融通的场所;短期国债市场的参与者有金融机构、政府和居民;货币市场共同基金的参与者有金融机构和中小投资者。另外,获得监管部门允许的外资银行等也可以参与货币市场交易。

表4-1 货币市场的参与者

参与者	作用
中国财政部	发行国库券为国内债务融资
中国人民银行	买卖国债作为控制货币供给的主要工具;再贴现
金融机构	购买国债;发行存单;发放短期贷款;签发银行承兑汇票;正回购;逆回购
企业	发行商业票据
个人	购买货币市场共同基金

二、同业拆借市场

(一)同业拆借市场的含义

同业拆借市场是金融机构之间短期资金调剂和融通的市场。我国最早发展的货币子市场就是同业拆借市场,其发展程度相对较为成熟,它既是金融机构之间融通短期资金的场所,也是中央银行进行货币政策操作的场所,对金融市场的发展与完善起着基础性的作用。

(二)同业拆借市场的发展

同业拆借市场的出现源于存款准备金制度的实施。1913年美国通过的《联邦储备法》规定会员银行必须按存款数额的一定比例缴纳法定存款准备金,以保证银行的存款支付能力及控制银行信用的扩张。商业银行的存款余额总在发生变动,法定存款准备金额也随之变化,因此很难恰好等于央行准备金存款账户上的余额。有的商业银行实际资金超过法定准备金,而有的又低于法定准备金,于是双方之间可进行资金头寸调剂,超额储备银行可以从中获得出借资金的利息,而储备不足的银行可以达到法定监管要求。在经过长期的发展之后,同业拆借市场的交易内容、开放程度、融资规模和交易主体都发生了变化。

(三)同业拆借利率

同业拆借资金的成本为同业拆借利率,它由市场资金供求状况决定,是高度市场化的利率,能迅速反映货币市场资金供求的变动情况,是整个货币市场的基准利率。国际上比较重要的同业拆借利率有伦敦银行间同业拆借利率(London Interbank Offered Rate,LIBOR),它是全球范围内很多金融工具及衍生品种的定价基准。我国的上海银行间同业拆放利率(Shanghai Interbank Offered Rate,SHIBOR)自2007年开始运行,如今已经成为我国金融市场重要的基准利率。表4-2显示了2021年3月17日的各个期限SHIBOR。

表 4-2   SHIBOR 报价   %

日期	O/N	1W	2W	1M	3M	6M	9M	1Y
2021/3/17	1.968 0	2.167 0	2.170 0	2.570 0	2.704 0	2.832 0	2.999 0	3.100 0

数据来源：http://www.shibor.org/shibor/ShiborTendaysShow.do.

【专栏 4-1】 我国上海银行间同业拆放利率

我国上海银行间同业拆放利率由同业拆借中心主管，基本类型包括隔夜、1周、2周、1个月、3个月、6个月、9个月及1年一共八种。计算方法如下：每个交易日同业拆借中心对接收到的每一期限品种的拆出利率数据，剔除最高、最低各4家报价，对其余报价进行算术平均计算后，得出每一期限品种的SHIBOR，于每日上午11:00对外公布。SHIOBOR报价银行团包括工行、农行、中行、建行、交行、招商、中信、光大、兴业、浦发、华夏、广发银行、北京银行、上海银行、汇丰中国、渣打银行、邮储银行、国开行18家银行。

资料来源：上海银行间同业拆放利率官网. 上海银行间同业拆放利率简介. (2019-10-08). http://www.shibor.org/shibor/web/html/index.html.

三、国库券市场

（一）国库券的含义

国库券是中央政府发行的一年到期的债务工具。中央政府可以通过发行国库券来弥补财政赤字、扩大支出，央行也可以通过国库券的买卖来实施货币政策。主权政府的信用级别很高，国库券的期限短，所以投资者认购和交易的热情很高。国库券认购起点低，面值一般为100元，中小型投资者也可以购买。

（二）国库券收益率

国库券以贴现方式发行，其收益的计算方法有三种：银行贴现收益率、债券真实收益率和债券等价收益率。银行贴现收益率 < 债券等价收益率 < 债券真实收益率。其计算公式分别如下：

$$银行贴现收益率 Y_{BD} = \frac{F-P}{F} \times \frac{360}{t} \times 100\%$$

$$债券真实收益率 Y_E = \left[1 + \left(\frac{F-P}{P}\right)\right]^{365/t} - 1$$

$$债券等价收益率 Y_{EE} = \frac{F-P}{P} \times \frac{365}{t} \times 100\%$$

式中，F 为面值；P 为价格；t 为剩余天数。

四、回购市场

（一）回购协议与逆回购协议

回购协议分为正回购协议和逆回购协议。正回购协议的买方为资金需求方，期初以出售回购证券获得所需资金,协议到期时以更高的价格买回之前的回购证券。卖方则为资金供给方,期初提供资金获得回购证券,协议到期时收回本息并交付回购证券。回购协议履行期间回购证券不必交付给对方,可以由第三方代为托管。我国分为质押式回购协议和买断式回购协议,前者的规模要大得多。

回购协议签订时,资金获得者为协议买方,通过出售债券等高质量资产获得大笔资金;回购协议到期时,资金获得者购回期初出售的债券资产,并支付比之前出售更高的价格,差价部分为资金供给方也就是投资者的收益。

(二)回购利率的影响因素

回购市场的参与者一般是金融机构和企业。回购利率主要由市场供求决定,受到货币市场基准利率、回购期限、证券质地等因素的影响。一般来说,回购期限越长,证券质地越好,回购利率就越高。

五、商业票据市场

(一)商业票据的含义

商业票据是一种较为传统的金融工具,它的快速发展主要是得到了美国的许多大型企业和商业银行的重视,当时受美国利率上限的限制,企业得不到银行短期贷款,商业银行存款面临货币市场共同基金的严重分流,从而纷纷开始发行商业票据以获得短期资金。

商业票据是大企业发行的短期无担保债务凭证,也以贴现的方式发行。票据贴现率由市场供求决定。票据发行后可以转让,但是由于商业票据期限短,二级市场并不发达。商业票据发行一般要有信用评级,信用评级越高,违约风险越低。美国监管当局规定货币市场共同基金只能购买投资级别以上评级的商业票据。

(二)我国商业票据市场的发展

我国的商业票据市场起步较晚,规模相对较小。1996年,《中华人民共和国票据法》实施。2000年,第一个专业化票据经营机构——中国工商银行票据营业部在上海成立。2003年,中国票据网上线运行。我国短期融资券本质上是商业票据,后来中小企业集合票据出现,弥补了小企业信用基础薄弱、难以发行商业票据的不足。商业票据的发展依赖于良好的信用制度,这也是在我国发展过程中遇到的瓶颈。目前我国政府大力扶持信用基础建设,针对个人的征信体系和企业的信用体系正在积极建设中,这将有利于我国商业票据市场的发展。

六、银行承兑汇票市场

(一)银行承兑汇票的含义

银行承兑汇票是银行根据企业真实贸易订单,签发并承诺到期兑付的凭证,是企业借助银行信用实施短期资金融通的金融工具。除了银行承兑汇票,承兑汇票还有商业承兑汇票,但我国银行承兑汇票交易规模要大得多。

（二）银行承兑汇票的作用

银行承兑汇票对经济实体起到重要的支持作用。由于存在信息不对称，贸易双方可能会遭遇违约风险，比如出口商货物已交付，进口商却不如期支付货款，这阻碍了国际贸易的顺利进行。运用银行承兑汇票就可以较好地解决以上问题。在国际贸易中，进口商先向本国商业银行开信用证，再将信用证寄给出口商。出口商将信用证出示给本国商业银行，获得由本国商业银行签发的银行承兑汇票。当进口商验收货物后，出口商可将银行承兑汇票进行承兑，即从银行处获得货款。可见，贸易双方的货款交付变成了银行与企业、银行与银行之间的资金往来，信用风险不再由企业承担，而由双方所在国的商业银行承担，银行也能通过提供信用而获得金融服务费用。

（三）银行承兑汇票的流通

银行承兑汇票到期前可以进行贴现、转贴现或再贴现。企业在到期前可以将银行承兑汇票向商业银行进行贴现，持有银行承兑汇票的商业银行可以在其到期前向其他商业银行进行转贴现。当商业银行流动性紧张时，可以将票据向央行进行再贴现以获得资金。

七、货币市场共同基金

（一）货币市场共同基金的产生

货币市场共同基金首先在美国出现。当时美国经济通货膨胀率居高不下，而法规规定了商业银行的存款利率上限，储户的存款收益几乎是负利率。货币市场共同基金应运而生，它不受美国法规存款利率上限的限制，故而可以支付给投资者较高的利息，银行储户存款纷纷转而投资货币市场共同基金，其规模迅速扩大。目前，在发达市场经济国家，货币市场共同基金在全部基金中所占比重最大。

（二）货币市场共同基金的含义

共同基金是聚集众多小额投资者的资金，再由专业经理进行管理投资，按投资份额支付投资者收益的组织形式。货币市场共同基金是管理者将资金主要投资于货币市场工具的共同基金，如同业存款协议、商业票据、国库券、可转让大额定期存单等。它一般是开放式基金。

目前我国的余额宝本质上属于货币市场共同基金，中小投资者可以不限额度地购买余额宝，获得相应的投资收益，可以随时支取。

【专栏 4-2】余额宝的兴起

余额宝是支付宝推出的余额增值服务，把钱转入余额宝中就可获得一定的收益，实际上是购买了一款由天弘基金提供的名为"增利宝"的货币基金。余额宝内的资金还能随时用于网购消费和转账。2013 年 6 月上线，在不到 7 个月的时间里，余额宝很快成为中国最成功的货币市场基金，并使其资金管理方——天弘基金管理有限公司（Tianhong Asset Management）成为中国最大基金公司，超越了华夏基金管理有限公司（China Asset Management），而后者曾 7 年蝉联中国第一大基金管理公司。余额宝的资产规模超过了人民币 4 000 亿元，用户总数超过了 4 900 万人。据英国《金融时报》基于官方数据的计算，自 2013 年 6 月以来，中国企业和个人每向中国各银行存入 12 元人民币,就会往余额宝户头存入约1元人民币。百度2013年10月推出了一款类似的产品,随后腾讯也加入这股热潮中来,线上的竞争变得愈加激烈。惠誉指出,截至2014年12月,中国货币市场基金总资产规模暴增了6倍,达到2.2万亿元,这种扩张主要是受到互联网散户投资相关基金的推动,到2013年年底,散户投资者的资金在其中占比超过了70%,余额宝占货币市场基金总资产规模的26%。尽管与中国银行体系的存款总额相比,余额宝吸纳的资金仍然很少,但资金从银行流向余额宝的速度正在不断加快。

资料来源:参考消息网. 英媒:余额宝. 不断吸引中国储户,挑战传统银行. [EB/OL]. (2013-12-24). http://www.finance.cankaoxiaoxi.com/2013/1224/321811.shtml.

八、可转让大额定期存单市场

(一)可转让大额定期存单的含义与特点

可转让大额定期存单是商业银行发行的、不记名的可以流通转让的存款凭证。可转让大额定期存单的创新对银行进行主动负债管理、补充流动性具有重要意义。可转让大额定期存单与定期存款有较大区别。可转让大额定期存单期限较短、不记名、可以流通转让、额度较大、不能提前支取,计息方式较为灵活,可以以固定利率或浮动利率计息;定期存款期限可选择、实名存款、不能转让、额度可以选择,在放弃定期利息的情形下可以提前支取,一般以固定利率支付利息。

(二)我国可转让大额定期存单市场的发展

2013年底,我国在银行间市场推出同业存单。2015年8月底,我国允许面向机构和个人发行可转让大额定期存单,包括1个月、3个月、6个月、9个月、1年、18个月、2年、3年和5年9个品种。机构的认购起点为1 000万元,个人认购起点为30万元。

【专栏4-3】 面向企业和个人的大额存单正式推出

大额存单是由银行业存款类金融机构面向非金融机构投资人发行的记账式大额存款凭证。从国际经验看,不少国家在存款利率市场化的过程中,都曾以发行大额存单作为推进改革的重要手段。从中国情况看,近年来随着利率市场化改革的加快推进,除存款外的利率管制已全面放开,存款利率浮动区间上限已扩大到基准利率的1.5倍,金融机构自主定价能力显著提升,分层有序、差异化竞争的存款定价格局初步形成。同时,同业存单市场的快速发展也为推出面向企业和个人的大额存单奠定了坚实基础。

2015年6月2日,人民银行正式发布《大额存单管理暂行办法》,6月15日,市场利率定价自律机制核心成员正式启动发行首期大额存单产品。大额存单推出以来,发行工作稳步推进,发行规模逐步提高,期限品种日益丰富,发行主体范围有序扩大,市场反应总体良好。截至2015年7月末,大额存单累计发行554期,发行总量为6 816亿元。从期限品种看,目前已发行存单包括1个月、3个月、6个月、9个月、1年期、18个月、2年期和3年期共8个期限品种,其中1年期与1个月期品种市场需求最高,占比分别为44.4%和18.5%。从认购情况看,企业客户认购大额存单较为踊跃,面向企业大额存单共发行5 730亿元,占总发行量的82.9%。虽然受个人客户认知度等因素影响,发行人计划发行的面向个人大额存单较少,但个人客户认购积极性超出发行人预期,面向个人的大额存单共发行1 186亿元,占总发行量的17.1%。从发行利率看,各期限存单利率接近相应期限存款基准利率的 1.4 倍，并低于相应期限的保本理财产品收益率。7 月 30 日，大额存单发行主体范围由市场利率定价自律机制核心成员扩大到基础成员中的全国性金融机构和具有同业存单发行经验的地方法人金融机构及外资银行，机构个数由 9 家扩大至 102 家。

总体而言，大额存单的推出是利率市场化改革的重要举措，有利于有序扩大负债产品市场化定价范围，健全市场化利率形成机制；有利于进一步培养金融机构的自主定价能力，促进金融机构加快业务转型，实现可持续发展；有利于培育企业、个人等市场参与者的市场化定价理念，为继续推进存款利率市场化进行有益探索并积累宝贵经验。同时，通过规范化、市场化的大额存单部分替代理财等高成本负债产品，对于降低社会融资成本也具有积极意义。下一阶段，人民银行将通过逐步扩大存单发行主体范围、促进存单二级市场交易等方式，继续推动大额存单市场发展，有序推进存款利率市场化改革。

资料来源：2015 年第二季度中国货币政策执行报告[EB/OL]. (2015-08-07). http://www.pbc.gov.cn/zhengcehuobisi/125207/125227/125957/2161441/2926066/index.html.

第三节 资 本 市 场

一、资本市场概述

（一）资本市场的含义

资本市场是一年期及以上期限的金融工具交易的场所，以满足中长期经济主体投融资的需求。资本市场包括长期借贷市场和长期证券市场。在长期借贷市场中，主要是银行对个人提供的消费信贷；在长期证券市场中，主要是长期债券市场和股票市场。

（二）资本市场的参与者

资本市场的参与者有金融机构、政府、企业和个人投资者等，这些参与者既可以是资金的需求者，也可以是资金的供给者。金融机构既是资本市场的中介人同时也是投资者，金融机构作为机构投资者在市场中具有支配性的作用。政府可以在资本市场中发行中长期债券获得长期资金支持；企业可以通过股票上市从资本市场融资，投资者可以通过买卖股票在资本市场投资；经济主体可以购买中长期债券来获得收益。

二、债券市场

（一）债券市场的类型

按发行主体的不同，债券可分为政府债券、公司债券和金融债券。政府发行中长期债券，可以平衡政府收支、获得长期资金支持用于大型工程的建设，除了中央政府，地方政府也可发行债券融资，以支持当地基础设施的建设。中央政府债券以主权政府信誉为担保，违约风险几乎为 0，故也称之为"金边债券"。金融债券为金融机构发行的债券。另外，国外多边金融机构在我国发行以人民币计价的债券，称为"熊猫债券"。

按计息方式不同，债券可分为浮动利率债券和固定利率债券，前者以市场利率基础上加减基点确定，后者是固定利息支付。对于融资者而言，浮动利率支付在利率走低的环境下有利，固定利率在利率走高的环境下有利。对于投资者而言，浮动利率可使其收益在利率上升的环境下增加，固定利率导致其收益在利率走低的环境下得到保障。

（二）债券的信用评级

债券发行一般由专业的信用评级公司进行债券评级，评级高低在一定程度上能够揭示债券信用风险的大小，以供投资者参考、进行风险防范。政府债券的信用风险很低，金融债券次之，公司债券信用风险最高。风险与收益一般成正比关系，那么比较债券收益率，政府债券最低，金融债券次之，公司债券应最高。

（三）债券价值的影响因素

债券价值与利息率、贴现率、违约风险、是否含有可转换或可赎回权利等因素有关。在考虑债券价值的某个影响因素时，假设其他影响因素不变。

债券定期支付的利息是由债券面值与利息率的乘积得到的。显然，利息率越高，定期利息就越多。当利息率高于贴现率时，债券为溢价债券，到期前债券价格将高于面值，随着到期日的临近，债券价格逐渐降低至面值。当利息率低于贴现率时，债券为折价债券，债券价格逐渐升高至面值。若利息率和贴现率相同，债券为平价债券，债券价格在有效期内与面值相等。如图4-2所示。

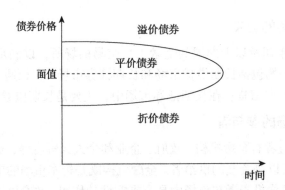

图4-2 溢价债券、折价债券与平价债券

债券的当前价值为未来一系列现金流现值之和，即债券当前价值与贴现率成反比。贴现率越高，现金流现值之和越小，债券价值越低，反之债券价值越高。

债券的违约风险与价值成反比。违约风险越大，意味着债券价值越低，或者说投资者为购买该债券愿意支付的价格越低。

有些债券含有其他附加权利。可转换债券赋予债券持有者一项权利，即在一定期限内，能按照一定的转换比例将该债券转换为一定数量的股票。如果债券转换为股票后的价值要高些，投资者将实施该转换权利。但若转换后的价值要低些，投资者可以放弃该权利，到期后该权利自动终止。假设某可转换债券的市场价格为900元，转换比率为30，当时对应股票的价格为35元，那么转换后的股票价值为1 050元，高于目前债券的市场价格，那么持有者将进行转换。当时对应股票的价格为25元，转换后的价值750元，低于目前债券的市场价格，持有者将不会进行转换。因为可转换债券给投资者附加了权利,故其价值要比普通的债券价值高些。可赎回债券也赋予债券发行者一项权利,即过了一定期限后,能够按约定的价格赎回该债券。可赎回债券有利于发行者,不利于投资者,故而对于投资者而言,债券价值相应也低些。

(四)债券内在价值

债券理论价格为所有现金流现值之和。债券面值是一定的,只要确定债券有效期内贴现率和所有利息,就可以计算得到债券理论价格。按债券利息支付方式和期限,债券可分为零息债券(zero-coupon bond)、附息债券(level-coupon bond)、统一公债(consols)。

1. 零息债券

零息债券是一种以低于面值的贴现方式发行、不支付利息、到期按债券面值偿还的债券。

零息债券的内在价值公式为

$$V = \frac{A}{(1+y)^T}$$

其中,V 为内在价值;A 为面值;y 为该债券的预期收益率;T 为债券到期时间。

2. 附息债券

附息债券是按照票面金额计算利息的债券,票面上可附有作为定期支付利息凭证的息票,也可不附息票,是最普遍的债券形式。

附息债券的内在价值公式为

$$V = \frac{c}{(1+y)} + \frac{c}{(1+y)^2} + \frac{c}{(1+y)^3} + \cdots + \frac{c}{(1+y)^T} + \frac{A}{(1+y)^T}$$

式中,c 为债券每期支付的利息。

3. 统一公债

统一公债是一种没有到期日的特殊的定息债券。最典型的统一公债是英格兰银行在 18 世纪发行的英国统一公债(English consols),英格兰银行保证对该公债的投资者永久期地支付固定的利息。

统一公债的内在价值公式为

$$V = \frac{c}{(1+y)} + \frac{c}{(1+y)^2} + \frac{c}{(1+y)^3} + \cdots = \frac{c}{y}$$

若债券的理论价格比市场价格高些,则市场价格低估,此时应买入或继续持有债券;若理论价格比市场价格低些,则市场价格高估,此时应进行相反操作。

三、股票市场

(一)股票市场概述

股票又称权益证券,是指对公司的所有权份额。每份普通股都含有在股东大会上对公司事务的一份投票权以及对公司财务利润的一份索取权。股票没有到期日,若股东要收回投资，只能在证券市场上将股票出售给其他投资者。

表 4-3 为我国证券交易所概况（截至 2019 年 12 月 31 日）。

表 4-3 我国证券交易所概况（截至 2019 年 12 月 31 日）

项目	上海证券交易所	深圳证券交易所
上市公司/家	1 572	2 205
股票总市值/万亿元	35.55	23.74

资料来源：2019 年中国证监会年报。

表 4-4 为 2019 年 12 月底世界交易所市值排名。

表 4-4 2019 年 12 月底世界交易所市值排名表

名次	中文名称	交易所市值/亿美元
1	纽约泛欧证券交易所（美国）	233 278
2	纳斯达克证券交易所	130 020
3	东京证券交易所	61 911
4	上海证券交易所	51 058
5	纽约泛欧证券交易所（欧洲）	48 992
6	香港证券交易所	47 017
7	伦敦证券交易所	41 829
8	深圳证券交易所	34 097
9	多伦多证券交易所	24 091
10	孟买证券交易所	21 798

资料来源：2019 年中国证监会年报。

1. 普通股和优先股

按剩余所有权顺序的差异，股票可分为普通股和优先股。

普通股股东的剩余所有权，指股东对公司资产和收益的索取权位于最后一位，如当公司破产清算时，要等债权人得到补偿后，才能对剩余资产享有索取权。公司正常运营时，普通股股东对扣除利息和税收之后的运营收益具有索取权。公司管理层将剩余收益以现金股利发放给股东，也可以将其进行再投资以促进公司发展。普通股的持有者表现为对公司的有限责任，即当公司经营失败时，股东最大的损失是其原始投资额，股票变得一文不值，但债权人对股东的个人财产（如房屋、汽车、存款等）没有索偿权，股东对公司债务不负有任何责任。蓝筹股、成长股、概念股、收入股、防守股等都属于普通股。蓝筹股指大盘股，股价表现一般较为稳定，不易被操控，不易出现剧烈波动，如中国工商银行、中国联通、苏宁电器的股票等；概念股是符合某一时代热点的股票，是投资者当前极为关注的热点股票，如自贸区相关的股票、"一带一路"相关的股票是概念股；成长股一般指发行股票的企业仍处于发展阶段，分红较少，利润主要用于公司发展再投资，股东在公司快速成长中因股价的不断上涨而获利。

优先股与普通股最大的区别在于其持有者没有投票权，不能参与公司决策事项。优先股只有剩余所有权，股利支付顺序在普通股之前。优先股的持有者可以定期收入固定利息，类似于永久债券。优先股仍是权益证券，公司仍然具有对优先股股东支付现金股利的自主权，支付股利并不是公司的义务。优先股股利通常是累积的，公司向普通股股东支付股利之前必须先付清全部优先股股利。优先股有与债券类似的附加权，如可赎回优先股可在一定条件下由发行公司赎回，可转换优先股可按特定比例转换为普通股，浮动利率优先股的股利与当期市场利率相关。

2. 股票发行和流通

股票初级市场是指公司通过发行新的股票筹集资金，发行者向初始投资者出售新的股票以募集资金的市场。公司股票要在交易所内上市交易，必须符合监管部门的规定和证券交易所的上市条件，包括财务状况、股本规模、股东持有分布等。深圳证券交易所还包括中小企业板或创业板上市，其上市要求比主板相应要宽松些。初级市场除了新公司首次公开发行股票，还包括已经发行股票的公司增发新股以满足再融资需求。

股票流通市场是投资者之间买卖已发行股票的场所，分为场内交易市场和场外交易市场。场内交易是指在证券交易所内进行的股票交易。我国有两大证券交易所——上海证券交易所和深圳证券交易所。现代化证券交易所采用电子化交易中心，将买卖双方的委托指令进行匹配，若符合条件，则自动成交。场外交易没有固定的集中交易场所，地点较为分散，交易规模也没有限制，一般由做市商组织交易。我国沪深证券交易所上市公司数及市值统计见表 4-5。

表 4-5 我国沪深证券交易所上市公司数及市值统计

年份	上市公司/家				总市值/亿元			
	合计	主板	中小板	创业板	合计	主板	中小板	创业板
2005	1 381	1 332	49	—	34 953	34 475	477	—
2006	1 434	1 333	101	—	103 525	101 516	2 009	—
2007	1 550	1 350	200	—	401 297	390 652	10 645	—
2008	1 625	1 354	271	—	148 383	142 128	6 255	—
2009	1 718	1 358	324	36	290 727	272 360	16 757	1 610
2010	2 063	1 383	527	153	305 215	262 544	35 305	7 365
2011	2 342	1 421	640	281	250 116	215 155	27 527	7 434
2012	2 494	1 444	695	355	267 849	230 189	28 928	8 731
2013	2 489	1 439	695	355	272 500	219 939	37 462	15 099
2014	2 613	1 481	726	406	428 621	355 379	51 360	21 882
2015	2 800	1 555	761	484	530 688	399 562	86 148	44 979
2016	3 090	1 698	822	570	507 686	357 317	98 114	52 255
2017	3 523	1 910	903	710	567 086	411 805	103 992	51 289
2018	3 622	1 961	922	739	434 924	324 342	70 122	40 460
2019	3 814	2 080	943	791	592 935	432 906	98 681	61 348

资料来源：2005—2015 年数据从 Wind 资讯中得到，2016—2019 年数据根据上海证券交易所统计年鉴（2016—2020）和深圳证券交易所统计年鉴（2016—2020）汇总得到。

3. 股票指数

股票指数是股票市场的风向标，也能在一定程度上反映国家经济运行状况。股票指数持续上升，意味着投资者对股市有信心，需求旺盛；股票指数持续下降，说明投资者对股市信心不足，需求下降。世界上著名的股票指数有美国标准普尔500指数、道琼斯工业平均指数、英国富时指数、中国香港恒生指数、德国综合指数、日本日经225指数和加拿大多伦多股市指数等。我国的股票指数有上证综指、深证成指、创业板指数和沪深300指数等。

4. 股票卖空交易

若投资者认为股票价格将会上涨，那么可以买入股票，等股价真的上涨以后再卖出实现盈利。那么当投资者认为股票价格将会下跌时，投资者如何操作？这就要考虑卖空交易。卖空指投资者卖出并不属于自己的股票，即向经纪人借股票卖出，等股票价格下跌再买回偿还，股票差价再扣除一定的交易成本即为投资者的收益。我国2010年两大证券交易所开通融资融券系统。卖空交易为杠杆交易，风险较大，投资者判断正确时可获得具有吸引力的收益，但若判断失误将会面临较大损失。比如，假设你预计某只股票的价格将从目前的30元下跌至20元（一个月后），于是向经纪人借入1手股票卖出，将得到的3 000元按无风险利率6%投资。一个月后收回投资本息3 015元。若你的判断正确，你将付出2 000元购入1手股票来偿还经纪人。忽略交易成本，你的一个月的投资利润为1 015元。但若你的判断失误，股价逆向上涨至35元，你将付出3 500元购入1手股票来偿还经纪人。忽略交易成本，那么你会因此亏损485元。

（二）股票的内在价值与市场价格

若干只股票中，如何判断股票是否具有投资价值？如何判别价值被低估的股票？相关理论对股票真实价格进行了探讨，股票真实价格也称为股票内在价值，可以根据股利贴现模型和市盈率模型进行分析。

1. 股利贴现模型

股票的内在价值指股票能为投资者带来的所有现金回报的现值，将股利和最终出售股票的价格进行贴现得到，这就是股利贴现模型。根据股利贴现模型，股票的理论价格是股票未来所有的现金流的现值之和，假设股票在第 t 期出售，出售价格为 P_t。股票的价值（V_0）取决于股票出售价格（P_t）、从第1期到第 t 期的股利（$D_1, D_2, \cdots, D_t$）和贴现率（y），即

$$V_0 = \frac{D_1}{1+y} + \frac{D_2}{(1+y)^2} + \cdots + \frac{D_t + P_t}{(1+y)^t}$$

例如，某只股票第3年出售，预计出售价格为20元，第1期、第2期、第3期的现金股利分别为3元、3元、2元，贴现率为7%，那么股票的内在价值等于23.38元。当前该股票的市场价格若为16元，股票内在价值被低估，投资者可以考虑买入。

实际上，第 t 期的股票价格 P_t 可被视为从第 $t+1$ 期起所有预期股利的现值之和，从而股票价值等于未来无限期内所有预期股利的现值之和，即

$$V_0 = \frac{D_1}{1+y} + \frac{D_2}{(1+y)^2} + \frac{D_3}{(1+y)^3} + \frac{D_4}{(1+y)^4} + \frac{D_5}{(1+y)^5} + \cdots$$

假设每期的股利增长率（g）保持不变，那么上式可以转化为

$$V_0 = \frac{D_0(1+g)}{1+y} + \frac{D_0(1+g)^1}{(1+y)^2} + \frac{D_0(1+g)^2}{(1+y)^3} + \frac{D_0(1+g)^3}{(1+y)^4} + \frac{D_0(1+g)^4}{(1+y)^5} + \cdots$$

化简后得到：$V_0 = \frac{D_0(1+g)}{y-g}$ 或 $V_0 = \frac{D_1}{y-g}$

这就是不变增长模型。除了不变增长模型，还有三阶段增长模型以及多元增长模型，此处不再深入介绍。

例：某只股票的股息增长率为1%保持不变，贴现率为7%，第1期股息为5元，计算该股票的价值。

根据不变增长模型，$V_0 = \frac{5}{7\% - 1\%} = 83.33$（元）

2. 市盈率模型

市盈率是每股股票价格与每股收益的比值，即投资者为了获得单位收益而愿意支付的股票的价格。每股收益等于每股股票价格乘以派息比率（b），派息比率是公司用于支付给投资者的现金股利占盈利的百分比。比如，每股股票价格为10元，派息比率为15%，每股收益为1.5元。

仍以不变增长模型为例：

$$V_0 = \frac{D_1}{y-g} = \frac{E_1 b}{y-g}$$

$$\frac{V_0}{E_1} = \frac{b_1}{y-g} = \frac{b}{y-g}$$

从式子可以看出，不变增长模型的正常市盈率由派息比率、贴现率和股利增长率决定。

例：某股票的市盈率为25，派息比率80%，贴现率为7%，股利增长率保持不变，为2%，计算正常市盈率并与实际市盈率进行比较。

解：$\frac{V_0}{E_1} = \frac{80\%}{7\% - 2\%} = 16$

正常市盈率比实际市盈率低，股票价值被高估。

根据股息贴现模型或市盈率模型，可以得到股票的内在价值，若内在价值高于市场价格，投资者可以考虑买入；若内在价值低于市场价格，投资者则应将持有股票卖出。还可以将股利贴现模型和市盈率模型结合运用。

例：对某公司的分析表明，该公司2018年的预期市盈率为15，每股收益为3.2元，2016年、2017年、2018年的股利分别为0.50元、0.60元和0.70元，计算2015年的股票内在价值。

解：2018年的股票价格预计为48元。

2015年股票内在价值为：$V_0 = \dfrac{0.5}{1.07} + \dfrac{0.6}{1.07^2} + \dfrac{0.7+48}{1.07^3} = 40.75$（元）

如果当年股票市场价格高于股票内在价值，则股价被高估，反之就是被低估。

四、投资基金

投资基金汇集众多中小投资者的资金、委托专家（比如基金管理人）统一进行投资管理，并将投资收益分配给基金持有者，是一种利润共享、风险共担的集合投资方式。投资基金主要投资于股票、债券等金融工具，与货币市场共同基金相比，投资基金主要面向资本市场工具，风险相对要大一些，可能获得的收益也就更吸引人一些。投资基金有利于克服个人分散投资的不足，成为个人投资者分散投资风险的重要渠道，也极大地推动了资本市场的发展。

投资基金的运作过程主要包括两个部分：基金发起人通过基金发行汇集投资者的资金、基金管理人对基金进行投资管理。具体而言，首先，投资者、基金管理人和基金托管人通过基金契约方式建立信托协议；其次，基金管理人与基金托管人通过托管协议确立双方的责权；最后，基金管理人进行投资管理，并将投资收益分配给投资者，如图4-3所示。

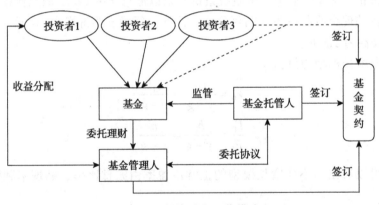

图4-3　投资基金运作模式

按基金的规模是否固定，投资基金可分为封闭式基金和开放式基金。封闭式基金在封闭期内不再接受新的投资，投资者也不能撤回资金。开放式基金指基金发行总额不固定，投资者可以随时申购或赎回基金。封闭式基金的流通一般在证券交易所挂牌上市交易，开放式基金则在基金管理公司购买或代理商（比如银行）网点购买。

第四节　金融衍生品市场

一、金融衍生品市场概述

（一）金融衍生品的发展

布雷顿森林体系解体之后，外汇市场动荡不安，股票市场和债券市场的价格波动也更加出人意料，对金融工具的避险要求极为迫切，催生了以外汇、利率、股票价格及股票价格指数等为标的资产的金融衍生品。这些创新品种能够满足金融机构及投资者的规避风险的需求，被全球金融机构及投资者接受，并迅速在全球范围内推广，衍生品市场的品种不断增加，规模不断加大，远远超出了传统金融工具的规模。

（二）金融衍生品的功能

金融衍生品的主要功能是风险对冲与价格发现。衍生品的出现源于人们的避险需求，是套期保值者有效的风险管理工具。比如目前美元兑人民币汇率是 6.210 2，我国某出口贸易公司将在 3 个月后收入外汇 100 万美元，为了规避美元贬值风险，可以在此刻就签订远期外汇合约，将这 100 万美元转换成人民币的汇率固定在 6.210 0，而 3 个月后的即期汇率变动至 6.208 0，但该公司的美元仍能以 6.210 0 的汇率兑换成人民币。可见，在市场价格朝不利的方向变动时，采用衍生品交易能够在一定程度上弥补现货市场的损失。衍生品的价格能够反映未来某个时期标的资产的供给和需求，能为现货市场交易提供参考，故具有价格发现功能。现货市场价格参考衍生品价格，以原油价格为例，英国布伦特原油期货和美国 WTI 原油期货是全球石油价格的定价基准。

（三）我国的金融衍生品市场

我国的金融衍生品市场发展起步较晚，其中期货市场的发展最快。目前已经形成中国金融期货交易所、郑州商品交易所、大连商品交易所和上海期货交易所四大交易所，我国的商品期货交易在全球居于前列，沪深 300 指数期货也已经是世界主要的股指期货之一。由上海期货交易所发起设立的、面向期货市场参与者的国际交易场所的上海国际能源交易中心推出了原油、燃料油等能源期货。截至 2019 年底，我国期货市场上共上市交易 64 个期货品种、14 个期货期权品种，2019 年全年共成交 39.22 亿手，成交金额 290.59 万亿元。远期、互换和期权等场外市场也在不断发展。

在本节中，我们将学习金融机构常用来对冲风险的金融衍生品，包括远期、期货、期权和互换。我们不仅要了解它们的相关理论知识，还要学习金融机构是如何运用这些工具来降低风险的，有兴趣的同学可以再结合专业书籍进一步了解。

二、远期和期货

（一）远期和期货的含义

远期交易即签订远期协议，该协议规定未来某个时间交易一定数量的标的资产的协议。标的资产可以是外汇、股票或债券等。换句话说，远期是双方当下签订合约，但在未来某个时刻才会进行交易。因此，远期交易可以锁定未来交易的成本或收益，从而规避价格波动的风险。

期货交易是规定在未来某个时间交易一定数量的标的资产的标准化协议。可见，期货和远期在本质上相似。

（二）远期和期货的类型

最初的远期合约仅仅是商品远期，后来才出现了金融远期合约，包括远期利率协议（forward rate agreement，FRA）和远期外汇协议（forward exchange agreement，FXA）前者是指交易双方约定在未来某一日期（指利息的起算日）开始的一定期限的协议利率，并规定以何种利率为参照利率，在将来的利息起息日，按合约约定的期限和名义本金，分别以合同利率和参照利率计算利息的贴现额并进行交换。后者是指外汇买卖双方在成交时先就交易的货币种类、数额、汇率及交割的日期等达成协议，并用合约的形式确定下来，在规定的交割日双方再履行合约，办理实际的收付结算。

期货合约按照标的资产的种类不同可以分为股票期货、股指期货、利率期货、外汇期货。股票期货是以单只股票作为标的的期货，是从一般商品的期货中延伸而来的。股指期货以股价指数为标的物，如沪深300指数期货、标普500指数期货合约等。利率期货的标的资产是依赖于利率水平的期货合约，如长期国债期货、短期国债期货和欧洲美元期货。外汇期货的标的物是外汇，如美元、欧元、英镑、日元等。

（三）远期和期货的区别

远期和期货在具体交易机制上有很大不同。远期是双方共同协议确定标的资产的种类、数量和价格，协议到期时进行交割。期货交易在期货交易所进行，故只能交易期货交易所推出的期货品种，交易品种有限。期货交易过程必须符合监管部门和交易所的相关规定，按交易所规定的比例缴纳保证金，在期货交割前要严格执行期货交易所的盯市制度，在交易所发出追缴保证金通知后要及时补充保证金，否则将会被强制平仓止损。正是因为期货交易是有组织的交易，它的信用风险比远期低。借助期货交易所交易平台及机制设计，期货交易的信用风险很低，远期交易是双方私下协商确定，信用风险显然要大些，进行信用交易的双方相应的信用度要求也比较高。

三、互换

（一）互换的产生

互换在金融衍生品里出现较晚，1981年，在所罗门兄弟公司的安排下，世界银行（World Bank）和IBM进行了世界上第一笔货币互换。由于金融机构和跨国企业对利率避险和外汇避险的强烈需求，互换双方的信息不对称使金融机构作为互换中介收获可观利润，互换的供需双方共同推动其迅速发展，使其在全球衍生品交易中占有重要地位。

（二）互换的含义

互换为双方在一定期间内相互交换一系列现金流的协议。互换主要分为利率互换和货币互换，利率互换的名义本金是同一种货币，其间不发生交换，计息方式不同，交换的现金流为两笔利息的差额；货币互换的名义本金是价值相同的两种货币，期初和期末进行名义本金的交换，计息方式可以相同，也可以不同。

（三）互换的理论基础

互换的理论基础为比较优势理论。在国际贸易中，比较优势理论用来描述两个国家在不同类型的商品生产上具有比较优势，它们生产各自具有比较优势的产品，再进行交换，这样对双方都是有益的。金融互换是比较优势理论在金融领域的运用。以利率互换为例，A 公司以固定利率借款的成本为 10%，以浮动利率借款的成本为 6 个月期 SHIBOR＋0.4%；B 公司以固定利率借款的成本为 12%，以浮动利率借款的成本为 6 个月期 SHIBOR＋1.0%。A 公司想以浮动利率借款，B 公司希望以固定利率借款。考虑利率互换，A 公司以固定利率借款具有比较优势，B 公司以浮动利率借款有比较优势。它们各自以固定利率 10%和浮动利率 6 个月期 SHIBOR＋1.0%的成本从金融市场上筹资，再进行互换（图 4-4）。

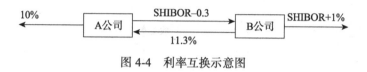

图 4-4　利率互换示意图

如图 4-4 所示，经过利率互换（不考虑互换中介），A 公司的最终融资成本为 SHIBOR–0.3%，B 公司为 11.3%；不进行利率互换，双方的成本为 6 个月期 SHIBOR＋0.4%和 12%。双方均节省了 0.7%的成本。

四、期权

（一）期权的含义和类型

期权交易是赋予购买者在未来某个时间（或之前）买卖一定数量的标的资产的权利，期权买方为期权多头，期权卖方为期权空头，赋予期权持有者买的权利为看涨期权，赋予期权持有者卖的权利为看跌期权。因此期权的种类很多，不仅按标的资产和到期时间的不同划分，还按买卖方向和执行价格的不同划分。则期权可分为看涨期权多头（空头）和看跌期权多头（空头）。若市场价格对于期权多头有利，多头将执行合约，否则将放弃执行。期权空头在多头执行权利时，必须履行合约规定。换句话说，期权多头拥有买卖的权利，在对己有利时执行权利，对己不利时放弃权利，而期权空头则只有履约的义务。可见，期权卖方具有一定的信用风险，需要缴纳保证金。期权既可以在期权交易所内交易，也可以在场外交易。

（二）期权的损益分析

从套期保值者角度来看，看涨期权多头是确定将来的买入价格以规避价格上升风险；看跌期权多头是确定将来的卖出价格以规避价格下跌风险。以某股票欧式看涨期权为例，买入该股票期权，执行价格为 30 元，到期时股价上升到 40 元，期权多头的收益为 10 元，抵销了股票价格的上涨导致的损失 10 元，结果仍以 30 元的成本买入股票。

如图 4-5 所示，期权多头的风险很小，最大损失不过是一笔期权费，收益具有上升空间（或不受限）；期权空头的风险很大，最大利润不过是一笔期权费，但损失可能是无限大。X 为执行价格。

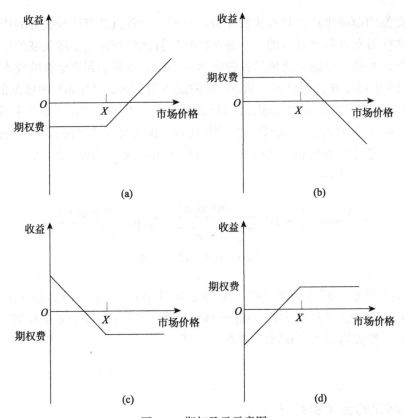

图 4-5 期权盈亏示意图
（a）看涨多头；（b）看涨空头；（c）看跌多头；（d）看跌空头

【专栏 4-4】 2020 年金融市场运行情况

2020 年，债券市场发行规模显著增长，现券交易量增加，收益率曲线平坦化上行，市场投资者结构进一步多元化；货币市场利率显著下行，银行间货币市场交易量增加；利率衍生品成交量同比上升，互换及期货价格小幅下降；股票市场主要股指大幅上涨，两市成交金额显著增加。

一、债券市场发行规模显著增长

2020 年，债券市场共发行各类债券 57.3 万亿元，较上年增长 26.5%。其中银行间债券市场发行债券 48.5 万亿元，同比增长 27.5%。截至 2020 年 12 月末，债券市场托管余额为 117 万亿元，其中银行间债券市场托管余额 100.7 亿元。2020 年，国债发行 7 万亿元，地方政府债券发行 6.4 万亿元，金融债券发行 9.3 万亿元，政府支持机构债券发行 3 580 亿元，资产支持证券发行 2.3 万亿元，同业存单发行 19 万亿元，公司信用类债券发行 12.2 万亿元。

二、银行间市场成交量增加

2020 年，债券市场现券交易量 253 万亿元，同比增长 16.5%。其中，银行间债券市场现券交易量 232.8 万亿元，日均成交 9 350.4 亿元，同比增长 12%。交易所债券市场现券成交 20.2 万亿元，日均成交 830.4 亿元，同比增长 142.6%。2020 年，银行间市场信用拆借、回购交易总成交量 1 106.9 万亿元，同比增长 14%。其中同业拆借累计成交

147.1万亿元，同比下降3%；质押式回购累计成交952.7万亿元，同比增长17.6%；买断式回购累计成交7万亿元，同比下降26.3%。

三、债券收益率上行，货币市场利率下行

2020年，债券收益率整体上移。12月末，1年、3年、5年、7年、10年期国债收益率分别为2.47%、2.82%、2.95%、3.17%、3.14%，分别较上年同期上行11bp、9bp、6bp、13bp、1bp。2020年末，中债国债总指数收盘价为195.19，较上年同期上涨5.05；中债新综合全价指数收盘价为119.00，较上年同期下降0.08。

2020年12月，银行间货币市场同业拆借月加权平均利率为1.3%，较上年同期下行79个基点，质押式回购月加权平均利率为1.36%，较上年同期下行74个基点。

四、投资者数量进一步增加

截至2020年末，银行间债券市场各类参与主体共计27 958家，较上年末增加3 911家。其中境内法人类共3 123家，较上年末增加41家；境内非法人类产品共计23 930家，较上年末增加3 734家；境外机构投资者905家，较上年末增加136家。2020年末，银行间市场存款类金融机构持有债券余额57.7万亿元，持债占比57.4%，与上年末基本持平；非法人机构投资者持债规模28.8万亿元，持债占比28.6%，较上年末下降1个百分点。公司信用类债券持有者中存款类机构持有量较上年末有所增加，存款类金融机构、非银行金融机构、非法人机构投资者和其他投资者的持有债券占比分别为26.2%、6.4%、63%。

五、利率衍生品市场成交金额上升

2020年，银行间人民币利率衍生品市场累计成交19.9万亿元，同比上升6.8%。其中，利率互换名义本金总额19.4万亿元，同比上升6.8%；标准债券远期成交4 532.3亿元，信用风险缓释凭证创设名义本金149.3亿元，信用违约互换名义本金12亿元。互换利率有所下降，2020年末，1年期FR007互换利率收盘价（均值）为2.48%，5年期FR007互换利率收盘价（均值）为2.83%。

六、股票市场主要指数上行

2020年末，上证综指收于3 473.07点，较上年末上涨422.95点，涨幅为13.9%；深证成指收于14 470.68点，较上年末上涨4 039.91点，涨幅为38.7%。两市全年成交额206.83万亿元，同比增长62.3%。

资料来源：2020年金融市场运行情况[EB/OL]. (2021-01-26). http://www.pbc.gov.cn/Jinrongshichangsi/147160/147171/147173/4169040/2021012714175422623.pdf.

蚂蚁集团暂缓上市事件

2020年7月20日，蚂蚁集团宣布，启动在上海证券交易所（以下简称"上交所"）科创板和香港联合证券交易所（以下简称"港交所"）主板寻求同步发行上市计划。8月25日，蚂蚁集团向上交所科创板和港交所递交上市招股说明书，仅经过25天，9月18日晚，上交所科创板上市委公告，蚂蚁科技集团股份有限公司首发通过。10月22日，上交所官网上发布《蚂蚁集团首次公开发行股票并在科创板上市招股意向书》和

《蚂蚁集团首次公开发行股票并在科创板上市发行安排及初步询价公告》。10月26日，蚂蚁集团确定并公布发行价，A股发行价确定为68.80元，H股发行价定为80港元。10月29日，蚂蚁集团在A股开始申购，A股超额配售选择权全额行使，发行规模将扩大至1 321.86亿元。申购当天的认购总额超过了19.05万亿元，约为实际申购配额的144倍，近乎占到2019年中国GDP（国内生产总值）总额的1/5（2019年GDP总额为990 865.1亿元），创下了A股认购历史新纪录。

事件转折出现在2020年11月1日，当天正式实施的《金融控股公司监督管理试行办法》（由中国人民银行制定并报经党中央、国务院批准试行）将蚂蚁集团纳入了央行的监管范围内。11月2日，中国人民银行、中国银保监会、中国证监会、国家外汇管理局对蚂蚁集团实际控制人马云、董事长井贤栋、总裁胡晓明进行了"监管约谈"。同日，中国银保监会与中国人民银行联合发布《网络小额贷款业务管理暂行办法（征求意见稿）》（简称《网络小贷办法》），对网络小贷业务的监管范围、对外融资、贷款金额等提出了更为严格的监管要求。11月3日，上交所和港交所先后发布公告，暂缓蚂蚁科技集团股份有限公司A+H股上市。

资料来源：中国证监会. 四部门联合约谈蚂蚁集团有关人员. [EB/OL]. (2020-11-02). http://www.wrc.govcn/pub/newsite/zjhxwfb/xwdd/202011/t20201102_385514.html；上海证券交易所. 关于暂缓蚂蚁科技集团股份有限公司科创板上市的决定[EB/OL]. (2020-11-03). http://www.sse.com.cn/disclosure/annothcement/general/c/c_20201103_5253315.shtml；徐维强. 创历史！蚂蚁港股认购打破史上最高纪录[EB/OL]. (2020-11-01). http://xueqiu.com/3841514490/162214043.

请思考：

1. 企业为什么要上市？IPO（首次公开招募）过程中，资金是如何流动的？

2. 蚂蚁集团暂缓上市的原因是什么？

3. 谈谈该事件带来的启示。

 案例讨论分析

【本章小结】

金融市场是指以金融产品为交易对象而形成的供求关系及其机制的场所。在一个有效的金融市场上，信息可以通过各种金融资产的价格以及市场指标及时、准确地反映出来，资金在价格信号的引导下向收益率高的部门和行业流动，实现资源的有效配置。在金融市场上，资金需求方以支付一定的利息为代价寻求资金，而资金供给方则愿意在一定时期内借出资金以获得投资收益。按不同的分类标准可以将金融市场分成不同的类型：按金融产品期限可将金融市场分为货币市场和资本市场；按标的物可分为外汇市场、衍生品市场等；按是否通过金融中介进行交易分为直接金融市场和间接金融市场；按证券交易的不同阶段分为发行市场和流通市场等；按是否有固定场所交易分为场内交易市场和场外交易市场。货币市场交易的短期证券期限不超过一年，主要包括同业拆借市场、国库券市场、回购市场、商业票据市场、银行承兑汇票市场、货币市场共同基金、可转让大额定期存单市场。资本市场是一年期及以上期限的金融工具交易的场所，主要包括债券市场、股票市场和投资基金市场。金融衍生品市场主要包括远期、期货、互换和期权工具的交易。

【复习思考题】

1. 金融市场主体包括哪些？
2. 简述资本市场和货币市场的区别。
3. 简述回购协议利率的影响因素。
4. 银行可转让大额存单与普通定期存款的区别是什么？
5. 简述股票与债券的区别。
6. 简述做市商交易制度。
7. 简述投资基金的特点。
8. 有三种债券违约风险相同，且都为3年到期。一是零息债券，到期支付1 000美元；二是息票率8%、每年利息80美元的债券；三是息票率为10%、每年利息100美元的债券。三种债券到期收益率都为8%，债券价值分别是多少？假设当前息票率10%，债券的市场价格是1 100美元，那么该债券的价格是被高估还是低估？
9. 某公司的股息增长率为6%。（1）预期今年年底的股息是12元/股，资本化率为10%，根据股息贴现模型计算该公司股票的内在价值。（2）预期每股盈利15元，求股东权益收益率。
10. 某公司每期支付的股息恒为1.2元/股，贴现率为12%，该公司股票的内在价值是多少？如果该公司初期的股息仍为1.2元/股，但股息增长率保持2%不变，贴现率不变，那么该公司股票的内在价值又为多少？当前该公司的股票市场价格为11元，分别判断这两种情况的股票是高估还是低估，投资者是应该买入股票还是卖出股票。
11. 简述金融期货市场的主要功能。
12. 期权价格的影响因素有哪些？

【进一步阅读书目】

1. 张亦春，郑振龙，林海. 金融市场学[M]. 5版. 北京：高等教育出版社，2017.
2. 韩国文，张彻主. 金融市场学[M]. 2版. 北京：机械工业出版社，2020.
3. MISHKIN F S，EAKINS S G. 市场与金融机构[M]. 丁宁，等译. 7版. 北京：机械工业出版社，2013.

即测即练

第五章

金融机构

【本章学习目标】

通过本章学习,学生应该能够:
1. 了解什么是金融机构,金融机构的类型;
2. 了解金融机构体系;
3. 熟悉和掌握金融机构业务及利润来源。

小明的年终奖

小明是一家国内互联网公司的员工,2021年2月,小明获得了公司发的年终奖共计10万元。小明想将这笔钱全部用来进行投资,看到身边的大部分同事都进入股市,小明有些蠢蠢欲动,但又担心股市巨大的风险,不敢将全部年终奖放入其中。

引导案例分析

在某商业银行工作的小张是小明的好朋友,在倾听小明的想法后,为小明普及了金融机构的相关知识,向小明讲述金融机构的概念及其业务类型。小明听小张讲述完后,对我国的金融体系有了更深刻的认识和理解。

第一节 金融机构概述

一、金融机构的概念

金融是现代经济的核心,金融在市场配置资源中起核心作用。金融机构是现代金融活动中最为重要的组织者和参与者,是金融体系的重要组成部分。从狭义角度看,金融机构是指从事银行、证券、保险、信托、基金等金融服务业的金融中介机构(financial intermediaries)。从广义角度看,金融机构还包括金融监管组织和国际金融机构。金融机构体系是指在一定历史时期和社会经济条件下,由各种不同的银行和非银行金融机构有机结合形成的不同层次的彼此间相互联系的整体系统。

二、金融机构的产生与发展趋势

(一)金融机构的产生

古希腊以及古罗马兴盛的商品贸易和海外贸易,产生了货币兑换与贸易记录等需求，使得货币经营业迅速发展。这种从事货币业务的信用中介组织，又称货币经营业，正是银行的发端。公元前 200 年，在罗马帝国先后出现了银钱商和类似银行的商业机构，而比较具有近代意义的银行则是 1587 年建立的威尼斯银行，以及此后的米兰银行（1593）、阿姆斯特丹银行（1609）、纽伦堡银行（1621）。1694 年，英国建立了第一家股份制银行——英格兰银行。

商业银行的前身是从事货币兑换和收付、往来账目的登记等业务的机构。直至中世纪，欧洲地区贸易更加频繁，并且集中于地中海沿岸各国，因此金融中心也相应转移至意大利。威尼斯、佛罗伦萨等城市金融机构发展迅速，出现了商业银行。银行业的雏形显现，并且创造出汇票这一具有现代意义的金融工具。同时，国际贸易的发展也推动了货币兑换业务的发展和专业汇票经纪人和银行家的产生。

随着贸易路线从地中海沿岸转移至大西洋沿岸，荷兰成为海上贸易的霸主，阿姆斯特丹成为新的金融中心。荷兰人选择依靠对外转口贸易来积累财富，利用积累的货币资本发展金融业务。1609 年前后，阿姆斯特丹银行成立，这是世界第一家商业银行。荷兰于 1609 年在阿姆斯特丹成立了世界上第一个股票交易所，其证券交易就是现在证券交易的早期模型。海上贸易经济的发展也催生了对海上保险的需求，产生了早期的保险，保险公司应运而生。

随着工业革命的深化，英国经济迅猛发展，国内工业产品生产迅速扩张，投资与货币金融得到进一步发展，金融中心转移至伦敦。大规模的货币资金流动、工业产业投资的扩张和经济的蓬勃发展不断推动着金融机构的创新与发展。1694 年组建的英格兰银行（股份制）为现代银行制度的发展打下基础，并且始终起着稳定金融的作用。

（二）金融机构的发展趋势

1. 银行与非银行金融机构的差别日趋模糊

20 世纪 60 年代后期，非银行金融机构的实力迅速增强，开始和银行争夺业务。它们通过优惠利率和优良服务，努力扩大自己的业务范围，吸引了大量存款。面对竞争，银行为了生存和发展不得不冲破传统经营理论的束缚，努力拓宽业务范围，实现业务经营的多样化和综合化。这样银行与非银行金融机构之间传统的业务分工被打破，二者的界限变得越来越模糊。

2. 银行业从分业经营转向混业经营

网络银行的发展使银行业务的内涵和外延发生了重要变化，银行开始涉足金融衍生品市场和资本市场。大量非银行金融产品及其衍生品已成为当今银行的主产品，传统业务给银行带来的收益大幅下降，银行服务的综合化、全能化已经成为现代银行的发展趋势。

3. 金融机构的经营管理理论频繁创新

金融机构的业务制度、操作程序不断改进，不断推出新的管理方法。例如，20 世纪 60 年代中期的负债管理理论、70 年代的资产管理和资产组合管理理论、80 年代的资产负债管理理论和资产负债表外管理理论及 90 年代的全面质量管理和全方位满意管理理论。

三、金融机构的类型

按是否能够接受公众存款，金融机构可分为存款金融机构（deposit financial institution）和非存款金融机构（non-deposit financial institution）。

（一）存款金融机构

存款金融机构是最主要的金融中介之一，它从盈余方吸纳资金，并通过贷款或购买有价证券将其提供给资金赤字方[1]。存款金融机构是指通过吸收各种存款而获得可利用资金，并将之贷给需要资金的各经济主体及投资于证券等以获取收益的金融机构。

存款金融机构是金融市场的重要中介，也是套期保值和套利的重要主体。其主要类型包括商业银行、储蓄机构和信用合作社（credit cooperative，credit union）。

（二）非存款金融机构

非存款金融机构主要通过对有价证券的购买为资金赤字方提供融资。非存款金融机构的资金是从存款以外的渠道获取的，但它们在金融市场上仍然扮演着重要的金融中介角色[2]。一般来讲，非存款金融机构主要包括保险公司、投资银行（investment bank）、投资基金和养老基金等。

第二节　西方国家金融机构体系

一、中央银行

中央银行制度是商品信用经济发展到一定阶段的产物。中央银行习惯也称货币当局（monetary authority）。中央银行是一国金融中介机构体系的中心环节，处于特殊地位，具有对全国金融活动进行宏观调控的特殊功能。中央银行的组织形式不同，世界上大多数国家只有一家中央银行，如欧洲中央银行（European Central Bank）就是欧盟12个欧元区国家共同拥有的银行[3]。但个别国家，如美国，设有 12 家联邦储备银行（Federal Reserve Bank），都起中央银行作用。它是为适应欧元发行流通而设立的金融机构，其主要职责是负责欧盟欧元区的金融及货币政策。中央银行的具体内容，将在第七章详细论述。

二、商业银行

商业银行也称货币存款银行，是市场经济的产物，是为适应市场经济发展和社会化大生产需要而形成的一种金融组织。商业银行是金融市场的主角，它为资金盈余者提供多样化的存款账户，然后通过直接贷款或购买债务证券的方式将资金贷给需求者。商业银行不仅为私人服务，同时也为公共部门服务。它的存款和贷款业务向家庭、企业和政府部门开放。总体来讲，商业银行具有一般金融机构的特征：经营货币资金、充当金融

---

[1] 马杜拉. 金融市场与金融机构[M]. 何丽芬，等译. 5 版. 北京：中信出版社，2003：24.
[2] 马杜拉. 金融市场与金融机构[M]. 何丽芬，等译. 5 版. 北京：中信出版社，2003：25.
[3] 黄达. 金融学[M]. 北京：中国人民大学出版社，2003：271.

媒介。但与一般金融机构不同的是,商业银行是综合型、全能型的金融机构,是中央银行实施货币政策最重要的基础和途径。有关商业银行的具体内容,本书将在第六章展开论述。

三、专业银行

专业银行(specialized bank)是指专门经营指定范围内的业务和提供专门性金融服务的银行。随着生产力的发展,社会分工越来越细,从而要求为经济发展服务的银行必须具有某一方面的专门知识和专门技能,以提供专门金融服务。在此背景下,各种各样的专业银行便应运而生。

西方国家的专业银行种类繁多、名称各异,但概括起来讲,主要有以下几种。

(一)投资银行

投资银行是指经营全部资本市场业务的金融机构,包括证券承销与经纪、收购与兼并、公司理财、基金管理、风险资本、咨询服务,以及风险管理和风险工具的创新等业务,不包括向客户零售证券、不动产经纪、抵押、保险以及其他类似业务。投资银行在各国的称谓不尽相同,美国称之为投资银行,英国称之为商人银行,日本称之为证券公司,德国称之为承兑公司,法国称之为实业银行[①]。

投资银行的业务主要有:对工商企业的股票、债券进行直接投资;为工商企业代办发行或包销股票与债券,参与企业的创建、改组、收购、并购活动;包销本国政府和外国政府的公债券;提供有关投资的咨询服务。有些投资银行也兼营黄金、外汇买卖及资本设备或耐用商品的租赁业务等。

与商业银行不同,投资银行筹集资金主要依靠其发行股票和债券,投资银行充当直接融资的金融中介。即便有些国家允许投资银行接受存款,也主要是定期存款。此外,投资银行也从其他银行取得贷款,但不构成其资金来源的主要部分。投资银行与商业银行的主要区别见表5-1。

表 5-1 投资银行与商业银行的主要区别

项目	投资银行	商业银行
融资功能	·直接融资,并侧重长期融资	·间接融资,并侧重短期融资
本源业务	·证券承销与交易	·存贷款
业务领域	·主要在资本市场开展	·主要在货币市场开展
主要利润来源	·佣金	·存贷利差
监管机构	·主要是证券管理机构	·主要是银行监管机构
风险特征	·一般情况下,投资人面临的风险较大,投资银行风险较小	·一般情况下,存款人面临的风险较小,商业银行风险较大

(二)储蓄银行

储蓄银行(savings bank)是指办理居民储蓄并以吸收储蓄存款为主要资金来源的

---

① 郑道平,等. 货币银行学原理[M]. 6版. 北京:中国金融出版社,2009:127.

银行。在西方不少国家，储蓄银行的设立大多是专门的、独立的。设立储蓄银行一方面旨在保护小额储蓄人的利益；另一方面则是规定它们所聚集的大量资金应该投向何处。西方国家的储蓄银行既有私营的，也有公营的，有的国家绝大部分储蓄银行是公营的。和商业银行一样，储蓄机构也面临着流动性风险、信用风险和利率风险。

储蓄银行的具体名称，在西方各国有所差异，有的甚至不以银行相称，但功能基本相同。比如有互助储蓄银行、储蓄贷款协会、国民储蓄银行、信托储蓄银行、信贷协会、节俭机构（thrift institution）等名称。不少国家的邮政系统都办理储蓄业务；有的从居民住宅的角度发展起建房储蓄银行等。世界第一家地方储蓄银行是1817年由慈善团体在荷兰建成的。英、德等国也于18世纪和19世纪初相继设立储蓄银行。

储蓄银行所汇集起来的储蓄存款余额较为稳定，所以主要用于长期投资与贷款。如发放不动产抵押（real estate mortgage）贷款（主要是住房贷款）；投资于政府公债、公司股票及债券；对市政机构发放贷款等。有些国家明文规定必须投资于政府公债的比例。储蓄银行的业务活动受到较严格的约束。如不得经营支票存款、不得经营一般工商贷款等。近年来，随着金融自由化和金融管制的放松，储蓄银行也开始经营过去只有商业银行才能经营的业务[①]。

（三）农业银行

农业银行泛指专门向农业提供信贷的一类银行。农业银行受自然因素影响大，对资金的需求有强烈的季节性；农村地域广阔，农户分散，资本需求数额较小、期限长；融资者的利息负担能力低；抵押品大多无法集中，管理困难，有不少贷款只能凭个人信誉。这些都决定了经营农业信贷具有风险大、期限长、收益低等特点。因此，商业银行和其他金融机构一般都不愿承做这方面的业务。为此，西方许多国家专设了以支持农业发展为主要职责的银行，如美国的联邦土地银行、合作银行；法国的土地信贷银行、农业信贷银行；德国的农业抵押银行；日本的农林渔业金融公库等。

农业银行，有的完全由政府拨款，有的则靠发行各种债券或股票，也有以吸收客户的存款和储蓄来筹措资金的。农业银行贷款方向几乎涵盖农业生产方面的一切资金需求，从土地购买、租借，建造建筑物，到农业机器设备、化肥、种子、农药的购买等，无所不包。有的国家对农业银行的某些贷款给予利息补贴、税收优待等。

近年来，不少农业银行的业务范围逐渐超出单纯农业信贷业务的界限。有些国家已准许农业银行办理商业银行业务[②]。

（四）不动产抵押银行

不动产抵押银行是专门经营以土地、房屋及其他不动产为抵押的长期贷款的专业银行。它们的资金主要不是靠吸收存款，而是靠发行不动产抵押证券来筹集。贷款业务大体可分为两类：一类是以土地为抵押的长期贷款，贷款对象主要是土地所有者或购买土地的农业资本家；另一类是以城市不动产为抵押的长期贷款，贷款对象主要是房屋所有者或经营建筑业的资本家。法国的房地产信贷银行，德国的私人抵押银行和公营抵押银

---

① 黄达. 金融学[M]. 北京：中国人民大学出版社，2003：273.
② 黄达. 金融学[M]. 北京：中国人民大学出版社，2003：273-274.

行等,均属此类。此外,这类银行也收受股票、债券和黄金等作为贷款的抵押品。

四、非银行金融机构

西方国家把中央银行、商业银行和专业银行以外的金融机构统称为非银行金融机构。其种类主要有以下几种。

(一)保险公司

西方国家的保险业(insurance industry)十分发达,各类保险公司是各国最重要的非银行类金融机构。西方国家按照保险种类建立了形式多样的保险公司。如财产保险公司、人寿保险公司、火灾及意外伤害保险公司、信贷保险公司、存款保险公司等,其中人寿保险公司规模最大。人寿保险公司兼有储蓄银行的性质,这是因为人寿保险金就像流向储蓄机构的储蓄一样成为人寿保险公司的资金来源。人寿保险单的所有者拥有的实际上是一项固定面值的潜在资产,因此也可以说,人寿保险公司是一种特殊形式的储蓄机构。

西方国家保险公司的资金运用业务,主要是长期证券投资,如投资于公司债券和股票、市政债券、政府公债,以及发放不动产抵押贷款、保单贷款等。

西方国家保险公司的组织形式有:①国营保险公司,它们往往办理国家强制保险或某些特殊保险;②私营保险公司,它们一般是以股份公司的形式出现,也是西方国家中保险业务经营的主要组织形式;③合作保险,是社会上需要保险的人或单位采取合作组织形式,来满足其成员对保险保障的要求,如相互保险公司,就是保险人办理相互保险的合作组织;④个人保险公司,即以个人名义承保业务,目前只有英国盛行;⑤自保险公司,这是一些大企业或托拉斯组织,为了节省保费、减轻税负,成立专为本系统服务的保险公司[①]。

表5-2总结了保险公司与其他非银行金融机构的关系。保险公司可能会采取其中的一种甚至是多种方式相互竞争。逐渐地,它们都会渗透到自己的非传统的业务领域中去。而且,随着其他金融机构逐渐开展与保险有关的服务,保险公司与其他类型的非银行金融机构之间的绝对界限越来越模糊。例如,某些与经纪公司合并后的保险公司还提供多样化的与证券相关的服务。

表5-2 保险公司与其他非银行金融机构的关系

非银行金融机构类型	与保险公司的相互关系
证券公司	·保险公司通过提供共同基金业务直接与证券公司竞争
金融公司	·保险公司有时会被金融公司收购并成为后者的一个子公司
养老基金	·保险公司为养老基金公司提供管理养老金计划的业务

保险公司使用资金的方式体现了它们参与金融市场的形式。保险公司是股票、债券和抵押贷款市场的参与者,因为它们的资产投资组合主要集中在这些证券上。它们也会

[①] 黄达. 金融学[M]. 北京:中国人民大学出版社,2003:275.

在货币市场上购买短期证券,以保持一定的流动性。虽然相对于货币市场来说,它们更多地参与资本市场,但它们现今增加了在货币市场的投资,如国库券、商业票据等。一些保险公司利用期货和期权来规避市场利率以及股票市场价格的变动对证券和抵押贷款的影响。保险公司参与期货、期权和互换市场通常是为了减少风险,而不是为了对冲投机。表 5-3 总结了保险公司参与金融市场的形式。

表 5-3　保险公司参与金融市场的形式

金融市场	保险公司参与的形式
货币市场	·保险公司在货币市场投资,购买短期证券,如国库券、商业票据等,以便保持一定的流动性
债券市场	·一些寿险公司和 PC 险公司购买公司债券 ·保险公司购买直接发行的债券,在其到期前,保险公司很少卖出这些债券 ·出于安全性和流动性考虑,保险公司也购买国债 ·一些美国保险公司购买外国债券,主要是加拿大公司发行的债券
抵押贷款市场	·寿险公司持有抵押贷款组合,它们主要持有传统的抵押贷款,并且少部分是联邦政府保证的抵押贷款;PC 险公司只持有一小部分抵押贷款
股票市场	·寿险公司和 PC 险公司持有股票投资组合,并且其中经常包括外国股票
期货市场	·为了使债券、抵押贷款等资产免遭利率风险影响,一些保险公司买卖债券期货合约或债券市场指数合约 ·为了使股票资产免遭市场风险影响,一些保险公司买卖股指期货
期权市场	·一些保险公司购买一些它们打算在不久后购买的股票的看涨期权 ·一些保险公司也购买一些它们持有的价格可能会下跌的股票看跌期权
互换市场	·为了使其债券和抵押贷款免遭利率风险影响,保险公司经常从事利率互换

(二) 证券公司

证券公司在金融市场上扮演着多种不同的角色。某些证券公司利用自身的信息优势当起了经纪人(broker),撮合买卖双方或他人进行买卖。经纪人作为买卖双方的中间人要收取佣金,佣金的多少取决于出价和要价(bid and ask quotes)之间的差价(spread)。对于不太常见的交易,需要花费更多时间来寻找合适的买方和卖方,则取自交易金额的佣金比例就高。同样的道理,数量或金额相对较小的交易,因需补偿在撮合交易中所耗费的时间,佣金比例也会较高。

除了办理经纪业务以外,证券公司还提供投资银行方面的服务。有些证券公司为公司发行有价证券提供承销(underwrite)服务,这是有别于传统经纪业务的,因为它是在初级市场上运作。证券公司通常承销公司发行的新证券,一般来说证券公司要确保发行公司的有价证券按一定的价格发行。

证券公司还经常作为自营商(dealer),通过调整持有的证券组合来为某一只或几只特定的证券做市。经纪人的收入主要来自佣金,而自营业务的收入则取决于证券组合的市场表现。一些自营商同时也提供经纪业务,可从经纪和自营两方面获利。

另一种由证券公司提供的投资银行业务是关于公司购并或其他重组事宜的咨询服务。证券公司不仅帮助公司设计重组计划,而且还可以帮助某些公司发行有价证券,以调整其资本结构。

（三）信托投资公司

信托投资公司（trust and investment companies）是指以受托人身份专门从事信托业务的非银行类金融机构，其职能是管理财产事务，接受客户委托，代客户管理、经营、处置财产。信托投资公司作为受托人在一定目的前提下，从容运用资金，不存在到期债务支付问题，故不需要提取准备金。信托的实质是一种财产转移与管理或安排，信托财产从委托人、受托人、受益人的自有财产中分离出来，成为一种独立运作的财产，仅服务于信托目的，并具有独特的破产隔离功能和存续的连贯性。信托投资的收益来源于它们为委托人提供各种投资服务的手续费。

（四）金融租赁公司

金融租赁公司（financial leasing companies）是指专门为承租人提供资金融通的长期租赁公司。其所提供的融资租赁服务是所有权和经营权相分离的一种新的经济活动方式，具有投资、融资、促销和管理的功能。在西方许多国家，租赁已成为设备投资的重要方式，在各种信贷方式中，金融租赁已成为仅次于商业银行贷款的信贷方式。美国租赁业务在设备总投资中的比例一直保持在30%以上，德、法、意、英、韩等国的这个比例也高达20%左右。

（五）养老基金

养老基金为雇员提供储蓄计划，以供这些雇员退休之后使用。由于美国居民的储蓄占其可支配收入的比例低于大多数发展中国家。因此，养老基金在美国发挥着十分重要的作用。

养老基金从雇主以及（或）雇员那里获得资金。公共养老基金可以是州、地方或是联邦的。最著名的政府养老基金是社会安全福利基金（social security）。私人养老金计划是由私人机构建立的，这里的私人机构包括行业组织、工会组织、服务性组织、非营利性组织、慈善组织和教育组织等。一些养老基金规模巨大，甚至成为各种公司证券的主要投资者。

私人养老基金主要投资于普通股。20世纪80年代初期以来，信贷市场工具（比如抵押贷款）成为私人养老基金投资中的第二大板块，公司债券紧随其后。公共养老基金比较均匀地投资于公司债券、股票和其他信贷工具。这种组合从20世纪70年代到80年代初发生了显著变化，主要投资集中于公司债券。与私人养老基金相比，州和地方政府的养老基金更倾向于集中投资信贷市场工具，其次是公司股票。

（六）信用合作社

信用合作社是指由某些具有共同利益的人自愿组织起来的、具有互助性质的会员组织，是一种由会员集资联合组成的合作金融组织。它是在西方国家普遍存在的一种互助合作性的金融组织。这类金融机构一般规模不大，分为城市信用合作社（主要由城市手工业者、小工商业者为主的居民组合而成）和农村信用合作社（主要由经营农业、渔业和林业的农民组合而成）。

信用合作社的资金来源于合作社成员缴纳的股金和吸收存款；贷款主要用于解决其

成员的资金需要。起初，信用合作社主要发放短期生产贷款和消费贷款；现在，一些资金充裕的信用合作社已开始为解决生产设备更新、改进技术等问题提供中、长期贷款，并逐步采取了以不动产或有价证券为抵押的贷款方式。

第三节 中国金融机构体系

一、中国人民银行

作为我国中央银行的中国人民银行（People's Bank of China），是在国务院领导下制定和实施货币政策并对金融业实施监督管理的国家机关。它具有世界各国中央银行的一般特征：通货发行的银行、银行的银行和政府的银行。《中华人民共和国中国人民银行法》规定其具体职责是：①发布与履行其职责有关的命令和规章；②依法制定和执行货币政策；③发行人民币，管理人民币流通；④监督管理银行间同业拆借市场和银行间债务市场；⑤实施外汇管理，监督管理银行间外汇市场；⑥监督管理黄金市场；⑦持有、管理、经营国家外汇储备、黄金储备；⑧经理国库；⑨维护支付、清算系统的正常运行；⑩指导、部署金融业反洗钱工作，负责反洗钱的资金预测；⑪负责金融业的统计、调查、分析和预测；⑫作为国家的中央银行，从事有关的国际金融活动；⑬国务院规定的其他职责。

中国人民银行的分支机构根据履行职责的需要而设立。作为派出机构，它们根据中国人民银行的授权，负责其辖区内的金融监督管理，承办有关业务。

二、金融监管机构

金融监管是金融监督和金融管理的总称。它是指政府通过特定的机构（如中央银行）对金融交易行为主体进行的某种限制或规定。我国金融监管采取了"分业经营、分业监管"的体制模式。分业监管体制也称分头监管体制，是指在银行、证券和保险领域分别设置独立的监管机构，专司本领域监管的体制。

目前，我国金融系统由"一委一行两会"共同监管。"一委一行两会"，即国务院金融稳定发展委员会（简称"金稳委"）、中国人民银行、中国证券监督管理委员会（简称"证监会"）和中国银行保险监督管理委员会（简称"银保监会"）。

国务院金融稳定发展委员会的设立，是为了强化中国人民银行宏观审慎管理和系统性风险防范职责，强化金融监管部门监管职责，统筹协调金融监管重大事项，确保金融安全与稳定发展。中国人民银行是国家金融行政管理机关，主要负责货币发行、制定和执行货币政策、对金融机构融资、监督和管理境内金融机构、维护金融市场秩序和币值的稳定、代理保管国库资金，其监管方向较为宏观。中国银行保险监督管理委员会依法依规对全国银行业和保险业实行统一监督管理，维护银行业和保险业合法、稳健运行，对派出机构实行垂直领导。中国证券监督管理委员会根据国务院授权履行行政管理职能，依照法律、法规对全国证券、期货业进行集中统一监管，维护证券市场秩序，保障其合法运行。

三、政策性银行

政策性银行（policy banks）是由政府投资设立的、根据政府的决策和意向专门从事政策性金融业务的银行。它们的活动不以营利为目的，并且根据具体分工的不同，服务于特定的领域，所以也有"政策性专业银行"之称。世界上第一家政策性银行——法国农业信贷互助地方金库的成立，标志着政策性银行正式诞生。1994年，为适应经济发展需要以及遵循政策性金融与商业性金融相分离的原则，我国相继建立了国家开发银行（China Development Bank）、中国进出口银行（EXIM Bank of China）和中国农业发展银行（Agricultural Development Bank of China）三家政策性银行。

（一）国家开发银行

国家开发银行是我国最大的政策性银行，其主要任务是按照国家法律、法规和方针、政策，筹集和引导境内外资金，向国家基础设施、基础产业和支柱产业的大中型基本建设和技术改造等政策性项目及其配套工程发放贷款，从资金来源上对固定资产投资总量进行控制和调节，优化投资结构，提高投资效率。其业务范围主要包括：①管理和运用国家核算的预算内经营性建设基金和贴息资金；②向国内金融机构发行金融债券和向社会发行财政担保建设债券；③办理有关的外国政府和国际金融机构贷款的转贷，经国家批准在国外发行债券，根据国家利用外资计划筹借国际商业贷款等；④向国家基础设施、基础产业和支柱产业的大中型基建和技改等政策性项目及其配套工程发放政策性贷款；⑤办理建设项目贷款条件评审、咨询和担保等业务，为重点建设项目物色国内外合资伙伴、提供投资机会和投资信息。

（二）中国进出口银行

中国进出口银行是指专门为本国商品进出口提供信贷及其相关服务的银行，其主要任务是执行国家产业政策和外贸政策，为扩大机电产品和成套设备等资本性货物出口提供政策性金融支持。其主要业务范围包括：①办理与机电产品和成套设备有关的出口信贷业务；②办理与机电产品和成套设备有关的政府贷款、混合贷款、出口信贷的转贷、国家银行间及银团贷款业务；③办理短期、中长期出口信用保险，进出口保险，出口信贷担保，国际保理等业务；④经国家批准，在境外发行金融债券；⑤办理与本行承担的各类贷款、担保、对外经济技术合作等项目的评审，为境内外客户提供有关本行筹资、信贷、担保、保险、保理等业务的咨询服务。

（三）中国农业发展银行

中国农业发展银行是指专门向农业提供信贷及其相关金融服务的银行，其主要任务是按照国家法律、法规和方针、政策，以国家信用为基础，筹集农业政策性信贷资金，承担国家规定的农业政策性金融业务，代理财政性支农资金的拨付，为农业和农村经济发展服务。其主要业务范围是：①办理粮、棉、油等主要农副产品的国家专项储备贷款；②办理粮、棉、油等主要农副产品的收购、调销、加工贷款；③办理国务院确定的扶贫和农业综合开发贷款；④办理国家确定的小型农林牧水利基本建设和技术改造贷款等；⑤办理业务范围内开户企事业单位的存款和结算；⑥发行金融债券；⑦办理境外筹资。

贷款拨付等业务的具体经办,国家开发银行、中国进出口银行主要委托国有商业银行(state-owned commercial banks)为其代理,一般不再设经营性分支机构。中国农业发展银行的业务则是以自营为主、代理为辅。它在各省、自治区、直辖市设立分行,在计划单列市和农业大省的地(市)设立分行的派出机构,在农业政策性金融业务量大的县(市)设立支行[①]。

上述三家政策性银行在从事业务活动中,均贯彻不与商业性金融机构竞争、自主经营与保本微利的基本原则。总体来讲,政策性银行与商业银行的区别主要有以下四点:①政策性银行不以营利为经营目标;②资金运用有特定的业务领域和对象;③资金来源主要是国家预算拨款、发行债券集资或中央银行再贷款;④资金运用以发放长期贷款为主,贷款利率比同期商业银行贷款利率低。

事实上,金融市场资源无法完全通过市场方式配置到最为需要的地方,这就使得政府倾向性政策显得尤为必要,而政策性银行是政府倾向性政策发挥作用的重要工具。新一轮政策性银行改革的目标正是让其回归本职,重新强调政策性银行的职能是为贯彻或配合政府社会经济政策或意图服务。

四、国有商业银行及其他商业银行

商业银行在现代经济活动中有信用中介、支付中介、金融服务、信用创造和调节经济等职能,并通过这些职能在国民经济活动中发挥着重要作用。具体讲,信用中介是指商业银行扮演将经济活动中的赤字单位和盈余单位联系起来的中介人的角色;支付中介是指商业银行借助支票这种信用流通工具,通过客户活期存款账户的资金转移为客户办理货币结算、货币收付、货币兑换和存款转移等业务活动;金融服务是指商业银行利用在国民经济中联系面广、信息灵通等的特殊地位和优势,利用其在发挥信用中介和支付中介功能的过程中所获得的大量信息,借助电子计算机等先进手段和工具,为客户提供财务咨询、融资代理、信托租赁、代收代付等各种金融服务;信用创造是指商业银行通过吸收活期存款、发放贷款,从而增加银行的资金来源、扩大社会货币供应量。商业银行的业务活动对全社会的货币供给有重要影响,并成为国家实施宏观经济政策的重要基础。

(一)国有商业银行

在我国金融机构体系中处于主体地位的是四大国有商业银行:中国工商银行、中国农业银行(Agricultural Bank of China,ABC)、中国银行(Bank of China,BOC)、中国建设银行(China Construction Bank,CCB)。四大行建立之初是国有独资银行,后来按照建立"产权清晰、权责明确、政企分开、管理科学"的现代企业制度原则,进行了股份制改革。到2009年,四大行全部完成了股份制转型,分别挂牌成立了股份有限公司。2010年7月15日和16日,中国农业银行正式在上海和香港两地上市,至此我国四大国有商业银行全部实现上市,我国金融改革开始新的一页。

1. 中国工商银行

中国工商银行成立于1984年,是我国规模最大的商业银行,无论是吸收储蓄存款,

---

① 黄达. 金融学[M]. 北京:中国人民大学出版社,2003:279-280.

还是发放中、短期贷款，或是办理结算业务，其在国有独资商业银行中的市场占有率均是最大的。2010年英国《银行家》(The Banker)杂志按一级资本排序，中国工商银行名列"世界银行1 000强"第16位，数年来一直入围美国《财富》全球500强，并被美国《远东经济评论》评为"中国高质量产品（服务）十强"。2013年4月18日，《福布斯》2013全球企业2 000强榜单出炉，中国工商银行超越埃克森美孚，成为全球最大企业。

2. 中国农业银行

中国农业银行成立于1951年，是新中国成立的第一家国有商业银行。目前中国农业银行网点遍布中国城乡，成为国内网点最多、业务辐射范围最广的大型国有商业银行。业务领域已由最初的农村信贷、结算业务发展为能办理国际、国内通行的各类金融业务。2009年，中国农业银行由国有独资商业银行整体改制为现代化股份制商业银行，并在2010年完成"A+H"两地上市，总市值位列全球上市银行第五位。

3. 中国银行

中国银行于1912年由1905年清政府成立的户部银行改组而来[①]。中国银行在其作为国家外汇专业银行时期，在发展国际金融业务方面就已奠定了良好的基础。现在，作为外汇指定银行，继续发挥在支持外贸实业发展、提供国际结算服务、提供进出口融资便利及对外筹资主渠道等方面的业务优势。中国银行是中国第一家在亚、欧、澳、非、南美、北美六大洲均设有机构的银行。在香港和澳门，中国银行还是当地的发钞行。总体来看，中国银行的业务范围涵盖商业银行、投资银行和保险领域，旗下有中银香港、中银国际、中银保险等控股金融机构，在全球范围内为个人和公司客户提供全面和优质的金融服务。据英国《银行家》杂志公布的2014年"全球1 000家大银行"，按一级资本总额排名，中国银行位居第7位，较2013年提升两位。

4. 中国建设银行

中国建设银行成立于1954年10月1日（当时行名为中国人民建设银行，1996年3月26日更名为中国建设银行），在内地设有14 955家分支机构（2019年）。中国建设银行是一家以中长期信贷业务为特色的国有商业银行，其主要经营领域包括公司银行业务、个人银行业务和资金业务。2018年《财富》全球500强中，中国建设银行排名第31位。

（二）其他商业银行

1986年，国家决定重新组建股份制商业银行——交通银行。交通银行筹建伊始，即明确为股份银行：原定国家股份50%；公开招股50%，由地方政府、企事业单位和个人认购入股。章程中，个人股在资本总额中限定不得超过10%，但个人股一直未征集。除交通银行外，我国还建立了中信银行、中国光大银行、华夏银行、中国民生银行、广东发展银行、平安银行（原深圳发展银行）、恒丰银行（原烟台住房储蓄银行）、浙商银

[①] 户部银行1908年起改称大清银行（Ta Ching Goverment Bank），其负责整顿币制、发行货币、整理国库、行使中央银行权利。

行、招商银行、渤海银行、兴业银行、上海浦东发展银行等。这些商业银行大多数是由国有资本出资建立的，近年来先后实施了股份制改造。例外的是：①深圳发展银行一开始就明确为股份制，在初建的股本中，国有资本金的比例也较低；②中国民生银行组建较晚，是我国第一家民营银行，其股份最初来自民营企业、集体企业、乡镇企业或公司等，服务对象也以民营企业等为主。

随着对外开放的扩大和银行制度的改革，我国已允许国外资本参股国内银行。例如，1996年底，亚洲开发银行（Asian Development Bank，ADB）投资2 000万元入股中国光大银行。1997年1月，中国光大银行完成股份制改造，成为国内第一家国有控股并有国际金融组织参股的全国性股份制商业银行。2002年，美国新桥投资集团作为国外战略投资者进入深圳发展银行，深圳发展银行成为我国第一家由外资收购股份的上市银行。

1998年，从北京开始，陆续出现了以城市命名的商业银行。这些城市银行是由城市企业、居民和地方财政投资入股组成的地方性股份制商业银行，主要功能是为本地区的经济发展融通资金，重点为城市中小企业的发展提供金融服务。截至2020年12月，由中国人民银行管理、中国银保监会监管的在册城市商业银行共133家。

农村商业银行（rural commercial bank）是由辖内农民、农村工商户、企业法人和其他经济组织共同入股组成的股份制的地方性金融机构。2004年8月13日，江苏吴江农村商业银行成立，这是深化农信社改革试点启动后成立的第一家农村商业银行，也是全国第一家农村商业银行。2010年，重庆农村商业银行股份有限公司（前身为成立于1951年的重庆市农村信用社）在香港H股主板上市，成为全国首家上市农商行、首家境外上市地方银行。

五、金融资产管理公司

金融资产管理公司（asset management corporation，AMC）是以最大限度保全资产、减少损失为主要经营目标，专门从事收购、管理、处置商业银行剥离的不良资产，并实施公司化经营而设立的专业金融机构。我国金融资产管理公司是经国务院决定设立的收购国有银行不良贷款，管理和处置因收购国有银行不良贷款形成的资产的国有独资非银行金融机构。1999年，我国建立了由国家投资的特定政策性金融资产管理公司——华融、长城、东方、信达，分别收购和处置从工、农、中、建四大国有独资商业银行剥离出来的不良资产。我国金融资产管理公司可从事的业务活动主要有：①追偿债务；②对所收购的不良贷款形成的资产进行租赁或者以其他形式转让、重组；③债权转股权，并对企业阶段性持股；④资产管理范围内的公司之上市推荐及债券、股票承销；⑤发行金融债券，向金融机构借款；⑥财务及法律咨询，资产及项目评估；⑦中国人民银行、中国证监会批准的其他业务活动。

2007年，四大金融资产管理公司开始商业化运作，不再局限于只对应收购上述几家银行的不良资产，同样也接收、处置其他金融机构的不良资产。2010年7月，中国信达资产管理股份有限公司正式在京挂牌成立，标志着我国金融资产管理公司商业化转型试点正式启动。2012年10月，中国华融资产管理股份有限公司在京成立，成为我国第二家转型改制的资产管理公司。2013年12月12日，中国信达资产管理股份有限公司在香港联合证券交易所正式挂牌，意味着中国信达商业化转型"三步走"战略完成[①]，公司未来将最大限度发挥不良资产经营业务、投资及资产管理和金融服务三个板块的协同效应。中国信达商业化转型的模式，为其他金融资产管理公司提供了借鉴，脱身于中国国有商业银行改革的华融、东方、长城等金融资产管理公司，正在按照财政部"一司一策"的思路，探寻自身的转型之路。

第四节 国际金融机构体系

一、国际货币基金组织

国际货币基金组织是根据1944年7月在美国召开的联合国国际货币金融会议（布雷顿森林会议）通过的《国际货币基金组织协定》于1945年12月成立的专门负责国际货币事务的国际性合作机构。截至2021年10月，国际货币基金组织有189个成员。

国际货币基金组织的宗旨是：①研究和协商国际货币问题，加强国际货币合作；②便利国际贸易的扩大与平衡发展，协助成员克服国际收支困难；③促进国际汇兑，稳定货币汇率，避免各国间的货币竞争性贬值；④消除妨碍世界贸易的外汇管制等。

国际货币基金组织的资金主要由成员认缴的基金份额、借入资金和出售黄金组成。成员缴纳的基金份额是基金组织最主要的资金来源。国际货币基金组织通过与成员协商，还从成员筹借资金。它曾先后向"十国集团"、石油生产国和发达国家借入资金。1976年1月，IMF决定将其所持有的黄金的1/6即2 500万盎司，分4年按市价出售，以所得的收益中的一部分，作为建立信托基金的一个资金来源，用以向最贫穷的成员提供信贷。

二、世界银行集团

世界银行集团是一个向发展中国家提供金融和技术援助的国际金融组织。它包括五个成员组织，即国际复兴开发银行（International Bank for Reconstruction and Development, IBRD）、国际开发协会（International Development Association, IDA）、国际金融公司（International Finance Corporation, IFC）、多边投资担保机构（the Multilateral Investment Guarantee Agency, MIGA）和国际投资争端解决中心（the International Centre for Settlement of Investment Disputes, ICSID）。

（一）世界银行

世界银行即国际复兴开发银行。它是根据1944年7月布雷顿森林会议的决定，于1945年12月27日与国际货币基金组织同时成立。1946年6月25日正式开业。1947年11月15日起成为联合国的一个专门机构。其宗旨是通过提供和组织长期贷款与投资，解决成员特别是发展中经济体发展经济的长期资金需要，参加私人投资与私

---

① "三步走"战略即股份制改造、引进战略投资者、择机在境内外上市。

人贷款。

世界银行的主要业务活动是向发展中经济体提供长期的生产性贷款。贷款只提供给成员中低收入经济体和由政府担保的国营企业或私营企业,贷款条件一般比国际资金市场上的贷款条件优惠。除贷款外,世界银行还提供技术援助,提供国际联合贷款的组织工作,以及协调与其他国际机构的关系等。

世界银行有三个限制条件:①只有参加国际货币基金组织的成员,才允许申请成为世界银行的成员,贷款是长期的,一般为15~20年,宽限期为5年左右,利率为6.3%左右。②只有成员才能申请贷款,私人生产性企业申请贷款要由政府担保。③成员申请贷款一定要有工程项目计划,贷款专款专用,世界银行每隔两年要对其贷款项目进行一次大检查。

世界银行的资金来源有:①各成员缴纳的股金。成员缴纳的股金以它们在国际货币基金组织中分摊到的份额为准,其中20%在参加时缴纳,另外80%则等世界银行催交时再支付。②向国际金融市场借款,特别是发行中长期债券。③出让债券,即世界银行将其贷出款项的债权转让给私人投资者(主要是商业银行)。

世界银行主要下设机构有:最高权力机构理事会,由各成员的财政部部长、中央银行行长或级别相当的官员担任理事。每年与国际货币基金组织联合召开年会。执行董事会是世界银行负责处理日常业务的机构,由24名执行董事组成。

(二)国际开发协会

国际开发协会成立于1960年9月,是专门对较穷的发展中经济体发放条件优惠的长期贷款的金融机构。其宗旨是:对落后经济体给予条件较宽、期限较长、负担较轻并可用部分当地货币偿还的贷款,以促进其经济发展以及生产和生活水平的提高。

国际开发协会是世界银行的附属机构,它的组织机构和管理方式与世界银行相同,甚至相应机构的管理和工作人员也是同一套人员兼任,而且也只有世界银行成员才能参加协会。但是国际开发协会又是一个独立的实体,有自己的协定、法规和财务系统,其资产和负债都与世界银行分开,业务活动也互不相关。国际开发协会不对世界银行的任何行动或债务承担责任,世界银行也不对国际开发协会的行动或债务承担任何责任。

(三)国际金融公司

国际金融公司成立于1956年。它是世界上为发展中经济体提供股本金和贷款最多的多边金融机构。其宗旨是:配合世界银行的业务活动,向成员特别是其中的发展中经济体的重点私人企业提供无须政府担保的贷款或投资,鼓励国际私人资本流向发展中经济体,以推动这些经济体的私人企业的成长,促进其经济发展。

国际金融公司和国际开发协会一样,都是世界银行的附属机构。国际金融公司的组织机构和管理办法与世界银行相同,其最高权力机构是理事会;理事会下设执行董事会,负责处理日常事务,正副理事、正副执行董事也就是世界银行的正副理事和正副执行董事。

(四)多边投资担保机构

多边投资担保机构成立于1988年,是世界银行集团里成立时间最短的机构,1990

年签署第一笔担保合同。其宗旨是：①向外国私人投资者提供政治风险担保，包括征收风险、货币转移限制、违约、战争和内乱风险担保；②成员政府提供投资促进服务，加强成员吸引外资的能力，从而推动外商直接投资流入发展中经济体；③作为担保业务的一部分，多边投资担保机构也帮助投资者和政府解决可能对其担保的投资项目造成不利影响的争端，防止潜在索赔要求升级，使项目得以继续；④多边投资担保机构还帮助各经济体制定和实施直接投资的战略，并以在线服务的形式免费提供有关投资商机、商业运营环境和政治风险担保的信息。

（五）国际投资争端解决中心

国际投资争端解决中心是一个通过调解和仲裁方式，专为解决政府与外国私人投资者之间争端提供便利而设立的机构。其宗旨是在国家和投资者之间培育一种相互信任的氛围，从而促进国外投资不断增加。

ICSID 具有不同于其他国际商事仲裁机构的特殊法律地位，即具有完全的国际法人资格，具有缔结契约、取得和处理动产与不动产及起诉的能力。

ICSID 本身设行政理事会和秘书处两个机构。理事会是 ICSID 的权力机关，职责是制定行政和财务规章，制定调解和仲裁程序的规则等。秘书处设秘书长、副秘书长及若干工作人员。秘书长由行政理事会选举产生，是 ICSID 的法定代表人和主管官员。同时，秘书处执行类似于法庭书记官的任务，对争端当事人双方协议提交 ICSID 管辖的案件进行预先审查，认为符合条件者，立即予以登记受理，并负责组建调解委员会或仲裁庭，本身并不直接承担调解和仲裁工作。

三、国际清算银行

国际清算银行（Bank for International Settlements，BIS）是由英国、法国、德国、意大利、比利时、日本等国的中央银行与代表美国银行界利益的摩根银行、纽约和芝加哥的花旗银行组成的银团共同组建的。国际清算银行的宗旨是促进各国中央银行之间的合作，为国际金融运作提供额外的便利，并作为国际清算的受托人或代理人。

其业务范围主要包括以下四部分。

（1）作为国际货币和银行领域合作的论坛。世界各国的中央银行行长和其他官员经常在巴塞尔举行会议商讨国际金融问题，如巴塞尔银行监管委员会、支付和清算系统委员会、欧洲货币常设委员会、黄金和货币委员会会议等。

（2）为各国中央银行提供服务。其为中央银行进行融资并提供过渡性信贷等。

（3）是研究国际货币和国际金融问题的中心之一。其研究工作偏重于与中央银行合作有关的问题。如收集并公布国际行业和金融市场的数据，管理一个供各国中央银行合作的经济数据库。

（4）作为协助执行各种国际金融协定的代理和受托机构，为执行协定提供便利。

国际清算银行是以股份公司的形式建立的，因此它的组织机构符合一般股份公司组织机构的特点，即包括股东大会、董事会、办事机构。其最高权力机关为股东大会，股东大会每年 6 月在巴塞尔召开一次，只有各成员方中央银行的代表参加表决。董事会是国际清算银行的经营管理机构，由 13 名董事组成。国际清算银行下设银行部、货币经济部、法律处、秘书处等办事机构。

四、亚洲开发银行

亚洲开发银行是一家仅次于世界银行的开发性国际金融组织，也是亚太地区最大的政府间金融机构。它于 1966 年 11 月在东京成立，同年 12 月正式营业，总部设在菲律宾首都马尼拉。其管理机构由理事会、董事会和行长组成。理事会是亚洲开发银行的最高权力机构。董事会是亚洲开发银行的执行机构。行长必须是本地区成员的公民，由理事会选举产生，任期 5 年，可连任。

亚洲开发银行的宗旨是：帮助发展中成员减少贫困，提高人民生活水平，以实现"没有贫困的亚太地区"这一终极目标。ADB 主要通过开展政策对话、提供贷款、担保、技术援助和赠款等方式支持其成员在基础设施、能源、环保、教育和卫生等领域的发展。

亚洲开发银行的资金来源主要是加入银行的国家和地区认缴的股本，借款和发行债券，以及某些国家的捐款和由营业收入所积累的资本。

五、非洲开发银行

非洲开发银行（African Development Bank，ADB/AFDB）成立于 1964 年 9 月，于 1966 年 7 月 1 日正式营业，它是非洲最大的地区性政府间开发金融机构。其宗旨是：通过提供投资和贷款，利用非洲大陆的人力和自然资源，促进成员经济发展和社会进步，优先向有利于地区的经济合作和扩大成员间贸易的项目提供资金和技术援助，帮助成员研究、制订、协调和执行经济发展计划，以逐步实现非洲经济一体化。

该行设立非洲开发基金、非洲投资和开发国际金融公司、尼日利亚信托基金和非洲再保险公司等 4 个合办机构。非洲开发银行的经营业务分普通贷款和特种基金贷款两种，贷款对象仅限于成员，后一种贷款不计利息，期限可达 50 年以上。该行的资金来源主要为成员认缴的股本、借款、发行债券以及某些国家捐款所设立的几个特别基金的营业利润。

该行的最高权力机构是理事会，理事会负责选举行长和秘书长。理事会的执行机构为董事会，共 9 名成员，由理事会选举，任期 3 年。

【专栏 5-1】 金融脱媒

在持续负利率以及银行银根收紧的影响下，中国金融市场金融脱媒现象日益显露。中小企业成为金融脱媒的先行军，也势必将推动整个中国金融市场多层次的发展。

源于美国的"金融脱媒"

"脱媒"英文中表述为"disintermediation"，一般是指在进行交易时跳过所有中间人而直接在供需双方间进行。

"金融脱媒"这一概念最早于 20 世纪 60 年代在美国出现。

狭义地讲，当时是在定期存款利率上限管制条件下，出现当货币市场利率水平高于存款机构可支付的存款利率水平时,存款机构的存款资金就会大量流向货币市场工具的现象。

美国当时出现这一现象的直接原因是美国有关条例对存款利率的管制。条例的实行一方面使商业银行获得了低成本资金,但另一方面使人们感到将存款存到商业银行是不合算的。因此就有一些机构提供类似于存款的工具,以逃避有关条例的限制。

广义地讲,金融脱媒不仅是指存款资金直接流向高息资产,而且是指资金需求方抛开金融中介,直接在货币市场发行短期债务工具。在这种情况下,一些企业需要资金,可能不再向商业银行借款,而是直接在市场发债、发股票或者短期商业票据。对银行来说,就面临存款的转移和贷款需求的减少。

实际上,从监管层使用的概念中也可以侧面了解金融脱媒的发展现状。

2011年,一个与金融调控相关的新词汇——"社会融资总量"频繁出现。这实际上就是因为金融脱媒程度在提高,过去的信贷、存款等统计指标已经无法准确反映整个市场中的投融资规模。

中小企业成脱媒先行军

在当下整体银根收紧,通胀高位运行,存款实际负利率、贷款额度限制的情况下,企业融资难度越来越大。而中小企业则成为脱离银行体系、采用其他方式投融资的主力军,客观上也成为金融脱媒的先行军。

在民间借贷盛行的温州,金融脱媒更是发展惊人。人民银行温州中心支行此前进行的一次民间借贷问卷调查中,有89%的家庭(或个人)和59.67%的企业参与了民间借贷。

央行此前的一项针对中小企业融资的调查显示:中小企业的规模扩张普遍伴随着资金紧张的局面,并且受到国家宏观经济金融政策的直接影响。65.7%的样本企业有过资金紧张的情况。银行贷款较为困难,使中小企业融资难问题极为突出和集中,民间借款成为一种解决资金缺口的补充机制。

多层次金融市场的必经之路

国际经验表明,在经济市场化、经济发展水平提高、金融管制放松等因素的综合作用下,金融脱媒将不可避免。

20世纪在美国的各类主要金融机构中,存款金融机构(包括商业银行和储蓄机构)资产所占的比重呈长期下降趋势,而包括养老金、共同基金、货币市场基金在内的基金和投资公司资产所占的比重则迅速提高,至20世纪90年代末已经超过商业银行。

而在亚洲新兴市场国家,虽然金融体系传统上是以银行为主导,但在其经济起飞的过程中,股票市场市值的增长速度都显著高于银行资产的增长速度。

中国社科院中国经济评价中心主任刘煜辉表示,中国的金融结构到了该发生变迁的时候了。目前中国的金融供给中大概有一半的规模是传统的银行信贷以外在做,比如现在大家都在讨论的"影子银行",还有银行通过表外做的业务,包括委托贷款、银信合作等,还有一部分是金融市场通过灰色金融渠道做的,也就是所谓的"民间融资"。

实际上,针对新的金融市场发展状况,一些统计指标也在不断更新。中国人民银行近期表示,正在研究覆盖范围更广的货币统计口径M2+。

交通银行金融研究中心研究员鄂永健认为,考虑到目前有很多类别的资金来源没有计入货币供应量的统计范围，比如银行理财产品，甚至是银行间的同业负债等，M2+更能反映出整个金融体系的流动性，概念更广一些。

资料来源：沈而默. 金融脱媒：中国金融市场在变化[J]. 半月谈，2011（20）.

包商银行被接管事件

包商银行于1998年12月28日经中国人民银行批准设立，前身为包头市商业银行。创立后包商银行蓬勃发展，2005年，该行充分发挥得天独厚的地域优势以及体制优势，引进了国外小微企业的贷款理念和技术，开发出全新的小微贷运营模式，其主要是为内蒙古的本土小微企业提供优质贷款服务。2007年9月28日，其经中国银监会批准更名为包商银行，成为区域性股份制商业银行。

材料1： 包商银行是一个比较特殊的高风险中小银行，明天集团是其大股东，合计持有公司89%的股权，持股比例远远超过之前银监会规定的20%的持股上限，并借此多次向包商银行索取低息贷款，侵占包商银行利益，损害了众多中小股东权益。

材料2： 2013年是贷款利率市场化的开局之年，各家银行陆续开始调整战略，转战小微市场。为了实现利益最大化，包商银行大规模推行"微贷业务"，并将该业务同信贷人员业绩考核与薪酬激励相挂钩。

材料3： 2016年来，包商银行信用风险频出，出现多起违规放贷事件。其相关资产质量指标如下。

（1）不良贷款率：包商银行2011—2016年不良率从0.45%一路攀升至1.68%（同期上市城市商业银行平均水平为1.28%）。

（2）贷款逾期率：逾期率从2011年的0.97%攀升至2016年4.71%，远高于同期上市城商行平均水平（2.14%）。

材料4： 2019年5月24日，央行和银保监会宣布包商银行由于存在严重的信用风险，对其进行接管，接管期限一年。从2019年5月至2020年4月，历经近一年的打磨，包商银行相关业务、资产及负债，分别转让至蒙商银行和徽商银行。由存款保险基金管理有限责任公司会同中国建设银行股份有限公司全资子公司建信金融资产投资有限公司、徽商银行股份有限公司以及内蒙古自治区财政厅等内蒙古自治区内的8家发起人在内蒙古自治区共同发起设立蒙商银行股份有限公司。

资料来源：任泽平. 包商银行事件：成因、影响及展望[R]. 恒大研究院研究报告，2019.

案例讨论分析

请思考：
1. 中国金融机构体系的构成是什么？包商银行属于什么类型？
2. 商业银行存在哪些风险？
3. 建设银行作为托管行将发挥什么作用？
4. 包商银行违约后会对同业市场产生哪些影响？

【本章小结】

从狭义角度看，金融机构是指从事银行、证券、保险、信托、基金等金融服务业的金融中介机构。从广义角度看，金融机构还包括金融监管组织和国际金融机构。

金融机构的发展趋势体现在：银行与非银行金融机构的差别日趋模糊；银行业从分业经营转向混业经营；金融机构的经营管理理论频繁创新。

存款金融机构与非存款金融机构为资金赤字方融资。存款金融机构能成为金融市场里有效的中介，是由于它们在资金来源和运用上有更多的信息，并有能力对借款人的资信进行评估。根据不同借款人的借款数量和期限要求，存款金融机构可将其吸收的存款重新安排后对借款人发放贷款。非存款金融机构主要通过对有价证券的购买为资金赤字方提供融资。

中央银行制度是商品信用经济发展到一定阶段的产物。中央银行是一国金融中介机构体系的中心环节，处于特殊地位，具有对全国金融活动进行宏观调控的特殊功能。

商业银行是金融市场的主角，它为资金盈余者提供多样化的存款账户，然后通过直接贷款或购买债务证券的方式将资金贷给需求者。专业银行是指专门经营指定范围内的业务和提供专门性金融服务的银行。西方国家的专业银行种类繁多、名称各异，但概括起来，主要包括投资银行、储蓄银行、农业银行和不动产抵押银行等。西方国家的非银行金融机构主要包括保险公司、证券公司、信托投资公司、金融租赁公司、养老基金和信用合作社等。

中国金融系统由"一委一行两会"共同监管。"一委一行两会"即指国务院金融稳定发展委员会、中国人民银行、中国证券监督管理委员会、中国银行保险监督管理委员会。

中国的商业银行大体上可以分为以下几个层次，即四大国有商业银行、股份制商业银行、城市商业银行和农村商业银行。中国的政策性银行主要指政府出于特定目的而设立的银行，即国家开发银行、中国农业发展银行和中国进出口银行，此外还包括国有银行改革出现的四大金融资产管理公司，即中国华融资产管理股份有限公司、中国长城资产管理股份有限公司、中国东方资产管理股份有限公司和中国信达资产管理股份有限公司。

国际金融机构主要包括国际货币基金组织、世界银行集团、国际清算银行等。世界银行集团是一个向发展中经济体提供金融和技术援助的国际金融组织。它包括五个成员组织，即国际复兴开发银行、国际开发协会、国际金融公司、多边投资担保机构和国际投资争端解决中心。

【复习思考题】

1. 如何理解金融机构和金融机构体系？

2. 金融机构有哪些分类?存款金融机构与非存款金融机构的主要区别是什么?
3. 西方国家的金融机构体系一般由哪些类型机构组成?
4. 政策性银行与商业银行有什么区别?
5. 简述中国金融机构体系的构成。
6. 世界银行集团包括哪些下属机构?它们成立的目的是什么?

【进一步阅读书目】

1. 马杜拉. 金融市场与金融机构[M]. 何丽芬,等译. 5版. 北京:中信出版社,2003.
2. 黄达. 金融学[M]. 北京:中国人民大学出版社,2003.
3. 米什金. 货币金融学[M]. 马君潞,等译. 2版. 北京:机械工业出版社,2011.

 即测即练

自学自测　扫描此码

第六章

商业银行

【本章学习目标】

通过本章学习,学生应该能够:
1. 掌握商业银行的流动性管理策略;
2. 熟悉商业银行的资产负债表及业务;
3. 把握资本充足与商业银行稳健运营的关系;
4. 了解商业银行表外业务的风险。

A 分行头寸调度案例

某股份制商业银行 A 分行行长在周二上午审阅周一营业终了轧出的"头寸表"时,发现该行在央行的超额准备金仅有 270 万元。这时,他找来计划科科长询问头寸短缺情况。计划科科长认为,目前头寸短缺主要是因为春节将至,客户提存增加,导致该行在央行的存款急剧下降。更为严峻的是,周一同业清算表明,A 分行应支付中国农业银行 B 分行的清算逆差高达 760 万元。考虑到今天开门后提现的可能,已与 B 分行协商推延 3 日支付。他现在正着手筹措资金,但用哪种方式还没有确定,正准备向行长请示。

行长听取汇报后,当即与计划科科长商议:如何在目前头寸短缺的情况下迅速弥补资金缺口。经分析,系统内申请资金调剂、同业拆借、向资金市场借款和中央银行借款是弥补资金缺口的可行途径。当天下午,计划科科长按选定目标开始筹资。

首先是向上级银行申请调入资金,得到的答复是:由于其他分行欠缴应付汇差资金,该收的资金未收到,目前没有能力进行资金调剂。次日上午,计划科科长又向本市略有节余资金的中国建设银行请求同业拆借,得到的答复是:几天后有数笔大额存款到期,目前节余的资金不能动用。次日下午,计划科经办人员又从资金市场获悉,要求拆入的银行为数众多,有意向拆出者甚少。于是,从这一渠道获取资金的希望也落空。第三日上午,计划科经办人员带着最后的希望来到中央银行申请借款 800 万元,为期 5 日。

引导案例分析

第一节 商业银行概述

一、商业银行的起源和发展

商业银行的产生和发展经历了早期商业银行（16世纪至17世纪中期）、中期商业银行（17世纪中期至20世纪以前）和现代商业银行（20世纪以来）三个历史阶段。与商业银行产生和发展的经历相对应，商业银行对经济发展的历史贡献与作用经历了一个从适应性到主动性再到先导性的发展变化过程。

（一）早期商业银行的产生与发展

早期商业银行是从货币经营业转化而来的。早期银行业的产生与国际贸易的发展有着密切的联系。中世纪的欧洲地中海沿岸各国，尤其是意大利的威尼斯、热那亚等城市是著名的国际贸易中心，商贾云集，市场繁荣。但由于当时社会的封建割据，货币制度混乱，各国商人所携带的铸币形状、成色、重量各不相同，为了适应贸易发展的需要，必须进行货币兑换。于是，单纯从事货币兑换业并从中收取手续费的专业货币商便开始出现和发展了。随着异地交易和国际贸易的不断发展，来自各地的商人为了避免长途携带而产生的麻烦和风险，开始把自己的货币交存在专业货币商处，委托其办理汇兑与支付。这时候的专业货币商已反映出银行萌芽的最初职能：货币的兑换与款项的划拨。

当时，意大利的主要银行有威尼斯银行和1407年设立的圣乔治银行等。16世纪末开始，银行在欧洲其他国家普及。例如，1609年成立的阿姆斯特丹银行、1619年成立的汉堡银行、1621年成立的纽伦堡银行等都是欧洲早期著名的银行。在英国，早期的银行业是通过金匠业发展而来的。17世纪中叶，英国的金匠业极为发达，人们为了防止金银被盗，将金银委托给金匠保存。当时金匠业不仅代人保管金银、签发保管凭条，还可按顾客书面要求，将金银划拨给第三者。金匠业还利用自有资本发放贷款，以获取利息。同时，金匠们签发的凭条可代替现金流通于市面，称为"金匠券"，开了近代银行券的先河。这样，英国早期银行就在金匠业的基础上产生了。这种早期的银行业虽已具备银行的本质特征，但它仅仅是现代银行的原始发展状态。因为银行业的生存基础还不是社会化大生产的生产方式，银行业的放款对象还主要是政府和封建贵族，银行业的放款带有明显的高利贷性质，其提供的信用还不利于社会再生产过程。但早期银行业的出现，完善了货币经营业务，孕育了信贷业务的萌芽。它们演变成为现代银行则是在17世纪末到18世纪期间的事情，而这种转变还要求具备经济发展过程中的某些特殊条件。

早期商业银行的主要特征可以概括为：以金属货币为经营对象，业务规模狭小；以货币性业务为主要业务，信用业务不发达；具有明显的非生产和高利贷性质；主要行使社会支付结算功能，不具备真正的信用中介与信用创造功能。早期商业银行主要为社会提供了一个便利的货币支付与结算机制，对经济发展发挥了积极的作用。

（二）中期商业银行的产生与发展

由于封建主义银行贷款具有高利贷的性质，年利率平均在 20%～30%，严重阻碍着社会闲置资本向产业资本的转化。另外，早期银行的贷款对象主要是政府等一批特权阶层而非工商业，新兴的资产阶级工商业无法得到足够的信用支持，而资本主义生产方式产生与发展的一个重要前提是要有大量的为组织资本主义生产所必需的货币资本。因此，新兴的资产阶级迫切需要建立和发展资本主义银行。据《2013—2017 年城市商业银行市场前瞻与发展战略规划分析报告》分析，资本主义商业银行的产生，基本上通过两种途径：一是旧的高利贷性质的银行逐渐适应新的经济条件而转变为资本主义银行。在西欧，由金匠业演化而来的旧式银行，主要是通过这一途径缓慢地转化为资本主义银行。二是新兴的资产阶级按照资本主义原则组织的股份制银行。这一建立资本主义银行的历史过程，在最早建立资本主义制度的英国表现得尤其明显。1694 年，在政府的帮助下，英国建立了历史上第一家资本主义股份制的商业银行——英格兰银行。它的出现，宣告了高利贷性质的银行业在社会信用领域垄断地位的结束，是中期商业银行产生的标志。

中期商业银行产生与业务经营的特征可概括为：银行以货币信用为经营对象；银行的货币业务与信用业务逐渐融合在一起；银行不仅行使社会支付结算功能，而且还具有了真正的信用中介与信用创造功能；银行把货币当作资本来经营，以获取利润为目的。中期商业银行对经济的作用从"适应性"向"主动性"转变，主要表现为：通过积聚集中资本为工业革命提供了条件；通过代理企业股票的发行与转让，参与股票发行与流通市场的建立，促进了以股份公司为主要组织形式的资本主义企业制度的建立；银行资本的集中和金融垄断资本的形成，促成了经济大国的形成。

（三）现代商业银行的产生与发展

现代商业银行是随着资本主义经济的迅速发展和高度繁荣而发展起来的。资本主义经济的发展和高度繁荣为商业银行的发展奠定了良好的社会基础。现代商业银行的特征主要表现为：商业银行不仅继承了传统商业银行（包括早期商业银行和中期商业银行）的货币信用业务，而且还深化了传统商业银行的货币信用业务；普遍采取了公司制的组织形式，在此基础上，银行业迅速地实现了资本集中和垄断；商业银行经营技术与手段逐步实现了电子化；商业银行在管理理论与方法上普遍地实行全面的资产负债综合管理；商业银行业务经营向着国际化、综合化发展。

现代商业银行对经济贡献集中体现在其先导性作用方面。这种先导性作用又主要表现为：现代商业银行成为货币供给机制的核心；现代商业银行成为间接融资的主导者与直接融资的传导者；现代商业银行成为中央银行的重要调控对象；现代商业银行成为国民经济的晴雨表；现代商业银行成为控制企业的最佳选择。

二、商业银行的性质与功能

（一）商业银行的性质

1. 商业银行是企业

商业银行具有现代企业的基本特征，即同时具有以下六个要素特征：①是依法设立的法人单位；②用自己的收入支付各项支出；③拥有从事企业经营所需的资本金；④依法自主经营、自负盈亏、自我约束、自担风险、自我发展；⑤以盈利最大化为经营目标；⑥照章纳税。从这个角度来看，商业银行属于企业范畴的经济组织。

2. 商业银行是经营货币资金的特殊企业

商业银行是经营货币资金的特殊企业。其特殊性具体表现在：第一，经营对象的差异。工商企业经营的是具有一定使用价值的商品，从事商品生产和流通；而商业银行是以金融资产和金融负债为经营对象，经营的是特殊商品——货币和货币资本，不直接介入商品的生产和流通。经营内容包括货币收付、借贷以及各种与货币运动有关的或者与之相联系的金融服务。第二，商业银行的信用活动存在风险。在借贷活动中，虽然贷方的所有权没有改变，但这种所有权只是一种法律意义上的所有权，即债权，而货币的实际占有权和使用权都已经转移给借方，贷方的所有权是不完整的，并且有可能丧失其所有权。这种风险存在于借贷活动之中，有信用就有风险，银行与风险同在，这也是银行区别于其他企业的原因之一。第三，商业银行对整个社会经济的影响更广、更深。商业银行是高负债企业，更容易承受风险，且商业银行关系面广、渗透力强，破产倒闭的社会成本特别巨大。商业银行的产品具有准公共物品属性，消费群体具有广泛的社会性和普遍性，在现代经济社会中，几乎每一个经济部门、事业部门和社会公众都与之发生联系，从而对社会运行和社会公众的利益产生重大影响。如果经营活动出现重大问题，特别是破产倒闭，不仅会损害到存款者的利益，更会给一国经济发展、金融安全带来灾难性的后果，甚至引发多米诺骨牌效应，诱发区域性乃至国际性的金融危机。

3. 商业银行是多功能综合性的金融企业

商业银行既有别于国家的中央银行，又有别于专业银行和非银行金融机构。商业银行是唯一可以经营活期存款的机构。商业银行通过经营活期存款可以创造出派生存款，并利用贷款和投资转存活期存款实现信用的加倍扩张或收缩。与专业银行相比，商业银行的业务更综合、功能更全面，经营一切金融"零售"业务（门市服务）和"批发"业务（大额信贷业务），为客户提供所有的金融服务。而专业银行只集中经营指定范围内的业务和提供专门服务。随着西方各国金融管制的放松，专业银行的业务经营范围也在不断扩大，但与商业银行相比，仍差距甚远；商业银行在业务经营上具有优势。

（二）商业银行的功能

商业银行作为一国经济中最重要的金融中介机构，具有不可替代的作用，商业银行的经济职能恰好能说明这一点。

1. 信用中介

信用中介是商业银行最基本、最能反映其经营活动特征的职能。这一职能是通过银行负债业务，把社会上的各种闲散货币集中到银行，再通过资产业务，把它投向经济各部门；商业银行是作为货币资本的贷出者与借入者的中介人或代表，来实现资本融通，并从吸收资金成本与发放贷款利息收入、投资收益的差额中，获取利益收入，形成银行利润。商业银行成为买卖"资本商品"的"大商人"。商业银行通过信用中介的职能实现资本盈余和短缺之间的融通，并不改变货币资本的所有权，改变的只是货币资本的使用权。这种使用权的改变，对经济活动可以起到一个多层面的调节转化作用：一是把暂时从再生产过程中游离出来的闲置资金转化为可用资金，提供了扩大生产手段的机会。二是可将用于消费的资金转化为投资，加速经济增长。三是可以把短期货币资本转化为长期货币资本。在利润原则支配下，还可以把货币资本从效益低的部门引向效益高的部门，形成对经济结构的调节。

2. 支付中介

商业银行除了作为信用中介，融通货币资本以外，还执行着货币经营的职能。通过存款在账户上的转移，代理客户支付，在存款的基础上为客户兑付现款等，商业银行成为工商企业、团体和个人的货币保管者、出纳者和支付代理人。以商业银行为中心，形成经济过程中无始无终的支付链条和债权债务关系。

3. 信用创造

商业银行在信用中介职能和支付中介职能的基础上，产生了信用创造职能。商业银行是能够吸收各种存款的银行，可用其所吸收的存款发放贷款，在支票流通和转账结算的基础上，贷款又转化为存款，在这种存款不提取现金或不完全提现的基础上，就增加了商业银行的资金来源，最后在整个银行体系，形成数倍于原始存款的派生存款。长期以来，商业银行是各种金融机构中唯一能吸收活期存款、开设支票存款账户的机构，在此基础上产生了转账和支票流通。商业银行通过自己的信贷活动创造和收缩活期存款，而活期存款是构成货币供给量的主要部分。因此商业银行可以把自己的负债作为货币来流通，具有信用创造功能。

4. 金融服务

随着经济的发展，银行间的业务竞争日益剧烈，银行由于联系面广，信息比较灵通，特别是电子计算机在银行业务中的广泛应用，其具备为客户提供信息服务的条件，咨询服务等对企业"决策支援"的服务应运而生。工商企业生产和流通专业化的发展，又要求把许多原来属于企业自身的货币业务转交给银行代为办理，如发放工资、代理支付其他费用等。个人消费也由原来的单纯钱物交易发展为转账结算。现代化的社会生活，从多方面对商业银行提出了金融服务的要求。在强烈的业务竞争模式下，各商业银行也不断开拓服务领域，通过金融服务业务的发展，进一步促进了资产负债业务的扩大，并把资产负债业务与金融服务结合起来，开拓新的业务领域。在现代经济生活中，金融服务已成为商业银行的重要职能。

三、商业银行的货币创造

商业银行作为金融机构中最重要的一部分，不仅提供金融服务，而且通过自己的业务活动参与货币创造过程。商业银行机构多、规模大、业务广泛，是整个货币运行的主要载体。

（一）原始存款与派生存款

原始存款是指能增加商业银行存款准备金的存款，它包括银行吸收的现金存款或中央银行对商业银行贷款所形成的存款。原始存款的根本来源是中央银行创造和提供的基础货币。派生存款也称衍生存款或引申存款，它是相对于原始存款而言的，是指由商业银行以原始存款为基础发放贷款而引申出的超过原始存款的那一部分存款。

（二）商业信用创造的两个前提条件

1. 部分准备金制度

部分准备金制度又称法定存款准备金制度。对于一定数量的存款来说，准备金比例越大，银行可用于贷款的资金就越少；准备金比例越小，银行可用于贷款的资金就越多。

2. 转账结算制度

转账结算制度又称非现金结算制度。如果不存在非现金结算，银行不能用转账方式发放贷款，一切贷款都必须付现，也就没有派生存款。

（三）派生存款的创造过程

发达的非现金结算和票据的广泛使用，使得贷款的发放、款项的支付并不需要提现，只是用票据作为转账的工具，债务相互抵销。银行得到存款后，不必完全保留不动，留存一定比例的准备金之后，就可以把其余的存款贷放出去，放出去的贷款经过市场活动又成为另一家银行的存款，这些存款又会被银行贷出，等等。资金反复进出银行体系，使银行存款不断扩张，这就是商业银行创造存款货币的过程。商业银行信用创造主要取决于两大因素：一是原始数量的大小；二是法定存款准备金率的高低。为了分析简便，我们做如下假设：

（1）银行体系是由中央银行和两家或两家以上的商业银行所构成；

（2）法定准备金率为10%；

（3）现金漏损率为零，即银行客户不提取现金，没有现金流出银行系统；

（4）商业银行只保留法定准备金，其余部分全部贷出，没有保留超额准备金。

例如，A银行从客户甲吸收到的初始存款额为100万美元，根据10%的存款准备金率，依次将存款余额贷给其他客户，则A银行创造存款的过程如表6-1所示。

表6-1　A银行创造存款的过程　　　　　　　　　　　　　　万美元

客户	银行	存款额	准备金	贷出
甲	A	100	10	90
乙	B	90	9	81
丙	C	81	8.1	72.9
…	…	…	…	…
所有银行累计总额		1 000	100	900

由此可见，原始存款实现了多倍的扩张，得到了多倍的货币供应量，派生倍数即是法定准备金率的倒数。并且，原始存款量越大，创造的存款量就越多。这一扩张过程可表示为

$$D = R \times 1/r_d$$

式中，D 代表存款货币的最大扩张量；R 代表原始存款数量；r_d 代表法定存款准备金率。如果用 k 代表货币创造乘数，则 $k = 1/r_d$，表示单位原始存款可能引起的存款总额扩张倍数。

放宽超额准备金率为零的假设，假定超额准备金率为 r_e，则有

$$k = \frac{1}{r_d + r_e}$$

进一步放宽借款人不取现的假设，假定存款扩张过程中有现金流出，即某些人取得贷款后，没有全部存入银行，而是手持一部分现金，这时存款扩张的效果就会缩小。设 r_c 为现金在存款中所占的比率，则货币创造乘数变成

$$k = \frac{1}{r_d + r_e + r_c}$$

需要注意的是，该货币创造乘数是在存款的基础上得到的，即假定银行货币供给量的来源是存款，而没有包含非银行部门持有的通货。实际上，商业银行创造存款货币的基础是中央银行提供的基础货币。基础货币又称为高能货币或强力货币，表现为流通中的现金和商业银行的准备金。可表示为

$$B = C + R$$

式中，B 代表基础货币；C 代表流通中的现金；R 代表银行准备金。

货币创造乘数就是指基础货币 B 与货币供应量 M 之间的倍数关系。基础货币具有一定的稳定性，银行存款 D 是在基础货币的基础上创造出来的。因为货币供应量（严格意义的）$M=C+D$，即流通中的通货和活期存款总和。则货币创造乘数为

$$k = \frac{M}{B} = \frac{C+D}{C+R} = \frac{C+D}{C+R_d+R_e} = \frac{r_c+1}{r_c+r_d+r_e}$$

第二节 商业银行的资产负债表

为了理解商业银行是如何运作的，我们先观察银行资产负债表，资产负债表具有如下特征：

总资产 = 总负债 + 资本

银行的资产负债表是银行资金来源（负债）和资金用途（资产）的列表。银行通过借款和吸收存款等其他负债的形式来获得资金，用这些资金取得资产，如证券和贷款。通过对所持有的证券和贷款收取高于其负债成本的利率而获利。商业银行资产负债表上的各项目通常按照表 6-2 所列方式分类和排列。其中，流动资产是指在短期内可以变现而没有损失的资产，如短期国库券投资；非流动资产指在短期内不容易变现，或者变现会产生损失的资产，如工商业贷款或房地产贷款等。银行负债也可分为波动负债和稳定负债两大类。波动负债是指那些随着季节或者利率变化而波动较大的存款及短期拆借资金等，如活期存款。稳定负债指长期存款、定期存款和长期性债务等项目。

表 6-2　资产负债表的格式

资产	负债
1. 流动资产	1. 波动负债
2. 非流动资产	2. 稳定负债
3. 无形、递延及其他资产	
	所有者权益
	1. 股本
	2. 资本公积
	3. 盈余公积
	4. 未分配利润

一、资产——资金运用

(一) 现金资产

现金资产是银行持有的库存现金以及与现金等同的、可随时用于支付的银行资产。现金资产具有两个重要的作用：第一，保持清偿力。在追求盈利的过程中，商业银行必须保有一定数量的、可直接用于应付提现和清偿债务的资产，现金资产正是可以满足这种需要的资产准备。持有一定数量的现金资产，对于商业银行保持经营过程中的债务清偿能力，防范银行风险尤其是支付风险，具有十分重要的意义。第二，保持流动性。由于是信用企业，流动性的保持对于商业银行来讲具有特别重要的意义。保持适当的流动性，是商业银行扩大业务、增强实力、提高经营效率的重要手段，是商业银行降低经营风险、维护和提高其信誉的保证。现金资产一般包括以下几种。

1. 库存现金

库存现金是商业银行保存在金库中的现钞和硬币，主要用来应付客户提现和银行本身日常零星开支。库存现金属于非营利资产，其防护费用和保险费用较高。因此，银行一般只保持必要的最低额度，超出额度的部分存入中央银行或其代理行。

2. 在中央银行存款

在中央银行存款是指商业银行存放在中央银行的资金，也称存款准备金，包括法定存款准备金和超额存款准备金两部分内容。法定存款准备金的最初目的是使银行备有足够的资金，避免因流动性不足而产生清偿力危机，后来逐渐演变为中央银行宏观调控的工具。因此，法定存款准备金具有强制性。超额存款准备金有广义和狭义之分。广义的超额存款准备金是指法定存款准备金以外的全部存款余额，也被视为商业银行的可用头寸（资金）。狭义的超额存款准备金是指商业银行存款准备金账户中超过法定存款准备金的部分，主要用于银行日常支付与债权债务清算，因此也被称为商业银行的备付金或清算存款。

3. 存放同业存款

存放同业是商业银行为了便于在同业之间开展各种代理业务、结算收付等，而将其存款存放于代理行和相关银行的业务活动。同业存款的目的是在同业之间开展代理业务和结算收付。由于存放同业的存款属于活期存款性质，可以随时支用，因而可以视同银行的现金资产。

4. 在途资金

在途资金是存入中央银行或同业、联行的支票，但资金未到达其账上。在途资金在收妥之前，是一笔占用的资金，又由于通常在途时间较短，收妥后即成为存放同业存款，所以将其视同现金资产。

（二）贷款

商业银行最重要的资产业务当属贷款，贷款是商业银行运用资金、取得利润的主要途径。发放贷款是银行最主要的经济功能之一，通过为新企业的发展提供融资，支持现存的经济活动，为个人创造工作机会使其生活水平不断提高，来支持国家和地区的发展。合理的贷款规模和结构能够满足经济增长对资金的需求从而促进经济发展，但贷款业务也会给银行业带来风险，一旦经济陷入衰退或银行管理失误，不良贷款的风险将会显现，反过来影响到经济的稳定和发展。因此，银行贷出去的款项能否按时收回对于银行来说非常重要，世界各国银行经过长期实践，总结出现在较为通用的贷款五级分类法，即按照贷款的质量和风险程度可分为正常类贷款、关注类贷款、次级类贷款、可疑类贷款和损失类贷款。其中，正常类贷款与关注类贷款属于正常贷款，次级类贷款、可疑类贷款、损失类贷款属于不良贷款。

1. 正常类贷款

正常类贷款指借款人能够履行借款合同，没有足够理由怀疑贷款本息不能按时足额偿还。

2. 关注类贷款

关注类贷款指尽管借款人目前有能力偿还贷款，但存在一些可能对偿还产生不利影响的因素。该类贷款的本息偿还可能仍然正常，但是已经发生了一些可能会影响贷款偿还的不利因素，如宏观经济、市场以及行业等外部环境出现对借款人不利的变化，企业改制，借款人的主要股东、关联企业或母子公司等发生重大不利变化，借款人的一些重要财务指标低于同行业水平或有较大的下降等。如果任由这些因素继续下去，就有可能影响贷款的偿还，因此，银行需要对其进行关注，或对其进行监控。

3. 次级类贷款

次级类贷款指借款人的还款能力出现明显问题，完全依靠其正常营业收入无法足额偿还贷款本息，即使执行担保，也可能会造成一定损失。此时，借款人已经无法继续依靠其正常的经营收入偿还贷款的本息，支付出现严重困难，内部管理出现严重问题或经营亏损，净现金流量已为负数等，不得不通过重新融资或拆东墙补西墙的办法来归还贷款。

4. 可疑类贷款

可疑类贷款指借款人无法足额偿还贷款本息，即使执行担保，也肯定要造成较大损失。这类贷款具备了上述次级类贷款所具备的基本特征,但是程度更加严重。如借款人处于停产、半停产的状态,贷款项目已经处于停建或缓建状态,借款人已经资不抵债,银行已经诉诸法律来收回贷款等。

5. 损失类贷款

损失类贷款指在采取所有可能的措施或一切必要的法律程序之后,本息仍然无法收回,或只能收回极少部分。对于这类贷款,银行已没有意义将其继续保留在资产账面上,应当在履行必要的内部程序之后,立即冲销。

贷款对于支持商业投资和消费具有重要的意义,但是并非银行的所有资金都能用于贷款,这是因为大多数贷款的流动性低,如果银行急需现金,贷款不易在到期前收回或售出。此外,贷款是银行最大的风险资产之一,在各种形式的银行信用中,贷款的违约率最高。同时,对于中小银行,特别是城市商业银行、城乡信用社来说,大部分贷款主要用在当地,因此风险集中度高。如果当地经济活动发生任何重大衰退,就会削弱大部分贷款的质量。

(三) 证券投资

1. 证券投资的功能

1) 分散风险,获取收益

获取收益是银行进行证券投资的首要功能和目标。证券投资的收益包括两部分:所得利得——利息收入(票面收益);资本利得——增值收入(低价买进,高价卖出)。降低风险,把风险控制在某一个限度内,是商业银行经营管理中的一个重点,而降低风险的基本做法就是资产的分散。商业银行的证券投资业务在分散和降低风险方面具有独特的功能。

2) 保持流动性

尽管现金资产具有较高的流动性,在流动性管理中具有重要作用,但现金资产无利息收入或利息收入较低,为保持流动性而持有过多的现金资产会增加银行的机会成本,降低营利性。银行投资可销性很强的短期证券,既可以随时变现,又有一定的利息收入,是银行流动性管理中不可或缺的二级准备,是理想的高流动性资产。

3) 合理避税

商业银行投资的证券大都集中在国债和地方政府债券上,而国家或地方政府为了吸引投资者,往往对其所发行的有价证券免税或有税率降低的优惠,此时银行可以利用不同的有价证券组合,通过避税手段,实现进一步提高收益的目的。

4) 管理风险资本

银行持有的大部分证券的风险权重比较低,有些甚至为0。银行为了避免较高的资本风险,将多余资金投向证券而非贷款,还可以降低资金成本。

2. 银行证券投资业务的主要类别

1) 政府债券

政府债券有三种类型:中央政府债券、政府机构债券和地方政府债券。

（1）中央政府债券。中央政府债券是指由中央政府（一般为财政部）发行的债券。政府债券的基本特点是：第一，安全性较好。由于政府为债券的发行人，因而投资于政府债券，本息一般都可以及时收回。第二，流动性较高。政府债券是金融市场上交易最为活跃、交易数量最为巨大、变现能力强的债券，是商业银行进行流动性管理的重要工具。第三，收益率较高。世界各国一般都规定，投资于政府债券是不需要交纳所得税的，这就使得投资于政府债券的实际收益率较高。第四，可以作为抵押品或者是金融市场回购业务的对象，是一种理想的投、融资工具。

（2）政府机构债券。政府机构债券是指除中央财政部门以外其他政府部门和有关机构所发行的债券，通常以中长期债券为主，只需缴纳中央所得税，不用缴纳地方所得税，因此税后收益率比国债高。政府机构债券与政府债券的特点十分相似，其违约风险较小，在二级市场上的交易比较活跃，但信用等级比政府债券相对要低。

（3）地方政府债券。地方政府债券是由地方政府发行的债券，所筹资金多用于地方基础设施建设和公益事业发展。由于地方政府的财政状况差异较大，地方纳税能力大大弱于中央政府，且该类债券发行的目的即是支持地方基础设施建设和公益事业，故这类债券有一定的违约风险，信用等级相对较弱。

2）中央银行票据

中央银行票据又称央票，是中央银行为调节商业银行超额准备金而面向商业银行发行的债务凭证，其实质是中央银行债券。中央银行票据是中央银行调节基础货币的一项重要货币政策工具，期限以中短期为主，从已发行的央票来看，期限最短的3个月，最长的也只有3年。

3）金融债券

金融债券是以政策性银行、商业银行、企业集团财务公司及其他金融机构为主体发行的债券，包括政策性银行金融债、商业银行次级债、商业银行混合资本债、证券公司短期融资券和其他普通金融债。

4）非金融企业债券

非金融企业债券包括公司债券和其他非金融企业债券融资工具。其中，公司债券也称企业债券，是指企业对外筹集资金而发行的一种债务凭证。由于企业的经营状况差异很大，且市场变化无常，故公司债券的违约风险较大。为了保障商业银行证券投资的安全，许多国家在相关法律中，会对发行债券的企业资格作出明确的规定，或者是仅仅允许商业银行购买信用等级在投资级别以上的公司债券。另外，出于各种因素的比较与考虑，商业银行对公司债券的投资也会比较慎重。首先，公司债券由企业发行，而企业破产倒闭的可能性大于政府或政府机构，安全性较低；其次，由于二级市场不是很发达，因而公司债券的流动性相对较差；最后，虽然公司债券的票面收益一般会高于政府债券，但是由于其并不免缴所得税，因而其实际收益率未必高于政府债券。

其他非金融企业债券融资工具是指具有法人资格的非金融机构在银行间债券市场发行的，约定一定期限内还本付息的有价证券，包括短期融资券、中期票据、中小企业集合票据和超短期融资券等。

5）资产支持证券

资产支持证券是银行信贷资产证券化的产物。随着金融创新步伐的加快，资产支持证券在总量和种类上均获得空前发展。基础资产的类型更加多样化，覆盖到公司贷款、汽车贷款等多个领域。

6）金融衍生工具

在金融创新的推动下，金融衍生工具的发展也为银行投资提供了更多选择。金融衍生工具的交易量在有些西方发达国家已超过原生金融工具的交易规模，它们为银行开辟了新的投资渠道，也为银行增加了新的投资风险。

二、负债与资本——资金来源

（一）存款负债

1. 交易账户

交易账户指私人和企业为了交易目的而开立的支票账户，客户可以通过支票、汇票、电话转账、自动出纳机等提款或对第三者支付款项。交易账户包括活期存款、可转让支付命令（negotiable order of withdrawal，NOW）账户、货币市场存款账户(money market deposit account，MMDA)、自动转账服务（automatic transfer service，ATS）账户等种类。

1）活期存款

活期存款占一国货币供应的主要部分，也是商业银行的重要资金来源。20 世纪 50 年代以前，银行负债总额中的绝大部分都是活期存款；20 世纪 50 年代以后，由于各国实行活期存款的利率管制和反通货膨胀的紧缩性货币政策，加之闲置资金机会成本的增加和其他非银行金融机构的竞争等，商业银行活期存款的比重呈较大幅度下降，目前约占银行全部负债的 30%。鉴于活期存款不仅有货币支付手段和流通手段的职能，同时还具有较强的派生能力，因此，商业银行在任何时候都必须把活期存款作为经营的重点。但由于活期存款的流动性很高，客户在活期存款账户上存取频繁，银行为此要承担较大的流动风险，并要向储户提供诸多的配套服务，如存取服务、转账服务、提现服务和支票服务等，鉴于高风险和高营运成本，银行对活期存款账户原则上不支付利息。为避免高的流动风险，银行在缴纳法定准备金外，还保存部分库存现金以应付活期账户储户的取现。

2）可转让支付命令账户

可转让支付命令账户由美国马萨诸塞州的互助储蓄银行在 1970 年始创，是一种对个人、非营利机构开立的，计算利息的支票账户，也称付息的活期存款。该支付命令书在票面上没有支票字样，但与支票在实质上无异，能用来直接取现或对第三者支付，经过背书后还可转让。可转让支付命令账户的建立，有利于吸引客户、扩大银行存款规模。但储蓄放款协会与互助储蓄银行都可以经营这种账户，进而打破了商业银行经营活期存款的垄断地位。

3）货币市场存款账户

货币市场存款账户起源于美国，其性质介于活期存款和储蓄存款之间。货币市场存款账户的出现是商业银行抗衡非银行金融机构推出的货币市场基金的结果。货币市场基金允许客户以买卖股票的方式将短期的闲置资金交由基金会代为投资增值。由于其买卖方便，又克服了金融当局对商业银行不得向活期存款付息和有关利率上限规定"Q条例"的管制约束，因此，在20世纪70年代末利率趋高的宏观金融背景下，货币市场基金数量迅速扩张，从商业银行夺去了不少存款。迫于商业银行和储蓄机构的压力，美国金融当局于1982年颁布了《甘·圣杰尔曼明法》，批准商业银行开办货币市场存款账户。

4）自动转账服务账户

电话转账服务由美联储体系成员银行在1975年首创。银行给储户同时建立付息的储蓄账户和不付息的活期存款账户，可按储户电话指示将储户存款在两账户间划拨。在该制度下，储户平时将资金置于储蓄账户生息，当需要支票付款时，才电话批示银行将相应金额转拨至活期存款账户。1978年发展出的自动转账服务省去了电话指示这道程序，提高了效率。储户在银行照样开两个户头，但活期存款账户余额恒为1美元，储蓄账户余额则随时可变。储户事先授权银行，当银行收到储户支票时，可立即从储蓄账户上按支票所载金额转至活期存款账户以兑付支票。该账户与NOW账户类似，都属于转账账户，银行需要交存款准备金，对于银行提供的转账服务，储户要支付一定的服务费。

2. 非交易账户

非交易性存款是银行资金的主要来源，存款者不能对非交易性存款签发支票，但是银行对于这些存款所支付的利率要高于那些支票存款。非交易性存款有两种类型：定期存款和储蓄存款。

1）定期存款

定期存款是银行与存款人双方在存款时事先约定期限、利率，到期后支取本息的存款。由于传统定期存款存期固定且较长，在存期未满时储户碍于罚息通常不提前支取，故银行经营所承担的流动性风险较低，而且手续简便，营运成本不高。作为报偿，银行对定期存款支付较高的利息。鉴于定期存款流动性风险较低的情况，各国中央银行对定期存款的准备金比率也相应降低。定期存款对客户来说，是一种收入稳定而又风险很小的投资方式，并且可以以存单作为动产质押取得银行贷款。对商业银行而言，定期存款在灵活性、方便性、利息成本和创造派生存款的能力方面都不如活期存款，但是定期存款由于在银行存储时间长、支取频率低，具有投资的性质，故是银行最稳定的外界资金来源，银行可利用定期存款来支持长期放款和投资业务，从而赚取利润。

2）储蓄存款

储蓄存款账户是指储户不需按照存款契约要求，只需按照银行所要求的任何时间，在实际提取1周以前，以书面申请形式通知银行申请提款的一种账户。储蓄存款不使用支票，而是用存折或存单，手续比较简单。储蓄存款可分为活期和定期两种。活期储蓄存款可以随时支取，但取款凭证，即存折不能流通转让，也不能透支。定期储蓄存款类似于定期存款，必须先约定期限，利率较高。

（二）非存款性资金来源

1. 同业拆借

同业拆借指的是金融机构之间的短期资金融通，主要用于支持日常性资金周转，是商业银行为解决短期资金余缺、调剂法定准备金头寸而相互融通资金的重要方式。同业拆借产生于存款准备金政策的实施。由于商业银行的负债结构及余额每日都发生变化，有时法定储备多余，形成超额储备，为减少不必要的储备利息损失，商业银行就力求将超额储备拆放出去；相反，如果有时法定准备不足，就需要通过拆入资金而及时补足。这样，就形成了同业拆借的客观条件。由于同业拆借一般是通过商业银行在中央银行的存款账户进行的，实质上是超额准备金的调剂，因此又称中央银行基金，在美国则称之为联邦基金。

随着金融业发展的客观需要，当今发达国家的同业拆借市场无论在内容上或规模上都发生了很大的变化。如同业拆借已不仅仅局限于调剂法定准备金头寸，而日益成为商业银行资产负债管理的重要工具。一方面，一些大银行把拆入资金作为一种长期的周转准备，通过循环拆借的办法，使其贷款能力超过原来的存款基础，由此减少对短期、低利、高流动性资产的持有。另一方面，许多中小银行对大银行拆出资金，风险较小，期限也短，有利于及时调整资产负债结构。因此，同业拆借便成为一项比较持久的资金运用项目。

2. 国际金融市场融资

商业银行利用国际金融市场融资最典型的是欧洲货币存款市场。当银行所接受的存款货币不是母国货币时，该存款就叫作欧洲货币存款。由于各国的国际贸易大量以美元计价结算，欧洲美元也就成为欧洲货币市场的主要货币。所谓欧洲美元，就是以美元表示的、存在美国境外银行的美元存款。当今世界的欧洲货币市场已从欧洲扩展到亚洲、非洲和拉丁美洲，形成了一个全球统一的大市场。

3. 从中央银行的贴现借款

商业银行为满足资金需求，还可以从中央银行获得贴现借款。在市场经济发达的国家，由于商业票据和贴现业务的广泛流行，再贴现就成为商业银行向中央银行借款的主要渠道。而在商业票据信用不普及的国家，则主要采取再贷款的形式。商业银行向中央银行借款不能随心所欲，而是有严格限制的。这是因为各国中央银行通常把对商业银行的放款作为宏观金融调控的主要手段，这种放款的数额将直接构成具有成倍派生能力的基础货币，其利率则随经济、金融形势的变化而经常调节，且一般要高于同业拆借利率。中央银行在决策是否向商业银行放款、何时放款、放多少款时遵循的最高原则是货币稳定和金融稳定。在一般情况下，商业银行向中央银行的借款只能用于调剂头寸、补充储备的不足和资产的应急调整，而不能用于贷款和证券投资。

4. 证券回购

回购协议指的是商业银行在出售证券等金融资产时签订协议，约定在一定期限后以协议的价格购回所卖资产，以获得即时可用资金；协议期满时，再以即时可用资金做相反交易。回购协议中的金融资产主要是证券，在美国主要指的是政府证券或联邦代理机构的证券。但这并不是绝对的,在发达国家,只要资金供应者接受,任何资产都可进行回购交易,所不同的是使用其他资产一般有严格的限制条件。商业银行通过回购协议而融通到的资金可以不提缴存款准备金,从而有利于借款实际成本的减少;同时,与其他借款相比,回购协议又是一种最容易确定和控制期限的短期借款;回购协议作为一种金融工具,有利于商业银行更好地渗透到货币市场的各个领域。

5. 发行中长期债券

发行中长期债券是指商业银行以发行人身份,通过承担债券利息的方式,直接向货币所有者举借债务的融资方式。银行发行中长期债券所承担的利息成本较其他融资方式要高,好处是保证银行资金的稳定。但是,资金成本的提高又促使商业银行不得不去经营风险较高的资产业务,这从总体上增大了银行经营的风险。

(三)商业银行资本

1. 银行资本的功能

资本是商业银行可独立运用的最可靠、最稳定的资金来源,是商业银行从事业务经营与管理的基本条件,是银行信誉的"护身符"和防御风险的"保护器"。资本实力雄厚与否,既是一家商业银行实力强弱的标志,也是其业务能否扩张的基础。同时,雄厚充足的资本能有效保证存款安全、抵御经营风险,有利于社会经济和金融系统的稳定。因此,必须重视对资本金的有效管理。

1)营业和扩建功能

资本金是商业银行市场准入的先决条件。在存款流入之前,资本为银行注册、组建和经营提供了所需资金。一家新银行需要启动资金来购买土地、盖新楼或租场地、装备设施,甚至聘请职员等。此外,资本为银行的利润增长和新业务、新计划及新设施的发展提供资金。当银行成长时,它需要额外的资本,用来支持其利润增长并且承担提供新业务和建新设施的风险。大部分银行最终的规模超过了创始时的水平,追加资本的注入使银行在更多的地区开展业务,建立新的分支机构来满足扩大了的市场和为客户提供便利的服务。

2)保护功能

资本金是保护存款人利益、承担银行经营风险的保障。商业银行大部分的经营资金来自其吸收的存款,如果银行的资产遭受了损失,资产无法收回,存款人的利益必然会受到影响,也会引发银行破产倒闭的风险。而资本可发挥债权人在面对风险时免遭损失的"缓冲器"作用,有利于增强公众对银行的信心,消除债权人(包括存款人)对银行财务能力的疑虑。同时,资本通过吸纳财务和经营损失也降低了银行破产倒闭的风险。

3)管理功能

银行资本相对风险资产的比重过低意味着很小的非预期资产损失就会极大地影响银行的资本,并威胁到银行的支付能力。因此,银行监管机构作出了最低资本规定以促进银行业的安全和稳健。此外,资本作为规范银行增长的因素,有助于保证银行实现长期可持续的增长。管理当局和金融市场要求银行资本的增长大致和贷款及其风险资产的增长一致。因此,随着银行风险的增加,银行资本吸纳损失的能力也要求相应提高,银行的贷款和存款如果扩大得过快,市场和管理机构就会给出信号,要求它或者放慢速度,或者增加资本。

2. 银行资本的构成

《巴塞尔协议》对资本的规定是：商业银行的资本应与资产的风险相联系。银行资本的主要作用就是吸收和消化银行损失,使银行免于面临倒闭危机。商业银行的最低资本由银行资产结构形成的资产风险所决定,资产风险越大,最低资本额越高。银行的主要资本是银行持股人的股本,构成银行的核心资本。2010年修订的《巴塞尔协议Ⅲ》重新规定了商业银行的资本构成,取消了专门用于抵御市场风险的三级资本,将监管资本划分为一级资本（核心资本）和二级资本两大类,并规定一级资本的主要形式必须是普通股和留存收益。

1）一级资本

核心资本的主要形式表现为普通股和公开储备。普通股被认为是具有最高质量的资本工具。它的清偿顺序排在所有其他融资工具之后,能够在损失出现后立即将其吸收,在支付红利方面具有充分灵活性,且没有到期日。普通股是最基本的资金来源,是帮助银行免遭破产的根本。公开储备是指通过保留盈余或其他盈余的方式在资产负债表上明确反映的储备,如股票发行溢价、未分配利润和公积金等。要计入一级资本,金融工具就必须能够在持续经营条件下充分吸收损失。要能够在持续经营下吸收损失,所有计入一级资本的资本工具都必须具有以下特征：次级的、对非累积的红利和息票支付有充分灵活性、没有到期日也没有激励赎回的机制。

2）二级资本

《巴塞尔协议Ⅲ》将银行二级资本（附属资本）需要满足的基本标准规定为：受偿顺序次级于存款和一般债务,原始期限至少5年。根据调整前的《巴塞尔协议》,其主要包括未公开储备、重估储备、普通准备金、混合资本工具和长期附属债务。其中,普通准备金可以被用于弥补未来的不可确定的任何损失,符合资本的基本特征,所以被包括在附属资本中。混合资本工具是指既带有一定股本性质、又有一定债务性质的一些资本工具。这些金融工具与股本极为相似,特别是它们能够在不能清偿的情况下承担损失、维持经营,因而可以列为附属资本。比如英国的永久性债务工具、美国的强制性可转换债务工具等。长期附属债务是资本债券与信用债券的合称,它之所以被当作资本,是因为它可以部分地替代资本的职能,可以同样为固定资产筹集资金。只有在存款人对盈利与资产的要求权得到充分满足之后,债权人才能取得利息和本金；银行一旦破产,损失先由附属债务冲销,再由保险公司或存款人承担。发行长期债务凭证的另外一些好处是：长期债务成本低,它的债务利息支付可以作为费用从税前利润中冲减,而股息属于税后净利润分配。一般情况下,只有期限在5年以上的附属债务工具可以包括在附属资本之中,但其比例最多只能相当于核心资本的50%。这是因为在没有宣布破产之前,银行不能用债务冲销营业损失；债务有固定期限,到期日或到期前必须归还或展期；每隔一定时间支付债务利息是银行的法律义务,而在紧急财务情况下股利却可以推迟或不进行支付,这使利用长期债务代替股本增大了银行破产的可能性。

3）资本扣除项

为了使资本的计算趋于准确，《巴塞尔协议Ⅲ》还对资本中有些模糊的、应予以扣除的成分做了规定，包括商誉及其他无形资产、递延税资产、所持有自己银行的股票、对未纳入并表监管范围的其他金融机构的股本投资。其中，商誉及其他无形资产通常能增加银行的价值，但又是一种虚拟资本，价值大小比较模糊，在压力或破产状态下无形资产的可实现价值具有高度不确定性，因此应予以扣除。而某些递延税资产的实现依赖于银行未来的盈利能力，因此应从一级资本的普通股部分扣除。此外，所有对本银行的股票投资都要从一级资本普通股部分中扣除（除非按照相关会计准则已经终止确认）。同时，任何对自己银行股票有合同承诺的回购都要从普通股中扣除。这一规定的目的是避免由于银行直接持有自身股票、通过指数基金间接持有自身股票以及通过合同承诺在将来购入自身股票等形式重复计算其资本。最后，银行如有对未纳入并表监管范围的其他金融机构的股本投资，则要做相应扣减。这一规定的目的是力图避免银行体系相互交叉控股，导致同一资本来源在一个集团中重复计算的"双重杠杆效应"，使银行资本更加空虚并给银行体系带来风险，也可以避免跨国银行利用自己的全球网络巧妙调拨资金，规避管制或进行投机活动。

第三节 商业银行的表外业务

一、商业银行表外业务的界定

传统商业银行的主要收入来源是发放贷款和证券投资的利息收入，其利润主要来自利息收入和利息支出之间的差额。但随着银行竞争的不断加剧，利差出现持续下降，商业银行为了增加利润，积极开拓表外业务，以增加非利息收入。

根据国际银行业通用的分类标准，狭义的表外业务指那些未列入资产负债表，但同表内资产业务和负债业务关系密切，并在一定条件下会转为表内资产业务和负债业务的经营活动，即或有债权/债务类表外业务，具有风险性，主要包括承诺类、担保类和金融衍生交易类。我们通常所说的表外业务指的是狭义的概念。广义的表外业务不仅包括狭义的表外业务，还包括无风险的金融服务类表外业务。金融服务类表外业务，指商业银行通过对客户提供金融服务，以收取手续费为目的、不承担任何风险、不构成商业银行或有债权/债务的业务，即只能给银行带来各种服务性收入，而不会影响银行表内业务质量的业务，主要包括支付结算、代理、基金托管、咨询顾问类等。表外业务具备表外性、多样性和风险差异性三个特点。

（1）表外性。表外性是指表外业务不在银行资产负债表内反映。商业银行开展贷款业务和投资业务，都要运用其通过负债业务所动员的资金。在开展表外业务时，没有自身资金的转移。

（2）多样性。多样性是指从表外业务产品的生成条件看，表外业务产品与银行的支付中介职能、信用中介职能及银行的信誉和技术经济条件相联系。从表外业务产品的功能看，有结算性业务、管理性业务、担保性业务、融资性业务及其他类表外业务。从表外业务产品的作用看，有代理性业务、委托性业务和自营性业务。

（3）风险差异性。风险差异性是指在表外业务产品中，商业银行通常不存在存贷业务（如结算业务、代理业务、咨询业务）中的信用风险。但有些表外业务则会存在潜在风险，如信用证、承兑等担保性业务实际上是一种或有资产或负债，它们在一定条件下会转化为现实的风险资产或负债，其风险主要有信用风险和利率风险。

二、表外业务的种类

（一）无风险/低风险类表外业务

无风险/低风险类表外业务主要是指商业银行不运用或较少运用自己的资金，以中间人身份为客户提供代理收付、委托、保管、咨询等金融服务，并收取手续费。此类表外业务真正体现了表外业务的最基本性质，即中介、代理或居间业务，风险低、成本低、收入稳定、安全。

1. 代理类表外业务

代理类表外业务是指商业银行接受客户委托、代为办理客户指定的经济事务、提供金融服务并收取一定费用的业务。商业银行代理业务是典型的表外业务，在代理过程中，客户的财产所有权不发生转移，银行一般不动用自己的资产，不为客户垫款，不参与收益分配，银行只是运用其信誉、技能、网络、信息等资源代客户行使监督权，提供各项金融服务，收取代理手续费，是风险比较低的表外业务，包括代理银行业务、代理收付业务、代理证券业务、代理保险业务、代理其他业务等。

2. 基金托管类表外业务

基金托管类表外业务是指有托管资格的商业银行接受基金管理公司委托，安全保管所托管的基金的全部资产，为所托管的基金办理基金资金清算款项划拨、会计核算、基金估值、监督管理人投资运作的业务。

3. 咨询顾问类表外业务

咨询顾问类表外业务是指商业银行依靠自身在信息、人才、信誉等方面的优势，收集和整理有关信息，并通过对这些信息以及银行和客户资金运动的记录与分析，形成系统的资料和方案，提供给客户，以满足其业务经营管理或发展的服务活动。

4. 保管类表外业务

保管类表外业务是商业银行利用自身的设施（如保管箱、保管库）接受客户的委托，代为保管各种贵金属、珠宝古玩字画、有价证券、契约文件、保密档案资料、设计图纸等，并收取一定手续费的业务。

（二）不含期权风险类表外业务

不含期权风险类表外业务是指商业银行在向客户提供此类表外业务时承担一定的会影响到银行当期损益的风险，但银行和客户所承担的义务是对称的，客户不拥有单独决定是否履行合同的权利。其包括无追索权的资产证券化、贷款出售及代客交易、支付结算、银行卡等金融服务表外业务。

1. 交易类表外业务

交易类表外业务是指商业银行为满足客户保值或自身风险管理等方面的需要，利用合适的金融工具进行的资金交易活动，包括代客债券买卖、外汇买卖、结售汇、金融衍生品买卖，以取得汇差收入或手续费收入的业务。随着金融市场的进一步发展，商业银行还可以介入黄金、房地产买卖业务。银行在开展此项业务时，不仅可以获得差价或手续费收入，还可以吸收到保证金存款。

2. 支付结算类表外业务

支付结算类表外业务是指由商业银行为客户办理因债权债务关系引起的与货币支付、资金划拨有关的收费业务。商业银行需要通过结算工具、结算方式来开展此类业务。借助的主要结算工具包括银行汇票、商业汇票、银行本票和支票。结算方式主要包括同城结算和异地结算。

3. 银行卡业务

银行卡是由经授权的金融机构（主要指商业银行）向社会发行的具有消费信用、转账结算、存取现金等全部或部分功能的信用支付工具。

（三）含期权风险类表外业务

含期权风险类表外业务是指商业银行向客户提供此类表外业务时需要承担较大的风险，会形成银行潜在的债权债务关系，并且银行应满足购买方的要求，保证将来按照事先约定的条件履行承诺。这对于银行来说是一种或有债权/债务，银行应在售出承诺时获得一定的收入补偿。它包括金融衍生产品、不可撤销承诺、备用信用证、保函等担保类业务。

1. 担保类表外业务

担保类表外业务是指银行应某一交易中的一方申请，承诺当申请人不能履约时由银行承担对另一方的全部义务的行为。担保业务不占用银行的资金，但形成银行的或有负债，即当申请人（被担保人）不能按时履行其应尽的义务时，银行必须代为履行付款等职责。银行在提供担保时，要承担违约风险、汇率风险以及国家风险等多项风险，因此是一项风险较大的表外业务。《巴塞尔协议》（1988年）将银行担保业务的信用转换系数定为100%。

2. 承诺类表外业务

承诺类表外业务是指商业银行在未来某一日期按照事前约定的条件向客户提供约定信用的业务，主要指贷款承诺，包括可撤销承诺和不可撤销承诺两种。可撤销承诺附有客户在取得贷款前必须履行的特定条款，在银行承诺期内，客户如没有履行条款，则银行可撤销该项承诺。不可撤销承诺是银行不经客户允许不得随意取消的贷款承诺，具有法律约束力，包括回购协议、票据发行便利等。

3. 金融衍生产品

金融衍生产品，通常是指从原生资产（underlying assets）派生出来的金融工具，它是一种金融合约，其价值取决于一种或多种基础资产或指数。银行利用衍生产品交易进行资产负债管理,降低银行潜在利率、汇率风险,帮助客户提高预期收益率。虽然,银行利用衍生产品交易通常是为了降低风险或者为其他银行业务提供便利,但银行也在试图看清市场并从事投机活动。在交易活动的管理过程中,委托—代理问题尤其严重。交易者(代理人)被赋予了下大赌注的权利,无论他是在债券市场、外汇市场还是在金融衍生品市场上交易,都有动机进行过度冒险:如果交易策略能够带来巨大利润,他可能会得到更高的薪水和奖金,即使造成了巨额的损失,金融机构(委托人)也会予以弥补。

4. 租赁类表外业务

现代租赁是以融资为主要目的的信用交易方式,其特征主要体现在:融资与融物相结合;信用和贸易相结合;租赁物的使用权和所有权分离;租赁期限一般较长;涉及三方当事人(出租人、承租人与供货人),并同时具备两个或两个以上的合同。

第四节 商业银行的经营管理

一、商业银行的经营风险及经营原则

(一)商业银行的经营风险

传统上,商业银行所面临的风险主要包括信用风险、利率风险和流动性风险。近年来由于银行业务的国际化,以及银行大量参与衍生产品的交易,国家风险、转移风险、市场风险、操作风险、法律风险和声誉风险也日渐突出。

1. 信用风险

信用风险从狭义上讲是指借款人到期不愿或不能履行还本付息协议造成商业银行遭受损失的可能性,从本质上讲是一种违约风险。一般来说,信用风险是指内外部不确定因素,致使商业银行经营的实际收益与预期目标发生偏离,而导致商业银行额外收益下降的一种可能性。信用风险主要表现为借款人的违约风险、证券交易交割风险和表外交易信用风险等。

2. 市场风险

市场风险是指因利率、汇率、股票和商品等价格变动而使银行表内和表外业务发生损失的可能性。利率风险是指市场利率波动通过存款、贷款和拆借等业务影响商业银行负债成本和资产收益等经济损失的可能性。利率风险按照来源不同,可以分为重新定价风险、收益率曲线风险、基准风险和期权性风险。利率市场化程度越高,风险越大,银行管理利率风险的能力要求也越高。汇率风险是指银行在进行国际业务中,由于本币或外币汇率的波动,其持有的外汇资产或负债的实际价值发生增减的不确定性。汇率风险的结果可能是以货币数量表示的实际收益或损失,即实际风险;或者仅是会计记账过程中货币折算价值上升或下降的变化,即账面风险。

3. 操作风险

操作风险是指内部程序、人员、系统的不完善或失误,或外部事件造成直接或间接损失的可能性。操作风险可以分为由人员、系统、流程和外部事件所引发的四类风险,

并由此分为七种表现形式：内部欺诈，外部欺诈，雇员活动和工作场所的安全问题，客户、产品和业务活动的安全问题，银行维系经营的实物资产损坏，业务终端和系统错误，行政、交付和过程管理等。

4. 国家风险

国家风险即国家信用风险，是最复杂、最难以捉摸，也是最危险的风险之一，是指由于借款国经济、政治、社会环境的变化，该国不能按照合同偿还债务本息的可能性。国家信用风险的大小取决于：①借款国偿还外债的意愿。它主要与该国政局变动的可能性有关，与其国家首脑人物、外交政策和外交关系、政府权力、民众意愿等有关。②借款国偿还外债的能力。它由该国的经济发展实力决定。

5. 法律风险

法律风险是指商业银行正常的业务经营管理不能适应法律、法规的变化，银行就面临不得不转变经营决策而导致损失的可能性。商业银行要承受不同形式的法律风险，如不正确、不完备的法律规定、条例而造成预期资产质量下降或负债加大的风险。商业银行无法改变法律的规定，有关的法律规定可能对整个银行业务产生更广泛而深远的影响，从而增加商业银行的运行成本和运行风险。

6. 声誉风险

声誉风险是指银行违反有关法规、资产质量低下、操作上的失误、到期不能支付债务本息，或者管理不善以及无法向公众提供高质量的金融服务等，从而可能在声誉上给银行造成的不良影响。商业银行的业务性质要求存款人、贷款人和整个市场对自己有信心，因此声誉风险对银行收益和资本会产生现实和长远的影响。商业银行一旦出现声誉问题，损害极大。

7. 战略风险

战略风险是指商业银行经营决策失误、决策执行不利或对商业银行变化束手无策，而对资本的形成或银行的收益产生现实和长远影响的可能性。战略制定具有长远性、全局性和宏观性的特征，银行董事会和执行管理层所制定的战略决策都会对商业银行各种风险的界定和规避产生影响。如果银行战略的选择和执行出现失误或偏离，飞速的技术革新和激烈的同业竞争都会使商业银行面临巨大风险。

8. 流动性风险

流动性风险是指由于现金和其他流动性资产不足而无法满足客户提现需要和正常贷款需求，商业银行丧失清偿能力、蒙受损失甚至倒闭的可能性。流动性风险往往在其他各类风险中长期隐藏、积聚，最后爆发出来。从这种意义上讲，流动性风险是一种派生性风险，即流动性不足可能是由利率风险、信用风险、经营风险、管理风险、法律风险、国家风险、汇率风险等风险源所造成的。满足银行流动性需求有两条途径：一是商业银行在其资产负债表中"储备"流动性，即持有一定量的现金资产；二是商业银行通过在金融市场上买入短期资产增加其流动性。但是，银行保持流动性往往以牺牲收益为代价。

(二)商业银行的经营原则

1. 安全性原则

安全性原则要求商业银行在经营活动中，必须保持足够的清偿能力，经得起重大风险和损失，使客户对银行保持坚定的信任。和一般企业不同，商业银行是负债经营，它的安全性在很大程度上取决于资产的规模和资产的结构，取决于资产的风险度及现金储备的多少。

一方面，商业银行应该合理安排资产规模和结构，注重资产质量。商业银行通常按照贷款与存款的比率、资本净值与资产的比率、有问题贷款占全部贷款的比率等指标要求来控制其资产规模。如果贷款与存款比率过高，甚至贷款总额超过存款总额，或者资本净值与资产总额的比率过低，都表明该银行资产的风险系数过大，会影响银行经营的安全性。如果有问题贷款占贷款总额比率过高，也反映该银行资产质量不高，会危及银行的安全。此外，商业银行还应注重通过保持一定比例的现金资产和持有一定比例的优质有价证券来改善银行资产结构，提高银行的抗风险能力。

另一方面，商业银行应该充分重视自有资本，严格遵守金融监管部门对银行资本作出的具体规定，如新设银行的最低资本额、资本资产比例、自有资本与负债比率等。商业银行的资金来源主要是吸收存款和借入款项，这种负债经营本身就包含着很大的风险。商业银行主要是靠保持清偿力来抵御和防范这种风险，而保持清偿力的基础是商业银行的自有资本。自有资本在全部负债中的比重高低，既是人们判断一家银行实力的主要依据，也是银行信用的基础，保证充足的资本可以有效避免挤兑现象的发生。

2. 流动性原则

流动性原则是指商业银行保持随时能以适当的价格取得可用资金的能力，在经营过程中能够随时应付客户提存及合理的贷款需求。因为法律规定商业银行对存款人要保证支付，无论存款人是到期支取，还是提前支取，商业银行都要保证支付。如果商业银行不能支付存款人取款，就会引发大规模的公众挤兑。相反，商业银行贷款一般都是要等到合同到期时才能收回，商业银行在借款人没有违约的情况下，不能提前收回贷款。一方面，商业银行要保证支付；另一方面，商业银行不能提前收回贷款，而商业银行库存的现金是有限的。所以，为了保证商业银行的支付能力，商业银行必须保证资产的适度流动性。流动性是指资产的变现能力。资产流动性的高低与资产变现的成本成反比，与资产变现的速度成正比。

3. 营利性原则

营利性原则是指在整个经营管理过程中，实现利润的最大化目标，这是银行经营的最终目的。从微观意义上讲，它利于充实银行资本、扩大银行的经营规模，并且有利于银行提高竞争力。从宏观意义上讲，它促使工商企业改善经营管理，提高经济效益；利于整个国民经济的良性循环和国家财政收入的增加。

一般认为，商业银行的"三性"原则既有相互统一的一面又有相互矛盾的一面。统一面，是指商业银行经营资产的流动性是安全性的基础，是商业银行资产安全性的重要保证。没有流动性，商业银行经营不可能安全。离开安全性，商业银行的营利性也就无从谈起。保持盈利是维持商业银行流动性和保证银行安全性的重要基础。矛盾面体现在营利性与流动性、安全性存在此长彼消的对立关系，而流动性和安全性却存在较为一致的关系。流动性较大的资产，风险就小，安全性也就高。再者，商业银行的营利性与安全性和流动性之间呈反方向变动。营利性较高的资产，由于时间一般较长，风险相对较高，因此流动性和安全性就比较差。从理论上讲，应该按安全性、流动性和营利性的顺序运作日常的各项工作，但在现实运作之中，一些基层管理者往往偏重于营利性，从而忽视安全性和流动性，特别是严重忽略安全性，因而形成了一些呆账、坏账，造成一定的损失。

根据上述三者关系的分析，要协调好三者的关系，商业银行必须遵循如下的经营管理原则：在保持安全性和流动性的前提下，追求最大限度的收益。根据这个管理原则，银行在经营过程中，要根据不同经营环境的变化、业务经营的不同要求以及银行自身的实际情况，有所侧重，灵活运用。一般来说，经济高涨时，资金来源充足，借贷需求量旺盛，保证流动性和安全性并不十分紧迫，这时要侧重于考虑营利性的要求；经济衰退时，就要侧重于保持流动性以及安全性；而在央行紧缩银根的条件下，就应更多地考虑流动性。商业银行还要从自身的业务经营状况出发，在流动资产较多的情况下，就要设法改变原有的资产结构，侧重于增加盈利；在长期投资和贷款较多，风险较大的情况下，就要更多地考虑流动性，通过不同的经营条件下侧重点的转换，实现三者的动态协调。

二、商业银行资产负债管理

（一）资产管理

资产管理理论（asset management theory）是商业银行早期的经营理论，并在相当长的一段时期内广泛流行。在20世纪60年代以前，金融市场不发达，融资工具单调，金融机构以商业银行为主。这一方面使社会上出现资金盈余的经济个体大多只能选择将盈余资金存入银行，从而在一定程度上保证了商业银行有稳定的资金来源；另一方面，从商业银行自身资金来源结构来看，其资金来源渠道固定，主要源于活期存款，定期存款的数量有限。活期存款的不稳定性，迫使银行家必须将注意力集中于资产管理方面，特别是如何保持资产的流动性，以应付客户的提款。从外部条件来看，在商业银行早期，工商企业贷款需求比较单一，数量也有限，金融市场还不够发达，这就使商业银行没有必要，也没有可能去努力增加资金来源、扩大盈利。因此，银行经营的重点放在资产业务上。资产管理理论认为，银行资金来源的规模和结构是银行自身无法控制的外生变量，完全取决于客户存款的意愿与能力。银行不能能动地增加资金来源，而资产业务的规模与结构是其自身能够控制的变量，银行应主要通过对资产规模、结构和层次的管理来保持适当的流动性，实现其经营管理目标。

1. 商业贷款理论

商业贷款理论（commercial loan theory）是最早的资产管理理论，可以追溯到18世纪。该理论认为由于银行的资金来源主要是活期存款，随存随取，流动性高，因此，相应地，必须保持银行的清偿力和资产的流动性。商业银行为了保持资产的流动性，就将业务集中于短期自偿性贷款，即基于商业行为而能自动清偿的贷款。具体说，就是发放短期流动资金贷款，因为，这类贷款能随着商品周转、产销过程的完成，从销售收入中得到偿还，即所谓自偿。这种理论还强调，办理短期贷款一定要以真实交易为基础，要用真实的商业票据为凭证做抵押，这样在企业不能还款时，可以处理抵押品、保证资金安全。因此，人们又称这种理论为"真实票据论"。

然而，随着资本主义的发展，商业贷款理论的局限性逐渐显露出来。首先，该理论没有认识到活期存款余额具有相对稳定性，而使银行资产过多地集中于营利性较差的短期自偿性贷款上。尽管活期存款流动性很强，但按"续短为长"的原理，在活期存款的存取之间，总会存在一个相对稳定的余额。这部分资金可用于发放长期贷款而不会影响其流动性。其次，该理论忽视了贷款需求的多样性。商业贷款理论不主张发放不动产贷款、消费贷款、长期性设备贷款和农业贷款，这样就限制了商业银行自身业务的发展和盈利能力的提高。最后，该理论忽视了贷款清偿的外部条件。贷款的清偿受制于外部的市场状况。在经济萧条时期，就难以自动清偿，因此短期自偿性贷款的自偿能力是相对的，而不是绝对的。

2. 资产转移

20世纪20年代，金融市场不断发展、完善，尤其是短期证券市场的发展，为银行保持流动性提供了新的途径。与此相适应，资产转移理论应运而生。这种理论是美国经济学家莫尔顿在1918年的《政治经济学杂志》上发表的《商业银行及资本形成》一文中提出的。该理论认为银行流动性强弱取决于其资产的迅速变现能力，因此，保持资产流动性的最好方法是持有可转换资产。这类资产具有信誉好、期限短、流动性强的特点，从而保障了银行在需要流动性时能够迅速转化为现金。最典型的可转换资产是政府发行的短期债券。

资产转移理论沿袭了商业贷款理论关于银行应保持高度流动性的主张。同时资产转移理论扩大了银行资产运用的范围，丰富了银行资产结构，突破了商业贷款理论拘泥于短期自偿性贷款的资金运用的限制，是银行经营管理理念的一大进步。资产转移理论不足之处在于：首先，过分强调资产通过运用可转换资产来保持流动性，限制了银行高营利性资产的运用。其次，可转换资产的变现能力在经济危机时期或证券市场需求不旺盛的情况下会受到损害，从而影响银行的流动性和营利性的实现。

3. 预期收入理论

预期收入理论产生于20世纪40年代，该理论认为银行资产的流动性取决于借款人的预期收入，而不是贷款的期限长短。借款人的预期收入有保障，期限较长的贷款可以安全收回，借款人的预期收入不稳定，期限短的贷款也会丧失流动性。因此预期收入理论强调的是贷款偿还与借款人未来预期收入之间的关系，而不是贷款的期限与贷款流动性之间的关系。

预期收入理论产生于第二次世界大战后西方各国经济的恢复和发展的背景之下。从政策导向上看，此时凯恩斯的国家干预经济的理论在西方非常盛行，该理论主张政府应该扩大公共项目开支，进行大型基础建设项目；鼓励消费信用的发展，以扩大有效需求从而刺激经济的发展。因此，中长期贷款及消费贷款的需求扩大了。从市场竞争来看，随着金融机构多元化的发展，商业银行与非银行金融机构的竞争日益激烈，这迫使银行不得不拓展业务种类，增加利润率回报较高的中长期贷款的发放。

预期收入理论为银行拓展营利性高的新业务提供了理论依据，使银行资产运用的范围更为广泛，巩固了商业银行在金融业中的地位。预期收入理论依据借款人的预期收入来判断资金投向，突破了传统的资产管理理论依据资产的期限和可转换性来决定资金运用的做法，丰富了银行的经营管理思想。其不足之处在于：对借款人未来收入的预测是银行主观判断的经济参数。随着客观经济条件及经营状况的变化，借款人实际未来收入与银行的主观预测量之间会存在偏差，从而使银行的经营面临更大的风险。

以上三种资产管理理论反映了商业银行在不同发展阶段上经营管理的特点，在保证银行资产流动性方面各有侧重。商业贷款理论主要通过短期放款来保证银行资产有流动性；资产转移理论是在金融市场得到一定发展，金融资产交易成为普遍的条件下，通过金融资产的转换来保证流动性；而预期收入理论则主要从贷款和投资的清偿条件来考虑资产安全和流动性。

（二）负债管理

负债管理理论是以负债为经营重点，即以借入资金的方式来保证流动性，以积极创造负债的方式来调整负债结构，从而增加资产和收益。负债管理理论认为银行的流动性不仅可以通过调整资产结构获得，而且可以通过调整负债结构提供。换言之，银行不再主要依赖维持高水平现金资产和出售短期证券来满足流动性需要，而是用积极出售债务的方式，即主动负债，从各种不同的来源渠道借入资金来提供流动性。只要银行的借款市场扩大，它的流动性就有一定保证。这就没有必要在资产方保持大量高流动性资产，而应将它们投入高盈利的贷款和投资中，在必要时甚至可以通过借款来支持贷款规模的扩大。

负债管理理论的兴起是与20世纪五六十年代的经济、金融环境的变化相适应的。第一，伴随西方各国战后经济的稳定增长，金融市场迅速发展，非银行金融机构与银行业在资金来源的渠道和数量上展开了激烈的争夺。银行为了在竞争中谋求生存与发展，必须开辟新的资金来源渠道，扩大资产规模，提高盈利水平。第二，20世纪30年代的大危机之后，各国都加强了金融管制，制定银行法，对利率实施管制，尤其是存款利率的上限规定，使得银行不能以利率手段来吸取更多的资金来源。20世纪60年代以后，西方各国普遍出现通货膨胀，货币市场利率不断攀升，吸引了大量投资者，投资渠道的多元化使银行存款受到威胁。在这种情况下，银行不得不调整管理策略，从各种渠道来筹措资金。第三，金融创新为商业银行扩大资金来源提供了可能性。1961年，花旗银行率先发行了大额可转让定期存单，随后又出现了诸如回购协议等多种创新的融资工具。这些流动性很强的新型融资工具极大地丰富了银行的资金来源渠道，为银行主动型负债创造了条件。第四，西方各国存款保险制度的建立和发展，也激发了银行的冒险精神和进取意识。在这种背景和经济条件下，20世纪六七十年代负债管理理论盛行一时。

随着负债理论的发展，西方商业银行向中央银行借款和同业拆借得到了很大完善，同时，随着欧洲货币市场的形成，它们又开始向欧洲货币市场借款，此后，又开始通过发行大额可转让定期存单和回购协议等借款形式，增加了资金来源。负债管理理论的产生，拓展了保持流动性的新方法，在流动性管理上变单一的资产调整为资产和负债两方面相结合。这一理论还为扩大银行信贷规模、增加贷款投放创造了条件。这种理论也存在一定的缺陷，主要表现在：第一，负债管理理论建立在对吸收资金抱有信心，并能如愿以偿的基础上，在一定程度上带有主观色彩。第二，负债管理理论导致银行不太注意补充自有资本，使自有资本占商业银行资金来源比重下降，经营风险增大。第三，提高了银行负债成本。在美国，实施负债管理主要是通过发行大额可转让定期存单、向中央银行贴现窗口借款、向联储资金市场借款、据回购协议借款、向欧洲美元市场借款等方式。通过这些方式来借款都必须付息而且高于一般存款利息，这类负债增加，必然增加银行负债成本。第四，增加了银行经营风险。如果市场上资金普遍紧张，无论银行怎样努力也难以借到款，那么用负债管理来提供流动性就无法保证，这样就会提高银行流动性的风险。另外，在负债成本提高的条件下，为了保住利润，银行须把资产投放在收益高的贷款和投资上，而收益高的贷款和投资往往伴随着更高的信用风险和流动性风险。

（三）资产负债综合管理

1. 资产负债管理理论

资产负债管理理论产生于 20 世纪 70 年代中后期，该理论并不是对资产管理、负债管理理论的否定，而是吸收了前两种管理理论的合理内涵，并对其进行了发展和深化。资产负债管理理论认为商业银行单靠资金管理或单靠负债管理都难以达到流动性、安全性、营利性的均衡。银行应对资产负债两方面业务进行全方位、多层次的管理，保证资产负债结构调整的及时性、灵活性，以此保证流动性供给能力。

20 世纪 70 年代末，市场利率大幅上升，使得负债管理在负债成本提高和经营风险增加等方面的缺陷越来越明显。单纯的负债管理已经不能满足银行经营管理的需要。这一时期各国金融管制放松，使得银行吸收存款的压力减小，因此，商业银行由单纯偏重资产或负债管理转向资产负债综合管理。商业银行进行资产负债综合管理，应遵循以下五个原则。

（1）规模对称。规模对称即指资产规模与负债规模要相互对称、平衡，比较接近我们所说的总量平衡。这种平衡对称不是简单的对称，而是建立在经济合理增长基础上的动态平衡。

（2）结构对称。结构对称即指资产结构与负债结构要相互对称与平衡。

（3）速度对称。速度对称也称偿还期对称，即按资金来源的流转速度来分配其在资产上的分布，使来源与运用的偿还期保持一定程度的对称。

（4）目标互补。目标互补即资金的安全性、流动性和营利性三者之间保持合理的比例关系，尽可能实现三者之间的均衡。

（5）资产分散。资产分散即银行资产要在资产种类和客户两个方面尽可能地适当分散。

资产负债管理理论的产生，是商业银行经营管理理论的一个重要发展，该理论将资产和负债的流动性置于同等重要的地位，在保证资产流动性和负债流动性的前提下，获取最大限度的利润。

2. 资产负债管理方法

一种较为简单的资产负债管理方法是资产分配法。这种方法是在20世纪60年代产生的，它强调根据各种资金来源的特点来确定资产的分配方向。例如，活期存款的周转速度比较快，可以主要用作一级准备金和二级准备金这类高度流动性的资产。这种方法的好处在于，它通过周转速度和流动性这两个环节，把资产和负债有机地联系起来，使两者在规模上、期限上保持一致。这相比那种对所有资金来源都同等对待的管理方法有了很大的进步，但它仍是比较粗糙的。目前，这种方法已经为许多商业银行所抛弃，各国商业银行普遍采用的是缺口管理法和资产比例管理法。

1）利率敏感性缺口管理

资金缺口用于衡量银行净利息收入对市场利率的敏感程度。一般来说，银行资金缺口的绝对值越大，银行承担的利率风险也就越大。资金缺口可表示为利率敏感资产（rate-sensitive assets，RSA）和利率敏感负债（rate-sensitive liabilities，RSL）的差额，即

$$资金缺口（GAP）=利率敏感资产（RSA）-利率敏感负债（RSL）$$

当利率敏感资产大于利率敏感负债时，资金缺口为正；当利率敏感资产小于利率敏感负债时，资金缺口为负；当利率敏感资产等于利率敏感负债时，资金缺口为零。敏感性比率（sensitive ratio，SR）是缺口的另一种表达方式，它用利率敏感性资产和利率敏感性负债的比率表示，即

$$利率敏感比率（SR）=\frac{利率敏感资产（RSA）}{利率敏感负债（RSL）}$$

当银行存在正缺口，SR大于1；当银行存在负缺口，SR小于1；当银行缺口为零，SR等于1。银行存在正缺口和资产敏感的情况下，如果利率上升，由于资产收入的增加多于借入资金成本的上升，银行的净利息差扩大，其他条件不变，则银行净利息收入增加；如果利率下降，由于银行资产收入的下降多于负债利息支出下降，则净利息差减少，其他条件不变，银行净利息收入减少。银行存在负缺口和负债敏感的情况下，如果利率上升，利率敏感性负债的成本上升会超过利率敏感性资产的收入增加，净息差缩减，银行净利息收入减少；如果利率下降，利率敏感性负债成本的下降多于利率敏感性资产收入的下降，净利息差扩大，银行净利息收入增加。具体表现如表6-3所示。

表6-3 资金缺口、利率变动与银行净利息收入变动的关系

资金缺口	利率敏感比率	利率变动	利率收入变动	变动幅度	利率支出变动	净利息收入变动
正值	>1	上升	增加	>	增加	增加
正值	>1	下降	减少	>	减少	减少
负值	<1	上升	增加	<	增加	减少
负值	<1	下降	减少	<	减少	增加
零	=1	上升	增加	=	增加	不变
零	=1	下降	减少	=	减少	不变

为规避利率风险，商业银行根据自身风险偏好选择进取性或防御性策略。进取性策略是指商业银行预期市场利率的变化趋势，事先对利率敏感性缺口进行调整，以期从利率变动中获得预期之外的收益。预期利率上升，商业银行通过增加敏感性资产或减少敏感性负债，将利率敏感性缺口调整为正值；当预测利率要下降时，银行应设法把资金缺口调整为负值。防御性策略是指商业银行将利率敏感性缺口保持在零水平，无论利率如何变动均不会对银行净利差收入产生影响。这是一种稳健保守的风险管理策略，但也会因此失去获取超额利润的市场机会。对于资金实力不够雄厚的中小银行，由于缺乏足够的外部信息资料和专业技术分析人员，很难准确地预测利率变动的方向，所以往往采取防御性策略。

2）持续期缺口的管理与衡量

当市场利率变动时，不仅各项利率敏感资产与负债的收益与支出会发生变化，利率不敏感的资产与负债的市场价值也会不断变化。持续期缺口管理就是银行通过调整资产负债的期限与结构，采取对银行净值有利的持续期缺口策略来规避银行资产与负债的总体利率风险。

持续期概念建立在资产或负债价值是未来可获得或支出的现金流贴现值之和的基础上，它被定义为固定收入金融工具的所有预期现金流入的加权平均时间，实际上是加权的现金流量现值与未加权的现值之比。持续期的计算公式为

$$D = \frac{\sum_{t=1}^{n} \frac{t \times C_t}{(1+i)^t} + \frac{n \times F}{(1+i)^n}}{P}$$

式中，D 为持续期；t 为各现金流发生的时间；C_t 为金融工具第 t 期的现金流或利息；F 为金融工具面值（到期日的价值）；n 为该金融工具的期限；i 为市场利率；P 为金融工具的现值。其中：

$$P = \sum_{t=1}^{n} \frac{C_t}{(1+i)^t} + \frac{F}{(1+i)^n}$$

需要注意的是，持续期有别于偿还期，例如一张普通债券，其息票支付每年 2 次，每次金额为 500 元，面值为 10 000 元，偿还期为 3 年，设市场利率为 10%，求该债券的持续期。

$$D = \frac{\sum_{t=1}^{6} \frac{t \times 500}{(1+0.05)^t} + \frac{6 \times 10\,000}{(1+0.05)^6}}{\sum_{t=1}^{6} \frac{500}{(1+0.05)^t} + \frac{10\,000}{(1+0.05)^6}} = 2.798 \,（年）$$

该债券的偿还期为 3 年，而其持续期只有 2.798 年。偿还期是指金融工具的生命周期，即从其签订金融契约到契约中止这段时间，而持续期则反映了现金流量，如利息的支付、部分本金的提前偿还等因素的时间价值。

接下来，我们考察持续期缺口与利率变动是如何影响银行净值变动额的。设银行净值变动额为

$$\Delta NW = \Delta P_A - \Delta P_L$$

式中，NW 代表资产净额；P_A 和 P_L 分别代表资产和负债的价值。又因为

$$\frac{\Delta P}{\Delta i} \approx -\sum_{t=1}^{n} \frac{tP_t}{(1+i)^{t+1}}$$

进一步 $\Delta P = -\dfrac{DP}{1+i} \times \Delta i$，由此，我们可以得到

$$\Delta NW = -\frac{\Delta i}{1+i} \times (D_A P_A - D_L P_L)$$

式中，D_A 为资产持续期；D_L 为负债持续期。两边同除 P_A 得到

$$\frac{\Delta NW}{P_A} = -\frac{\Delta i}{1+i} \times \left(D_A - D_L \frac{P_L}{P_A}\right)$$

而持续期缺口 D_{GAP} 是银行资产持续期与负债持续期和负债资产系数乘积的差额，用公式表示为

$$D_{GAP} = D_A - \frac{P_L}{P_A} D_L$$

由此可得

$$\frac{\Delta NW}{P_A} = -\frac{\Delta i}{1+i} \times D_{GAP}$$

可见，当持续期缺口为正值时，银行净值随利率的上升而下降，随利率的下降而上升；当持续期缺口为负时，银行净值变动方向则表现为与利率变动方向一致。具体见表6-4。

表6-4 银行净值变动额、持续期缺口与市场利率变动之间的关系

持续期缺口	利率变动	资产现值变动	变动幅度	负债现值变动	股权市场价值变动
正缺口	上升	减少	>	减少	减少
正缺口	下降	增加	>	增加	增加
负缺口	上升	减少	<	减少	增加
负缺口	下降	增加	<	增加	减少
零缺口	上升	减少	=	减少	不变
零缺口	下降	增加	=	增加	不变

假设某银行是一家新开业的银行，其拥有的资产和负债均以市场价值入账，单位为百万美元，利息按年支付。资产包括现金，年收益率为14%、偿还期为3年的商业贷款，年收益率为12%、偿还期为9年的国库券。负债包括年利率为9%、1年期的一般定期存款，年利率为10%、偿还期为4年的可转让大额存单，具体参数如表6-5所示。

持续期缺口计算过程如下。

$$商业贷款持续期 = \frac{\dfrac{98}{1.14} + \dfrac{98 \times 2}{1.14^2} + \dfrac{798 \times 3}{1.14^3}}{700} = 2.65（年）$$

表 6-5　某商业银行资产负债表

资产	市场价值/亿元	利率/%	持续期/年	负债和资本	市场价值/亿元	利率/%	持续期/年
现金	100			定期存单	520	9	1.00
商业贷款	700	14	2.65	大额可转让定期存单	400	10	3.49
国库券	200	12	5.97	负债总计	920		2.08
				股本	80		
资产总计	1 000		3.05	负债和资本总计	1 000		

$$国库券持续期 = \frac{\frac{24}{1.12} + \frac{24 \times 2}{1.12^2} + \cdots + \frac{24 \times 8}{1.12^8} + \frac{224 \times 9}{1.12^9}}{200} = 5.97（年）$$

$$总资产持续期 = \frac{700}{1\,000} \times 2.65 + \frac{200}{1\,000} \times 5.97 = 3.05（年）$$

$$大额可转让定期存单持续期 = \frac{\frac{40}{1.1} + \frac{40 \times 2}{1.1^2} + \frac{40 \times 3}{1.1^3} + \frac{440 \times 4}{1.1^4}}{400} = 3.49（年）$$

$$总负债持续期 = \frac{520}{920} \times 1.00 + \frac{400}{920} \times 3.49 = 2.08（年）$$

$$持续期缺口 = 3.05 - \frac{920}{1\,000} \times 2.08 = 1.14（年）$$

持续期缺口不为零，在利率变动时，银行总资产和总负债的市场价值变动幅度不一样，从而使银行面临着市场价值因利率变动而变动的风险。假设该银行签订了所有的资产项目合约之后，市场利率上升了1%，这时，资产负债的情况见表 6-6。

表 6-6　利率上升 1%后某商业银行的资产负债表

资产	市场价值/亿元	利率/%	持续期/年	负债和资本	市场价值/亿元	利率/%	持续期/年
现金	100			定期存单	515	10	1.00
商业贷款	684	15	2.64	大额可转让定期存单	387	11	3.48
国库券	189	13	5.89	负债总计	902		2.06
				股本	71		
资产总计	973		3.00	总计	973		

可见，由于利率上升，该银行股本损失 9 亿元，其占资产的比率从 8%下降为 7.3%。

持续期缺口管理面临准确预测利率的困难，同时，运用数学公式来推导必须有一些必要的假设前提，而这些假定前提不可能与灵活多变的经济现实完全吻合。一方面，用持续期缺口预测银行净值变动要求资产和负债利率与市场利率是同幅度变动的，而这一前提在实际中是不存在的；另一方面，商业银行某些资产与负债项目，如活期存款、储蓄存款的持续期计算较为困难。因此，持续期不能完全精确地预测利率风险程度。运用持续期缺口管理要求有大量的银行经营的实际数据，运作成本较高。

（四）资产负债外管理

尽管 20 世纪 80 年代以来，资产负债管理理论仍是西方商业银行推崇的主要经营管理理论，但这种理论也有明显的缺陷。在 80 年代放松管制、金融自由化的形势下，商业银行之间及其他金融机构之间的竞争更加激烈；尤其在 80 年代后期西方经济普遍出现衰退的情况下，银行经营环境恶化。上述因素抑制了银行利率的提高和银行经营规模的扩大，银行存放款的利差收益越来越小。

资产负债外管理理论主张银行应从正统的负债和资产业务以外的范围去寻找新的经营领域，从而开辟新的盈利源泉。这种理论认为存贷业务只是银行经营的一条主轴，在其旁侧，可以延伸发展起多样化的金融服务。同时，这种理论还提倡将原本资产负债表内的业务转化为表外业务，以降低成本。在信息时代到来和电子计算机技术普及运用的今天，以信息处理为核心的服务领域成为银行资产负债以外业务发展的重点。如商业银行通过贷款转让、存款转售（在资产和负债上分别销账）等方法，使表内经营规模维持现状甚至缩减，银行收取转让的价格差额，既可增加收益，又可规避审计和税务部门的检查。在资产负债外管理理论的影响下，商业银行的表外业务迅速发展，各种服务费收益在银行盈利中的比重也日益上升。

三、流动性管理

流动性最高的资产是现金资产，根据前文对资产业务的介绍我们了解到，现金资产包括库存现金、在中央银行的准备金存款、在其他银行的活期存款，这三项资产均可随时用于清偿支付，所以每家银行都必须保持一定比例的这类资产。

以准备金为例，当储户从其支票或储蓄账户中支取现金，或者将签发的支票存入另一家银行时，我们来考察一家银行如 A 银行，如何应付由此引起的存款外流，我们假定银行有足够的超额准备金，所有的存款都适用 10%的法定准备金率，如表 6-7 所示。

表 6-7　A 银行最初的资产负债表（一）

资产	负债
准备金 2 000 万美元	存款 1 亿美元
贷款 8 000 万美元	银行资本 1 000 万美元
证券 1 000 万美元	

银行的法定准备金为 1 亿美元的 10%，即 1 000 万美元。因为目前 A 银行的准备金为 2 000 万美元，因此超额准备金为 1 000 万美元。如果发生 1 000 万美元的存款外流，银行资产负债表会变为如表 6-8 所示。

表 6-8　A 银行准备金充足下存款外流后的资产负债表

资产	负债
准备金 1 000 万美元	存款 9 000 万美元
贷款 8 000 万美元	银行资本 1 000 万美元
证券 1 000 万美元	

银行的存款和准备金分别减少了 1 000 万美元。但由于目前的法定准备金为 9 000 万美元的 10%（即 900 万美元），其准备金的水平仍高出法定准备金 100 万美元。简单

地说，如果银行的准备金充分，存款外流就不一定会引起资产负债表其他项目的调整。

如果银行的超额准备金不足，情况会截然不同。假定 A 银行最初没有持有 1 000 万美元的超额准备金，而是用于发放 1 000 万美元的贷款，则最初的资产负债表如表 6-9 所示。

表 6-9　A 银行最初的资产负债表（二）

资产	负债
准备金 1 000 万美元	存款 1 亿美元
贷款 9 000 万美元	银行资本 1 000 万美元
证券 1 000 万美元	

当发生 1 000 万美元的存款外流时，资产负债表就变为如表 6-10 所示。

表 6-10　A 银行准备金不足情况下存款外流后的资产负债表

资产	负债
准备金 0 万美元	存款 9 000 万美元
贷款 9 000 万美元	银行资本 1 000 万美元
证券 1 000 万美元	

存款和准备金减少 1 000 万美元后，银行就会面临一个问题，它的法定准备金应为 900 万美元，但它的准备金已经由于满足客户提现的需要而荡然无存。为了弥补这个缺口，银行可以有四种方法。

第一种方法是，在货币市场上向其他银行借款，或是从企业借款，获取准备金来应付存款外流。如果 A 银行向其他银行和公司借入 900 万美元来弥补准备金缺口，它的资产负债表如表 6-11 所示。

表 6-11　A 银行借款后的资产负债表

资产	负债
准备金 900 万美元	存款 9 000 万美元
贷款 9 000 万美元	向其他银行和企业借款 900 万美元
证券 1 000 万美元	银行资本 1 000 万美元

这一活动所带来的成本就是借款的利息，如同业拆借利率。

第二种方法是，银行可以出售一些证券，来应付存款外流。例如，它可以出售 900 万美元的证券，并将销售所得款项存入央行，资产负债表如表 6-12 所示。

表 6-12　A 银行出售证券后的资产负债表

资产	负债
准备金 900 万美元	存款 9 000 万美元
贷款 9 000 万美元	银行资本 1 000 万美元
证券 100 万美元	

银行出售证券时需要支付经纪人手续费并产生其他一些交易成本，作为二级准备金的短期国库券具有高度的流动性，因此出售这些证券的交易成本相当低。然而，银行

所持有的其他证券的流动性都较差，交易成本也较高。

第三种方法是，通过向央行借款来获取准备金，在我们的例子中，A银行可以保持其证券和贷款不变，从央行借入 900 万美元的贴现贷款，它的资产负债表就变为如表 6-13 所示。

表 6-13　A 银行从央行借款后的资产负债表

资产	负债
准备金 900 万美元	存款 9 000 万美元
贷款 9 000 万美元	向央行借款 900 万美元
证券 1 000 万美元	银行资本 1 000 万美元

贴现贷款的成本就是需要支付给央行的利息，即贴现率。

第四种方法是，银行可以通过减少 900 万美元的贷款，并将其存入央行，从而增加 900 万美元的准备金，以应付存款外流。这一交易引起了资产负债表的变化如表 6-14 所示。

表 6-14　A 银行减少贷款后的资产负债表

资产	负债
准备金 900 万美元	存款 9 000 万美元
贷款 8 100 万美元	银行资本 1 000 万美元
证券 1 000 万美元	

由于 900 万美元的准备金能够满足法定准备金的要求，因此，A 银行重新恢复其健康状态。然而，减少贷款是银行在存款外流时为获取准备金所采取的成本最高的方法。如果 A 银行在较短的期间内，有很多短期贷款需要展期，它可以通过收回贷款，即贷款到期不予以展期，来迅速降低未清偿贷款的总水平。但是，这样可能会流失部分客户，未被展期的客户有可能将业务转向其他银行，这对于银行来说代价相当高。另外，银行如果通过出售贷款给其他银行的方式来减少贷款，成本也同样高昂，因为银行对贷款客户情况的了解并不充分，对贷款的出价可能偏离这些贷款的价值。

由此可见，即使贷款和证券的回报较高，银行仍然愿意持有超额准备金。当存款外流时，持有超额准备金可以使银行避免下述成本：向其他银行或企业借款、出售证券、向央行借款、收回或出售贷款。

此外，商业银行应保留一定现金资产以外的信誉好、流动性强、易变现的流动资产，一旦对商业银行流动性的需求超过了银行当前的流动性供给能力，银行可将这些流动性很强的资产迅速变现，来满足流动性需求。相较现金资产流动性次之的资产包括对其他银行或金融机构的临时贷款、国库券及其他短期债券等。由于国库券和其他短期债券的期限短，容易变现，尤其是国库券有政府信用担保，也存在一定的收益，在商业银行需要现金时，可随时在公开市场上卖出取得现金，所以大多数商业银行也都把这类资产当作第二准备金，作为保持银行支付能力的一种常用方法。流动性较差的资产包括长期债券、抵押贷款、长期信用贷款等，这类资产收益高但难以变现。

需要注意的是，根据前面我们讲到的安全性、流动性和营利性这"三性"原则，流动性资产并非越多越好。流动性资产的流动性高、风险小，但其盈利能力差。在资产总量一定的前提下，流动性资产的规模越大，意味着高盈利资产的规模就越小，损失的利息收益就是持有的流动性资产的机会成本。所以，持有过多的流动性资产会加大经营机会成本，不利于银行扩大经营规模，实现规模收益，还有可能加大银行整体经营风险。同时，金融资产的出售还要支付一定的交易费用，当市场价格下跌时，银行将面临资本损失的风险。所以，应依据对未来流动性需要量的估计，持有适度的流动性资产。

四、资本充足率管理

（一）资本与银行倒闭风险

银行资本具有保护存款人和其他债权人不受损失、维护公众信心的作用，但这并不意味着资本越多越好，因为资本规模与股东利益存在着矛盾。在资产收益率一定时，资本/资产比率的提高会降低资本的收益率。

首先，考察银行资本与股东回报之间的平衡。银行所有者要了解银行的管理状况，需要好的衡量银行盈利能力的指标。银行盈利能力的一个基本指标是资产回报率（return on assets，ROA），等于每 1 美元资产的税后净利润，即

$$ROA = \frac{税后净利润}{资产}$$

资产回报率可以说明银行的运行效率。但是银行所有者（股东）更关心的是他们的股权投资为银行赚取的收益，银行盈利能力的另外一个指标，即股权回报率（return on equity，ROE），可以反映这一情况，它等于每 1 美元股权（银行）资本的税后净利润，即

$$ROE = \frac{税后净利润}{股权资本}$$

而又

$$\frac{税后净利润}{股权资本} = \frac{税后净利润}{资产} \times \frac{资产}{股权资本}$$

我们可以看到，在资产规模给定的情况下，如果银行持有较少的资本金，对股权回报率产生的影响。比如，某银行的税后资产收益率为 1%，资本与资产比率为 8%，则资本收益率为 12.5%（=1%÷8%）；如果资本与资产比率降为 5%，则资本收益率上升至 20%。因此，银行所有者并不愿意持有过多的资本。在资产回报率给定的情况下，银行资本越少，银行所有者的回报率就越高。

另外我们也要看到，在风险条件相同时，资本/资产比率的降低会使银行无法承担经营亏损，加剧银行的倒闭风险。为了简化问题，我们假设有两家银行，A 高资本金银行和 B 低资本金银行，资本占资产比率分别为 10%和 5%，除此以外，资产负债表的其他项目都相同，如表 6-15 和表 6-16 所示。

表 6-15　A 银行资产负债表

资产	负债
非盈利资产 1 000 万美元	存款和其他负债 9 000 万美元
盈利资产 9 000 万美元	资本 1 000 万美元

表 6-16　B 银行资产负债表

资产	负债
非盈利资产 1 000 万美元	存款和其他负债 9 500 万美元
盈利资产 9 000 万美元	资本 500 万美元

假定两家银行都卷入狂热的房地产市场，伴随房地产泡沫的破灭，它们发现住房贷款损失了 600 万美元。如果这些坏账被冲销（价值为 0），资产的总价值就下降了 600 万美元，于是，银行资本（等于银行资产减去负债）同样会减少 600 万美元。两家银行的资产负债表如表 6-17 和表 6-18 所示。

表 6-17　A 银行发生损失后的资产负债表

资产	负债
非盈利资产 1 000 万美元	存款和其他负债 9 000 万美元
盈利资产 8 400 万美元	资本 400 万美元

表 6-18　B 银行发生损失后的资产负债表

资产	负债
非盈利资产 1 000 万美元	存款和其他负债 9 500 万美元
盈利资产 8 400 万美元	资本–100 万美元

A 高资本金银行由于有 1 000 万美元的资本作为缓冲，在 600 万美元损失发生后，净值（银行资本）仍然为正，因此还可以继续经营，但由于出现了风险，应及时扩充资本。而 B 低资本金银行的资产价值已经低于负债，净值为负的 100 万美元。由于净值为负，它已经资不抵债，即没有足够的资产来偿付所有债权人。当银行资不抵债的时候，政府监管者就可能关闭该银行，拍卖其资产，经理也会被解雇。由此，我们发现银行应该保持充足资本的一个重要原因在于：银行持有资本金以降低破产的可能性。而资本充足与否取决于银行倒闭风险的大小，即银行负债总量超过银行资产总值的可能性。

（二）资本充足与银行稳健

首先应该明确的是，所谓资本充足是相对于银行的资产负债状况而言，资本充足并不意味着银行没有倒闭的风险。除此之外，银行的稳健运行还取决于有关的法律规定、银行的资产规模、宏观经济形势等诸多因素。

如表 6-19 所示，从 A、B 两家银行的资产负债表看，它们的资产规模是相同的，均为 240 亿元。从资本状况来看，A 银行为 20 亿元，资本与资产比率为 8.3%；B 银行为 30 亿元，资本与资产比率为 12.5%。因此，我们看到 B 银行要比 A 银行的资本规模大。但 B 银行的资本是否意味着要比 A 银行充足，还需要考察两家银行的资产和负债结构。我们不能简单地用资本与资产之间的比率来解释哪家银行经营更稳健。

表 6-19　A 银行与 B 银行的资产负债结构表　　　　　　　亿元

A 银行的资产负债表			
资产		负债和资本	
现金和应付款	40	活期存款	70
短期政府债券	60	储蓄存款	40
长期政府债券	60	定期存款	90
贷款	80	可转让存单	20
		资本	20
合计	240	合计	240
B 银行的资产负债表			
资产		负债和资本	
现金和应付款	30	活期存款	170
短期政府债券	15	储蓄存款	6
长期政府债券	40	定期存款	6
贷款	155	可转让存单	28
		资本	30
合计	240	合计	240

　　从 A 银行来看，它的流动性资产（包括现金和应付款、短期政府债券）规模为 100 亿元（＝40＋60），负债方活期存款的规模为 70 亿元；而 B 银行的流动性资产规模仅为 45 亿元，贷款却达到 155 亿元，占资产总额的比重近 65%，负债方活期存款为 170 亿元。由此可知，A 银行资本规模虽然相对较小，但它的资产流动性强，负债较稳定；而 B 银行虽然资本规模较大，但它的资产流动性弱，负债稳定性差。当经济形势逆转，储户大量提现的时候，B 银行由于流动性资产不足，极易引发破产倒闭的风险。可见，银行是否稳健经营需要正确地评估资产的流动性和负债的稳定性。西方商业银行在激烈的竞争中，贷款尤其是长期贷款比重上升很快。有的商业银行发放的长期贷款甚至占其资产总额的 60% 以上，从而导致资产流动性不断下降。为了保持足够的流动性，商业银行已越来越注重从负债方面来提高其整体经营的流动性，即保持足够的资金来源使商业银行能应付提存和支付需要。

（三）《巴塞尔协议Ⅲ》关于资本充足率的规定

　　2010 年修订的《巴塞尔协议Ⅲ》重新规定了商业银行的资本构成，取消了专门用于抵御市场风险的三级资本，并规定核心一级资本只包含普通股，剔除了原来一级资本中所包含的优先股和创新型股权等，强化了普通股权益的重要性，消除了创新工具和优先股可能对一级资本造成高估的影响，能较好地反映银行的真实风险状况，更好地保障债权人的利益，并防止过度的信贷扩张。此外，《巴塞尔协议Ⅲ》对资本充足率提出了更高的要求。

　　首先，一级资本充足率从原来的 4% 上调至 6%，总的资本充足率保持 8% 不变，增加"核心一级资本充足率"监管指标,该比率不得低于4.5%,强调一级资本中普通股、股本溢价和股本留存收益的作用。由于银行在正常年份还需要持有相应数量的留存资本缓冲,实际有效的普通股、一级资本和总资本要求分别达到了7%、8.5%和10.5%。

其次,在最低监管要求之上的资本留存超额资本将应达到2.5%,以满足扣除资本扣减项后的普通股要求。建立资本留存缓冲的目的是确保银行在经济衰退时能利用缓冲资本来吸收损失。尽管银行在危机期间可以利用这一缓冲,但资本比率越接近最低监管要求,受到的限制也会越大。一旦银行的资本留存缓冲比率达不到该要求,监管机构将限制银行拍卖回购股份和分发红利等。这一机制可以防止一些银行在资本头寸恶化时也肆意发放奖金和高红利的情况,从而建立一个更加安全的资本边际,使银行有更大的余地来应对经济衰退期的困难,但是巴塞尔委员会并不希望这样的超额准备影响银行的正常经营。

最后,建立与信贷过度增长挂钩的逆周期资本缓冲。巴塞尔委员会确定的逆周期资本缓冲为普通股或其他能完全"吸收"亏损的资本的0~2.5%,实施逆周期资本缓冲是为了达到更加广义的宏观审慎性的目的,即在总体信贷投放过量时加强对银行部门保护,避免系统性风险的积累。

英国北岩银行的流动性危机

受2007—2009年美国次贷危机波及而倒闭的金融机构中,远离风暴中心的英国第五大抵押贷款机构北岩银行尤为引人注目。该银行直接持有的与美国次级债相关的金融产品尚不到总资产的1%,但由于其资产负债结构存在不匹配问题,资金来源主要依赖短期市场,当美国次贷危机波及欧洲短期资金市场时,造成流动性短缺,北岩银行融资出现困难,引发了英国近140年来首次"挤兑现象"。在陷入流动性危机长达6个月之久后,英国议会2008年2月21日通过了将其国有化的议案,这也成为20世纪70年代以来英国的首起企业国有化案例。

北岩银行总部位于英格兰东北部新卡斯特,该银行就其资产规模而言并不大,约占英国银行总资产的3%,但因其在1997年成立了北岩银行基金会扶持当地慈善事业而具有较大的影响力。同时根据英国金融监管局的监管分类,该行归入具有重要影响金融机构之列,1997年上市后至危机前的十年飞速发展(1997年至2007年的10年间,其资产规模增长7倍,年均增长21.34%;该行2006年利润比2005年增长26.83%,自2001年到2006年每年利润增长18.22%),使其一跃成为英国第五大抵押贷款人,在英国抵押贷款市场中具有重要的影响力。

该行资本一直非常雄厚,资本充足率远远高于《巴塞尔协议Ⅱ》的标准。从各项指标来看,该行发展势态良好。同时,该行资产质量很好,其信贷拖欠率低于英国同业水平的一半。在2007年7月以前,没有任何明显迹象表明该行将面临重大困难。

然而,该行资金来源明显存在较大的潜在风险,其资金来源中的短期资金比重严重偏高,同时其证券化资金来源占到了其资金来源的一半以上,而英国主要银行的这一比例约为20%。为了配合其高速发展战略,北岩银行1999年实施证券化发展模式,即发行与分销模式（originate to distribute model），导致该行过分依赖证券化作为其主要资金来源。

一方面，银行融资过于依靠批发市场。在北岩银行的资金中，由零售存款业务所获得的资金不足 1/4，而超过 3/4 的资金来自批发市场，即通过同业拆借、发行债券或卖出有资产抵押的证券来融资，而 75% 的比例远远高于英国其他几大抵押贷款公司。其中，英国最大的抵押贷款机构——HBOS 的这一比例也仅为 43%。鉴于零售存款融资的稳定性，资金绝大部分来源于批发市场的北岩银行也就更容易受到市场上资金供求的影响。

另一方面，银行面临较大的利率缺口。批发市场和住房贷款市场不同的定价机制进一步加大了北岩银行的利率缺口。无论是发行债券还是住房贷款的资产证券化，它们都是依据市场上 3 个月的 Libor 来定价的。然而，北岩银行的住房抵押贷款则是按照英格兰银行的基准利率来发放。这种投融资的定价方式在货币市场利率大幅高于官方利率时会造成银行损失。在北岩银行的资产中，发放给消费者的抵押贷款达 967 亿英镑，占总资产的 85.2%。据估计，在这 960 多亿英镑的抵押贷款中，有 120 亿英镑是直接暴露在这种利率缺口风险之下的。这也就是说，Libor 每超过基准利率一个基点，北岩银行每年将多支付 1 200 万英镑。

美国次贷金融危机爆发后，全球金融市场流动性趋紧，2007 年 8 月，主要发达国家的中央银行联手向市场注入大量的流动性，但是并没有能有效遏制金融危机的蔓延态势。各个金融机构都收紧了流动性，此时北岩银行流动性趋紧。进入 2007 年 9 月，这种流动性压力剧增，北岩银行融资的渠道同时对其关闭。批发金融市场，由于金融机构自保其身，不愿向其提供资金；证券化由于结构化金融产品定价以及投资者的逃离，不能按照原有计划执行。融资链条中断，北岩银行头寸不足，迅速走向流动性困境。

为了确保英国金融稳定，以及纳税人与北岩银行存款人利益，考虑到北岩银行本身属于资能抵债的境况，仅仅是流动性出了问题，英国政府决定授权英格兰银行提供紧急资金援助，即最后贷款人援助（lender of last resort）。2007 年 9 月 14 日，英国财政大臣向外宣布，英格兰银行作为最后贷款人将向北岩银行提供紧急资金援助，以帮助其克服暂时性的流动性困难。

但是，在英国金融管理部门还没有向外界正式公开这一银行救助行动之前，英国 BBC 电台在 2007 年 9 月 13 日傍晚声称英国一家大银行出现了资金困难，正在向英格兰银行申请紧急资金援助。这一报道引发了北岩银行的挤兑危机，且这一挤兑风潮并没有随着 9 月 14 日紧急救助计划的公布而结束，挤兑延续了 4 天。在 9 月 15 日，该行存款就被取走 20 亿英镑。鉴于当时国内外金融形势的严峻，以及考虑到北岩银行若倒闭将引发系统金融危机，9 月 17 日下午 5 点，英国财政大臣对外公告声称政府将担保北岩银行的所有债务，这样挤兑才停止下来。

2008 年 2 月 17 日，英国财政大臣对外公告，他们准备对北岩银行实施临时国有化。为了确保英国金融稳定，英国政府决定通过特别银行立法，以实施对北岩银行的临时性国有化政策。2008 年 2 月 22 日，英国议会批准特别银行立法，财政部开始对北岩银行实施国有化。同时任命新的执行主席与首席财务官。至此，北岩银行进入了临时国有化时期。根据这个重组计划，该行将放弃其现有的业务模式，回归到更加稳健的发展道路上去。

案例讨论分析

资料来源：英国北岩银行的流动性危机[EB/OL]．（2011-03-23）http://www.chinavalue.net/finane/

article/2011-3-23/196077.html；何自云，师敏. 英雄末路——美国第七大银行的破产重组[J]. 农村金融研究，2005（6）.

请思考：

1. 从资产负债管理的角度探讨英国北岩银行流动性问题的成因是什么，对我国商业银行发展有哪些启示。

2. 结合案例探讨银行资本充足率达标是否意味着银行的运营就是稳健的，探讨资本的功能，并分析资产充足率的意义。

【本章小结】

商业银行资产负债表可以被视作描述资金来源与运用的列表。银行负债代表资金的来源，包括支票存款、定期存款、向央行借入的贴现存款、同业拆借和银行资本等项目。银行资产代表资金的运用，包括准备金、托收中的存款、银行同业存款、证券、贷款和其他资产（主要是实物资本）。银行主要通过资产转换来获取收益，即借入短期资金来发放长期贷款。当一家银行吸收额外存款时，其准备金会同等增加；当银行支出存款时，其准备金会减少同等数额。

表外业务主要包括承诺类、担保类和金融衍生交易类等业务，这些业务都会对银行的利润构成影响，但却不体现在银行的资产负债表内。这里值得注意的是，虽然商业银行表外业务通常不存在存贷业务（如结算业务、代理业务、咨询业务等）中的信用风险，但有些表外业务如信用证、承兑等担保性业务实际上是一种或有资产或负债，它们在一定条件下会转化为现实的风险资产或负债，面临着较高的信用风险和利率风险。因此，银行管理者必须特别关注风险评估程序和内部控制制度以限制员工过度冒险。

虽然增加流动性资产会降低银行利润，但银行出于安全性的考量仍然愿意持有。具体而言，为了应对存款外流，银行会持有一定规模的超额准备金和二级准备金。商业银行经营管理的关键在于追求高回报贷款和证券的同时设法降低风险并保持充足流动性以管理资产，使利润最大化。虽然，负债管理曾是一项稳定的业务，但是现在大银行都积极地通过发行可转让定期存单等负债或向其他银行和企业借款的方式来主动寻求资金来源。同时，银行为了降低破产的风险会积极地管理资本的规模以使其满足监管当局对资本金的要求。当然，资本规模过大会降低股东的回报率，因此，将资本保持在合理的水平也是商业银行经营管理的重点所在。

【复习思考题】

1. 各国监管者为何要求银行保有一定比例的银行资本？如何评价银行资本是否充足？

2. 商业银行必须保证充足的流动性，并且商业银行只有在需要资金的时候能够以合理的成本取得即时可用的资金，才被认为是流动性正常。试论银行的流动性管理策略有哪些。

3. 商业银行为什么要开展证券投资业务？

4. 什么是表外业务？什么是中间业务？两者是同一个概念不同表述吗？请简要分析。

5. 商业银行经营的三性原则——营利性、流动性和安全性，它们相互之间的关系应该怎样把握？为实现经营原则的资产负债管理，其理论发展的脉络是怎样的？

【进一步阅读书目】

1. 米什金，等. 金融市场与金融机构[M]. 丁宁，等译. 9版. 北京：机械工业出版社，2020.

2. 黄达. 金融学[M]. 5版. 北京：中国人民大学出版社，2020.

3. 米什金. 货币金融学[M]. 马君潞，等译. 2版. 北京：机械工业出版社，2011.

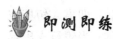
即测即练

第七章

中央银行

【本章学习目标】

通过本章学习，学生应该能够：
1. 了解中央银行的产生与发展；
2. 掌握中央银行的性质与职能；
3. 熟悉中央银行的资产负债业务；
4. 了解中央银行的金融监管职能。

世界上最早的中央银行

世界上最早的中央银行是瑞典国家银行。1619年，为了弥补硬币短缺的问题，财政大臣阿克塞尔·奥克森斯蒂尔纳提议在每个城镇设立一家银行，这将使货币流通更快，并刺激贸易。1656年，斯德哥尔摩银行成立，这是一家享受皇家特权的私有银行，也是世界上最古老的发钞银行。1668年的议会通过了一项提案，那就是将斯德哥尔摩银行改组成立瑞典国家银行，其主要职责是发行通货、制定货币与信贷政策、调节货币流通且兼营商业银行业务。1968年，在瑞典国家银行成立300周年时，为纪念阿尔弗雷德·诺贝尔，瑞典国家银行出资设立了瑞典银行经济学奖，即诺贝尔经济学奖。2018年，瑞典国家银行全年举办各种活动，庆祝其成立350周年。

引导案例分析

第一节 中央银行概述

一、中央银行的产生和发展

中央银行在一国金融体系中处于中心地位，是商品经济、货币信用制度以及银行体系发展到一定阶段的产物。中央银行的建立是基于统一发行银行券、票据清算、稳定信用体系、金融监管以及政府融资等方面的客观需求。当今世界大多数国家均实行了中央银行制度，中央银行制度是一国最基本的经济制度之一。

（一）中央银行制度形成的背景与发展

1. 中央银行产生的历史背景

17世纪的欧洲，随着工商业和新式农业占据社会生产的主导地位，商品经济迅速发展。18世纪工业革命所带来的生产力提高，使得资本主义社会的经济发展方式产生了深刻的变化，经济需求和社会迅速发展为中央银行的发展提供了条件。商业银行的普遍设立促进了中央银行的产生。当传统的货币经营商及高利贷者已经不能满足规模不断扩大的新兴工业企业对资本的需求时，银行业顺应了客观经济的需求必然产生。银行业产生于13—14世纪的欧洲，从14世纪末期开始，一些以"银行"为名的机构出现。十五六世纪出现的米兰银行、威尼斯银行等已经具有现代银行的某些特征。银行业的发展不仅表现在银行数量的增加，还表现在银行业务完全脱离货币兑换、金银保管和高利贷的传统形式，发行银行券、为企业办理转账和为新兴银行提供融资及服务成为银行的重要业务。

正是商品经济的迅猛发展和银行的普遍设立，促进了货币、信用与经济的融合，为了保证商品经济的顺利运转，客观上要求信用关系连接商品生产的全部过程。随着商品经济的快速发展，以货币关系为特征的银行信用逐步替代商业信用，成为信用的主要形式。在现代银行成立之后，货币成为信用的主要载体，促进了资本主义银行业的蓬勃发展。

虽然信用制度和银行体系成为商品经济运行的重要支撑，但经济发展中存在新的矛盾，主要表现在：银行券的分散发行限制了流通范围，阻碍了商品经济的发展；票据交换和清算业务的迅速增长使交换和清算的速度减缓，信用制度的发展使得商业银行相互之间的债权债务关系日益复杂；银行破产倒闭使得信用体系和经济运行不断受到冲击；缺少统一规则的竞争使得金融秩序出现混乱。面对这些，国际政府开始试图从制度上解决问题，中央银行制度是银行业发展到一定阶段的产物，这一时期的中央银行，多是意识到货币发行需要统一管理而开始设立。

2. 中央银行产生的客观要求

资本主义商品经济的迅速发展，经济危机的频繁发生，银行信用的普遍化和集中化，既为中央银行的产生奠定了经济基础，又为中央银行的产生提出了客观要求。

（1）政府对货币财富和银行的控制。资本主义商品经济的迅速发展，客观上要求建立相应的货币制度和信用制度。资产阶级政府为了开辟更广泛的市场，也需要有巨大的货币财富做后盾。

（2）统一货币发行。在银行业发展初期，几乎每家银行都有发行银行券的权力，但随着经济的发展、市场的扩大和银行机构的增多，银行券分散发行的弊病就越来越明显，客观上要求有一个资力雄厚并在全国范围内享有权威的银行来统一发行银行券。

（3）集中信用的需要。商业银行经常会发生营运资金不足、头寸调度不灵等问题，这就从客观上要求中央银行的产生，它既能集中众多银行的存款准备，又能不失时宜地为其他商业银行提供必要的周转资金，为银行充当最后的贷款人。

（4）建立票据清算中心。随着银行业的不断发展，银行每天收授票据的数量增多，各家银行之间的债权债务关系复杂化，由各家银行自行轧差进行当日清算已发生困难。

这种状况客观上要求产生中央银行，作为全国统一的、有权威的、公正的清算中心。

（5）统一金融管理。这要求产生隶属政府的中央银行这一专门机构来实施政府对银行业和金融市场的管理。银行业和金融市场的发展，需要政府出面进行必要的管理。

3. 中央银行制度的推广

在第一次世界大战前，各国中央银行因为国际形势紧张，都千方百计集中黄金。战前各国大多采用金本位制。战时，世界金融中心交易停止，各国中央银行停止或者限制兑现，禁止黄金外流，各国国际债务宣布暂停清偿。战争开始，战费不足，就由中央银行借垫，或者央行对国库券贴现，钞票大增，造成通货膨胀。第一次世界大战后，各国饱受通货膨胀之苦，深感稳定币值的重要性。1920 年，39 个国家在布鲁塞尔举行国际金融会议，提出 16 条决议，主要内容是：先使各国财政预算平衡，以断通货膨胀之源；同时确定发行银行的发行原则，即"发行银行应脱离政治压迫而自由，更应恪守金融谨慎的原则"。1922 年在日内瓦举行会议，又提出"各国未设中央银行者，应即设立"。会议认为，国家金融的稳定与调节，需要各国中央银行的合作。会议以后，各国中央银行发展很快。一是第一次世界大战后新产生的国家需要解决国内货币金融问题，先后设立了中央银行。二是许多国家为解决经济困难、金融混乱，依靠国际联盟或者美国的帮助设立了中央银行。三是为了重建币制、稳定币值，参战各国不得不改组或者新设中央银行。四是为了货币发行的制度化，各国都授权中央银行集中统一发行钞票，并建立了比例发行准备制度。这一阶段，中央银行的推广有三个特点：第一，大部分中央银行不是由商业银行自然演进而成的，而是在通货膨胀的压力下，由政府创建的。第二，大部分中央银行在经历短暂的金本位制之后，对货币发行制度进行了改革，建立了比例准备金制度和垄断货币发行权，停止对政府财政直接提供贷款，并把稳定币值作为中央银行的首要任务。第三，20 世纪 30 年代的经济危机导致大量金融机构倒闭，给社会经济造成了巨大的震荡和破坏，所以存款准备金制度成为中央银行管理金融的重要手段。

4. 中央银行制度的发展

从 1945 年到 1971 年，改组、重建和新设的中央银行共有 50 多家。为了恢复经济、稳定金融，国家加强了对中央银行的控制，开始了中央银行国有化进程，中央银行成为国家机器的重要组成部分；在凯恩斯理论影响下，制定和实施货币政策成为各国中央银行最突出的职责。中央银行成为国家干预和调节经济、稳定金融市场的必不可少的工具，各国政府加强对中央银行控制的原因主要有四点：第一，金本位制已经完成了历史使命，虚金本位制也难以恢复，为货币信用政策成为政府干预和调节经济的手段提供了重要条件。在信用货币制度下，中央银行是唯一货币发行者，信用供应量的大小最终取决于基础货币的多少。中央银行的货币发行量不再像金本位制那样依赖于持有黄金的数量，而是根据货币政策的需要灵活决定。第二，宏观经济调节理论为国家干预经济提供了依据。第三，20 世纪 30 年代大危机时代，罗斯福新政为政府通过中央银行干预经济提供了依据。各国不同程度地加强了其作为金融政策制定和执行机构的作用，普遍设立了货币政策委员会之类的机构。第四，金本位制退出和国际贸易不平衡发展，使得各国政府需要合作协调。第二次世界大战后建立的国际货币基金组织、世界银行和国际金融公司等国际金融组织扮演了为各国政府政策协调、配合的角色，需要由各国中央银行代表政府参与这些组织。

（二）中国中央银行制度的产生和发展

1. 我国最早的中央银行

我国中央银行的起源是清政府成立的户部银行。户部银行是清末官商合办的银行，1905年8月在北京开业，它是模仿西方国家中央银行而建立的我国最早的中央银行。1908年，户部银行改为大清银行，代理国库、发行货币。同年，交通银行成立，发行货币，经办铁路、轮船、电报、邮政等部门的一切收支。1911年的辛亥革命，促使大清王朝覆灭，大清银行改组为中国银行。中国银行和交通银行共同作为北洋政府的中央银行。

2. 国民政府时期的中央银行

1924年8月，孙中山领导的广东革命政府在广州创立中央银行。1926年国民革命军攻克武汉后，国民政府又在武汉设立中央银行，可实际上这两家银行都没有真正行使中央银行职能。1927年国民政府公布《中央银行条例》，1928年公布《中央银行章程》，同年中央银行开业，总部设在上海，其业务是经理国库、发行货币，行使中央银行职能。国民政府指定中国银行为"国际汇兑银行"，交通银行为"发展全国实业的银行"，1935年将"豫鄂皖赣四省农民银行"改为中国农民银行。1935年5月23日，国民政府正式颁布《中央银行法》，进一步明确中央银行是国家银行。同年11月4日进行币制改革，放弃银本位制，规定中央银行、中国银行和交通银行发行的货币为法币，中国农民银行发行的货币不是法币，但可以与法币同时流通。1939年国民政府颁布《国库法》，1942年国民政府公布《钞票统一发行办法》，完成将货币发行权统一到中央银行的改革。

3. 新中国时期的中央银行

1948年12月1日，中国人民银行在河北省石家庄市宣布成立。华北人民政府当天发出布告，由中国人民银行发行的人民币在华北、华东、西北三区统一流通，所有公私款项收付及一切交易，均以人民币为本位货币。1949年2月，中国人民银行由石家庄市迁入北京。1949年9月，中国人民政治协商会议通过《中华人民共和国中央人民政府组织法》，把中国人民银行纳入中央人民政府政务院的直属单位系列，接受财政经济委员会指导，与财政部保持密切联系，赋予其国家银行职能，承担发行国家货币、代理国家金库、管理国家金融、稳定金融市场、支持经济恢复和国家重建的任务。

在国民经济恢复时期，中国人民银行在中央人民政府的统一领导下，着手建立统一的国家银行体系。首先，中国人民银行通过接管官僚资本银行，取缔外国银行在华的一切特权，改造私营企业，建立以中国人民银行为主体，管理公司合营银行、扶持农村集体信用合作组织、监督和利用私营银行的社会主义金融体系。其次，中国人民银行迅速建立自己的分支机构，扩大业务，为恢复经济服务，作为商业银行发挥作用。另外，中国人民银行通过制定和执行统一的金融政策，执行管理金融的职能。

在统一的计划体制中，自上而下的人民银行体制，成为国家吸收、动员、集中和分配信贷资金的基本手段。虽然存在中国工商银行、中国农业银行、中国银行、中国人民建设银行等金融机构，但实际上这些金融机构的业务、资金来源和人事管理都隶属于中国人民银行。中国人民银行通过编制全国综合信贷计划建立高度集中的信贷计划管理体制。但是，货币发行量的控制权并不隶属于中国人民银行，在计划经济体制下，中国人民银行只是被动地适应产品的生产和流通的需要，配合计划发行。此时，中国人民银行是计划经济体制中的一个政府部门，这种情况一直延续到1978年，其间虽有几次变动，但基本格局变化不大。

我国1978年开始经济体制改革，金融体系也发生了巨大的变化。日益发展的经济和金融机构的增加，迫切需要加强金融业的统一管理和综合协调，由中国人民银行来专门承担中国中央银行职责，成为完善金融体制、更好发展金融业的紧迫议题。1982年7月，国务院批转中国人民银行的报告，进一步强调"中国人民银行是我国的中央银行，是国务院领导下统一管理全国金融的国家机关"，以此为起点开始了组建专门的中央银行体制的准备工作。从1984年开始，中国人民银行专门行使中央银行职能，集中力量研究和实施全国金融的宏观决策，加强信贷总量的控制和金融机构的资金调节，以保持货币稳定。1995年3月18日，全国人民代表大会通过《中华人民共和国中国人民银行法》（以下简称《中国人民银行法》），首次以国家立法形式确立了中国人民银行作为中央银行的地位，标志着中央银行体制走向了法制化、规范化的轨道，是中央银行制度建设的重要里程碑。2003年，中国人民银行的职能再次发生变化，将中国人民银行对银行、金融资产管理公司、信托投资公司及其他存款类金融机构的监管职能分离出来，并和中央金融工委的相关职能进行整合，成立中国银行业监督管理委员会。有关金融监管职责调整后，人民银行新的职能正式表述为"制定和执行货币政策、维护金融稳定、提供金融服务"。2018年，不再保留中国银行业监督管理委员会和中国保险监督管理委员会，中国银行保险监督管理委员会正式挂牌，其主要职责是依照法律法规统一监督管理银行业和保险业，维护银行业和保险业合法、稳健运行，防范和化解金融风险，保护金融消费者的合法权益，维护金融稳定。随着社会主义市场经济体制的不断完善，中国人民银行作为中央银行在宏观调控体系中的作用将更加突出。

二、中央银行的组织结构

（一）中央银行制度的基本类型

目前世界各国基本上都实行了中央银行制度，但其形式并不统一，可归纳为单一式中央银行制度、复合式中央银行制度、准中央银行制度和跨国中央银行制度。

1. 单一式中央银行制度

单一式中央银行制度是指国家建立单纯的中央银行机构，使之全面行使中央银行职能，领导全部金融事业的中央银行制度，它是目前世界各国所采用的最主要、最典型的类型，又分为一元式中央银行制度和二元式中央银行制度。

一元式中央银行制度指仅有一家中央银行行使中央银行的权利和履行中央银行的全部职责。因此，中央银行的特点是权力集中统一、职能完善。目前世界上绝大多数国家的中央银行制度均采用这种形式。我国在1984年之后实行这种制度，中国人民银行在1988年前按照行政区域在全国设立分支机构,从1988年后开始改为以经济区划设立分支机构。

二元式中央银行制度是指在一个国家内设立一定数量的地方中央银行,并由地方银行推选代表组成在全国范围行使中央银行职能的机构,从而形成由中央和地方两级相对独立的中央银行机构共同组成的中央银行体系。在这种体系中,中央的中央银行是最高金融决策机构,地方中央银行接受中央的中央银行监督和指导。一般,采取此类中央银行制度与实行联邦制的国家体制有关,美国是典型代表。美国联邦储备体系是美国的中央银行,负责联邦储备体系具体运营的是联邦储备委员会。

2. 复合式中央银行制度

复合式中央银行制度是指国家不单独设立专司中央银行职能的中央银行机构,而是由一家集中央银行与商业银行职能于一身的国家大银行兼中央银行职能的中央银行制度。这种中央银行制度往往与中央银行初级发展阶段和国家实行计划经济体制相对应,如苏联、1984年前的我国等。

3. 准中央银行制度

国家不设通常意义上的完整的中央银行,而设立类似中央银行的金融管理机构,执行部分中央银行职能,或者由政府授权某个或几个商业银行承担部分中央银行的职能。采取这种制度的国家一般地域较小,主要有新加坡、马尔代夫、斐济、沙特阿拉伯、塞舌尔等。我国香港特别行政区也采用准中央银行制度。

4. 跨国中央银行制度

若干国家联合组建一家中央银行,在成员国范围内行使全部或部分中央银行职能。存在两种情况:一种是没有建立中央银行的数个国家组建一家联合中央银行;另一种是联合建立跨国中央银行的各国本身建立了中央银行。不管情况如何,建立这种中央银行制度多数为了与区域性经济联合和货币联盟体制相适应。跨国中央银行的主要职能是为成员国发行共同使用的货币,制定统一的货币政策,监督成员国的金融机构和金融市场,如西非货币联盟、中非货币联盟、东加勒比海货币管理局、欧洲中央银行。

(二)中央银行的组织结构

由于各个国家社会经济制度的差异,中央银行组织机构的设置亦各不相同,是由一国的政治经济体制、经济发展水平、国民经济宏观调节与管理对中央银行的要求以及历史等多方面因素共同决定的。

1. 中央银行的权力分配结构

中央银行的权力可以分为决策权、执行权和监督权。各国中央银行制度不同,行使权力的方式也不同,可以将中央银行的权力分配结构分为高度集中和相对分离两种模式。

(1)高度集中模式。高度集中模式一般通过建立理事会集中所有的权限,理事会既是货币政策、业务方针和规章制度的制定者,也是具体实施者和监督者。作为代表的是美国联邦储备体系。美国联邦储备体系的最高决策机构是联邦储备理事会。理事会的主要职责是：制定货币政策、保证支付体系正常运转、监管联邦储备银行和会员银行、监督执行有关消费信贷的联邦法规。英格兰银行采用的也是这种模式。

（2）相对分离模式。相对分离模式是分别由不同的机构行使决策权、执行权和监督权。目前世界主要国家中，日本、法国、德国和瑞士采用这种模式。日本银行的最高决策机构是日本银行委员会，最高执行机构是日本银行理事会，另设监事会监督检查日本银行的业务和政策执行情况。德意志联邦银行的最高决策机构是联邦银行理事会，执行机构是联邦银行执行委员会。

高度集中模式决策层次少、权力集中，有利于政策间的衔接和一致，便于迅速决策和操作。其缺点是相互之间缺乏制衡机制。相对分离模式有利于专业化管理和权力的制衡，但是相互协调的效率较低。

2. 中央银行的内部机构设置

虽然各国中央银行的内部机构设置不尽相同，但一般来说都是以履行中央银行职能为中心，并以为履行职能提供支援的原则设置部门，包括以下三大类部门：第一，行使中央银行职能部门。这是中央银行机构的内部核心，包括货币发行的部门、办理与金融机构的业务往来的部门、组织清算的部门和货币政策操作部门。如果中央银行还有监管职责，则还包括监管部门。以我国为例，中国人民银行的货币政策司、金融市场司、金融稳定局等都属于此类部门。第二，为中央银行有效行使职能提供支援和后勤保障的部门，包括行政管理部门、服务部门和后勤部门，例如中国人民银行内设办公厅、人事司等部门。第三，为中央银行行使职能提供咨询、调研和分析服务的部门。由于中央银行制定的货币政策在宏观经济政策中的地位越来越重要，货币政策正确与否又主要依据中央银行对经济和金融形势的分析和判断。例如中国人民银行的调查统计司、研究局。

3. 中央银行的分支机构设置

中央银行分支机构设置是中央银行总行为了履行职责，而设立若干分支机构，作为自己的政策和业务执行机构。分支机构的设置一般有以下三类。

一是按经济区划的原则设置分支机构，主要考虑各地的经济金融发展状况和中央银行业务量的多少，根据实际需要进行设置。这种模式的突出特点是按经济发展的实际需要与金融发达程度及其在全国的地位设置分支机构，并决定机构的级别，突出市场经济规律的要求。

二是按行政区划的原则设置分支机构，这种设置模式一般是为了与经济体制相适应。根据政府机构的级别决定中央银行分支机构的级别。分支机构的规模与业务量无关，与行政级别有关。各分支机构之间根据行政级别发生垂直的隶属关系。

三是以经济区域为主，兼顾行政区域来设置分支机构。这种模式按照经济区域设置分行，并考虑行政区域的因素。《中国人民银行法》第十三条规定："中国人民银行根据履行职责的需要设立分支机构，作为中国人民银行的派出机构。中国人民银行对分支机构实行统一领导和管理。中国人民银行的分支机构根据中国人民银行的授权，维护本辖区的金融稳定，承办有关业务。"

第二节 中央银行的性质、职能与独立性

一、中央银行的地位和性质

（一）中央银行的地位

1. 中央银行在现代经济体系中的地位

从经济运行看，中央银行为经济发展创造货币和信用条件，为经济稳定运行提供保障。随着商品生产和商品流通的扩大，社会对货币的需求量也在不断增加。中央银行作为一个国家唯一的货币发行者，可以根据国民经济发展的客观需求，不断向经济体系提供相应的货币供应量，为经济发展提供必要条件。中央银行为经济体系提供稳定的货币环境，通过稳定的货币环境实现国民经济的稳定增长。另外，中央银行为国民经济体系的信用活动提供支付保障。中央银行对金融机构实施严格的监管管理，通过货币金融政策干预金融市场，沟通各种信用关系，作为商业银行等金融机构的最后贷款人，对全社会的支付体系承担着最终的保证责任。

从对外经济金融关系看，中央银行是国家对外联系的重要纽带，承担着对外交流的重要任务。当今世界经济正处于经济一体化与金融国际化的潮流中，各国的经济政策、货币政策、利率、外汇政策等都会对其他国家产生深刻的影响。各国都充分认识到加强国际金融监管的紧迫性、重要性。

从国家对经济的宏观管理看，中央银行是最重要的宏观调控部门之一。市场失灵普遍存在，市场经济需要"有形的手"，中央银行在一国金融体系中处于中心地位，作为国家实现经济总目标的重要工具，在宏观经济调控中的地位尤为重要。

2. 中央银行的法律地位

在现代经济社会中，中央银行是金融体系的核心，在金融宏观调控中充当主控人的角色。中央银行的法律地位通常要通过中央银行与国家权力机关的关系、中央银行与政府及其部门的关系、中央银行与普通银行的关系三个方面加以体现。《中国人民银行法》对我国中央银行的性质及法律地位做了明确规定：第二条："中国人民银行是中华人民共和国的中央银行。中国人民银行在国务院领导下，制定和执行货币政策，防范和化解金融风险，维护金融稳定。"第七条："中国人民银行在国务院领导下依法独立执行货币政策，履行职责，开展业务，不受地方政府、各级政府部门、社会团体和个人的干涉。"

（二）中央银行的性质

中央银行的性质是指中央银行自身所具有的特有属性，由其在国民经济中的地位决定，并随着中央银行制度的发展而不断变化。中央银行是金融管理机构，它代表国家管理金融，制定和执行金融方针政策，主要采用经济手段对金融经济领域进行调节和控制。中央银行是一国最高的货币金融管理机构，在各国金融体系中居于主导地位。

从中央银行的业务活动特点来看，它是特殊的金融机构。中央银行的业务对象特殊，仅限于政府和金融机构。这决定了中央银行不经营一般商业银行和其他金融机构的业

务，不产生竞争，不会成为其他商业银行和金融机构的竞争对象。中央银行的经营目的特殊，中央银行是国家政府机关，所需要的各项经费均由国家财政拨付。同时，其所从事的各项金融业务活动，也要从国家经济的宏观需要出发。中央银行的业务活动是不以营利为目的的。中央银行拥有一系列特有的业务权力，包括发行货币、代理国库、保管存款准备金、制定金融政策等。

从中央银行发挥的作用看，其是保证金融稳健运行、调控宏观经济的行政机关。中央银行履行职责是通过特定金融业务进行的，中央银行对金融和经济的管理调控基本上是采用经济手段，这与主要靠行政手段进行管理的国家机关有明显不同。中央银行对经济的宏观调控是分层次实现的，其通过货币政策工具操作来调节金融机构的行为和金融市场的运作，再通过金融机构和金融市场影响到各个经济部门。中央银行在政策制定上具有一定的独立性。按照各国中央银行法的相关规定，中央银行可以依据一国的客观经济发展状况与需要独立地制定和执行货币政策，政府不得干预。

二、中央银行的职能

（一）中央银行的基本职能

1. 发行的银行

中央银行是发行的银行，指中央银行垄断货币发行，具有货币发行的特权、独占权，是一国唯一的货币发行机构。垄断货币发行既是中央银行最基本、最重要的标志，也是中央银行发挥其全部职能的基础。发散发行货币必然造成货币种类过多、劣币和良币混杂、货币流通范围受限等问题。由地位特殊且权威的中央银行垄断货币发行权，是货币流通的基本保证。如果有一部分金融机构掌握货币发行权，那么这些金融机构就不一定能够服从中央银行的管理。建立中央银行制度的必要性体现在中央银行向金融机构提供集中服务和管理、代表政府管理金融市场和调节社会信用量等方面，这些都是以垄断货币发行为前提的。只有统一发行货币，中央银行货币供应量的变化才能直接带动全社会货币存量的变化，保证社会总供给和总需求的平衡。中央银行可以通过改变货币供应量，调节货币存量，起到抑制或扩张社会总需求的作用，实现总供给和总需求大体上平衡。

中央银行作为发行的银行，具有以下几个基本职能：第一，中央银行应根据国民经济发展的客观情况，适时适度发行货币，保持货币供给与流通中货币需求的基本一致，为国民经济稳定持续增长提供一个良好的金融环境。第二，中央银行应从宏观经济角度控制信用规模，调节货币供应量。第三，中央银行应根据货币流通需要，适时印刷、铸造或销毁票币，调拨库款，调剂地区间货币分布、货币面额比例，满足流通中货币支取的不同要求。

2. 银行的银行

中央银行是银行的银行，因为它集中保管银行的准备金，并对它们发放贷款，充当"最后贷款人"，负责全国的资金清算。因此，中央银行处于商业银行和其他金融机构之上，居于领导地位，并对商业银行和其他金融机构进行监督管理，银行的银行这一职能，体现了中央银行作为特殊金融机构的性质，这也是中央银行作为金融体系核心的基本条件。

作为银行的银行，中央银行具有以下几个基本职能。

第一，中央银行集中保管存款准备金。这是为了保持商业银行的清偿能力，存款准备金率高，银行的清偿能力就强；银行的清偿能力强，则抗流动性危机能力强。如果一家银行倒闭，可能会引发连锁反应，造成其他银行倒闭，甚至导致整个信用系统瘫痪。因此，在银行业的发展中，中央银行作为权威机构规定银行的存款准备金率并集中保管存款准备金，保持商业银行的清偿能力，增加商业银行抵御流动性危机的能力。这样也可以节省存款准备金的数量，提高资金使用效率。另外，存款准备金率越低，货币乘数越大，对基础货币的放大作用也越大。因此，中央银行通过改变存款准备金率，调节货币供应量。

第二，中央银行通过再贴现和抵押贷款两种形式履行最后贷款人的职能。当个别金融机构发生资金周转困难时，中央银行可以提供贷款，避免发生挤兑事件以及信用危机。在一些情况下，即使没有金融机构倒闭的危机，中央银行也需要向金融机构提供调剂短期头寸的渠道。

第三，中央银行票据交换和清算的职能。由于商业银行需要将准备金存入中央银行，因此，商业银行必须在中央银行开设账户，虽然其他金融机构并不一定有准备金存款的约束，但银行存款资金和非银行金融机构投资资金相互连通的金融创新促使非银行金融机构在中央银行开设账户的意愿增加，这为中央银行负责全国的资产清算带来了极大的便利。

3. 政府的银行

中央银行是政府的银行。政府的银行职能是指中央银行为政府提供服务，是政府管理国家金融的专门机构。作为政府的银行，中央银行具有以下几个基本职能。

（1）代理国库。国家财政收支一般不另设机构经办具体业务，而是交由中央银行代理，主要包括按国家预算要求代收国库库款、拨付财政支出、向财政部门反映预算收支执行情况等。

（2）代理政府债券发行。中央银行代理发行政府债券，办理债券到期还本付息，预测发行规模、规定价格幅度、制定竞投标的规则等。

（3）为政府融通资金，提供信贷支持。政府财政收入与支出会在时间上存在一定差异，中央银行就需要向政府提供短期融资。中央银行也可以通过直接购买政府债券的形式向政府提供融资。

（4）为国家持有和经营管理国际储备。中央银行持有和经营管理国际储备，通过增加或减少储备资产，使货币发行与国际收支相适应，保持国际收支平衡、物价和汇率稳定，合理运用储备资产，达到内外均衡。

（5）代表国家参加国际金融组织和国际金融活动。随着经济一体化和金融国际化的发展，由于中央银行的专业性和特殊性，其可以作为代表参与国际性的金融沟通协调，参加国际金融组织和金融会议。

（6）制定和实施货币政策。中央银行是发行的银行，也就具备了实施货币政策的手段。虽然货币政策具有相对独立性，但是货币政策需要与政府的总体宏观经济政策相配合，制定和实施货币政策是中央银行作为政府的银行的具体体现。

（7）金融监管的职能。中央银行依法对金融机构及其业务和金融市场实施规制与约束，促使其依法稳健运行。其主要包括：制定并监督执行有关金融管理法规、政策和制度，使管理对象有章可循、有法可依；对各类金融机构业务活动进行监管；监督管理金融市场等。

（8）向政府提供信息和决策建议。中央银行在从事其业务活动的过程中集聚大量的金融信息和资料，因此在政府进行决策时，中央银行是信息和决策建议的重要来源。

（二）中央银行的综合职能

随着中央银行制度的不断完善，中央银行的职能也得到了补充和完善，内容上也发生一些变化。中央银行的综合职能是在其基本职能的基础上进一步发展和具体化，主要包括调控职能、服务职能和管理职能。

调控职能是指中央银行通过制定和执行货币金融政策，运用货币政策工具来达到调节和控制市场货币流通量和社会信用规模的目的，进而影响和干预社会经济发展，实现货币政策的目标。其最终目标是保持货币币值的稳定，促进整个国民经济的健康协调发展，使国家宏观经济政策的预期目标得以体现。因此，中央银行的金融调控职能是围绕货币供应量展开的。中央银行是发行的银行，利用其所掌握的货币政策工具，收缩或扩张货币供应量，就可以达到使社会总需求和总供给平衡的目的。

服务职能是指中央银行向政府、商业银行以及其他非银行金融机构和社会公众提供金融服务。随着经济的发展，中央银行的服务职能在范围和内容上都发生了很大的变化。中央银行作为政府的银行和银行的银行，自然需要为政府和银行提供各种金融服务。中央银行为社会公众服务主要指：中央银行控制货币的发行数量，保持货币币值稳定，为提高和稳定人民生活水平服务；中央银行通过其自身各项业务活动，比较全面地了解和掌握国家经济发展的动态，为社会公众提供经济发展所需要的信息；中央银行通过对商业银行等金融机构的管理，保持金融秩序的正常运行，有利于维护客户存款的安全，保护其合法财产不受损失。

管理职能是指中央银行作为全国金融体系的核心，代表国家行使对商业银行等金融机构的管理职能。中央银行作为国民经济重要的调节部门，为了实现对宏观经济的有效调节，需要采用经济手段，同时为了保证各项调节措施得到更好的实施，需要借助法律手段进行依法管理。因此，中央银行具有制定金融政策、法令及规章制度的职能。同时，为了保证金融市场安全、稳定、有序、高效运转，中央银行必须对金融市场进行监测与管理，加强对金融机构的检查监督，并定期公布与金融有关的信息资料。

中央银行的特征决定了其具有调控职能、服务职能和管理职能，这三者是相互依存、相互补充、相互统一的关系。调控职能是中央银行发挥其在国民经济中作用的重要保证，是根本；服务职能贯穿于调控职能和管理职能的始终，但必须服从于调控职能和管理职能，是基础；管理职能是中央银行借助经济手段和法律手段来辅助其调控职能的顺利实施，是手段。中央银行只有正确地处理三项职能之间的关系，才能更好地发挥中央银行的作用。

【专栏 7-1】 中国人民银行职能

中国人民银行的主要职责如下。

（一）拟订金融业改革和发展战略规划，承担综合研究并协调解决金融运行中的重大问题、促进金融业协调健康发展的责任，参与评估重大金融并购活动对国家金融安全的影响并提出政策建议，促进金融业有序开放。

（二）起草有关法律和行政法规草案，完善有关金融机构运行规则，发布与履行职责有关的命令和规章。

（三）依法制定和执行货币政策；制定和实施宏观信贷指导政策。

（四）完善金融宏观调控体系，负责防范、化解系统性金融风险，维护国家金融稳定与安全。

（五）负责制定和实施人民币汇率政策，不断完善汇率形成机制，维护国际收支平衡，实施外汇管理，负责对国际金融市场的跟踪监测和风险预警，监测和管理跨境资本流动，持有、管理和经营国家外汇储备和黄金储备。

（六）监督管理银行间同业拆借市场、银行间债券市场、银行间票据市场、银行间外汇市场和黄金市场及上述市场的有关衍生产品交易。

（七）负责会同金融监管部门制定金融控股公司的监管规则和交叉性金融业务的标准、规范，负责金融控股公司和交叉性金融工具的监测。

（八）承担最后贷款人的责任，负责对因化解金融风险而使用中央银行资金机构的行为进行检查监督。

（九）制定和组织实施金融业综合统计制度，负责数据汇总和宏观经济分析与预测，统一编制全国金融统计数据、报表，并按国家有关规定予以公布。

（十）组织制定金融业信息化发展规划，负责金融标准化的组织管理协调工作，指导金融业信息安全工作。

（十一）发行人民币，管理人民币流通。

（十二）制定全国支付体系发展规划，统筹协调全国支付体系建设，会同有关部门制定支付结算规则，负责全国支付、清算系统的正常运行。

（十三）经理国库。

（十四）承担全国反洗钱工作的组织协调和监督管理的责任，负责涉嫌洗钱及恐怖活动的资金监测。

（十五）管理征信业，推动建立社会信用体系。

（十六）从事与中国人民银行业务有关的国际金融活动。

（十七）按照有关规定从事金融业务活动。

（十八）承办国务院交办的其他事项。

三、中央银行保持独立性的实质与原因

（一）中央银行独立性的实质

中央银行的独立性问题最初提出并引起广泛重视是在第一次世界大战结束以后1920年的布鲁塞尔会议上，会议作出决议："中央银行必须不受政府的压力，而应依循审慎的金融路线而行动。"1922年在日内瓦召开的国际经济会议上，许多国家的与会代

表提出了减少政府干预、实现中央银行独立于政府的主张。

中央银行独立性问题实质上是中央银行与政府之间的关系，即中央银行在多大程度上受制于政府，其与政府当局（包含经济部门或者金融监管部门）和商业性金融机构之间的关系，其中最重要的是其与政府之间的关系定位。中央银行相对政府的独立性，主要是从法定职责，隶属关系，负责人产生程序、任期和权力大小，与财政的资金关系，最高决策机构政府参与程度等几个标准来判断。中央银行的独立性是指法律赋予中央银行在国民经济宏观调控体系中制定和执行货币政策、进行金融监管与调控的自主权，以及为确保自主权的有效行使而采取的相关法律措施。其独立性的内容主要由两部分组成：一是中央银行在国民经济宏观调整体系中的职责范围；二是中央银行在行使自主权时受制于其他部门的程度，亦即要处理中央银行和其他部门（尤其是政府）之间的关系。

这种独立性是指中央银行能够独立地制定和实施货币政策，而不受政府的干预、影响和控制，也就是中央银行具有金融调节方面的独立性。中央银行的独立性又是相对的。中央银行的政策目标不能背离国家总体经济发展目标。货币政策是国家宏观经济政策的一部分，中央银行是国家宏观调控体系的一个组成部门，它不可能超过所隶属的整体。中央银行的业务活动和监管是在国家的授权下进行的，特殊情况下中央银行必须服从政府的领导和指挥。

（二）中央银行保持独立性的原因

中央银行是特殊的金融机构，在制定和执行货币政策，对金融业实施监督管理，调控宏观经济运行方面，具有较强的专业性和技术性；中央银行与政府两者之间所处地位、行为目标、利益需求及制约因素有所不同。如果中央银行完全按政府指令行事而缺乏独立性，一是可能出现用货币发行弥补政府赤字的现象，从而导致通胀。回顾不同国家成功降低通货膨胀率的实例，毫无疑问，中央银行独立性发挥了重要作用。二是可能降低货币政策的稳定性从而导致金融波动。中央银行保持一定的独立性可能使中央银行与政府其他部门之间的政策形成一个互补和制约关系，增强政策的综合效力和稳定性，避免因某项决策或政策失误而造成经济与社会发展全局性的损失；中央银行保持一定的独立性还可以使中央银行的分支机构全面、准确、及时地贯彻总行的方针政策，而少受地方政府的干预，保证货币政策决策与实施的统一，增加中央银行宏观调控的时效性和提高中央银行运行的效率。

（三）中央银行的独立性

1. 中央银行与政府关系的三种类型

（1）独立性较大的模式。在这种模式中，中央银行直接对国会负责，可以独立地制定货币政策及采取相应的措施，政府不得直接对它发布命令、指示，不得干涉货币政策。如果中央银行与政府发生矛盾，通过协商解决。

（2）独立性稍次的模式。所谓独立性稍次的模式，系指中央银行名义上隶属于政府，而实际上保持着较大的独立性。有些国家法律规定财政部直辖中央银行，可以发布指令，事实上并不使用这种权力，中央银行可以独立地制定、执行货币政策。

（3）独立性较小的模式。这一模式的中央银行，接受政府的指令，货币政策的制定及采取的措施要经政府批准，政府有权停止、推迟中央银行决议的执行。这一模式的典型是意大利。

2. 中国人民银行的独立性

中央银行的独立性可以概括为四个方面：组织独立性、政策独立性、人事独立性和财务独立性。组织独立性是指中央银行这一机构隶属于谁、受谁领导并向谁负责。政策独立性是指中央银行制定和执行货币政策的自主权。人事独立性是指政府在中央银行人事任命过程中的权力和影响。财务独立性又称经济独立性，是指中央银行利用其信用给政府直接或间接融资的能力，即中央银行是否会被要求提供贷款来弥补政府的财政赤字，是否有权自行制定和实施自己的年度预算，是否要在一级市场购买政府发行的公债等。

《中国人民银行法》第五条规定："中国人民银行就年度货币供应量、利率、汇率和国务院规定的其他重要事项作出的决定，报国务院批准后执行。"第十条规定："中国人民银行设行长一人，副行长若干人。中国人民银行行长的人选，根据国务院总理的提名，由全国人民代表大会决定；全国人民代表大会闭会期间，由全国人民代表大会常务委员会决定，由中华人民共和国主席任免。中国人民银行副行长由国务院总理任免。"

中国人民银行在国务院领导下履行中央银行职责的模式是我国政治、经济、社会等多种因素决定的结果。事实上，我国中央银行的独立性一直在低调中平稳提升，这既符合中央银行独立性不断增强的国际潮流，也是在现行的法律框架下更好地发挥货币政策作用的现实选择。

第三节　中央银行的资产负债表与业务

一、中央银行的资产负债表

（一）中央银行资产负债表的一般构成

现代各国中央银行的任务和职责基本相同，其业务活动大同小异，资产负债表的内容也基本相近。在经济全球化的背景下，为了使各国之间相互了解彼此的货币金融运行状况及分析它们之间的相互作用，对金融统计数据按相对统一的标准进行适当规范是很有必要的，为此，国际货币基金组织定期编印《货币与金融统计手册》刊物，以相对统一的口径向人们提供各种成员方有关货币金融和经济发展的主要统计数据，各国中央银行一般在编制资产负债表时主要参照国际货币基金组织的格式和口径，从而使各国中央银行资产负债表的主要项目与结构基本相同，具有很强的可比性，如表7-1所示。

1. 资产

（1）国外资产。国外资产主要包括黄金储备、中央银行持有的可自由兑换的外汇、地区货币合作基金、不可自由兑换的外汇、国库中的国外资产、其他官方的国外资产、未在别处列出的其他官方国外资产、在国际货币基金组织中的储备头寸、特别提款权持有额等。

表 7-1　中央银行资产负债表

资产	负债
（1）国外资产	（1）储备货币
（2）对中央政府的债权	（2）定期存款和外币存款
（3）对各级政府的债权	（3）发行债券
（4）对存款货币银行的债权	（4）进口抵押和限制存款
（5）对非货币金融机构的债权	（5）对外负债
（6）对非金融政府企业的债权	（6）中央政府存款
（7）对特定机构的债权	（7）对等基金
（8）对私人部门的债权	（8）政府贷款基金
	（9）资本项目
	（10）其他项目

（2）国内资产。国内资产主要由中央银行对政府、金融机构和其他部门的债权构成，包括：中央银行持有的国债、财政短期贷款、对国库的贷款和垫款或法律允许的透支额；中央银行持有的地方政府债券和其他债权、对地方政府的贷款和垫款等；中央银行的再贴现、再贷款、回购协议，中央银行对存款货币银行的其他债权；中央银行对非货币金融机构的债权；中央银行对非金融政府企业的债权；中央银行对特定机构和私人部门的债权等。

2. 负债

（1）储备货币。储备货币主要包括公众持有的现金、存款货币银行的现金、存款货币银行在中央银行的存款、政府部门以及非货币金融机构在中央银行的存款、特定机构和私人部门在中央银行的存款等。

（2）定期存款和外币存款。定期存款和外币存款包括各级地方政府、非金融政府企业、非货币金融机构等一个月以上的定期存款和外币存款。

（3）发行债券。发行债券包括自有债务、向存款货币银行和非货币金融机构发行的债券以及向公众销售的货币市场证券等。

（4）进口抵押和限制存款。进口抵押和限制存款包括本国货币、外币、双边信用证的进口抵押金以及反周期波动的特别存款等。

（5）对外负债。对外负债包括对非居民的所有本国货币和外币的负债。

（6）中央政府存款。中央政府存款包括国库持有的货币、活期存款、定期存款以及外币存款等。

（7）对等基金。对等基金指在外国援助者要求受援国政府存放一笔与外国援助资金相等的本国货币的情况下建立的基金。

（8）政府贷款基金。政府贷款基金指中央政府通过中央银行渠道从事贷款活动的基金。

（9）资本项目。资本项目包括中央银行的资本金、准备金、未分配利润等。

（10）其他项目。这是一个净额，等于负债方减去资产方的差额。

（二）中央银行资产负债表主要项目的关系

1. 资产和负债的基本关系

在中央银行的资产负债表中，由于自有资本也是其资金运用的来源之一，因此将其列为负债方；但实际上，自有资本不是真正的负债，其作用也不同于一般负债。因此，如果把自有资本从负债中分列出来，则资产与负债的基本关系可以用以下三个公式表示：

$$资产 = 负债 + 自有资本 \qquad ①$$
$$负债 = 资产 - 自有资本 \qquad ②$$
$$自有资本 = 资产 - 负债 \qquad ③$$

上述三个公式表明了中央银行未清偿的负债总额、资本总额、资产总额之间基本的对应关系：式①表明了中央银行的资产持有额的增减，在自有资本一定的情况下，必然会导致其负债的相应增减，换言之，如果资产总额增加，则必然创造或增加其自身的负债或资本金。式②表明，中央银行负债的多少取决于其资产与自有资本之差，在自有资本一定的情况下，如果中央银行的负债总额增加，则其必然扩大等额的债权。式③表明，在中央银行负债不变时，自有资本增减，可以使其资产相应增减，如负债不变而自有资本增加，则可以相应增加外汇储备或其他资产。

2. 资产负债各主要项目之间的关系

（1）对金融机构的债权和对金融机构的负债的关系。对金融机构的债权包括对存款货币银行和非货币金融机构的再贴现和各种贷款、回购等；对金融机构的负债包括存款货币银行和非货币金融机构在中央银行的法定准备金、超额准备金等存款。这两个项目反映了中央银行对金融系统的资金来源与运用的对应关系，也是一国信贷收支的一部分。

（2）对政府债权和政府存款的关系。对政府债权包括政府的贷款和中央银行持有的政府债券总额；政府存款在我国还包括部队存款等财政性存款。这两个项目属于财政收支的范畴，反映了中央银行对政府的资金来源与运用的对应关系。

（3）国外资产和其他存款及自有资本的关系。当上述两个对应关系不变时，若中央银行国外资产的增加与其他存款及自有资本的增加相对应，则不会影响国内基础货币的变化；反之，将导致国内基础货币的净增加。因此，中央银行的国外资产业务是有条件限制的，对基础货币有重要影响。

需要说明的是，这三种对应关系的分析也是相对而言的，在现实的资产负债业务活动中，中央银行可以在各有关项目之间通过冲销操作来减轻对货币供应的影响，也可以通过强化操作来加大货币供应的作用。例如，为了保持基础货币不变，中央银行在扩大国外资产业务增加外汇储备时，可以相应地减少对金融机构的债权。

（三）中国人民银行的资产负债表

《中国人民银行财务制度》是为规范中国人民银行系统的财务行为，加强财务管理，根据《中华人民共和国预算法》《中国人民银行法》以及其他有关法律、行政法规制定的。《中国人民银行财务制度》第三章第十六条规定："人民银行的资产包括：再贷款、再贴现、金银、外汇、有价证券、库存现金、固定资产、低值易耗品、各种暂付款以及其他资产。"第二章第十二条规定："人民银行的负债包括：流通中货币、财政存款、金融机构准备金存款、邮政储蓄转存款、保险企业存款、中央银行债券、各种暂收款以及其他负债。"第二章第十一条规定:"所有者权益包括国家资本、固定基金、总准备金、未分配利润等。"

1. 资产

(1)国外资产(净)。国外资产(净)指国外资产与国外负债轧抵后的净额,包括中国人民银行所掌握的国家外汇储备、黄金储备以及国际金融往来的头寸净值。

(2)对政府债权。我国主要是中央政府向中国人民银行的借款。

(3)对其他存款性公司债权。此项目表现为中国人民银行持有金融机构所发行的债券,如中央银行持有的政策性银行发行的债券。

(4)对其他金融性公司债权。我国的其他金融性公司包括证券公司、保险公司等。

(5)对非金融性公司债权。对非金融性公司债权指中国人民银行为支持老少边穷地区的经济开发所发放的专项贷款。

2. 负债

(1)储备货币。储备货币包括:中国人民银行所发行的货币及存款货币银行的库存现金,各金融机构依法缴存中国人民银行的法定存款准备金和超额准备金,邮政储蓄转存款和金融机构吸收的由财政拨款形成的部队机关团体等的财政性存款。

(2)发行债券。发行债券指中国人民银行发行的融资债券。

(3)政府存款。政府存款指各级财政在中国人民银行账户上预算收入与支出的余额。

(4)自有资金。自有资金指中国人民银行的资本金和信贷基金。

(5)其他负债。这是一个平衡项目,等于其他资产与其他负债轧抵后的差额。

中国人民银行从1994年起根据国际货币基金组织《国际金融统计》提供的基本格式,编制中国货币当局资产负债表并定期向社会公布。表7-2是2020年中国货币当局资产负债表。

二、中央银行的负债业务

中央银行的负债业务是其基本业务之一,是指政府和金融机构以及特定机构所特有的对中央银行的债权。它主要由存款业务、货币发行业务及其他负债业务构成。

(一)中央银行的存款业务

存款业务是中央银行的主要负债业务之一。中央银行存款的对象有金融机构、政府、外国和特定机构等,中央银行职能的发挥与其负债业务有密切关系。虽然作为金融机构,吸收存款是中央银行的主要业务,但与其他金融机构不同,中央银行吸收存款的意义在于以下几方面。

(1)有利于调控信贷规模与货币供应量。中央银行通过对法定存款准备金率的规定直接限制商业银行创造信用的规模;通过对法定存款准备金率的调整间接影响商业银行超额准备金的数量,从而调控商业银行的信贷规模。另外,通过存款业务集中资金,有利于中央银行在金融市场上主动地开展再贴现业务和公开市场操作,从而增强中央银行调控社会货币供应量的能力。

表 7-2 货币当局资产负债表

亿元人民币

项目	2020.01	2020.02	2020.03	2020.04	2020.05	2020.06	2020.07	2020.08	2020.09	2020.10	2020.11	2020.12
国外资产	218 649.84	218 452.13	218 315.78	218 310.70	218 333.25	218 332.59	218 374.92	218 361.92	218 213.05	218 185.21	218 209.41	218 039.98
外汇	212 374.43	212 249.09	212 079.04	211 914.83	211 802.63	211 742.47	211 723.16	211 684.91	211 625.40	211 577.49	211 636.80	211 308.10
货币黄金	2 855.63	2 855.63	2 855.63	2 855.63	2 855.63	2 855.63	2 855.63	2 855.63	2 855.63	2 855.63	2 855.63	2 855.63
其他国外资产	3 419.78	3 347.41	3 381.11	3 540.24	3 675.00	3 734.49	3 796.14	3 821.39	3 732.02	3 752.09	3 716.98	3 876.25
对政府债权	15 250.24	15 250.24	15 250.24	15 250.24	15 250.24	15 250.24	15 250.24	15 250.24	15 250.24	15 250.24	15 250.24	15 250.24
其中：中央政府	15 250.24	15 250.24	15 250.24	15 250.24	15 250.24	15 250.24	15 250.24	15 250.24	15 250.24	15 250.24	15 250.24	15 250.24
对其他存款性公司债权	120 824.15	108 534.97	113 014.34	107 996.43	115 525.40	111 618.60	106 614.95	113 772.74	123 619.62	120 745.14	130 987.49	133 355.47
对其他金融性公司债权	4 740.84	4 741.95	4 734.95	4 741.31	4 746.85	4 747.46	4 762.43	4 766.34	4 741.61	4 740.42	4 754.34	4 447.14
对非金融性部门债权												
其他资产	14 030.02	14 041.97	14 059.42	14 048.99	14 015.00	13 982.40	12 922.35	12 901.04	12 903.17	12 891.70	12 787.85	16 582.70
总资产	373 495.10	361 021.26	365 374.74	360 347.67	367 870.74	363 931.30	357 924.90	365 052.29	374 727.69	371 812.72	381 989.33	387 675.54
储备货币	321 597.94	308 676.04	317 806.72	311 688.24	308 694.78	308 338.55	297 172.87	298 170.00	315 643.28	302 380.38	314 518.55	330 428.14
货币发行	101 156.76	96 497.29	90 750.94	88 073.91	85 688.28	85 413.10	85 166.78	85 434.74	88 063.47	86 357.71	86 885.46	89 823.29
金融性公司存款	202 608.32	197 359.23	212 680.93	208 740.67	207 935.31	207 202.69	196 061.37	196 502.18	209 650.34	198 214.43	210 364.03	222 906.08
其他存款性公司存款	202 608.32	197 359.23	212 680.93	208 740.67	207 935.31	207 202.69	196 061.37	196 502.18	209 650.34	198 214.43	210 364.03	222 906.08
其他金融性公司存款												
非金融机构存款	17 832.85	14 819.52	14 374.85	14 873.67	15 071.19	15 722.76	15 944.72	16 233.08	17 929.48	17 808.25	17 269.06	17 698.77
不计入储备货币的金融性公司存款	4 715.86	4 613.64	5 016.28	5 049.07	4 958.09	4 749.82	4 876.51	5 031.21	5 292.63	5 275.50	5 106.09	4 881.82
发行债券	1 020.00	995.00	985.00	975.00	975.00	950.00	950.00	950.00	950.00	950.00	900.00	900.00
国外负债	1 136.57	934.72	1 896.22	1 185.14	1 250.98	1 198.45	1 079.54	1 137.83	1 080.69	981.22	1 010.06	929.67
政府存款	36 788.28	37 167.01	30 775.31	32 316.01	42 277.88	38 252.64	42 557.88	47 793.13	39 774.34	49 894.37	47 771.70	38 681.53
自有资金	219.75	219.75	219.75	219.75	219.75	219.75	219.75	219.75	219.75	219.75	219.75	219.75
其他负债	8 016.70	8 415.11	8 675.46	8 914.45	9 494.26	10 222.08	11 068.35	11 750.36	11 767.00	12 111.49	12 463.19	11 634.63
总负债	373 495.10	361 021.26	365 374.74	360 347.67	367 870.74	363 931.30	357 924.90	365 052.29	374 727.69	371 812.72	381 989.33	387 675.54

（2）有利于维护金融业的安全。在商业银行出现清偿力不足时，中央银行可利用其集中的准备金予以贷款支持，发挥其最后贷款人的职能，帮助商业银行渡过难关。另外，中央银行为商业银行开立存款账户，有利于分析商业银行的资金运用状况，加强监督管理，提高商业银行的经营管理水平，从而减少金融业的风险。

（3）有利于实施国内的资金清算。中央银行作为全国的支付清算中心为商业银行等金融机构提供资金清算服务，通过收存金融机构的存款，有利于商业银行等金融机构之间债权债务关系的顺利清算，从而加速全社会资金的周转。

中央银行的性质、职能和地位的特殊性，决定了其存款业务不同于一般商业银行的存款业务，其存款业务具有四个特点：存款的强制性、存款动机的非营利性、存款对象的特定性以及与存款当事人关系的特殊性。表7-3列出了与商业银行相比，中央银行存款业务的四个特点。

表 7-3　中央银行存款业务的特点

特点	商业银行	中央银行
存款的强制性	一般遵循"存款自愿，取款自由，存款有息，为存款人保密"的原则	遵循一国的金融法规制度，具有一定的强制性
存款动机的非营利性	商业银行吸收存款，是为了扩大资金来源，利用规模效应降低存款成本，从而扩大资金运用，争取盈利。因此，商业银行吸收存款的最终目标是利润最大化	中央银行吸收存款，主要是为了便于调控社会信贷规模和货币供应量，监督管理金融机构的运作，从而达到稳定币值等目的。因此，中央银行吸收存款是出自金融宏观调控和监督管理的需要，是执行中央银行职能的需要
存款对象的特定性	主要是吸收社会个人、工商企业的存款	主要是收存商业银行、非银行金融机构、政府部门及特定部门的存款，不直接面对个人、工商企业
与存款当事人关系的特殊性	与存款当事人之间是一种纯粹的经济关系	与存款当事人之间除了经济关系之外，还有管理者与被管理者的关系

1. 准备金存款业务

存款准备金是商业银行等存款类金融机构按吸收存款的一定比例提取的准备金。它由三个部分组成：自存准备金，即存款类金融机构为应付客户的提现而以库存现金持有的准备金；法定准备金，即存款类金融机构按照法律规定必须按一定比率将吸收的存款转存中央银行的准备金；超额准备金，存款类金融机构在中央银行的存款中超过法定准备金的部分。准备金存款业务的主要内容如下。

（1）存款准备金率及其调整幅度的规定。在存款准备金制度下，商业银行等金融机构吸收的存款必须按照法定比率提取准备金缴存中央银行，其余部分才能用于放款或投资。

（2）按存款的类别规定准备金率。不同类型存款的货币性不同。为此，多数国家规定了不同的法定准备金率。一般来说，期限越短、货币性越强的存款，所规定的存款准备金率越高，反之亦然。在这个原则下，一般活期存款准备金率最高，定期存款次之，储蓄存款准备金率最低。

（3）按金融机构的信用创造能力不同规定不同比率。

从金融机构的类型看，一般是商业银行比其他金融机构的存款准备金率略高一些；也有些国家不分金融机构的类型，实行统一的准备金政策。

从经营规模看，一般而言，若银行的规模比较大，则其创造信用的能力就比较强，一般对其规定的存款准备金率就比较高；小银行则较低。

从经营环境看，出于竞争考虑，经营环境较好的商业银行，存款准备金率就比较高；反之亦然。通常认为，对具有不同经营规模和经营环境的银行，分别制定不同的比率，有利于中央银行控制货币供应量。

（4）规定可充当存款准备金资产的内容。存款准备金资产在西方国家有第一准备和第二准备之分。第一准备也称现金准备或主要准备，主要包括库存现金及存放在中央银行的法定准备金；第二准备也称保证准备，是指银行最容易变现而又不致遭受重大损失的资产，如国债。

（5）确定存款准备金计提的基础。存款准备金是存款余额与存款准备金率的乘积，这一业务主要涉及存款余额的确定和缴存存款准备金基期的确定。存款余额一般有平均余额法和期末余额法两种确定方法。平均余额法是将商业银行存款的日平均余额扣除应付未付项，作为计提准备金的基础。期末余额法是将月末或旬末的存款余额扣除当期应付未付款后，作为准备金的计提基础。缴存存款准备金基期的确定是指确定以什么时候的存款余额作为缴存准备金的计提基础，一般有当期准备金账户制和前期准备金账户制两种做法。当期准备金账户制是指一个结算期的法定准备金以当期的存款余额作为计提基础。前期准备金账户制是指一个结算期的法定准备金以前一个或前两个结算期的存款余额作为计提基础。

2. 中国人民银行的准备金存款制度

（1）法定存款准备金率的确定。法定存款准备金是商业银行存款准备总额的最主要的构成部分，这项准备金一般是不准动用的。2020年5月的法定存款准备金率为9.4%，较2018年已降低5.2个百分点。降准政策的实施，满足了银行体系特殊时点的流动性需求，加大了对中小微企业的支持力度，降低了社会融资成本，推进了市场化法治化"债转股"，鼓励了广大农村金融机构服务当地、服务实体。

（2）存款准备金的组成。1998年之前，中国人民银行规定存款准备金不能用于支付和清算。因此，金融机构在中国人民银行还要开设一般存款账户，即备付金存款，用于金融机构之间的资金收付。1998年3月21日起，对存款准备金制度进行改革，将原各金融机构在人民银行的"准备金存款"和"备付金存款"两个账户合并，称为"准备金存款"账户。

（3）中国人民银行对法定存款准备金支付利息。一般来说，中央银行不对法定存款准备金支付利息。因为，法定存款准备金的缴存是强制的，并不需要通过利息率的高低进行调整；中央银行以提供结算服务为补偿。如果支付利息，那么中央银行将把这部分费用转移到给金融机构的贷款中，反而使事务处理复杂化。而且，如果支付利息，可能造成金融机构在中央银行存款的动机，削弱中央银行通过存款准备金率的调整来调节货币数量的作用。

但是，中国人民银行却对存款准备金支付利息。因为在我国金融职能逐步替代财政职能的过渡时期，政府仍然需要通过中央银行集中一部分资金用于政策性项目的投资。所以，我国的法定存款准备金率比发达国家高很多，如果不支付利息，将会影响商业银行的经营。但是，这也仅是暂时性的措施，随着改革的深入，中国人民银行必将取消对存款准备金的利息支付。

（4）存款准备金的计提。我国存款准备金制度规定实行前期准备金账户制以及旬末和月末分别计算准备金的方法，即在城市的商业银行的分支机构按上旬末存款余额计算准备金，并于5日内进行缴存。城市信用合作社和商业银行在县以及县以下的分支机构按照上月末存款余额计算准备金，并于8日内缴存。

3. 中央银行的其他存款业务

（1）政府存款。政府存款是中央银行在经理国库过程中形成的存款。政府存款中最主要的是中央政府存款。中央政府存款一般包括：国库持有的货币、活期存款、定期存款及外币存款等。

（2）外国存款。一些外国政府或中央银行将其资金存放在本国中央银行，这些存款是本国外汇的一部分。外国在本国中央银行存款是为了适应国家间贸易结算和往来支付的需要，因而存款量的多少取决于它们的需要，这一点对于本国中央银行来说有较大的被动性。

（3）特种存款。特种存款是指中央银行根据银根松紧和宏观调控的需要以及商业银行和其他金融机构信贷资金的营运情况，以特定的方式对这些金融机构吸收一定数量的存款。特种存款是中央银行的直接信用控制方式之一，是中央银行调整信贷资金结构和信贷规模的重要工具。

（二）中央银行的货币发行业务

流通中的现金都是通过货币发行业务流出中央银行的，货币发行是基础货币的主要构成部分。中央银行的货币发行业务，一方面可以满足社会商品流通扩大和商品经济发展对货币的客观需要；另一方面可以筹集资金，满足履行中央银行各项职能的需要。货币发行按其性质，可以分为经济发行和财政发行两种。货币的经济发行是指中央银行根据国民经济发展的客观需要增加货币供应。货币的财政发行是指因弥补国家财政赤字而进行的货币发行。

1. 货币发行的渠道、程序和原则

中央银行的货币发行，主要是通过向商业银行等金融机构提供贷款（又称再贷款）、接受商业票据再贴现、在金融市场上购买有价证券、购买金银和外汇等方式将货币注入流通的，并通过同样的渠道反向组织货币的回笼。

货币发行与回笼的法定程序在各国并不相同，但绝大部分国家是根据本国货币流通的收支规律和满足货币流通宏观控制的需要，以本国货币的发行机制为基础，制定本国货币发行和回笼的法定程序与操作程序。

中央银行货币发行有以下三个原则。

（1）垄断发行原则。垄断发行原则是指货币发行权高度集中于中央银行。货币的垄断发行，有利于统一国内的通货形式，避免多头发行造成的货币流通混乱；有利于控制货币的发行和流通管理；有利于中央银行制定和执行货币政策，灵活有效地调节流通中的货币量。

（2）要有可靠的信用保证原则。信用保证原则是指货币发行要有一定的黄金或有价证券做保证，即通过建立一定的发行准备制度，以保证中央银行独立发行。

（3）要有一定的弹性原则。弹性发行原则是指货币发行要具有一定的伸缩性和灵活性。经济活动是千变万化的，因此，要保证货币供应量适应经济状况变化的需要，货币发行就应当有一定的弹性。

2. 中央银行货币发行的准备制度

货币发行的准备制度就是中央银行在发行货币时，须以某种贵金属或某几种形式的资产作为其发行货币的准备的规定，从而使货币的发行与某种贵金属或某些资产建立起联系和制约的关系。中央银行发行货币的准备一般由现金准备和证券准备两部分构成。现金准备包括黄金、外汇等具有极强流动性的资产；证券准备包括短期商业票据、财政短期国债、政府公债券等在金融市场上流通的证券。现金准备使发行的货币具有现实的价值基础，有利于货币的稳定，但缺乏弹性，不利于中央银行根据经济发展的变化调节货币发行。证券准备使得货币发行具有适应经济运行的弹性，但在货币发行的控制上难度较大，对中央银行货币发行、管理及调控的技术要求更高。

货币发行准备金的比率，一是指用作货币发行的准备与货币发行量之间的比率；二是指在发行准备中，现金准备和证券准备各自所占的比例。

目前，主要有以下几种货币发行准备制度。

（1）现金准备发行制。它是指货币的发行必须以100%的包括黄金、外汇等在内的现金做准备。这种制度虽能防止货币过度发行，但缺乏弹性。

（2）证券保证准备制。它是指货币发行须以政府公债、短期国债、短期商业票据等作为发行准备。这种制度容易导致货币的财政发行，造成货币发行过多。

（3）弹性比例制。它是指当增加发行的钞票数超过了规定的现金比率时，国家对超过法定现金准备部分的发行征收超额发行税，如果钞票回笼或准备现金增加，且达到规定比例，则免征发行税，以限制中央银行过度发行钞票。

（4）证券保证准备限额发行制。它是指在规定的发行限额内，可全部用规定证券作为发行准备，但超过限额的发行，必须以十足的现金作为发行准备。

（5）比例准备制。规定货币发行准备中现金与其他有价证券所占的比例，但各种准备资产的比例难以确定。

3. 中国人民银行的货币发行制度

（1）人民币的发行机构。中国人民银行是我国唯一的货币发行机关，承担货币的印制、发行、调拨、兑换等职责。中国人民银行下属的中国印钞造币总公司负责人民币的印刷工作。人民币的具体发行工作是由中国人民银行设置的发行库管理处来办理的。

（2）人民币发行的原则。集中发行原则（即垄断发行）：人民币的发行权集中于中国人民银行；经济发行原则：根据国民经济发展情况，按照商品流通的实际需要而进行货币发行；计划发行原则：货币发行要根据国民经济发展的要求，有计划地发行，具体由人民银行总行提出货币发行计划，报国务院批准后组织实施。

（3）人民币的发行基金及其计划。发行基金是中国人民银行为国家保管的待发行的货币，由设置发行库的各级人民银行保管，并由总行统一掌握。各分库、中心支库、支库所保管的发行基金都只是总库的一部分。发行基金的来源有两个：一是中国人民银行总行所属印制企业按计划印制解缴发行库的新人民币；二是开户的各金融机构和中国人民银行业务库缴存中国人民银行发行库的回笼款。

发行基金和现金是既有联系又有本质区别的两个概念。两者在规定的操作手续下可以相互转化，发行基金从发行库进入业务库成为现金，现金从业务库缴存发行库成为发行基金。两者的主要区别在于：发行基金是国家尚未发行的货币，而现金则是现实的通用货币。

发行基金计划是在一定时期内，发行或回笼货币的计划，即现金投放与回笼相抵后的差额（货币净投放或净回笼）形成当期的现金发行，反映计划时期现金的变动情况。作为一个差额计划，发行基金计划是由现金投放、现金回笼、现金净投放（净回笼）三部分组成，三个部分之间遵循这样的等式关系：

$$现金投放 - 现金回笼 = 现金净投放（净回笼）$$

若现金投放总额大于现金回笼总额，则为现金净投放；若现金回笼总额大于现金投放总额，则为现金净回笼。

（4）人民币的发行管理。中国人民银行在集中货币发行权的同时，还负责保持人民币正常流通以及管理，主要涉及以下三个方面。

第一，人民币发行库是中国人民银行发行库，是为国家保管货币发行基金而设置的金库，由中国人民银行根据经济和业务发展的需要设置。发行库依法办理发行基金、金银和其他有价证券的保管、调运，负责损伤、残缺人民币的兑换和销毁等工作。业务库是商业银行基层分行、支行和处、所为办理日常现金收付业务而建立的金库。

第二，人民币样币管理及反假币工作。人民币样币是检验人民币印制质量和鉴别人民币真伪的标准样本，由印制人民币的企业按照中国人民银行的规定印制，人民币样币上应当加印"样币"字样。票样管理主要是制度管理，包括票样的分发、保管、检查、流失的处理等方面的规定。国务院反假货币工作联席会议是我国反假货币工作的最高组织形式，主要负责组织和协调各有关部门做好打击、防范假币犯罪活动工作，开展反假货币宣传、教育、管理等工作。

第三，人民币出入境限额管理。1951年3月6日，中华人民共和国政务院颁布了《中华人民共和国禁止国家货币出入国境办法》，禁止人民币出入国境。1957年7月25日，中国人民银行发布《关于小额人民币进出国境的规定》，规定最高限额为每人每次不超过5元，票面额不超过人民币1元（含1元）。1987年将人民币出入境限额提高到每人每次200元。1993年2月5日，中国人民银行发布公告，出入境时人民币限额为6 000元。2005年1月1日，提高为每人每次20 000元。在边境开放区和贸易点的出入境限额，由当地中国人民银行会同海关确定数额，报中国人民银行总行和海关总署批准后实施。

（5）人民币的发行收入。虽然发行货币是中央银行的负债业务，但是，中央银行在发行货币的同时又形成自身的资产业务，既然是资产业务必然会有收益，因此发行货币会给中央银行带来发行收益，这个收益因为是通过国家赋予中央银行特权而获得的，所以中央银行在扣除自身开展业务的成本之后，应该将收益上缴国家。

（三）中央银行的其他负债业务

除了存款业务、货币发行等主要业务之外，还有如发行中央银行债券、对外负债业务和资本业务等其他一些业务也可以成为中央银行的资金来源。

发行中央银行债券是中央银行的一种主动负债业务，具有可控性、抗干扰性和预防性。与一般金融机构发行债券的目的不同，中央银行发行债券是为了调节流通中的货币。中央银行债券发行的对象主要是国内金融机构。

中央银行的对外负债业务主要包括从国外银行借款、对外国中央银行的负债、向国际金融机构借款、在国外发行的中央银行债券等。各国中央银行对外负债的目的包括平衡国际收支、维持本币汇率水平、应付货币危机或金融危机。

中央银行的资本业务就是筹集、维持和补充自有资本的业务。中央银行自有资本的形成主要有政府出资、私人持股、公私合股等多种类型。

三、中央银行的资产业务

（一）再贴现和贷款业务

作为"银行的银行"，中央银行一方面吸收商业银行等金融机构的存款，另一方面又以再贴现和贷款为主要方式为后者提供资金融通。另外，再贴现和贷款业务也是中央银行投放基础货币的重要途径。

1. 再贴现和贷款业务的重要性

（1）再贴现和贷款业务是中央银行提供基础货币、调控货币供应量的重要渠道。在现代信用制度下，中央银行所提供的基础货币通过商业银行的信用活动，形成社会的货币总供给。一方面随着社会生产和流通的扩大，货币供应和信用方面的需求增加，而中央银行对商业银行等金融机构的再贴现和贷款便是中央银行提供基础货币的重要渠道。另一方面，中央银行也可以通过提高或降低再贴现率和贷款利率的方式影响商业银行等金融机构的筹资成本，达到调控货币供应量的目的。

（2）再贴现和贷款业务是中央银行履行"最后贷款人"职能的具体手段。商业银行等金融机构为了满足经济发展对资金的需要以及受利润最大化动机的驱使，会尽可能地扩大贷款规模。然而，当一些贷款不能按期偿还或者出现突然性的大量提现时，商业银行等金融机构便会出现资金周转不灵、兑现困难的情况。此时，中央银行作为"最后贷款人"通过再贴现和贷款业务向商业银行等金融机构提供资金融通便利，成为解决金融机构流动性问题的最后手段。

2. 再贴现业务

再贴现是中央银行对金融机构持有的未到期已贴现商业汇票予以贴现的行为。在我国，中央银行通过适时调整再贴现总量及利率，明确再贴现票据选择，达到吞吐基础货币和实施金融宏观调控的目的，同时发挥调整信贷结构的功能。

自 1986 年人民银行在上海等中心城市开始试办再贴现业务以来，再贴现业务经历了试点、推广到规范发展的过程。再贴现作为中央银行的重要货币政策工具，在完善货币政策传导机制、促进信贷结构调整、引导扩大中小企业融资、推动票据市场发展等方面发挥了重要作用。

1986 年，针对当时经济运行中企业之间严重的货款拖欠问题，人民银行下发了《中国人民银行再贴现试行办法》，决定在北京、上海等 10 个城市对专业银行试办再贴现业务。

1994 年下半年，为解决一些重点行业的企业货款拖欠、资金周转困难和部分农副产品调销不畅的状况，中国人民银行对"五行业、四品种"（煤炭、电力、冶金、化工、铁道和棉花、生猪、食糖、烟叶）领域专门安排 100 亿元再贴现限额，推动上述领域商业汇票业务的发展。再贴现作为选择性货币政策工具为支持国家重点行业和农业生产开始发挥作用。

1995 年末，人民银行规范再贴现业务操作，开始把再贴现作为货币政策工具体系的组成部分，并注重通过再贴现传递货币政策信号。人民银行初步建立了较为完整的再贴现操作体系，并根据金融宏观调控和结构调整的需要，不定期公布再贴现优先支持的行业、企业和产品目录。

1998 年以来，为适应金融宏观调控由直接调控转向间接调控，加强再贴现传导货币政策的效果、规范票据市场的发展，人民银行出台了一系列完善商业汇票和再贴现管理的政策。改革再贴现、贴现利率生成机制，使再贴现利率成为中央银行独立的基准利率，为再贴现率发挥传导货币政策的信号作用创造了条件。为适应金融体系多元化和信贷结构调整的需要，扩大再贴现的对象和范围，把再贴现作为缓解部分中小金融机构短期流动性不足的政策措施，提出对资信情况良好的企业签发的商业承兑汇票可以办理再贴现。将再贴现最长期限由 4 个月延长至 6 个月。

2008 年以来，为有效发挥再贴现促进结构调整、引导资金流向的作用，人民银行进一步完善再贴现管理：适当增加再贴现转授权窗口，以便于金融机构尤其是地方中小金融机构法人申请办理再贴现；适当扩大再贴现的对象和机构范围，城乡信用社、存款类外资金融机构法人、存款类新型农村金融机构，以及企业集团财务公司等非银行金融机构均可申请再贴现；推广使用商业承兑汇票，促进商业信用票据化；通过票据选择明确再贴现支持的重点，对涉农票据，县域企业和金融机构及中小金融机构签发、承兑、持有的票据优先办理再贴现；进一步明确再贴现可采取回购和买断两种方式，提高业务效率。

3. 贷款业务

中央银行贷款指中央银行对金融机构的贷款，简称再贷款，是中央银行调控基础货币的渠道之一。中央银行通过适时调整再贷款的总量及利率，吞吐基础货币，促进实现货币信贷总量调控目标，合理引导资金流向和信贷投向。它是主要的资产业务之一，也是中央银行向社会提供基础货币的重要渠道。

（1）再贷款业务的种类。按再贷款对象，中央银行贷款可以分为以下几种。

①对商业银行等金融机构的放款。这是中央银行放款中最主要的贷款种类。作为"银行的银行"，为商业银行等金融机构融通资金，保证商业银行等金融机构的支付能力，是中央银行最重要的职责之一。再贷款是履行这一职责最主要、最直接的手段，也是最能体现中央银行"最后贷款人"职能的业务行为。

②对非货币金融机构的放款。非货币金融机构是指不吸收一般存款的特定金融机构。在我国，其主要包括国家开发银行和中国进出口银行两家政策性银行（中国农业发展银行由于吸收一般存款，所以在统计分类中放在商业银行中）、金融信托投资公司和租赁公司。

③对政府的放款。中央银行对政府的放款一般有三种方式：一是政府正常借款，一般是短期的，且多是信用放款，并规定贷款额度；二是政府透支，有些国家政府可在法律允许的限度内向中央银行透支，但多数国家法律禁止政府向中央银行透支；三是债务投资性放款，中央银行在公开市场购买政府发行的短期国债和公债，事实上是间接向财政部发放了贷款。

④其他放款。一是对非金融部门的贷款，这类贷款一般都有特定的目的和用途，贷款对象的范围比较窄，各国中央银行都有事先确定的特定对象。中国人民银行为支持老少边穷地区的经济开发所发放的"安定团结贷款"即属此类。二是中央银行对外国政府和国外金融机构的贷款，如与外国政府或国际货币基金组织签订的货币互换协议等，这部分贷款一般放在"国外资产"项下。

按贷款方式，中央银行贷款可以分为信用贷款和抵押贷款两种。

（2）中国人民银行再贷款业务。自1984年人民银行专门行使中央银行职能以来，再贷款一直是我国中央银行的重要货币政策工具。近年来，适应金融宏观调控方式由直接调控转向间接调控，再贷款所占基础货币的比重逐步下降，结构和投向发生重要变化。新增再贷款主要用于促进信贷结构调整，引导扩大县域和"三农"信贷投放。

（二）证券买卖业务

中央银行证券买卖业务是指中央银行在公开市场上进行证券的买卖。中央银行用自己发行的货币买入证券实际上是通过市场向社会投放货币；反之，卖出证券等于将流通中的货币收回。

中央银行买卖证券的目的在于调节和控制货币供应量或者市场利率，不以营利为目的。这主要通过两个途径：其一，中央银行在公开市场上买进证券就是直接投放了基础货币，而卖出证券则是直接回笼了基础货币；其二，中央银行通过买卖不同期限的有价证券来影响利率的水平和结构，进而影响对不同利率有不同敏感性的贷款与投资，达到调控货币供应量或市场利率的目的。

1. 中央银行证券买卖业务与贷款业务的异同

中央银行的证券买卖业务与贷款业务既有相同之处，也有不同之处，见表7-4。

表 7-4　中央银行的证券买卖业务与贷款业务的异同

相同点	证券买卖业务	贷款业务
意义	中央银行调节和控制货币供应量的工具	
对货币供应量的影响	都会引起社会的基础货币量增加，通过货币乘数的作用，从而引起货币供应量的多倍扩张；反之同理	
融资效果	中央银行买进证券实际上是以自己创造的负债去扩大资产，这相当于中央银行的贷款；而卖出证券，则相当于贷款的收回，其融资效果都是相同的	
不同点	证券买卖业务	贷款业务
资金的流动性不同	证券可以随时买卖，不存在到期问题	中央银行的贷款尽管大都是短期的，但是由于受贷款合同的约束，因此必须到期才能收回
收益的表现形式不同	未到期的证券买卖没有利息收取问题，只有买进或卖出的价差收益，因此证券买卖有盈有亏	贷款有利息收取问题。通过贷款业务，可以获得一定的利息收入
对金融环境的要求不同	证券买卖业务对经济、金融环境的要求较高，一般都以该国有发达的金融市场为前提	贷款业务对经济、金融环境的要求较低，一般国家的中央银行都可以从事贷款业务
信用的依据不同	以证券的质量为依据	以商业银行的信用为依据

2. 中央银行买卖证券的种类及业务操作

中央银行的证券买卖业务一般都是通过公开市场进行的。中央银行在公开市场上买卖的证券主要是流动性非常高、随时都可以销售的有价证券，如政府公债、短期国债以及其他流动性很高的有价证券。这一点是由中央银行资产必须保持高度的流动性这一业务原则决定的。在具体的有价证券种类上，各国存在着一些差别，如有的国家只允许中央银行买卖政府公债，而有些国家的中央银行还可以买卖在证券交易所正式挂牌的上市债券。中央银行一般只能在证券的交易市场上，即二级市场上买卖有价证券，这是保持中央银行相对独立性的客观要求。

（三）中央银行的黄金外汇储备业务

世界各国之间商品和劳务的进出口、资本借贷以及各种赠予和援助都会产生相互之间的债权债务关系。一定时期内，这种债权债务需要使用外汇或黄金进行清算。绝大多数国家都将外汇和黄金以及其他国际清算手段作为储备资产委托中央银行保管与经营，这便形成了中央银行的储备资产业务。

在金本位制条件下，保留黄金外汇储备主要是出于银行券兑付的需要；在不兑换的信用货币条件下，中央银行保留黄金外汇储备主要是作为国际支付的保证金，并且成为一国对外经济交往实力的象征。由于黄金和外汇是国际支付手段，所以各国都把它们作为储备资产，由中央银行保管和经营，以便在国际收支发生逆差时，用来清偿债务。

中央银行保管和经营黄金外汇储备的意义在于以下几个方面。

（1）稳定币值。当国内商品供给不足、物价呈上涨趋势时，就利用持有的黄金外汇储备从国外进口商品或直接向社会售出上述国际通货，以回笼本国货币，平抑物价，使币值保持稳定。

（2）稳定汇价。为了稳定本国货币的对外价值，中央银行会通过买卖国际通货，使汇率保持在合理的水平上。

（3）调节国际收支。当国际收支发生逆差时，就可以动用黄金外汇储备补充所需外汇的不足，以保持国际收支的平衡。

1. 国际储备构成及特点

国际储备是指一国货币当局能随时用来干预外汇市场、支付国际收支差额的资产。构成国际储备的资产主要是黄金、外汇和在国际货币基金组织的储备头寸及未动用的特别提款权。作为国际支付手段，国际储备必须具备安全性、收益性和灵活兑现性。

（1）黄金储备的特点。黄金产量有限，跟不上需求的增长。所以，从长期趋势来看，黄金是保值的最好手段，具有安全可靠的特点。但是，黄金不如外汇和特别提款权便于支付使用。同时，保存黄金也没有收益，管理成本比较高。因此，目前各国的国际储备中，黄金所占的比重正日益下降。

（2）外汇储备的特点。外汇资产的流动性是毋庸置疑的，而且管理成本低廉，有收益。但其风险性较其他国际储备资产大，因为汇率的变动可能带来外汇贬值的损失，从而降低储备资产的实际价值，削弱本国的支付能力。

（3）特别提款权的特点。特别提款权以及在国际货币基金组织的储备头寸，这种由国际货币基金组织于1970年初创设的国际储备，与黄金、外汇资产相比是比较完美的，既安全可靠，又可灵活兑现。但不足的是，目前各国还不能随意购入，不能成为主要国际储备资产。

三类国际储备资产各有优缺点，各国中央银行在保有国际储备时，必须从安全性、收益性和灵活兑现性这三个方面考虑其构成比例问题，其中，灵活兑现性问题最为重要。从现实来看，外汇是国际储备中最主要的资产。

为了合理解决构成问题，目前各国中央银行普遍的做法是：努力优化国际储备构成，尤其是注重实现外汇资产的多样化，以争取分散风险，增加收益，同时获得最大的流动性。

2. 我国的国际储备管理

（1）我国国际储备的构成。1985—2000年底，我国的黄金储备一直保持1 270万盎司不变。2001年，我国开始增加黄金储备数量，截至2009年6月，我国黄金储备达2 289万盎司。根据国家外汇管理局公布的《中国国际投资头寸表》，至2019年末我国储备资产总额为32 229亿美元，其中货币黄金为954亿美元，特别提款权111亿美元，在国际货币基金组织的储备头寸为84亿美元，外汇储备为31 079亿美元，其他货币储备为0亿美元。因此，从我国国际储备构成来看，对国际储备的管理主要表现在中央银行对外汇储备的管理方面。

（2）我国外汇储备管理现状。改革开放以来，中国人民银行有步骤地推进外汇体制改革。1994年起实行新的外汇管理体制，与此同时，建立了中国人民银行集中管理外汇储备的新型体系，取消了外汇移存业务，中国人民银行直接在外汇交易市场上吞吐外汇，购买了大量的外汇资金纳入储备。国家外汇管理局作为中国人民银行管理外汇储备的专门机构，依法进行外汇管理，国家外汇管理局下设外汇储备司，具体实施外汇储备的管理和经营。在新的外汇体制下，外汇储备的职能发生变化。过去其职能主要是单一地进行经常项目下和部分资本项目下的日常支付，现在外汇储备在稳定人民币汇率方面起重要作用。我国的外汇储备主要由国家外汇管理局直接经营，同时对部分储备资金实行委托管理。

第四节　中央银行的金融监管

一、中央银行金融监管的职能

金融监管有狭义和广义之分。狭义的金融监管是指中央银行或其他金融监管当局依据国家法律法规的授权对整个金融业（包括金融机构以及金融机构在金融市场上所有的业务活动）实施的监督管理。广义的金融监管是在上述监管之外，还包括金融机构的内部控制与稽核、同业自律性组织的监管、社会中介组织的监管等。

中央银行金融监管的总体目标是，通过对金融业的监管维持一个稳定、健全、高效的金融制度。这是由金融业在社会经济中举足轻重的地位和作用决定的。金融监管的目标可以分为四个层次：保证金融机构的正常经营活动从而保证金融体系的安全；保证保护存款人的利益即保护知情较少者的利益；创造公平竞争的环境，鼓励金融业在竞争的基础上提高效率；确保金融机构的经营活动与中央银行的货币政策目标一致。

巴塞尔委员会于1997年9月公布了《有效银行监管的核心原则》之后，各国金融监管当局基本上都将其作为银行业监管的指导原则。1993年《国务院关于金融体制改革的决定》明确指出："国有商业银行要强化集中管理，提高统一调度资金的能力，全行统一核算。"这标志着我国现代金融制度的建设进入分业监管的历史阶段。1998年，中国金融监管体制进行重大调整。逐步建立了中国人民银行、中国证券监督管理委员会（简称"证监会"）和中国保险监督管理委员会（简称"保监会"）三家金融监管机构，使中国的金融监管体系初步形成了"三足鼎立"的金融监管格局。2018年《国务院机构改革方案》对金融监管体制改革作出了新的部署。改革后的金融监管框架表现为"一委一行两会"体制结构，即国务院金融稳定发展委员会（一委），中国人民银行（一行），中国银行保险监督管理委员会、中国证券监督管理委员会（两会）的分业监管体制。这是由于我国金融业出现了混业经营加速发展的趋势，分业监管跟不上混业经营的需要，如果不改变分业监管模式，就会制约金融业进一步发展。而在混业经营中，银行和保险融合比较深。合并银监会和保监会的重大举措，将更好地覆盖监管空白、降低沟通成本，从而提高监管效率，进一步促进银行及保险业的健康发展，进一步推进行业监管协同，有效避免监管漏洞和监管重叠的问题。

（一）中央银行对商业银行的监管

商业银行是数量最多、分布最广的一类金融企业，也是金融体系的主要环节和重要组成部分。这不仅是因为商业银行是存款人和借款人之间的纽带，也是由于商业银行是中央银行货币政策传导过程中的主体。商业银行的运转直接关系到金融体系的运行。

1. 对商业银行设立与开业的监管

（1）审批商业银行考虑的基本因素。

①资本金。资本金监管就是对银行的资本充足率进行的监管，具体来说，就是要求银行的资本充足率维持在某一水准之上。1988年7月颁布《巴塞尔银行资本协议》规定，银行的资本充足率不得低于8%。2020年9月，巴塞尔委员会宣布，世界主要经济体银行监管部门代表当日就《巴塞尔协议Ⅲ》达成一致，根据该协议，全球各商业银行的核心资本充足率将从4%提升至6%。我国要求设立商业银行的注册资本最低限额为10亿元人民币，城市商业银行为1亿元人民币，资本充足率不得低于8%。

②高级管理人员素质。《中国人民银行金融监管指南（试行）》（2001年版）对高级管理人员任职资格进行了规定：能正确贯彻执行国家的经济、金融方针政策；熟悉并严格遵守有关经济、金融法律法规；具有与担任职务相适应的学历与经历；具有与担任职务相称的专业知识、组织管理能和业务能力；无违法违规、违纪等不良记录。

③银行业竞争状况和社会经济需要。需考虑：新银行机构的进入是否符合经济发展的客观需要；是否符合银行业发展的政策和方向；是否符合银行业合理布局、公平竞争的原则。

（2）商业银行经营范围的规定。长期以来，大多数国家只允许商业银行吸收活期存款和发放商业信贷，不得经营其他金融机构的业务，包括证券业和保险业。20世纪80年代以来，伴随着商业银行的业务范围不断扩大，新的金融衍生产品和金融服务层出不穷，从而导致商业银行与其他金融机构之间的业务界限基本消失，业务交叉使许多国家的商业银行开始与各种专业银行及各类金融公司进行直接竞争。我国商业银行的经营范围由商业银行章程规定，报中国人民银行审批。

2. 对商业银行日常经营的监管

（1）日常经营监督政策的基本内容。

①资本充足率。资本充足率即资本总额与加权风险资产总额的比率。资本充足率不得低于8%，其中核心资本占风险资产的比例不得低于4%，附属资本不得超过核心资本。

②呆账准备金。中央银行十分关注商业银行呆账准备金的计提。如果商业银行计提得当，银行的收入剔除可能的损失，就可以比较准确地从银行所报的净收入上看出其基本盈利能力。如果商业银行没有计提呆账准备金或计提太少，则银行的收入会被高估，从而误导监管当局、股东和市场。在各国银行的实践中，一般有三种计提和冲销方法：第一种是直接冲销法，即平时补计提呆账准备金，当贷款发生实际损失时直接冲销利润。第二种是普通准备法，每年按贷款余额的固定比率提取呆账准备金，贷款发生损失时先冲销呆账准备金，呆账准备金不足冲销时冲减利润。第三种是特别准备法，定期检查贷款并估计可能的损失，按估计的损失程度计提特别准备金。其中普通准备法加特别准备法的组合构建的制度有利于银行的稳健经营，我国商业银行也采用这种制度。

③贷款集中。中央银行或监管当局对贷款集中程度的要求：如果银行想增加对单一借款人的贷款额，就必须追加资本。另外，要界定贷款对"同一借款人"或"一组关联借款人"的集中问题。监管当局还会对商业银行过于集中在某些经济领域或某些

地区的贷款总额作出合适的规定，使银行避免因某一产业或地区的经济衰退所带来的打击。

④流动性。流动性是商业银行随时可以合理举债或者将资产变现的能力。监管当局对银行流动性的管理政策有两种：一种是向银行发布衡量和管理流动性风险的指导方针；另一种是要求银行流动资产与存款或总资产的比例达到某一标准。

⑤外汇风险。商业银行的外汇风险主要包括流动性风险、信用风险、控制系统风险和市场风险。监管当局的传统做法是将银行外汇业务量限制在资本的一定百分比以内。之所以关注外汇风险，一方面是因为要客观评估商业银行抵御外汇风险的能力；另一方面是因为要防范外汇风险对一国的外汇收支、国际储备和对外负债产生的直接影响。

⑥信息披露。信息披露制度要求商业银行必须及时向公众发布其经营活动和财务状况的有关信息。良好的信息披露制度可以促进投资者和存款人对银行运作的了解，影响他们的投资和存款行为，从而促使银行的经营者加强经营管理。巴塞尔委员会颁布的《有效银行监管的核心原则》认为："为了保证市场的有效运行，从而建立一个稳定而高效的金融体系，市场参与者需要获得准确、及时的信息。因此，信息披露是监管的必要补充。"但各国在银行必须披露什么信息、向谁披露、如何披露等基本问题上难以达成一致意见，目前各国监管当局对银行信息披露的要求差别较大。

⑦内部控制。银行内部控制是指对银行内部各职能部门及其职员从事的业务活动进行风险控制、制度管理和相互制约的方法、措施和程序，它包括对银行内部组织机构的控制、对资产和负债各项业务的控制、对表外交易的控制、对会计系统的控制、对授权授信的控制和对计算机系统的控制等。

（2）现场稽核。现场稽核的目的是通过检查人员亲临现场，检验银行财务报表数据的准确性和可靠性，评估银行管理和内部控制的质量，检查银行遵守法律法规的情况，考察银行的整体经营管理水平。目前现场稽核的主要内容有资本充足率、资产质量、盈利能力、清偿能力、流动性、管理水平和内控制度等。

（3）非现场稽核。非现场稽核的目的是通过对银行财务报表、报告和其他相关资料的分析，检查银行执行审慎监管政策的情况，评估银行的经营管理水平，发现银行的潜在问题并督促解决，确定需优先考虑进行现场稽核与检查的银行，了解整个银行业的发展趋势。

3. 对问题银行的处理与存款保险制度

（1）对问题银行的处理。处理问题银行的一般措施包括贷款挽救、并购、担保、设立过渡银行。

贷款挽救办法具体包括三个方面：第一，中央银行直接提供贷款援助；第二，设立特别机构和专项基金间接提供财务援助，由银行业共同出资或由财政和银行业共同管理的专项基金发挥作用；第三，在监管当局授意下临时组织大银行集资救援。

并购是中央银行或监管部门组织健全银行兼并或收购陷入危机的银行，承担其部分或全部负债，并购买其部分或全部资产。兼并者对被兼并银行的存款和损失承担全部责任,监管当局不提供资金的属于非援助性兼并。监管当局向兼并者提供援助或承诺,如担保兼并者不会因兼并行动而遭受直接的损失,属于援助性兼并。

担保是中央银行或监管当局出面担保,或者购买有问题银行的资产,或者在有问题银行大量存款,或者收购有问题银行并清偿债务,保持银行价值,帮助有问题的银行渡过难关。

设立过渡银行是监管当局通过设立过渡银行的方式全面承接危机银行的业务,以保证危机银行能在继续经营的前提下得到有效处理。但是过渡银行在有效期内必须处理完所有的接管资产,而后结束其使命。

(2)我国对问题银行的处理。依据《中华人民共和国商业银行法》《中华人民共和国银行业监督管理法》和《中华人民共和国公司法》等法律,中央银行和监管当局对于问题银行可以采取接管、兼并、破产等措施。

当商业银行已经或者可能发生信用危机时,国务院银行业监管机构及其派出机构可以对该银行实行接管,以便采取必要的措施保护存款人的利益和恢复商业银行的正常经营能力。接管期限最长不超过两年。

问题银行在经国务院银行业监督管理机构审查批准后可以采取由健全银行兼并的办法,被兼并商业银行要向国务院银行业监督管理机构申请解散,并附解散的理由及支付存款的本金和利息等债务清偿计划。

如果问题银行不能支付到期债务,经国务院银行业监督管理机构同意,由人民法院宣告其破产。商业银行被宣告破产后,由人民法院组织国务院银行业监督管理机构、中国人民银行、财政部等有关部门和人员成立清算组,进行清算。

(3)存款保险制度。存款保险制度又称存款保障制度。市场经济条件下,存款保险制度是保护存款人权益的重要措施,是金融安全网的重要组成部分。目前,世界上已有110多个国家和地区建立了存款保险制度。实践证明,存款保险制度在保护存款人权益、及时防范和化解金融风险、维护金融稳定中发挥了重要作用,已成为各国普遍实施的一项金融业基础性制度安排。存款保险制度的组织形式主要有三种。一是由政府设立存款保险机构,如美国联邦存款保险公司;二是由政府主管当局与银行业联合组成存款保险机构,如日本;三是由银行业自己组织存款保险,如法国和德国。2015年5月1日起,存款保险制度在中国正式实施,各家银行向保险机构统一缴纳保险费,一旦银行出现危机,保险机构将对存款人提供最高50万元的赔付额。存款保险制度建立后,一是有利于更好地保护存款人的权益,维护金融市场和公众对我国银行体系的信心,推动形成市场化的金融风险防范和化解机制,建立维护金融稳定的长效机制;二是有利于进一步加强和完善我国金融安全网,使风险早发现和少发生,增强我国金融业抵御和处置风险的能力;三是有利于强化市场纪律约束,创造公平竞争的市场环境,为加快发展民营银行和中小银行、加大对小微企业的金融支持保驾护航。

(二)中央银行对金融市场的监管

金融市场的构成十分复杂,它是由许多不同的市场组成的一个庞大体系。健全、发达的金融市场是中央银行实现宏观调控机制的组成部分,因此对金融市场的监管是各国中央银行及政府的重要职责。

1. 中央银行对货币市场的监管

货币市场是指期限在一年以内的金融资产交易的市场，具有期限短、流动性强和风险小的特点。该市场的主要功能是保持金融资产的流动性，以便随时转换成可以流通的货币。货币市场一般指国库券、商业票据、银行承兑汇票、可转让定期存单、回购协议等短期信用工具买卖的市场。由于货币市场的种类多、交易额大，对一国的金融市场有着直接影响，因此中央银行在对金融市场的监管中，首要加强的是对货币市场的监督和管理。以下以我国为例介绍中央银行对货币市场的监督。

（1）中央银行对商业票据市场的监管。对商业票据监管的一般原则为：真实票据原则；平等、自愿、公平和诚实信用的原则；短期使用的原则；贴现利率、再贴现利率由中国人民银行制定、发布与调整。

对商业票据贴现的规定如下。

①向金融机构申请票据贴现的商业汇票持票人，必须具备下列条件：企业法人和其他经济组织，并依法从事经营活动；与出票人或其前手之间具有真实的商品交易关系；在申请贴现的金融机构开立存款账户。

②持票人申请贴现时，须提交贴现申请书、经其背书的未到期商业汇票、持票人与出票人或其前手之间的增值税发票和商品交易合同复印件。

③办理票据贴现业务的机构，是经中国人民银行批准经营贷款业务的金融机构。

④贴现人贴现票据应当遵循效益性、安全性和流动性原则，贴现资金投向应符合国家产业政策和信贷政策；将贴现、转贴现纳入信贷总量，并在存贷比例内考核。

⑤贴现人对拟贴现的票据，应按规定向承兑人以书面方式查询。承兑人须按照中国人民银行的有关规定查复贴现人。

对商业票据再贴现的规定如下。

①再贴现的对象是在中国人民银行及其分支机构开立存款账户的商业银行、政策性银行及其分支机构。

②由中国人民银行总行及分支机构按照相应的权限经办有关的再贴现业务。

③中国人民银行根据金融宏观调控和结构调整的需要，不定期公布再贴现优先支持的行业、企业和产品目录。

④持票人申请再贴现时，须提交贴现申请人与出票人或其前手之间的增值税发票。

⑤中国人民银行对各授权窗口的再贴现操作效果实行量化考核。

⑥中国人民银行对各授权窗口的再贴现实行总量控制，并根据金融宏观调控的需要适时调增或调减各授权窗口的再贴现限额。

《商业汇票承兑、贴现与再贴现管理暂行办法》中对违反商业汇票承兑、贴现和再贴现规定的处罚做了明确规定。

（2）中央银行对同业拆借市场的监管。人民银行1996年建立了全国银行间同业拆借市场，将同业拆借交易纳入全国统一的同业拆借网络进行监督管理。全国银行间同业拆借市场建立以后，中国的同业拆借市场步入了规范发展的轨道。人民银行在多年同业拆借市场管理的实践中，逐步探索出一系列行之有效的市场管理措施。期限管理、限额管理、准入管理、备案管理、透明度管理等市场管理手段，既能防范系统风险，又能灵活适应不同类型市场参与者的多样化需求。对金融机构执行有关银行间同业拆借市场管理规定的行为进行检查监督，是《中国人民银行法》赋予人民银行的直接监督检查权之一。

根据《中国人民银行法》《中华人民共和国商业银行法》等法律规定，中国人民银行制定了《同业拆借管理办法》，自2007年8月6日起施行。

（3）中央银行对国债市场的监管。国债的发行审批通常是由财政部根据当年财政预算提出发行计划，经与中国人民银行、国家发展和改革委员会协商统一意见后，报国务院批准发行。国债利率主要有三种方式：固定利率、浮动利率、保值利率。在我国，国债发行主要采取承购包销的方式，小部分采用自愿直接认购的方式。中央银行通过在二级市场上买卖国债（直接买卖、国债回购、反回购交易）来进行公开市场操作，借此存吐基础货币，调节货币供应量和利率，实现财政政策和货币政策的有机结合。在二级市场上交易国债，其交易价格随行就市，并遵循"时间优先、价格优先"原则。开办证券回购业务的必须是经中国人民银行批准的证券交易机构和融资中心。

2. 中央银行对资本市场的监管

（1）证券市场的监管原则。证券市场监管的原则包括：公开原则、公平原则、公正原则、实施管理原则。公开原则要求证券市场具有充分的透明度，要实现市场信息的公开化。公平原则要求证券市场不存在歧视，参与市场的主体具有完全平等的权利。具体而言，无论是投资者还是筹资者，无论是机构投资者还是个人投资者，也无论其投资规模与筹资规模的大小，只要是市场主体，则在进入与退出市场、投资机会、享受服务、获取信息等方面都享有完全平等的权利。公正原则要求证券监管部门在公开、公平原则的基础上，对一切被监管对象给予公正待遇。实施管理原则是指在证券市场的管理中，不仅以真实信息公开为前提，而且要求公司必须合乎若干实质性条件才能获准发行证券。在发行证券前，监管当局要对其公开资料的真实性、充分性以及公司的自信情况进行认真的审查，审查合格后才准许其实施证券发行。"三公"原则和实施管理原则共同组成一个安全保护网，保护投资者的权利。

（2）对证券发行市场的监管。对证券的发行实施监管主要是指对证券发行的认可监管。证券发行的认可制度有注册制和核准制两种。新修订的《中华人民共和国证券法》（简称新《证券法》）于2020年3月1日起施行。新《证券法》第九条规定"公开发行证券，必须符合法律、行政法规规定的条件，并依法报经国务院证券监督管理机构或者国务院授权的部门注册。未经依法注册，任何单位和个人不得公开发行证券"，将原《证券法》的"核准"全面更改为"注册"，这也意味着证券发行制度由核准制变为注册制，这一规定的变化为我国股票市场全面推进注册制奠定了法律基础，有利于进一步激发市场活力。而注册制的改革并不可能一蹴而就，新《证券法》同时规定"证券发行注册制的具体范围、实施步骤，由国务院规定"，这为注册制的分步实施留出一定的制度空间。

（3）对证券交易市场的监督。对证券交易市场的监督主要包括对证券交易所和证券交易服务机构的监督、对证券市场交易行为的监督以及对证券市场信息披露的监督，这是各国对证券市场进行监管的重点所在，关系着证券市场的规范化，是保护投资人利息和保护证券市场正常运行的关键。

二、中央银行金融监管的国际合作

（一）金融监管国际合作的必要性

在金融全球化背景下，国际金融危机发生的频率和强度不断上升，不仅必须强化国内金融监管，而且加强金融监管的国际合作也是十分必要的。

金融国际化既是经济全球化的一个重要组成部分，又是经济全球化深入发展的必要条件，金融国际化与经济全球化存在着唇齿相依的密切关系。随着金融市场和交易的国际化，国际金融市场上的不平等竞争和经营风险日益加剧。各国监管当局不仅要密切注意境内金融活动，还要关注境外的金融活动。通过金融监管的国际合作，可以利用国际协调机制沟通信息、交流经验，更有效地实施金融监管，避免资本迅速流动造成的金融危机，稳定本国金融，促进国际经济与金融的稳定。

另外，金融发展将主要依靠社会经济机体的内部力量——金融创新来推动。金融创新是多种因素共同作用的结果，这些因素可以分为规避风险、规避管制、提高市场竞争力等。国际金融市场的自由化进程不断推进，各国政府面临新的监管挑战。因此，要发挥创新对经济金融的积极作用，规避金融风险与金融危机，依靠单个国家的监管是不够的，必然需要世界各国在金融监管上共同合作与协调，增强沟通。

国际金融市场一体化背景下，资本自由流动导致国内金融资产价格过度波动，降低金融市场稳定性。各国金融市场之间的关联性增强使国际金融体系的系统风险上升。金融监管体系失效的风险提高。再加上各国的监管体制不同，金融发展程度不同，客观上要求各国监管行为取得统一，加强监管的国际合作与协调，化解金融危机与风险。

（二）中央银行金融监管国际合作的内容

1. 《巴塞尔协议》

《巴塞尔协议》被称为国际银行业的"神圣公约"。1974年9月，来自十国集团及卢森堡等12国的中央银行代表在国际清算银行的发起下于巴塞尔召开会议，讨论了跨国银行的国际监督和管理问题。1975年2月，成立了常设监督机构，即"巴塞尔委员会"。并在1975年9月制定了《对国外银行机构监督的原则》，即《巴塞尔协议》。1988年7月正式通过了《关于统一国际银行的资本计算和资本标准的协议》，也称《巴塞尔协议Ⅰ》，我们一般所提到的即指此协议。

该协议分为资本的定义、风险加权的计算、资本充足比率的计算、过渡期及实施的安排四大部分。该协议有利于各国银行尤其是西方发达国家的银行，在平等的基础上开展竞争，同时也对银行各种风险管理提出了更高的要求；有利于资本与资产目标比率的整齐划一，为国际间银行监督和管理工作的协调和一致提供了极大的便利；有利于使各国银行国际化趋势加快。就债务国看，其在国际金融市场上的筹资成本与难度将随着各国银行资产业务的相对缩小而增加；就新兴经济体而言，由于按照国际标准对其银行进行监管，因此它们的银行与西方发达经济体的银行一体化趋势会加快。

2. 《有效银行监管的核心原则》

1997年9月，在中国香港举行的世界银行和国际货币基金组织的第52届年会上，通过了《有效银行监管的核心原则》。这是巴塞尔委员会加强国际银行业监督的一项新的重要措施。其基本内容包括：银行有效监管的前提；获准经营的范围和结构；审慎管理和要求；银行业持续监管的方法；信息要求；监管人员的正当权限；关于跨国银行业务等。

3. 《新巴塞尔协议》

2004年，巴塞尔委员会根据第三稿反馈意见推出《新巴塞尔协议》，或称《巴塞尔协议Ⅱ》，内容针对1988年的《巴塞尔协议Ⅰ》做了大幅修改，以期标准化国际上的风险控管制度，提升国际金融服务的风险控管能力。《新巴塞尔协议》内容在《巴塞尔协议Ⅰ》的目的基础上又新增了三个目的，即构筑全面的风险管理体系、增强资本准备的风险敏感性以及扩大使用对象的范围。新协议由三根支柱所构成，包括最低资本要求、监管当局的监督检查和市场纪律。

作为风险计量方法，新协议积极地导入了银行内部所使用的技术水平比较高的风险管理模型，也称内部模型法。新协议展示了监管当局的监管手法的变化的另一个侧面，即巴塞尔银行监管委员会正在摆脱无视银行动机的监管手法，实现向重视银行规避监管的动机的监管手法转变。在新协议中，监管当局加强银行动机管理并不仅仅表现在使用监管菜单，市场纪律的活用也是加强银行动机管理的一个侧面。

4. 《巴塞尔协议Ⅲ》

2008年金融危机使得监管部门意识到之前对于资本监管的巨大漏洞。在这种情况下，2009年，在二十国集团（G20）峰会的推动下，国际社会制定了一揽子金融改革计划，其中包括《巴塞尔资本协议Ⅲ》，也称《巴塞尔协议Ⅲ》。商业银行的核心资本充足率由4%上调到6%，同时计提2.5%的防护缓冲资本和不高于2.5%的反周期准备资本，这样的核心资本充足率可达到8.5%~11%。总资本充足率要求仍维持8%不变。此外，还引入最低杠杆比率、流动杠杆比率和净稳定资金来源比率的要求，以降低银行系统的流动性风险，加强抵御金融风险的能力。

中央银行的监管作用

从我国金融监管的历史脉络看，从20世纪90年代至2017年，金融监管体制经历了持续调整。在中央层面的横向上，改革主线可以概括为"两个分离"：一是中央银行宏观调控职能与微观金融监管职能相分离；二是银行业、证券业、保险业监管职责相分离。1992年以前，人民银行集货币政策与金融监管职责于一身。1992年、1998年、2003年，证监会、保监会、银监会先后成立，中央银行负责宏观调控和金融稳定，"三会"专注各行业的金融监管，分业监管格局由此形成。为加强监管协调，2003年修订的《中国人民银行法》规定"国务院建立金融监督管理协调机制"。2008年6月,国务院建立金融旬会制度,就金融改革、发展、服务、风险处置和稳定等方面统筹协调跨部门事宜。2013年8月,国务院要求人民银行牵头建立金融监管协调部际联席会议。2018年,新一届国务院金融稳定发展委员会成立,在党中央、国务院领导下,作为金融工作的"前线指挥部"。国务院金融委办公室设在人民银行,由人民银行会同成员单位认真落实党中央、国务院的路线方针政策和国务院金融委的工作部署。

资料来源:陶玲. 中央和地方金融监管协调机制的设计和效应分析[J]. 中国人民银行政策研究, 2020(7).

案例讨论分析

请思考:

1. 如何理解中央银行的监管作用?
2. 如何理解中央银行的独立性?

【本章小结】

中央银行在一国金融体系中处于中心地位,是商品经济、货币信用制度以及银行体系发展到一定阶段的产物。

中央银行是金融管理机构,它代表国家管理金融,制定和执行金融方针政策,主要采用经济手段对金融经济领域进行调节和控制。

中央银行的资产负债表由于各个不同国家在金融体制和信用方式等方面的差异,其表内项目也有不同。我国中央银行的负债主是银行存款和流通中的通货,人民银行的资产主要是外汇储备以及其他金融机构的贷款。

中央银行的独立性体现在法律授权的范围内制定和执行货币政策的自主程度。

我国是最早出现货币的国家之一,改革开放以来,我国不断探索完善金融监管体制。1984年,中国人民银行开始专门行使中央银行职能。之后,陆续成立证监会、保监会和银监会,逐步形成银行、保险、证券的分业经营和分业监管格局。2017年,国务院金融稳定发展委员会成立,次年组建银保监会,监管的权威性和协调性更趋完善。

【复习思考题】

1. 如何看待中央银行在现代经济体系中的地位和作用?
2. 简述中央银行制度的基本类型。
3. 中央银行的存款业务有哪些特点?

【进一步阅读书目】

1. 刘肖原,李中山. 中央银行学教程[M]. 4版. 北京:中国人民大学出版社,2020.
2. 王广谦. 中国银行学[M]. 4版. 北京:高等教育出版社,2017.

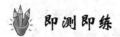

第八章

货币政策

【本章学习目标】

通过本章学习，学生应该能够：
1. 了解货币政策的基本框架；
2. 理解货币政策目标之间的对立与统一关系；
3. 了解货币政策中介目标选择问题；
4. 理解法定存款准备金政策、再贴现政策和公开市场操作的运作机制及优缺点；
5. 掌握货币政策影响实体经济的几种传导机制。

又是一个工作日，老王照常来到单位报到。他熟练地打开工位上的电脑，消息推送弹出如下的新闻："4月7日，为维护银行体系流动性合理充裕，央行以利率招标方式开展了100亿元逆回购操作，期限为7天，中标利率2.2%。通过每日进行7天逆回购操作的方式，央行持续向市场释放短期政策利率信号。"

老王不懂经济学，但是股海浮沉多年的他有着一个喜欢做投资笔记的习惯。他注意到，自2月18日春节收假以来，央行每个工作日都开展7天逆回购操作，利率均维持在2.2%。根据他的经验，在这央行看似一轮轮接连不断的"放水"操作以后，今年他的股票又将会是一个"好收成"。

听老王在读大学的儿子小王说，这一系列向市场释放流动性的操作都属于央行近年来常用的"货币政策"。老王当然知道央行，隐约觉得这应该类似一种顶层的决策设计。那么，究竟什么是"货币政策"？"货币政策"又是怎样从央行传导到市场进而影响到股市的？怀揣着浓厚的兴趣，老王在浏览器中输入"货币政策"四个大字……

引导案例分析

第一节 货币政策的目标

一、货币政策的概念

（一）何谓货币政策

目前，西方国家对货币政策（monetary policy）比较概括的提法为：中央银行在追求可维持的实际产出增长、高就业和物价稳定时所采取的用以影响货币以及其他金融环境的措施。通俗一些，也可以说货币政策是指中央银行为实现给定的经济目标，运用各种工具调节货币供给和利率所采取的方针及措施的总和。

货币政策在国家宏观经济政策中居于十分重要的地位，同财政政策一起构成国家调节经济的两大宏观政策。一个完整的货币政策体系包括货币政策目标、货币政策工具和货币政策传导机制三大部分。作为一国宏观经济政策体系的组成部分，货币政策是中央银行制度的产物，也是中央银行实现其职能的核心所在。

（二）我国对货币政策认识的演变

在20世纪80年代以前，市场经济国家一直实行现代货币政策。但是在我国，这个词语还很少用。这是因为在计划经济体制下，货币、信用在经济生活中并不占据重要地位。虽然实际上存在货币政策这样的问题，可是并不会对经济的发展产生重大影响，因而也就不会成为一个独立的政策摆在决策者的桌面之上。当然，在特定的时候，若客观真实需要，也会采用纵无货币之名却有货币之实的举措。例如，20世纪60年代初，在极严重的供不应求局面之下，在财政紧缩的同时，就曾通过紧缩信贷的手段实施了事实上的紧缩货币政策，并有效地促成了物价的回落。

改革开放后，我国的商品货币关系迅速扩展，市场经济化的过程不断推进，金融在经济中的地位日益重要，这种趋势在20世纪80年代初就已非常明显。1984年底和1985年初，一方面是物价新一轮上涨的势头极为强劲，另一方面则是信贷总额急速扩大和对现金发行的压力猛然上升，这就促使人们把目光聚焦于货币、金融之上。虽然货币政策的概念尚未提出，但控制货币以抑制物价和掌握经济关键环节的讨论成为彼时非常时尚的声音。1989年下半年，为了压低高通货膨胀率，我国采用了强力的紧缩货币政策；1989年底和1990年，为了阻止经济的下滑，我国曾两度采用"启动"措施，即扩张的货币政策，这可以视为最高决策层对货币政策的典型运用。

随着我国经济体制改革的目标明确为建立社会主义市场经济体制，货币政策也明确地列入宏观经济调控体系之中。1993年，《中共中央关于建立社会主义市场经济体制若干问题的决定》指出："运用货币政策与财政政策，调节社会总需求与总供给的基本平衡，并与产业政策相配合，促进国民经济和社会的协调发展。"

二、货币政策最终目标

最终目标是指货币政策在一段较长的时期内所要达到的目标，最终目标相对固定，基本上与一国的宏观经济目标一致，因此，最终目标也被称为货币政策的战略目标或长期目标。

（一）货币政策最终目标的内容

世界货币当局货币政策所追求的最终目标主要有四个：稳定物价、充分就业、经济增长和国际收支平衡。

1. 稳定物价

稳定物价，又称稳定币值，是指社会一般物价水平在一定时期内大体保持稳定，不发生明显的波动。这意味着既要防止物价上涨又要防止物价下跌。

由于在现代信用货币流通条件下,物价波动总体呈上升趋势,因此,货币政策的首要目标就是将一般物价水平的上涨幅度控制在一定范围内,以防止通货膨胀。至于物价水平控制的范围,各国国情不同,所设定的容许幅度也有差异。稳定物价是最早出现的货币政策目标,这一目标的确立可以追溯到 20 世纪 30 年代以前。众所周知,20 世纪 30 年代以前自由主义经济思潮盛行,西方经济学家普遍持"货币面纱观",主张货币中性论。在这种理论中,货币对实体经济领域没有什么实质的影响,货币数量的变动只是影响社会一般物价水平。因此,西方经济学理论界普遍认为中央银行的基本职责就是保证流通的货币量适应商品流通的需要,以防止货币贬值和物价上涨。

2. 充分就业

充分就业是反映劳动力的就业程度,是通过失业率的高低来体现的。充分就业并不意味着每个人都有工作,或每个劳动力在现行工资率下都能有一个职位。实际上,充分就业是同某种数量的失业同时存在的。在动态经济中,社会总存在某种最低限度的失业。失业可以分为由于需求不足而造成的周期性失业和由于经济中某些难以克服的原因而造成的自然失业。消灭了周期性失业的就业状态就是充分就业,充分就业与自然失业的存在并不矛盾,充分就业时仍有一定的失业。这是因为,经济中有些造成失业的原因是难以克服的,劳动力市场总是不完善的。人们把实现了充分就业时的失业率称为自然失业率,当失业率等于自然失业率时就实现了充分就业。

另外,还有两种失业情况也不包括在充分就业目标中:一是摩擦性失业,即经济制度的动态结构调整、技术、季节等原因造成的短期内劳动力供求失调而形成的失业;二是自愿失业,即劳动者不愿意接受现行的工资水平或嫌工作条件不好而造成的失业。这两种失业在任何社会经济制度下都是难以避免的。

20 世纪 30 年代,世界经济大危机震撼了整个世界。在这场大危机中,美国的物价水平下跌 22%,实际国民生产总值减少了 31%,失业率高达 25%。1936 年,凯恩斯的《就业、利息和货币通论》问世,系统地提出了国家调节经济的理论,以解决失业问题。第二次世界大战结束后的 1946 年,美国国会通过就业法案,具体地将充分就业列入经济政策的目标。从此,充分就业就成为货币政策的主要目标之一。

3. 经济增长

经济增长是针对国民经济发展状况这一宏观问题而设置的宏观经济目标,其含义是国民生产总值要求保持较高的增长速度,不要停滞,更不能出现负增长。经济增长的核算通常依靠国内生产总值、国民生产总值(GNP)等统计数据。基本方法一般以本年度的 GDP 总量对比往年的 GDP 总量,而得到经济增长的百分比。如果一个国家的国内生产总值增长为负值,即当年国内生产总值比往年减少,就叫作经济衰退。通常情况下,当国内生产总值连续两个半年持续减少,会被称为经济衰退。

4. 国际收支平衡

国际收支状况是一个国家同世界其他国家之间的经济关系的反映。国际收支平衡,是指一国对其他国家的全部货币收入和货币支出持平,略有顺差或略有逆差。国际收支平衡又可以分为静态平衡和动态平衡。静态平衡指以 1 年内的国际收支数额持平为目标,而动态平衡是指一定周期内(如 3 年、5 年)的国际收支数额持平。目前在国际收支管理中动态平衡正受到越来越多的重视。由于国际收支状况与国内市场的货币供应量有着密切关系,所以,对于开放条件下的宏观经济而言,国际收支平衡也成为一国货币政策目标之一。

(二)货币政策最终目标之间的相互关系

上述四大目标几乎具有同等重要的社会福利含义,但在实际的政策操作中,它们却并非总是协调一致,相互间往往存在矛盾,尤其短期内的矛盾更为突出,导致政策目标的选择只能是有所侧重而很难兼顾。一般认为,除经济增长和充分就业之间存在正相关关系,其他几个目标之间都存在相互矛盾。

1. 充分就业和稳定物价之间的关系

充分就业和稳定物价之间存在着矛盾与冲突,可能出现失业率较高的物价稳定或通货膨胀率较高的充分就业。

对二者关系最经典的描述是所谓的菲利普斯曲线,它是用来表示失业与通货膨胀之间替代取舍关系的曲线,由新西兰经济学家菲利普斯于 1958 年在《1861—1957 年英国失业和货币工资变动率之间的关系》一文中最先提出。此后,经济学家对此进行了大量的理论解释,尤其是萨缪尔森和索洛将原来表示失业率与货币工资率之间交替关系的菲利普斯曲线发展成为表示失业率和通货膨胀率之间交替关系的曲线。

如图 8-1 所示,失业率高表明经济处于萧条阶段,这时工资与物价水平都较低,从而通货膨胀率也就低;反之失业率低,表明经济处于繁荣阶段,这时工资与物价水平都较高,从而通货膨胀率也就高。失业率和通货膨胀率之间存在着反方向变动的关系。

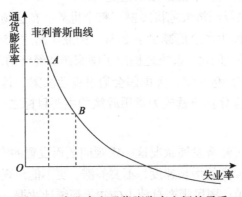

图 8-1 失业率和通货膨胀率之间的矛盾

因此,对于中央银行而言,可能的选择只有三种:①通货膨胀率较高的充分就业,如图 8-1 中的 A 点;②失业率较高的物价稳定,如图 8-1 中的 B 点;③在通货膨胀率和失业率的两级之间进行组合,即所谓的相机组合,如图 8-1 中 A、B 之间的区域。

2. 物价稳定和经济增长之间的关系

物价稳定与经济增长之间存在着矛盾与冲突,表现为:可能会出现经济增长缓慢的物价稳定或通货膨胀率较高的经济繁荣。

总的来说，物价稳定与经济增长是货币政策目标的核心内容，但在短期内这两个目标往往存在着冲突。例如，在经济衰退时期采取扩张性货币政策，以刺激需求、刺激经济增长和减少失业。但这常常会造成流通中的货币数量大于与经济发展相适应的货币需求量，导致物价上涨。相反，在经济扩张时期，为了抵制通货膨胀，保持物价稳定而采取紧缩性货币政策，减少货币供应量，这又往往会阻碍经济增长并使就业机会减少。可见，在短期内物价稳定与经济增长之间存在一定的矛盾。但是从长期来看，经济的增长和发展，为保持物价稳定提供了物质基础，两者在根本上是统一的。因此，选择这两个目标的一个最优结合点，便成为货币政策选择的一个重要问题。

3. 经济增长和国际收支平衡之间的关系

经济增长和国际收支平衡之间也存在一定的矛盾和冲突。一般地，国内经济的增长，一方面会导致贸易收支的逆差，因为经济增长会导致国民收入的增加和支付能力的增强，如果此时出口贸易的增长不足以抵消进口需求的增长，必然会导致贸易收支的逆差；另一方面也可能引起资本与金融账户的顺差，因为经济增长需要大量的资金投入，在国内资金来源不足的情况下，必然要借助外资的流入，这在一定程度上可以弥补由贸易逆差导致的国际收支赤字。但是，能否确保国际收支平衡依赖于二者是否能相互持平。因为外资流入后还会有支付到期本息、分红、利润汇出、撤资等后续流出要求，所以是否平衡最终要取决于外资的实际利用效果。

4. 物价稳定和国际收支平衡之间的关系

经济迅速增长，就业增加，收入水平提高，结果进口商品的需要比出口贸易的增长更快，导致国际收支状况恶化。而要消除逆差，则必须压缩国内需求，但紧缩的货币金融政策又同时会引致经济增长缓慢乃至衰退，引发失业增加。

货币政策最终目标之间的冲突关系，是当代各国政府以及经济学家面临的一个最大难题，为了实现一个目标而采取的货币政策措施，可能会损害另外一个目标的实现，或者会破坏另外一些已达到很好状态的目标。所以，金融调控面临的任务是，要在这些既相互统一又相互冲突的目标之间作出最优的选择取舍，进行目标的最优结合。

（三）中国货币政策最终目标

长期以来，中国理论界对货币政策最终目标的理解与认识也存在着分歧。较有代表性的观点有两种：单一目标论和双重目标论。前者主张以稳定货币或者经济增长为货币政策目标；后者认为货币政策目标不应该是单一的，应当兼顾发展经济和稳定物价两方面的要求。

从实践来看，对政策目标的提法也在不断发生变化。1986年国务院发布的《中华人民共和国银行管理暂行条例》中首次对包括中央银行和商业银行在内的所有金融机构的"任务"做了界定，即"发展经济、稳定货币、提高社会经济效益"，这可以算是对中国货币政策目标的首次表述。1993年《国务院关于金融体制改革的决定》以及1995年通过的《中国人民银行法》中，货币政策的目标被表述为保持币值的稳定，以此促进经济增长。

三、货币政策中介目标

货币当局本身不能直接控制和实现诸如稳定、增长这些货币政策最终目标，它只能借助货币政策工具，并通过对中介目标的调节和影响实现最终目标。因此，中介目标是货币政策作用过程中一个十分重要的中间环节，也是判断货币政策力度和效果的重要指示变量，跟踪这些变量的变化，中央银行就可以较快地判断其政策是否处于准确的轨道上。

（一）中介目标的含义及其选择标准

1. 中介目标的含义

货币政策中介目标是指中央银行在货币政策实施过程中为更好地观测货币政策的效力并保证最终目标的实现，在货币政策工具和最终目标之间插入的一些过渡性指标。货币政策中介目标的概念最早是20世纪60年代美国经济学家提出的，但当时的中央银行并不是从宏观控制的角度来考虑中介目标的，直到20世纪70年代中期，货币政策中介目标的思想才得到发展，中介目标才逐渐成为各国中央银行的货币政策传递机制的主要内容之一。

2. 中介目标的选择标准

货币政策中介目标的选择主要是依据一国经济金融条件和货币政策操作对经济活动的最终影响确定的。一般认为，货币政策中介目标的选择必须符合以下三个标准。

（1）可测性。可测性有两方面的含义：一是中介目标应该有比较明确的定义，以便观察、分析和监测；二是中央银行能够迅速获取有关中介目标的准确数据。

（2）可控性。可控性是指中央银行能够运用各种货币政策工具，对所选的金融变量进行有效的调节和控制，指标能够在足够短的时间内接受货币政策工具的影响，并且按照货币政策设定的方向和力度发生变化，且较少受经济运行本身的影响。

（3）相关性。相关性是指中介目标与货币政策最终目标之间必须存在密切、稳定的和统计数量上的相关性。只要能够达到中介目标，中央银行在实现或接近实现货币政策最终目标方面就不会遇到障碍和困难。

除以上三个标准外，一些学者针对转型经济国家的实际情况，又提出了另外两个标准，即抗干扰性和与经济金融体制的适应性。货币政策在实施过程中常常受到外来因素或非政策因素的干扰，只有选取受干扰程度低的中介指标才可以通过货币政策工具的操作达到最终目标。经济和金融环境不同，中央银行为实现既定的货币政策目标而采用的政策工具不同，选择作为中介指标的金融变量也必然有区别。

（二）近期中介目标

近期中介目标，也称操作指标，是指中央银行对它的控制力较强，但是与货币政策的最终目标相距较远的中介目标。

1. 短期货币市场利率

经常被选作操作指标的短期利率是指银行同业拆借利率。银行同业拆借市场作为货币市场的基础，其利率是整个货币市场的基准利率。中央银行通过调控银行同业拆借利率就可以控制货币供应量，以影响长期利率，从而有较强的相关性。中央银行可以很方便地了解有关银行同业拆借利率水平和变动情况，当央行根据既定的中介指标认为有必要维持或改变现有利率水平和结构时，它就可以利用后面将要介绍的公开市场操作或再贴现等政策工具来调控同业拆借，使其能体现货币政策意图，并进而作用于中介目标，所以从可测性和可控性方面看，短期利率也是符合要求的。

2. 银行准备金

银行准备金是指商业银行和其他存款机构在中央银行的存款余额及其持有的库存现金。准备金的用途主要有：①满足客户的提款需要；②满足法定存款准备金的要求；③银行之间的资金清算。

按照准备金的需求性质，准备金可分为法定存款准备金和超额准备金两部分。法定存款准备金是银行按照法律规定所必须上交的那部分准备金，其数量取决于银行吸收存款的数量和法定准备金率。超额准备金是总准备金扣除法定准备金后的那部分。按照准备金的供给，准备金可分为借入准备金和非借入准备金。借入准备金由中央银行的贴现窗口获得，在使用额度、频率和使用用途上有明确的限制。非借入准备金由银行通过贴现窗口之外的其他渠道获得。其中，中央银行通过公开市场操作买进政府债券是银行非借入准备金供给的一个最主要渠道。此外，一些"技术性因素"，如财政存款余额、在途资金、流通中现金等也会影响非借入准备金的供给。

准备金是中央银行通过各种货币政策工具影响远期中介目标的主要传递目标。中央银行通过法定准备金率的变动可直接引起法定准备金的变动，再引起远期中介目标的变动。公开市场业务可以改变商业银行的非借入准备金再影响远期中介目标等。因此，银行准备金是央行货币政策的操作目标之一。

3. 基础货币

基础货币，由流通中的通货和银行准备金组成，它构成了货币供应量倍数伸缩的基础。一般认为，基础货币是比较理想的操作指标，其具有以下特点：①可测性强。基础货币直接表现为中央银行的负债，其数额随时反映在中央银行的资产负债表上，很容易为中央银行所掌握。②可控性强。通货可以由中央银行直接控制，中央银行可以通过公开市场操作随意控制银行准备金中的非借入准备金，借入准备金虽不能完全控制，但可以通过贴现窗口进行目标设定，并进行预测，也有很强的可控性。③相关性强。货币供应量等于基础货币与货币乘数之积。只要中央银行能够控制基础货币的投放，也就等于间接地控制了货币供应量，从而就能进一步影响利率、价格及国民收入，实现其最终目标。

（三）远期中介目标

远期中介目标，有时简称为中介目标，是指中央银行对它的控制力较弱，但与货币政策最终目标较近的中介目标，又称中间目标。

1. 长期利率

从货币政策最终目标来看，选作政策远期中介目标的主要是长期利率，这是由于长期利率对投资的影响显著，对不动产及机器设备的投资尤其如此。

利率的优点是：①可控性强。中央银行可直接控制对金融机构融资的利率，而通过公开市场业务或再贴现政策，也能调节市场利率的走向。②可测性强。中央银行在任何时候都能观察到市场利率的水平及结构。③货币当局能够通过利率影响投资和消费支出，从而调节总需求。

利率作为远期中介目标也有一定的局限性。首先，中央银行能够调控的是名义利率而非实际利率，它不代表借贷的实际成本。其次，作为经济的内生变量，在经济繁荣时期利率因信贷需求增加而上升，在经济萧条时期利率则随信贷需求减少而下降。但作为政策变量，当经济过热时应提高利率以抑制需求，当经济疲软时应降低利率以刺激需求。也就是说，利率作为经济的内生变量和政策变量往往难以区分，使政策效果和非政策效果混杂在一起，导致中央银行无法确定政策是否有效，容易造成错误的判断。值得注意的是，并非每个国家都适合以利率作为货币政策的中介目标，特别是在利率还没有市场化的条件下，利率既不能正确地反映货币需求，也不能有效地调节货币需求，选择利率作为中介目标也就失去了意义。

2. 货币供应量

这是以弗里德曼为代表的现代货币主义者所推崇的中介目标。把货币供应量作为中介目标的理由是：①可测性强。M0、M1、M2等指标都有很明确的定义，分别反映在中央银行、商业银行及其其他金融机构的资产负债表内，可以很方便地进行测算和分析。②在可控性方面，现金直接由中央银行发行并进入流通；通过控制基础货币，中央银行也能有效地控制M1和M2。③在相关性方面，一定时期的货币供应量代表了一定时期的有效需求总量和整个社会的购买力，对最终目标有直接影响，由此其与最终目标直接相关。

3. 汇率

相当一部分国家由于特定经济金融条件的原因，将汇率作为货币政策的中介目标。这些国家或地区的货币当局确定其本币同另一较强国家货币的汇率水平，并通过货币政策操作，盯住这一水平，以此实现最终目标。

可以分为两类情况：一是开放小型市场经济国家或地区。其主要是一些具有高度外向型经济的国家或地区（比如新加坡和我国的香港），由于对外依存度很高，国际经济对其经济稳定十分重要。所以，应当将汇率作为货币政策的中介目标。二是发生恶性通货膨胀的国家。在克服恶性通货膨胀过程中，其将本国货币与外国较强的货币强行挂钩，试图借此来增加对本币的信心。在这一挂钩过程中，汇率也就自然被当作货币政策的中介目标。例如墨西哥在1987年经济危机后的调整中，通过将本币与美元强行挂钩，成功地将墨西哥的通货膨胀率从调整前的159%下降到1994年的7.1%。

货币政策目标体系由最终目标、近期中介目标、远期中介目标构成。从图8-2可以看出,货币政策工具由近期中介目标、远期中介目标到最终目标是一个依次传递的过程。对于中央银行而言,这些目标的可控性依次减弱;从经济分析的角度看,则宏观性渐强。

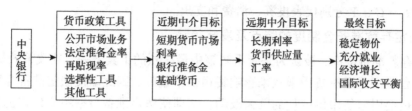

图 8-2 货币政策目标体系

第二节 货币政策的工具

货币政策工具又称货币政策手段,是指中央银行为调控中介目标进而实现货币政策目标所采用的政策手段。货币政策中介目标和最终目标都是通过中央银行对货币政策工具的运用来实现的。货币政策工具一般包括一般性货币政策工具、选择性货币政策工具、补充性货币政策工具和非常规货币政策工具。

一、一般性货币政策工具

一般性货币政策工具,又称常规货币政策工具,是中央银行所采用的对整个金融系统的货币信用扩张与紧缩产生全面性或一般性影响的手段,是最主要的货币政策工具,包括存款准备金制度、再贴现政策和公开市场操作,俗称中央银行的"三大法宝",主要从总量上对货币供应和信贷规模进行调节。

(一)存款准备金制度

存款准备金制度,也就是法定存款准备金制度,是指在国家法律所给予的权利范围内,通过规定和调整商业银行交存中央银行的存款准备金率,控制商业银行的信用创造能力,间接地调节社会货币供应量的政策工具。

1. 法定存款准备金制度的作用机理

中央银行变动法定存款准备金率将通过以下主要途径发挥作用:①通过影响商业银行的超额准备金余额,从而调控其信用规模。如果中央银行提高法定存款准备金率(r_d),商业银行交存中央银行的法定准备金就会增加。在其他条件一定的情况下,用于发放贷款的超额准备金(E)就会减少,促使商业银行收缩信贷规模,使货币供应量(M_s)减少,利率(r_m)回升。②通过影响存款乘数,从而影响商业银行的信用创造能力。由于法定存款准备金率与商业银行的存款乘数成反比,因此当中央银行提高法定准备金率时,将会引起货币乘数的下降,从而大大降低商业银行存款货币创造的能力,进而引起货币供应量的倍数收缩,反之则反。

$$r_d\uparrow \rightarrow E\downarrow \rightarrow 贷款规模\downarrow \rightarrow M_s\downarrow \rightarrow r_m\uparrow \rightarrow I,C\downarrow \rightarrow Y\downarrow$$

或者

$$r_d\uparrow \to 存款货币乘数\downarrow \to M_s倍数\downarrow \to r_m\uparrow \to I,C\downarrow \to Y\downarrow$$

式中，r_d 代表法定存款准备金率；E 代表超额准备金；M_s 代表货币供应量；r_m 代表市场利率；I、C、Y 分别代表投资、消费和支出。

2. 法定存款准备金制度的特点及发展趋势

法定存款准备金率，被认为是货币政策中最猛烈的工具之一，其政策效果表现在：①法定准备金率是通过货币乘数来影响货币供给量的，因此即使法定准备金率调整幅度很小，也会引起货币供应量的巨大波动。②即使法定准备金率不变，它也在很大程度上限制了存款机构创造派生存款的能力。③即使商业银行等存款机构由于种种原因持有超额准备金，法定准备金率的调整也会产生效果，如提高法定准备金率将冻结一部分超额准备金。

但是，法定存款准备金制度也存在以下局限性：①由于效果过于强烈，不宜作为中央银行日常调控货币供给的工具。②由于同样的原因，它的调整对整个经济和社会心理预期都会产生显著的影响，以致使它有了固定化的倾向。③存款准备金对各类银行的影响不同，因而货币政策实现的效果可能因为这些复杂情况的存在而不易把握。因此，一般对法定存款准备金率的调整都持谨慎态度。

（二）再贴现政策

再贴现政策，是指中央银行通过制定或调整再贴现利率和条件来干预与影响市场利率及货币供应量，从而调节宏观经济的一种政策工具。

1. 再贴现政策的内容

商业银行等金融机构将通过贴现业务获得的票据再卖给中央银行的行为，称为再贴现。中央银行在确定其票据合格的前提下，根据当时的再贴现率，从票据金额中扣除再贴现利息后，将余额付给商业银行等金融机构。在这里，"再贴现"这一名词用以区别于初始的"贴现"。但在当今的美国，由于各银行拿到联邦储备银行申请贴现的已不再是商业票据而是政府债券，因此也就不再使用"再贴现"这一名词，而用"贴现"取而代之。

一般来说，再贴现政策包括两方面的内容：一是再贴现率的调整；二是规定向中央银行申请再贴现的资格。前者着眼于短期，主要影响商业银行的准备金和社会的资金供求；后者则着眼于长期，主要是影响商业银行及全社会的资金投向。

2. 再贴现政策的分类

再贴现政策分为两类：一类是长期的再贴现政策，这又包括两种：一是"抑制政策"，即中央银行较长期地采取再贴现率高于市场利率的政策，提高再贴现成本，从而抑制资金需求，收缩银根，减少市场的货币供应量。二是"扶持政策"，即中央银行较长期地采取再贴现率低于市场利率的政策，以放宽贴现条件，降低再贴现成本，从而刺激资金需求，放松银根，增加市场的货币供应量。另一类是短期的再贴现政策，即中央银行根据市场的资金供求状况，随时制定高于或低于市场利率的再贴现率，以影响商业银行借入资金的成本和超额准备金，影响市场利率，从而调节市场的资金供求。

3. 再贴现政策的作用机理

中央银行调整再贴现率将主要通过影响商业银行的融资成本来发挥作用。

再贴现政策的作用，在于影响银行融资成本，从而影响商业银行的准备金，以达到松紧银根的目的。例如，当中央银行降低再贴现率，使其低于市场一般利率水平时，商业银行通过再贴现获得资金的成本会下降，促使其增加向中央银行借款或贴现，导致商业银行超额准备金增加，相应地扩大对社会大众的贷款，从而引起货币供给量的增加和市场利率的降低，刺激有效需求的扩大，达到经济增长和充分就业的目的。反之，可采用提高贴现率的办法来促使物价稳定目标的实现。

此外，再贴现政策还可以进行结构调整，方式主要有两种：一是中央银行可以规定并及时调整可用于再贴现的票据种类，从而影响商业银行的资金投向。二是对再贴现的票据进行分类，实行差别再贴现率，从而使货币供给结构与中央银行的政策意图相符合。

4. 再贴现政策的特点

再贴现政策的优点主要体现在：①作用较为温和。再贴现政策通过影响金融机构的借贷成本间接地调节货币供应量。其作用过程是渐进的，不像法定存款准备金政策那样猛烈。②对市场利率有强烈的告示作用。再贴现率的变动向社会明确告示了中央银行的政策意图。如再贴现率的升高，表明政府判断市场存在过热现象，因此有紧缩意图。反之，则有扩张意向，这对短期市场利率常有导向作用。③具有结构调节效应。中央银行通过规定再贴现票据的种类和审查再贴现申请时的一些限制条件，可以设定资金流向，对不同用途的信贷加以支持或限制，从而使得货币的供给结构与国家的经济政策导向相符合，达到调整国家产业结构的目的。

再贴现政策的局限性在于：①缺乏主动性。商业银行是否愿意到中央银行申请再贴现，或再贴现多少，由商业银行决定。如果商业银行可以通过其他渠道融资而不依赖中央银行，则再贴现政策的效果势必大打折扣。②利率高低有限度。如在经济增长时期，无论再贴现率多高，都很难抑制商业银行向中央银行再贴现或借款，反之则反。③再贴现率是市场利率的重要参照，再贴现率的频繁调整会导致市场利率的经常性波动，使企业和银行无所适从。因此，在货币政策工具中，再贴现政策不处于主要地位。

（三）公开市场操作

公开市场操作，是指中央银行在金融市场上公开买卖有价证券（主要是国债），用以调控货币供应量的一种政策工具。

1. 公开市场操作的作用机理

目前，各国中央银行从事的公开市场操作主要是买卖政府债券。一般情况下，当经济停滞或衰退时，中央银行就在公开市场上买进有价证券，从而向社会投放一笔基础货币。无论基础货币是流入社会大众手中，还是流入商业银行，都必将使银行系统的存款准备金增加。银行通过对准备金的运用，扩大了信贷规模，增加了货币供应量。相反，当利率、物价不断上升时，中央银行则在公开市场上卖出有价证券，回笼货币，收缩信贷规模，减少货币供应量。公开市场操作是20世纪20年代美国联邦储备系统为解决自身收入问题，买卖收益债券时意外发现的，从此成为联邦储备系统最重要的政策工具，并在其他国家货币政策工具中占据越来越重要的地位。

2. 公开市场操作的特点

与其他货币政策相比，公开市场操作的优越性是显而易见的：①传递过程的直接性。中央银行通过公开市场操作可以直接调控银行系统的准备金总量，进而直接影响货币供应量。②主动性。通过公开市场操作，中央银行可以"主动出击"，避免了贴现政策的"被动等待"。③可以进行微调。由于公开市场操作的规模和方向可以灵活安排，中央银行有可能对货币供应量进行微调，从而避免法定存款准备金政策的震动效应。④可进行频繁操作。中央银行可以在公开市场上进行连续性、经常性及试探性操作，也可以进行逆向操作，以灵活调节货币供应量。

然而，公开市场操作也有一定的局限性。首先，要有效地发挥作用，必须具备一定的条件：①中央银行必须具有强大的足以干预和控制整个金融市场的资金实力。②中央银行对公开市场操作的操作必须具有弹性操纵权，可以根据经济需要和货币政策目标自行决定买卖证券的种类和数量。③金融市场必须具有相对的广度和深度。这样，中央银行的公开市场操作才能顺利进行。其次，操作效果会被其他因素所抵消。例如资本的流动、国际收支不平衡，以及商业银行通过其他方式弥补准备金不足或者在准备金增加时并不马上扩张信用等因素，会部分抵消央行买卖有价证券的效果。最后，其易受经济周期影响。当经济萧条时，尽管中央银行可以买进证券，扩张信用，促使利率下降，但仍有可能有生产者不愿借款，信用需求不随利率下降而增加，反之则反。

二、选择性货币政策工具

选择性货币政策工具，是指中央银行针对某些特殊的信贷或某些特殊的经济领域而采用的工具，是针对某些个别部门、个别企业或某些特定用途的信贷所采用的货币政策工具。与一般性货币政策工具不同，选择性货币政策工具对货币政策与国家经济运行的影响不是全局性的而是局部性的，但也可以作用于货币政策的总体目标，是一般性货币政策工具的必要补充。选择性货币政策工具主要有消费者信用控制、证券市场信用控制、不动产信用控制、优惠利率及预缴进口保证金等。

（一）消费者信用控制

消费者信用控制，是指中央银行对不动产以外的各种耐用消费品的销售融资予以控制。控制的主要内容有：①规定以分期付款方式购买各种耐用消费品时第一次付款的最低金额。②规定分期付款的最长期限。③规定可用消费信贷购买的耐用消费品种类，并就不同的耐用消费品规定相应的信贷条件，等等。

（二）证券市场信用控制

证券市场信用控制，是指中央银行对有关证券交易的各种贷款进行限制，以抑制过度的投机，其中较为常用的是对证券信用交易的保证金比率作出规定。证券信用交易的保证金比率，是指证券购买人首次支付占证券交易价款的最低比率。中央银行根据金融市场状况选择调高或调低保证金比率,就可以间接控制证券市场的信贷资金流入量,从而控制最高放款额度。

(三)不动产信用控制

不动产信用控制,是指中央银行对商业银行及其他金融机构的房地产贷款所采取的限制措施,以抑制房地产的过度投机,如对金融机构的房地产贷款规定最高限额、最长期限以及首次付款和分摊还款的最低金额等。

(四)优惠利率

优惠利率,是指中央银行对国家重点发展的经济部门或产业,如出口工业、农业等所采取的鼓励措施。优惠利率不仅在发展中国家多有采用,在发达国家也十分常见。

(五)预缴进口保证金

预缴进口保证金,是指中央银行要求进口商向指定银行预缴相当于进口商品总值一定比例的存款,目的在于抑制进口的过快增长。这种做法在国际收支长期为赤字的国家较为常见。

三、补充性货币政策工具

(一)直接信用控制

直接信用控制,是指中央银行依法对商业银行创造信用的业务进行直接干预而采取的各种措施,主要有利率最高限额、信用配额、流动性比率、直接干预等。

1. 利率最高限额

利率最高限额,即规定商业银行对定期及储蓄存款所能支付的最高利率。如在1980年以前,美国有Q条例,该条例规定,活期存款不准付息,定期存款和储蓄存款利率不得超过上限。其目的在于防止银行用抬高利率的办法竞相吸收存款,以及取得高回报在资产运用方面承担过高的风险。

2. 信用配额

信用配额,是指中央银行根据金融市场状况及客观经济需要,分别对各商业银行的信用规模加以分配,限制其最高数量。这是一个颇为古老的做法,目前在许多发展中国家,由于资金供给相对于资金需求严重不足,这种做法被广泛采用。

3. 流动性比率

流动性比率,是指流动性资产对存款的比重。一般来说,流动性比率与收益率成反比。为保持中央银行规定的流动性比率,商业银行必须缩减长期贷款、扩大短期贷款及增加易于变现的资产等。

4. 直接干预

直接干预,是指中央银行直接对商业银行的信贷业务、放款范围等加以干预,如直接限制放款额度,直接干预商业银行对存款的吸收,对业务经营不当的商业银行拒绝再贴现或采取高于一般利率的惩罚性利率等。

（二）间接信用指导

间接信用指导，是指中央银行凭借其在金融体系中的特殊地位，通过与金融机构之间的磋商、宣传等，指导其信用活动，以控制信用的措施。其方式主要有窗口指导和道义劝告。

1. 窗口指导

（1）窗口指导的含义。窗口指导，是指中央银行根据产业行情、物价走势和金融市场动向，规定商业银行每季度的贷款增减额，并要求其执行，属于温和的、非强制性的货币政策工具。如果商业银行不按规定的增减额对产业部门贷款，中央银行可削减对该银行贷款的额度，甚至采取停止提供信用等制裁措施。

（2）窗口指导的特点。实行窗口指导的直接目的是通过调控贷款资金的供求以影响银行同业拆放市场利率；间接目的是通过银行同业拆放市场的利率功能，使信贷总量的增长和经济增长相吻合。窗口指导的特点在于，以限制贷款增加额为主要目的。其作为一种货币政策工具，虽非法律规定，只是劝告性指导，但由于这种指导来自享有很高信誉和权威的中央银行，实际上带有很大程度的强制性。如果民间金融机构不听从指导，尽管不承担法律责任，但最终却要承受因此带来的其他方面的经济制裁。

自 1987 年以来，中国中央银行与专业银行建立了比较稳定的联席会与碰头会制度。行长联席会或业务部门碰头会平时根据需要不定期举行，在经济活动高峰期的第四季度则往往每旬举行一次。中央银行和专业银行除总行一级外，各级分行也建立了具有类似作用的联席会和碰头会制度。

2. 道义劝告

道义劝告，是指中央银行利用其特殊的声望和地位，对商业银行和其他金融机构经常发出劝告、指示或与各金融机构的负责人举行面谈，劝告其遵守政府政策并自动采取贯彻政策的各种措施。例如，在国际收支出现赤字时，央行劝告各金融机构减少海外贷款；在房地产和证券市场投机盛行时，央行要求商业银行缩减对这两个市场的贷款等。道义劝告的操作思路与窗口指导类似。

四、非常规货币政策工具

2008 年全球金融危机后，传统货币政策未能修复金融市场的信贷功能，无法阻止金融危机的进一步恶化和蔓延，因此丧失了刺激经济的能力。为此，美国等发达国家以及发展中国家相继启动了非常规货币政策工具。实践表明，这一系列非常规货币政策缓解了金融市场恐慌，减轻了金融机构资产负债表收缩的压力，重塑了银行系统的信贷渠道，最终避免实体经济部门陷入衰退。非常规货币政策工具可归纳为三类：前瞻指引（forward guidance）、扩大央行资产负债表规模、改变央行资产负债表结构。

（一）前瞻指引

前瞻指引政策，是指央行通过作出在相当长的一段时间内保持低利率的承诺，进而引导未来预期通货膨胀的上升和产出缺口的下降。依据利率期限结构理论，长期利率等于短期利率平均值加上风险溢价，央行维持低利率的时间越长，长期利率与短期利率的相关性就越明显。并且，通过降低长期实际利率和企业、居民的融资成本，央行便可以达到促进消费和刺激经济的目的。在实际操作中，美联储、欧央行和英格兰银行先后提出了各自的前瞻指引"阈值"。例如，美联储在2008年12月危机爆发不久提出要"维持一段时间的超低利率"，在2011年和2012年先后将低利率承诺时间延迟，还在2012年12月12日开始启用6.5%的失业率门槛，直到2014年3月中旬才不再提起6.5%的失业率门槛，正式退出这一指标。

（二）扩大央行资产负债表规模

在危机发生前，美国等发达国家基本采用价格型货币政策工具，通过调节银行间隔夜拆借利率（美国联邦基准利率）经由利率期限结构工具传递至中长期利率，影响企业生产和公众消费。这样的传递路径在危机后受到零利率下限约束、流动性陷阱和未来悲观预期的制约，使价格型货币工具的传导过程变得不通畅。在这种背景下，美联储决定采用非常规的数量型货币政策工具。

1. 量化宽松政策

量化宽松（quantitative easing，QE）货币政策主要是通过预期引导和资产负债表两条渠道对经济施加影响。美国量化宽松政策主要通过美联储大规模资产购买（large-scale asset purchase，LSAP）方式实施。每当美联储发表LSAP公告时，信号效应都会产生，即市场参与者就此捕捉到央行对未来经济发展态势的判断。因此，LSAP公告传递了未来政策利率走势的信息，使投资者意识到长期内短期利率将维持在较低水平，从而增加投资和消费，促使经济回升。同时，通过先后四轮的QE实施，美联储也向金融体系投入大量的流动性。

2. 扭曲操作

扭曲操作（operation twist）是美联储推出的一项非常规货币政策操作，是指通过买入长期债券并卖出等额短期债券，压低长期国债收益率的做法。由于国债收益率是金融市场金融工具的定价基准，长期国债收益率的走低会引导长期利率走低的预期，刺激和长期利率挂钩的贷款利率走低，从而降低企业和公众的借贷成本并促进中小企业融资。

扭曲操作与QE之间的相同点在于，两项操作都通过购买长期债券、卖出短期负债的方式压低长期利率。但两者之间也存在不同，扭曲操作的规模一般要小于QE，扭曲操作是在美国多次QE效果递减的情况下政策工具的新尝试。有学者认为扭曲操作带来的好处是显而易见的：由于扭曲操作会影响长期利率，因此会对失业率、CPI（消费物价指数）、资产价格等指标都造成一定程度的影响；有利于降低企业的融资成本，促使贷款流向实体经济。

（三）改变央行资产负债表结构

后金融危机时期，零利率下限的约束制约了总量型货币政策工具的使用，结构性货币政策工具也开始被不同国家央行采用。结构性货币政策工具的主要特点是定向投放流动性,包括运用定向型工具为金融部门或实体行业提供流动性支持。从目前的实践经验看,结构性货币政策作为非常规货币政策工具的一种,在常规货币政策难以为继的情况下,为特定行业或部门提供流动性,提振市场信心,引导资金流向发挥了重要作用。下面介绍几种近年来被我国央行使用的结构性货币政策工具。

1. 常备借贷便利

常备借贷便利(standing lending facility,SLF)是全球大多数中央银行都设立的货币政策工具,中国人民银行于2013年年初也创设了常备借贷便利。它是央行的流动性供给渠道,其主要功能是满足金融机构期限较长的大额流动性需求。其对象主要为政策性银行和全国性商业银行,期限为1~3个月。其利率水平根据货币政策调控、引导市场利率的需要等综合确定。SLF以抵押方式发放,合格抵押品包括高信用评级的债券类资产及优质信贷资产等。其主要特点是:①由金融机构主动发起,金融机构可根据自身流动性需求申请。②中央银行与金融机构"一对一"交易,针对性强,即精准投放流动性。③它的交易对手覆盖面广,通常覆盖存款金融机构。

2. 中期借贷便利

中期借贷便利(medium-term lending facility,MLF)是中央银行2014年创设的提供中期基础货币的货币政策工具,对象为符合宏观审慎管理要求的商业银行、政策性银行,采取质押方式发放,并需提供国债、央行票据、政策性金融债、高等级信用债等优质债券作为合格质押品。例如,2017年1月24日,中国人民银行发布公告称,为维护银行体系流动性基本稳定,结合近期MLF到期情况,人民银行对22家金融机构开展MLF操作共2 455亿元,其中6个月1 385亿元、1年期1 070亿元,中标利率分别为2.95%、3.1%,分别较上期上升10BP。

3. 抵押补充贷款

抵押补充贷款(pledged supplementary lending,PSL)可以视作货币政策的一种新尝试。一方面,PSL可以作为基础货币投放的重要渠道,同时弥补了再贷款信用风险高的缺陷;另一方面,PSL利率可以作为货币政策利率基准,通过调整PSL利率引导市场利率,进而使得货币政策由数量锚向利率锚转型。PSL其实是再贷款的一种,是央行借贷给商业银行的一种贷款方式。但它和再贷款不一样的地方在于,再贷款是无抵押的,商业银行可以直接从央行获得一定利率的贷款,而PSL是有抵押的。PSL为商业银行提供基建、民生支出领域的低成本资金,同时降低社会融资成本,并通过PSL的利率水平来引导中期市场利率,以实现央行在短期利率控制之外,对中长期利率水平的引导和掌控。

在我国,有很多信用投放如基础设施建设、民生支出类的信贷投放,往往具有政府一定程度担保但获利能力差的特点。如果商业银行基于市场利率水平自主定价、完全商业定价,对信贷较高的定价将不能满足这类信贷需求。央行PSL所谓引导中期政策利率水平,很大程度上是为了直接为商业银行提供一部分低成本资金,引导其投入这些领域。这也可以起到降低这部分社会融资成本的作用。

4. 短期流动性调节工具

短期流动性调节工具（short-term liquidity operations，SLO）是逆回购的一种。如前所述，回购操作分成两种，即正回购和逆回购。正回购是央行向金融机构卖出有价证券，并约定在未来特定日期买回有价证券的交易行为。正回购为央行从市场收回流动性的操作，正回购到期则为央行向市场投放流动性的操作。而逆回购即央行向金融机构购买有价证券，并约定在未来特定日期将有价证券卖给该金融机构的交易行为。逆回购为央行向市场投放流动性的操作，逆回购到期则为央行从市场收回流动性的操作。通俗地说，逆回购就是央行主动借钱给银行，正回购则是央行把钱从银行那里抽走。那么，SLO就是超短期的逆回购，这是央行于2016年1月引入的新工具，以7天期以内短期回购为主，遇节假日可适当延长操作期限，采用市场化利率招标方式开展操作。人民银行根据货币调控需要，综合考虑银行体系流动性供求状况、货币市场利率水平等多种因素，灵活决定该工具的操作时机、操作规模及期限品种等。该工具原则上在公开市场常规操作的间歇期使用。

第三节 货币政策的传导机制

中央银行制定货币政策后，从政策的实施到政策发挥作用，必须经历一系列传导过程。货币政策传导机制就是要描述货币政策影响经济变量的这一过程，具体是指中央银行根据货币政策目标，运用货币政策工具，通过金融机构的经营活动和金融市场传导至企业、居民，对其生产、投资和消费等行为产生影响的过程。

一、凯恩斯学派的货币政策传导机制

（一）利率传递渠道的局部均衡分析

简单的凯恩斯模型中，存在两个部门：公共部门和私人部门，以及两类资产：货币和政府债券，金融市场上唯一存在的是债券利率。这种货币传导机制可描述为：通过货币供给 M_s 的增减影响利率 r（主要是债券利率），利率的变化通过资本边际效益使投资 I 以乘数方式增减，进而影响社会总支出和总产出。以扩张性货币政策为例，符号表示为

$$M_s \uparrow \to r \downarrow \to I \uparrow \to E \uparrow \to Y \uparrow$$

货币供应量的调整首先影响利率的升降，然后才使投资乃至总支出发生变化。

尽管凯恩斯本人最初认为这种途径主要是通过企业对于投资支出的决策来发挥作用的，然而经济学家对新的货币政策传导途径的研究发现，消费者对住宅的支出以及耐用消费品支出也属于投资决策。因此，这里的总支出既包括企业的固定投资和存货投资，也包括居民的住宅投资和耐用消费品投资。

一个标准的 IS-LM 模型中，利率传导效应也十分明显，如图 8-3 所示。简述如下：货币供给量一定，货币市场均衡线 LM 曲线与商品市场均衡线 IS 曲线的交点 E_0 就是经济均衡点。当货币当局实行紧缩性货币政策时，LM 曲线向左移动，从 LM_0 移至 LM_1，利率由 r_0 上升为 r_1，利率的上升抑制投资，均衡产出从 Y_0 下降到 Y_1。

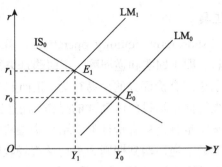

图 8-3 货币政策的利率传导过程

IS-LM 模型从局部均衡的角度出发，揭示了货币市场对商品市场的初始影响，但是没有考察商品市场对货币市场的影响，没有反映出两个市场之间的相互作用过程。因此，这只是一种局部分析方法。

（二）利率传递渠道的一般均衡分析

考虑到货币市场与商品市场的相互作用，凯恩斯学派进行了进一步的分析，称为一般均衡分析，传递过程如下。

第一，假定货币供给增加，产出水平不变时，利率下降，下降的利率会刺激投资，并引起总支出增加，总需求的增加又推动产出上升。这是货币市场对商品市场的作用。

第二，产出和收入增加，引起货币需求的增加，这时如果没有增加新的货币供给，则货币供求的对比会导致下降的利率回升。这是商品市场对货币市场的作用。

第三，利率回升，使总需求减少、产量下降，而产量下降又会导致货币需求下降，利率又会回落。这是货币市场和商品市场往复不断的相互作用过程。

第四，上述过程最终会逼近一个均衡点，这个点同时满足货币市场和商品市场两方面的供求均衡要求。在这个点上，利率可能较原来的均衡水平低，而产出量则可能较原来的均衡水平高。

凯恩斯学派的利率传导渠道较为间接，传导效果取决于三个参数：货币需求对利率的敏感性，决定了货币供给的变动可以在多大程度上影响利率；私人投资对利率的敏感性，决定了利率的变动对私人投资的影响；投资乘数，决定了私人投资的变动能在多大程度上影响国民收入。按照凯恩斯学派的观点，货币需求对利率十分敏感，存在着"流动性陷阱"。所以，任何货币供给的增加都会被公众所持有，而不会引起利率的变化。而且，凯恩斯认为私人投资对利率是不敏感的，决定私人投资的因素是投资者对投资前景的预期。据此，凯恩斯认为，货币是无关紧要的。

二、货币学派货币政策传导机制

以弗里德曼为代表的现代货币学派认为，利率在货币政策传导机制中不起主导作用，而更强调货币供应量在整个传导机制中的直接效果。他们认为，货币政策传导机制不是通过利率间接地影响投资和收入，而是通过货币供应量的变动直接影响支出和收入。用符号表示为

$$M \to E \to I \to Y$$

$M \to E$，表示货币供应量的变动直接影响支出，原理是：第一，货币需求有其内在的稳定性。第二，弗里德曼货币需求函数中不包括任何货币供给的因素，因而货币供给的变化不会直接引起货币需求的变化。至于货币供给，现代货币学派视其为外生变量。第三，作为外生变量的货币供给改变，如增大时，由于货币需求并不改变，公众手持货币量会超过其愿意持有的货币量，从而必然增加支出。

$E \to I$，表示变化的支出作用于投资的过程，货币主义者认为这是资产结构调整的过程。其原理是：第一，超过愿意持有的货币或用于购买金融资产，或用于购买非金融资产，直至用于人力资本的投资。第二，不同取向的投资会相应引起不同资产相对收益率的变化，如投资金融资产偏多，金融资产市值会上涨，收益率会相应下降，从而刺激非金融资产投资，如此等等。第三，引起资产结构的调整，在这一调整过程中，不同资产收益率的比值重新趋于相对稳定的状态。

$I \to Y$，表示变动的投资影响名义收入的过程。Y 是价格和实际产出的乘积，M 作用于支出，导致资产结构调整，由此使投资变化，并最终导致 Y 的变化。货币主义者认为，货币供给的变化短期内对实际产出和价格水平均有影响，但长期来看，只会影响价格。

三、资产价格渠道传导机制

（一）托宾 q 传导机制

托宾沿着一般均衡分析的思路扩展了凯恩斯的模型，提出一种用于解释货币政策通过权益（股票）价值来影响经济的机制理论，称为托宾的 q 理论。该理论强调了资产结构调整在货币传导过程中的作用。

q 是一个比值，等于企业的市场价值比企业的资本重置成本，用公式表示为

$$q = \frac{\text{企业市值}}{\text{企业重置成本}} = \frac{V}{P_k K}$$

式中，V 为企业的市场价值，即企业的股票总市值；P_k 为每单位实物资本的价格；K 为企业的实物资本总数。后两者相乘即为企业重置成本。

托宾认为，q 和投资支出之间是正相关关系。q 的高低反映了企业的投资愿望，企业的投资决策取决于 q 值是否大于1。如果 q 值大于1，意味着企业的市值高于其资本重置成本。相对于企业的市值而言，新的厂房和设备的投资比较便宜，因而企业可通过发行股票获得价格相对低廉的投资品，从而增加投资和总需求。相反，如果 q 值小于1，则企业的市值低于其资本的重置成本，企业就不会购买新的资本品。如果此时企业仍希望获得资本品，它们可以以较低的价格购买其他企业来获得这些企业已有的资本品，投资支出即新资本品的购买就会减少。因此，q 值是决定新投资的主要因素。

托宾强调了资产结构调整在货币传导过程中的作用。假如货币政策变动导致货币供应量增加，公众发现手中的货币多了，因此增加了支出，从而增加了对股票的需求，引起股票价格的上涨，q 值相应上升，企业投资支出增加，从而刺激生产增长。这一过

程用符号描述为

$$M\uparrow \to r\downarrow \to P_e\uparrow \to q\uparrow \to I\uparrow \to Y\uparrow$$

因此，一个扩张性的货币政策会使得股票价格上升，降低资本成本，从而增加了投资和产出。

（二）财富效应传导机制

莫迪利亚尼引入生命周期理论，补充了货币供给量的变化对私人消费的影响，提出了货币政策的财富效应渠道。货币政策的财富效应渠道，是指货币政策通过货币供给的增减影响股票价格，使公众持有的以股票市值计算的个人财富发生变动，从而影响其消费支出，进而影响国民收入的传导效应。

莫迪利亚尼所指的消费，是在非耐用消费品和服务上的开支，它取决于消费者的毕生财富，而不是消费者的当期收入。他认为，消费者所获得的毕生财富包括人力资本、实物资本和金融财富，这决定了他的支出水平。消费者毕生财富的一个重要组成部分是金融资产，而股票又往往是金融资产的主要组成部分。因此，当实施扩张性货币政策，货币供应量增加，使普通股的价格上升、金融资产的市场价值上升时，消费者的毕生财富（用 W 表示）也增加，进而消费增加（用 C 表示），乃至产出将上升。财富效应的货币政策传导机制用符号表示为

$$M\uparrow \to P_e\uparrow \to W\uparrow \to C\uparrow \to Y\uparrow$$

需要说明的是，财富效应中影响消费者支出的是其毕生财富，所以只有股市持续较长时间的上涨，才会增加消费者整体的毕生财富。这时才具有财富效应，而股市短时间的暴涨暴跌是不具有财富效应的。

（三）汇率传导机制

汇率渠道，也称净出口传导渠道。国际交往越来越频繁，世界经济越来越走向一体化，国际因素也必须考虑进来，货币政策传导机制主要表现在汇率的变动对净出口的影响上。它是对利率渠道的补充，或者说是一种延伸。

假定本国的货币供给增加，从而使本国的利率下降，投资者持有本国银行存款的利息收益就下降，因而他们将渴望把本国的货币兑换成外国的外币，以获得外国较高的利息收入。当许多投资者都在外汇市场抛出本国货币、买进外国货币时，本币将贬值，而本币的贬值将有利于扩大本国的出口、减少本国的进口，从而净出口增加。因此，货币供给的增加可以通过净出口的增加而使总产出增加。这一传导机制表述如下：

$$M\uparrow \to r\downarrow \to e\uparrow \to NX\uparrow \to Y\uparrow$$

式中，e 代表直接标价法下本币的汇率；NX 代表净出口。

这种传导效应也是有前提条件的：外币可以自由流入；本币可以自由兑换；实行浮动汇率制。缺乏这三个条件，汇率渠道就不会产生作用。

四、信贷传导机制

由于对传统的利率传导机制和货币主义的不满，经济学家提出了基于金融市场信

息不对称问题的解释，这种观点被称为信贷渠道。其主要有两种类型的传导机制：一种通过信息问题对银行贷款的影响发挥作用，另一种则通过影响企业和消费者的资产负债表状况发挥作用。信贷传导渠道的核心思想是：货币当局可以通过特定政策的实施来调节银行的金融头寸，改变银行提供贷款的能力，再通过贷款市场利率的升降，最终影响总产出，传递过程如下：

货币政策→利率→（贷款者、借款者、储蓄者）→信贷可得性变动→投资变动→总产出变动

这一理论既坚持了货币政策经由利率而影响经济活动的传导机制理论，又修正了过去货币经济学家在货币政策传导机制问题上的理论偏差，从而丰富了货币政策的传导机制理论，为货币政策的有效性提供了理论依据。

（一）银行借贷渠道

银行在金融体系中扮演着一个特殊的角色，这是因为银行可以解决信用市场信息不对称问题。在信息不对称环境下，银行贷款与其他金融资产不完全可替代，特定借款人的融资需求只能通过银行贷款满足，因此除了一般的利率传导渠道之外，还存在银行信贷变化影响投资和消费增加，从而推动经济增长的途径。

以宽松的货币政策为例，假定中央银行通过货币政策工具，导致货币供应量（M）增加，使得银行存款（D）相应增加，进而增加银行可发放贷款（L）的数量。银行贷款的上升，使那些依赖银行贷款融资的特定借款人必须增加投资和消费，带动总支出增加，总产出（Y）上升，用符号表示为

$$M\uparrow \to D\uparrow \to L\uparrow \to I\uparrow \to Y\uparrow$$

这种传导机制理论的重要含义在于，相比于能够通过股票市场和债券市场融资的大企业而言，小企业更依赖银行贷款，所以货币政策对小企业的投资作用更为明显。

（二）资产负债表渠道

1. 公司资产负债表传导渠道

（1）通过影响公司净值发挥传导作用。货币政策通过影响借款人的授信能力，来发挥货币政策影响力。由于借款人只有凭流动资产或可抵押品才能获得银行信用，公司资本净值可以作为借款时的担保品。资本净值下降，意味着贷款者实际上对他们的贷款获得很低的担保，因此来自借款人逆向选择和道德风险的损失会增加（因为较少的资本净值意味着所有者在他们的企业中拥有更低的股本回报，刺激他们投资于风险项目），导致银行贷款减少，从而投资支出减少。

货币政策可以影响企业的资产负债情况。紧缩的货币政策会导致股票价格下跌，进而降低资本净值，企业可获得银行贷款的能力降低，投资减少。传导过程如下：

$$M\downarrow \to P_e\downarrow \to 资本净值\downarrow \to 逆向选择和道德风险\uparrow \to L\downarrow \to I\downarrow \to Y\downarrow$$

（2）通过影响公司现金流量发挥传导作用。货币供给量的变动影响借款者净现金流（NCF）的状况。紧缩的货币政策使名义利率上升，引起公司资产负债表的恶化。货币供应量的减少和利率的上升，直接导致利息等费用支出的增加，减少净现金流；同时又间接影响销售收入下降，也会减少净现金流。公司现金流量越小，其偿还能力越差，同

样会引起逆向选择和道德风险问题的增加,从而导致银行贷款量的减少,投资下降,产出回落,传导过程如下:

$$M\downarrow \to r\uparrow \to \text{NCF}\downarrow \to \text{逆向选择和道德风险}\uparrow \to L\downarrow \to I\downarrow \to Y\downarrow$$

(3)通过影响一般物价水平发挥传导作用。在工业化国家中,债务总是以固定的名义利率计息的,而意料之外的物价水平(P)上升会降低企业的实际负债(减轻债务负担),但是不降低企业资产的实际价值,宽松的货币政策就提高了通货膨胀率,引起物价水平意料之外的上升,进而提高企业的实际净值,缓解了逆向选择和道德风险问题,这又会导致投资支出的增加和总产出的提高,过程如下:

$$r\downarrow \to \pi\uparrow \to \text{意料之外的}P\uparrow \to \text{企业实际净值}\uparrow \to \text{逆向选择和道德风险}\downarrow \to \text{贷款}\uparrow \to I\uparrow \to Y\uparrow$$

式中,π 代表通货膨胀率。

2. 个人资产负债表传导渠道

(1)通过耐用消费品支出的传递。货币政策通过引起利率的变动,来影响消费者对耐用消费品支出的决策,进而影响总需求的效应。耐用消费品支出主要是指消费者对住房、汽车及家用电器等耐用品的支出。由于消费者用于耐用消费品的支出常常是通过借贷的方式来筹措的(如贷款买房、贷款买车),利率降低会使在这方面支出的筹资成本降低,从而鼓励消费者增加耐用消费品支出。扩张性货币政策降低利率,消费者通过贷款或延期支付等方式购买耐用消费品的利息支出便会下降,因而对耐用消费品的购买将更为踊跃,从而刺激耐用消费品支出增加。这一过程表示为

$$M\uparrow \to r\downarrow \to \text{耐用消费品支出}\uparrow \to Y\uparrow$$

(2)通过流动性效应的传递。货币政策通过影响股票价格,使消费者持有的金融资产价值及其资产的流动性发生变化,从而影响其耐用消费品支出变化。人们在进行耐用消费品消费时,通常根据自己的资产负债状况得出关于资产流动性的判断。若流动性高,人们增加对耐用消费品的支出;反之,则减少对耐用消费品的支出。

当预计遇到财务困难时,无论是个人还是企业,都愿意持有流动性强的金融资产而不是流动性不足的实物资产。金融资产如银行存款、股票、债券等,可以很快在市场上出售,而且在变现时价值损失的可能性也比较小,流动性高。但想很快出售耐用消费品等实物资产,则可能出现两种结果:一是找不到合适的买主;二是可能收不回该耐用消费品的完全价值。因此,当发生财务困难的可能性增大时,人们会减少对耐用消费品的支出;反之,则会增加对耐用消费品的支出。

一般地,当消费者持有的金融资产数量远比其债务多时,他们对未来发生财务困难可能性的估计会很低,因而会愿意购买耐用消费品。例如,实施扩张性货币政策时,股票价格上升,金融资产价值也会上升,人们对发生财务困难可能性的估计会降低,就会愿意增加对耐用消费品的支出。随着消费水平的上升,物价水平上升,消费者的实际债务水平下降。结果与债务额相比,金融资产的价值上升,使得财务困难发生的可能性大大降低,于是消费者用于购买耐用消费品的支出大幅增加。这一流动性效应的传导机制可表述为

$$M\uparrow \to P_e\uparrow \to \text{金融资产价值}\uparrow \to \text{人们对财务困难可能性的估计}\downarrow \to \text{耐用消费品支出}\uparrow \to Y\uparrow$$

信贷渠道是货币政策传导机制极为重要的组成部分,主要有三个方面的原因。首

先，从理论上讲，信贷渠道分析的核心是信贷市场的信息不对称。而这一理论广泛应用于解释金融市场存在的很多重要现象，如为什么有这么多金融机构等。其次，在新兴市场国家，利率是长期受到管制的，资本市场发育不健全，间接融资比重高于直接融资，银行信贷是主要的融资渠道，甚至存在所谓的过度银行化现象。信贷渠道不仅是存在的，且可能是主要的传导渠道。最后，大量实证表明，信贷市场不对称的类型的确对企业支出及雇佣决策有重要影响。

第四节　货币政策的效果

一、西方对货币政策效应理论评价的演变

西方市场经济国家用来干预经济生活的现代宏观经济政策，包括货币政策，始于20世纪30年代凯恩斯主义的形成。凯恩斯否定了西方古典经济学派关于经济人是理性人的假设，否定了关于供给可以创造同等需求以及市场机制的本身即可实现充分就业均衡的论点。他认为有效需求不足是必然的，因而必须由国家干预经济生活予以补足。至于国家所应采取的政策，他认为在当时应是财政政策，而不是货币政策——货币政策无力扭转过度萧条的局面。通过财政政策所实现的需求扩张，在达到充分就业以前，不会引起通货膨胀。

凯恩斯主义在第二次世界大战后有了进一步的发展，就其政策主张来说，认为财政政策与货币政策两者的配合采用，有可能熨平资本主义的周期波动，消灭危机，并实现成长、就业和稳定诸目标的协调一致。但是，第二次世界大战后的一些实践说明，国家干预的结果却是经济增长与通货膨胀并存。在这样的背景下，出现了把这两者视为具有相互替代关系的菲利普斯曲线。到了20世纪70年代，又出现了"滞胀"的局面，即就业已不能用通货膨胀的代价来换取，与通货膨胀同时存在的却是经济停滞和突出的失业问题。

货币学派反对凯恩斯学派关于国家干预经济生活的主张，认为国家的过多干预阻碍了市场自我调节机制作用的发挥，从而促成经济紊乱。就货币政策来说，凯恩斯学派主张实施"逆向"调节的相机抉择方针。其原则是：当总需求低于充分就业产量时，实行扩张性货币政策，刺激总需求，特别是刺激投资需求，以消除失业；当总需求高于充分就业产量时，实行紧缩性货币政策以抑制总需求，消除通货膨胀。相机抉择政策长期以来一直是西方政府经济决策的主要依据。20世纪60年代以来，西方国家出现了滞胀现象，即失业和通货膨胀并发，凯恩斯对此一筹莫展，于是凯恩斯经济学的统治地位严重动摇了，相机抉择也受到批评。以弗里德曼为代表的货币主义认为财政政策是无效的，而相机抉择的货币政策亦由于政策效果的滞后性会对经济造成严重后果，唯一的出路是实行货币供给按一个固定比率增长的单一政策规则。他们论证，货币需求函数的变动，从长期看是相当稳定的，因而其主张是保持货币供给按"规则"增长。在20世纪70年代批判凯恩斯主义的还有供给学派，他们同样强调充分发挥市场本身的调节作用，同时还重新确认供给决定需求这一古典原理，认为经济具有足够的能力购买它的全部产品。

所以，他们主要的政策主张是通过降税等措施刺激投资和产出。由于他们不认为应在需求方面采取什么行动，因而决定了他们的货币政策主张是单一的稳定。

随后，合理预期学派得到很大的发展，他们重新确认西方古典经济学关于经济生活中的主体是"理性人"的假设。所谓理性人，是指他们都会尽力收集有关信息，进行合理的预测，并按效用最大化和利润最大化的原则做决策。他们认为，只有靠出乎微观主体的预料，宏观政策才能生效，但要使所有人长期受骗是不可能的。他们也强调市场机制的作用，反对相机抉择的政策主张，认为这只会造成政策不稳定的感觉并加剧波动。他们的货币政策主张与货币主义一样，强调政策的连续性，要求货币供给量的增长应保持稳定。

自由资本主义时期的货币政策是要求创造稳定的金融环境，以保证市场机制发挥作用；凯恩斯主义的货币政策是要求主动通过金融工具逆风向地调节有效需求，并认为在与其他政策配合下可以克服经济波动；现代批判凯恩斯主义的各流派，则是在凯恩斯主义政策虽曾一度取得某种成功但也同样陷入困境的背景下，反对相机抉择的政策，主张货币政策稳定，并相信只有依靠市场机制才能走出困境。西方对货币政策效应理论评价的演变提醒着我们，寻找适合经济发展的货币政策效应评价标准，是一个永恒的课题。

二、货币政策效果的评价标准

（一）政策效应发挥的快慢

货币政策时滞越短，预期目标实现得越快，政策效应就越好。从我国的实际情况来看，存款准备金率、再贴现率、一年期贷款利率对宏观经济的影响在实施相应货币政策后的第一季度就开始发挥作用，并且作用效果在第一季度达到最大，之后逐渐波动衰减。假定政策的大部分效应要在较长的时间，比如两年内产生，在这两年中经济形势会发生很多变化，那就难以判断货币政策的预期效应是否实现。

（二）政策效应发挥的大小

判断货币政策效应的大小，一般着眼于实施的货币政策所取得的效果与预期所要达到的目标之间的差距。以评估紧缩性货币政策为例，当总需求大于总供给引起总量失衡时，货币政策以纠正供求失衡为目标，那么可以从以下几个方面考察紧缩性货币政策的效应大小：首先，如果通过实施紧缩性货币政策减少货币供应量、平抑价格水平的同时又不影响产出或经济增长率，那么可以说这项政策效应最大。其次，如果在减少货币供应量、平抑价格水平的同时，也抑制了产出的增长，那么政策效应的大小视价格水平变动率与产出变动率的对比而定。若产出数量减少规模不大且平抑价格水平的目标基本实现，则视为紧缩政策有效性较大；若产出数量减少明显且平抑价格不理想，则紧缩政策的效应不大。最后，如果紧缩政策无力平抑价格水平，则该政策是无效的。

在现实生活中，宏观经济目标的实现往往依赖于多种政策的配合。因此，要准确地检验货币政策的效果，还要结合与其他政策之间的相互作用及作用的大小进行分析。

三、货币政策效果的影响因素

（一）货币政策时滞的影响

货币政策从制定到最终目标的实现，必须经过一段时间，这段时间称为货币政策的时滞。时滞是影响货币政策效果的重要因素，如果收效太迟或难以确定何时收效，则政策本身能否成立也就成了问题。通常货币政策的时滞大致有三种：第一种是认识时滞，即从需要采取货币政策行动的经济形势出现到中央银行认识到必须采取行动所需要的时间。第二种是决策时滞，即从央行认识到必须采取行动到实际采取行动所需的时间。上述两种统称为货币政策的内在时滞。第三种是货币政策的外在时滞，即从央行采取货币政策措施到对经济活动发生影响、取得效果的时间。内部时滞的长短取决于货币当局对经济形势发展的预见能力、制定对策的效率和行动的决心等因素，一般比较短促，也易于解决。而外部时滞所需时间较长，货币当局采取货币政策行动后，不会立即引起最终目标的变化，它需由影响中间目标变量的变化，通过货币政策传导机制，影响到社会各经济单位的行为，从而影响到货币政策的最终目标，这个过程需要时间。如果货币政策可能产生的大部分效应能够较快地表现，那么货币当局就可根据期初的预测值，考察政策生效的状况，并对政策的取向和力度做必要的调整，从而使政策更好地实现预期的目标。

（二）合理预期因素的影响

合理预期对货币政策效果的影响，是指社会经济单位和个人根据货币政策工具的变化对未来经济形势进行预测，并对经济形势的变化作出反应。这可能会使货币政策归于无效。例如，政府拟采取长期的扩张政策，只要公众通过各种途径获得一切必要信息，他们将意识到货币供应量会大幅度增加，社会总需求会增加，物价会上涨，公众将认为这是发生通货膨胀的信号。在这种情况下，工人会通过与雇主谈判提高工资，企业预期工资成本增大而不愿扩展经营，或人们为了使自己在未来的通货膨胀中免受损失而提前抢购商品。最后的结果是只有物价的上涨而没有产出的增长。显然，公众对金融当局采取政策的预期以及所采取的预防性措施，使货币政策的效果大打折扣。

（三）货币流通速度的影响

对于货币流通速度一个相当小的变动，如果政策制定者未能预料到或估算这个变动幅度时出现偏差，都可能使货币政策效果受到严重影响，甚至有可能使本来正确的政策走向反面。在实际生活中，对货币流通速度变动的估算很难做到不发生误差，因为使之发生变动的因素太多，所以货币政策的效果也通常会受到影响。

（四）货币政策决策透明度的影响

从方针政策和决策准则来说，要求在决策者和广大公众之间高度沟通。如果决策过程不透明，就难以树立公众对货币当局的信任；如果没有必要的透明度使公众领会决策者的行为准则和意向，那么在公众的胡乱猜测中所造成的紊乱必然会使经济付出代价。

现在很强调货币政策要讲规则,实际上,不仅对政策目标的确定应有规则,就是政策的操作也应有规则。依据各国货币政策的实践,也可以这样理解:无论确定的最终目标有何区别,政策工具的选择有何区别,操作和调整程序有何区别,货币当局的行为均应力求规范,有规则可循。如此强调,无疑是为了规范货币当局的行为,保证货币政策的质量,但同时又与透明度有关:透明度越高,就越有利于取得公众的信任。不透明或没有必要的透明度,公众的预期将对消货币政策的效应,甚至使政策失效。有了必要的透明度,取得了公众的信任,使得公众的推测常常符合货币当局决策的意向,则是贯彻货币政策的助力。

(五) 其他因素的影响

除以上因素外,货币政策的效果也受到其他外来因素或体制因素的影响。例如一项既定的货币政策出台后总要持续一段时期,在这一时期内,如果经济条件发生某些始料不及的变化,而货币政策又难以作出相应的调整,就会出现货币政策效果下降甚至失效的情况。同时政治因素对货币政策效果的影响也是巨大的,因为任何一项货币政策的实施,都可能给不同群体的利益带来一定的影响。当这些主体利益受损时,就会产生一定的政治压力,政治压力足够大时,就会迫使中央银行对货币政策进行调整。

美联储量化宽松政策实施与效果

2020年新春,突如其来的疫情让各行各业受到猛烈冲击,我们见证了诸多奇事、大事——股市期市崩塌式暴跌、美股惊魂上演多次熔断、国际油价跌成负值……全球经济一度陷入"冰河世纪"。

这一次,美联储无所畏惧,开着直升机撒钱,姿势更洒脱!新冠肺炎疫情席卷全球,全球经济增长也被按下暂停键。面对冲击,2020年一季度美联储再次降息,从实施零利率到祭出无限QE,开启了全球央行"大放水"。2020年3月以来,以美联储为首的世界主要经济体的印钞规模,超过了2008年以前5 000年文明史人类印钞规模的总和!新冠肺炎疫情的暴发,使全球数十亿人遭遇破产、失业等问题,生活更加艰难。如此大规模的印钞,究竟能否解决人们所面临的困境?

2020年的直升机还未降落,2021年的直升机已然起飞!拜登刚上台,随即宣称再撒1.9万亿美元,继续救市。但是,鲍威尔和耶伦可能都一头雾水,为什么放了这么多水,长期国债却仍然大跌,申购倍数创十年新低,越来越多的机构抛售美债——难道有钱还买不到远端国债利率下行?还真买不到!越放水,国债利率越涨,"升升"不息。

货币大放水无法解决问题了吗?这一次,货币还真的无法解决!钱终于不是万能的了,因为,隐身了十年的灰犀牛——通胀,即将现身了……

案例讨论分析

请思考：

1. 受新冠肺炎疫情全球扩散和中东石油价格战的双重影响，全球经济衰退的风险增加，美联储祭出"零利率+无限量化宽松"。那么，传统和非传统的宽松货币政策有哪些？为何美联储放弃"三大法宝"而选择实施 QE？

2. 大宗商品新一轮超级周期已为美国通胀打通出口。通胀灰犀牛将与大众见面。你对我国通胀预期持有什么样的态度？未来我们又应该采取什么措施进行控制？

【本章小结】

货币政策是指中央银行为实现既定的经济目标运用各种工具调节货币供给和利率，进而影响宏观经济的方针和措施的总和。最终目标有物价稳定、充分就业、经济增长、国际收支平衡。

货币政策中介目标的选择标准有可测性、可控性、相关性、抗干扰性、适应性。中介目标的分类为：近期中介目标或者操作目标，包括短期货币市场利率、银行准备金、基础货币；远期目标中介或者中间目标，包括长期利率、货币供应量、汇率。

根据货币政策工具的调节职能和效果，货币政策工具可分为以下四类：一般性货币政策工具、选择性货币政策工具、补充性货币政策工具及非常规货币政策工具。一般性货币政策工具，又称"三大法宝"，是指公开市场操作、再贴现政策和法定存款准备金制度。

后金融危机时代各国央行先后推出了非常规货币政策工具，如前瞻指引、扩大中央银行资产负债表规模和改变中央银行资产负债表结构。其中，美联储常用量化宽松操作，而我国央行使用最多的是常备借贷便利、中期借贷便利、抵押补充贷款和短期流动性调节工具。

凯恩斯学派认为，货币政策工具必须影响到利率才能发挥作用，而现代货币学派认为，利率在货币政策传导机制中不起主导作用，而更强调货币供应量在整个传导机制中的直接效果。他们认为，货币政策传导机制主要不是通过利率间接地影响投资和收入，而是通过货币供应量的变动直接影响支出和收入。

主要的资产价格渠道传导机制是托宾投资 q 理论、财富效应渠道和汇率渠道。

信贷渠道传导机制是比较新且有争议的理论。均衡信贷配额理论确立了信贷渠道作为货币政策传导机制的基础。在此基础上，伯南克等逐渐形成了两种具体的信传导理论：银行借贷渠道和资产负债表渠道。

影响货币政策效果的主要因素有货币政策时滞、合理预期因素、货币流通速度、货币政策决策的透明度和其他因素。

【复习思考题】

1. 结合我国实际说明货币政策主要有哪些作用。

2. 如何理解货币政策的诸目标及其彼此间的关系？

3. 什么是货币政策的操作指标和中介指标？选定这些指标有何标准？

4. 传统的货币政策三大工具及其作用原理是什么？试对其政策效果进行分析。

5. 货币政策的传导机制有哪些？试分析我国的货币政策主要是通过哪些途径传导的、效果如何。

【进一步阅读书目】

1. 梅耶. 货币、银行与经济[M]. 上海：上海人民出版社，2007.
2. 汉达. 货币经济学[M]. 北京：中国人民大学出版社，2013.
3. 肖. 金融理论中的货币[M]. 上海：上海人民出版社，2006.
4. 夏丹阳. 货币理论与货币政策研究[M]. 北京：中国财政经济出版社，2004.

即测即练

自学自测　扫描此码

第九章

货币金融理论

【本章学习目标】

通过本章学习,学生应该能够:
1. 了解货币供求理论,对货币有一个全面、清晰的认知;
2. 了解利率理论的含义;
3. 熟悉和掌握通货膨胀与通货紧缩的类型、原因。

老张的退休金

老张退休10多年了,养老金每月3 500元,也不是太多。今年养老金普调5%涨了175元,他一高兴决定去吃狗不理的素包,老张有"三高",吃不了酱包,关键是他爱吃狗不理的素包。狗不理的素包原来12元一笼现在涨价了,14元一笼。

他吃着素包,突然就想到一个问题,原来3 500元÷12元可以吃291笼,现在养老金涨了,3 675元÷14元却只能吃262笼了,也就是说养老金涨了,狗不理的素包消费笼数反而降了,少吃291-262=29笼。老张想着想着,又想到了自己的那张20万元的存单,这可是他一辈子努力赚下来的存款,也是老张的保命钱,如果换算成狗不理的素包,过去12元,可以买16 666笼,现在14元,只能买14 285笼了,老张就想养老金是涨了,可是他的20万元保命钱却贬值了这么多,16 666-14 285=2 381笼没了,如果一天吃一笼的话,足够吃6.5年。

引导案例分析

第一节 货币供求理论

一、马克思的货币需求理论

马克思的货币需求理论可以归结为整个马克思政治经济学体系中的重要有机组成部分,包含从价值形式分析、货币的起源、货币的本质、货币的职能、货币流通规律到货币对商品交换以及再生产的影响、货币供给与银行信用、利率决定、货币金融危机等诸多丰富而深刻的理论。马克思的货币需求理论主要可归结为以下三个方面:首先,马克思从货币作为固定地充当一般等价物的特殊商品这一特性中,推断出人们对货币需求的经济理性基础。为什么人们愿意持有货币？按照马克思的观点，这是由于货币"作为物质财富的一般代表"，"能直接转化为任何商品"，因此，"随着商品流通的最初发展，把第一形态变化的产物、商品的转化形式或它的货币保留在自己手中的必要性和欲望也发展起来了"，并且，这种欲望"按其本性是没有止境的"。其次，马克思在分析货币的流通手段职能时，揭示了资本主义出现生产过剩危机的可能性。由于在工资—商品—工资的交换过程中，卖与买分裂成两种独立的行为，如果一个人只卖而不买，从而货币退出流通，将使其他人的商品实现面临困难。分工的正常进行要求商品必须转化为货币，可是恰恰是分工又使这种转化能否成功成为偶然的事情。因此，认为商品流通必然造成买与卖的平衡，"是一种最愚蠢不过的教条"，"这些形式包含着危机的可能性"。最后，马克思通过分析货币贮藏手段职能，进一步强调了货币对交换过程进而社会再生产过程可能产生的影响。虽然他提出"货币贮藏的蓄水池，对于流通中的货币来说，既是排水渠，又是引水渠"。但是他总的倾向是认为货币贮藏将导致流通过程受阻，即工资—商品到工资—商品的转化中断。人们贮藏货币既可能源于偏好其作为物质财富的一般代表的动机（属于自愿的贮藏），也可能是由于再生产过程的条件所致，即所谓非自愿的贮藏。例如，在积累的剩余价值达到执行追加资本职能的必要规模之前，只能不断地"凝结为贮藏货币"，这将导致货币资本向生产资本转化的暂时中断。"贮藏货币，作为只是逐渐形成的潜在货币资本时，它是绝对非生产的。"这时如果没有足以适应能动的流通需要的货币量，某些企业的商品过剩就成为不可避免的了。此外，就货币供给而言，马克思的货币理论本质上属于一种内生的理论，因为它是从商品的价值引申出货币的价值与本质，从流通中的商品价值（价格）总量引申出流通的货币量，既指出了货币的流通手段职能，更强调了货币的价值尺度基本职能，这就与货币数量论划清了界限。

马克思的上述思想实际上已经从货币理论的视角揭示了资本主义商品经济发展不稳定性的根源，它们对凯恩斯以及后凯恩斯学派关于货币经济的认识产生了重要影响。

二、古典货币数量论

17世纪60年代到19世纪中期，是古典经济学的兴盛时期，对货币、信用等问题的研究成为最重要的内容之一，其中自然包含了对货币需求的研究。早期最主要的理论是货币数量论，其主要思想源于对货币数量和物价以及货币价值关系的争论。

古典的经济学理论一般采用"两分法"的结构，将统一的经济体分为货币面和实物面两个相互独立的部分进行研究，因而经济理论也就相应地分为货币理论和价格理论两个体系。以萨伊和瓦尔拉斯为代表的古典学派一般把货币当作与实际经济过程并无内在联系的外生变量。萨伊认为，货币的唯一职能就是充当商品交换的媒介，货币数量的增加必然使一般物价水平与货币数量同比例上升。瓦尔拉斯在其一般均衡论中也指出，经济本身是一个整体，货币的出现只不过是在已有的商品系列中添加的特殊商品而已，货币的存在，在他的一般均衡论中不具有必然性。

货币数量论的发展最早可以追溯到1752年大卫·休谟在他的《利息论》和《货币论》中的经典论述。可以说，货币数量论是西方经济学中流传最广、势力最大的一种解释物价与货币价值的学说，它在"货币中性"的基本假设前提下，深入研究了价格水平的变化以及货币价值同货币数量之间的内在联系，为以后的货币需求理论以及货币经济理论的研究奠定了基础。传统的货币数量论可以按时间先后分为早期的货币数量论和近代货币数量论两大部分。

早期的货币数量理论来源于对货币数量和物价以及货币价值关系的争论。洛克（John Locke）和坎特罗（R.Cantillon）是这一时期的代表人物。洛克将商品价值区分为固有价值和市场价值两部分，固有价值取决于商品本身的固有属性，而市场价值则取决于商品的供求关系。货币作为一种特殊的商品也具有两部分价值，又由于人们对货币的需求是无限的，因而货币价值就由货币供给数量所决定。坎特罗在洛克的基础上，又对货币数量增加而引起的物价上涨过程进行了论述，他也是第一个认识到货币数量增加与物价上涨之间不是完全等比例的经济学家。他认为，货币增加有两种来源：一是金银矿的开采，二是贸易顺差。但无论哪种方式，都会引起相关经济主体的收入增加，进而导致其支出的增加，即社会商品的需求增加，最终导致社会整体物价水平的上升。同时，坎特罗认为，货币数量与物价上涨之间虽存在因果关系，但却无严密的比例关系。"这犹如河水一样，虽然水量增加一倍，但河水的流速未必增加一倍。"他的这一思想也成为以后维克塞尔积累过程理论的基础，而维克塞尔的积累过程理论又为现代货币理论的发展起到十分重要的指导作用。

三、凯恩斯的货币需求理论

凯恩斯是现代西方最著名的经济学家，宏观经济学的创始人之一，在货币理论的研究上也有辉煌的成就。凯恩斯最早曾是现金余额说的拥护者和剑桥学派的重要代表人物。但随着他的《货币理论》在 1930 年出版，他已经对传统经济学进行了新的思考和评价，并提出了很多质疑。到 1936 年他所著的《就业、利息和货币通论》出版时，他已经完全背离了传统的新古典学派经济理论，彻底否定了萨伊定律，从价格分析转变到面向就业与产出的更为一般性的货币理论研究。他以 1933 年的经济大危机为理论背景，在《就业、利息和货币通论》中提出了一整套新颖的经济理论，我们称之为"凯恩斯革命"。凯恩斯经济理论是西方宏观经济学的重要内容，本书只着重介绍这一理论体系中的货币需求原理。

1936 年，凯恩斯在《就业、利息和货币通论》中提出了他的货币需求理论——流动性偏好理论。流动性偏好，是指人们宁愿持有流动性高但不能生利的货币，而不愿持有其他能生利但不易变现的资产这样一种心理倾向，这种流动性偏好实质上就是人们对货币的需求。凯恩斯继承了剑桥学派的研究方法，从资产选择角度来考察货币需求。但凯恩斯没有像他的前辈那样，在分析了影响货币需求的各种因素之后，草率地将这些因素进行简化，而是对人们持有货币的各种动机进行了详尽的分析，并得出了实际货币需求不仅受实际收入的影响而且也受利率影响的结论。这一结论从货币数量论的角度理解还有另外的含义，那就是货币流通速度也是受利率影响的、多变的变量。

凯恩斯货币需求理论的特点就在于对货币需求动机的分析，凯恩斯认为，人们的货币需求动机主要有三个，即交易动机、预防动机和投机动机。

（一）交易动机

货币需求的交易动机又可分为个人交易动机与企业的营业动机。个人和企业为了满足日常支付和交易需要，必须持有一定量的货币。而持有的货币数量则要取决于个人收入与支出的间隔长短和企业销售收入与费用支出之间的时间间隔长短。一般来说，满足交易动机的货币需求的数量取决于收入水平，并与收入多少成正比，所以可将交易动机的货币需求看作是收入的递增函数。

（二）预防动机

凯恩斯认为，未来是不确定的，现实经济生活中经常有各种意外需要货币。对个人来说，主要是为了患病、失业等意料不到的支出；对企业来说，是为了抓住未能预见的有利进货时机，人们必须在持有交易所需货币之外，再保留一定的货币余额，这就是所谓的预防动机的货币需求。由于这部分货币主要也是作为流通手段和支付手段，并且受到收入水平的影响，所以预防动机的货币需求也是收入的递增函数。

（三）投机动机

凯恩斯假设，人们只能在货币和债券这两种资产中选择持有财富的形式，由于债券价格与利率成反向变动，因而，预期利率上升者将售出债券，持有货币，以便在债券价格下跌后，能以低价买进债券。而预期利率下降者则将减少持有货币，买入债券，以便在债券价格上升时高价卖出债券，从中获利。凯恩斯称这种与利率高低有关的货币需求为投机性货币需求。投机动机的货币需求是凯恩斯货币需求理论中最有特色的内容。所谓投机动机的货币需求，实际上是指人们对闲置货币余额的需求，而不是对交易媒介的需求。投机动机的货币需求与现实利率水平呈负相关，而与预期利率升降呈正相关。现实利率水平高，或人们预期利率水平下降，则投机动机的货币需求减少；现实利率水平低，或人们预期利率水平上升，则投机动机的货币需求增加。这种动机，与前面的两种动机相比，凯恩斯认为"需要较详细的考察"，理由有两个：一是人们对此动机的了解，不如对其他动机深；二是在传播货币数量改变所产生的各种影响这一点上，这个因素特别重要。

在分析总的货币需求时，凯恩斯认为，虽然为满足交易动机和预防动机所持有的现款量和为满足投机动机所持有的现款量并不完全无关，但作为近似，这两种现金持有量，基本可以看成是互不相关的。

由于凯恩斯的货币需求表现为人们的流动性偏好，所以他用 L 表示流动性偏好，即货币需求函数。又由于交易动机和预防动机的货币需求都是收入的递增函数，而投机动机货币需求是利率的递减函数。所以，可将总的货币需求 M 分解为两部分：满足交易动机和预防动机的货币需求 M_1，满足投机动机的货币需求 M_2。若以 Y 表示收入，r 表示利率，L_1 表示 M_1 与 Y 的函数关系，L_2 表示 M_2 与 r 的函数关系，则凯恩斯的货币需求理论可用下列函数式来表示：

$$M = M_1 + M_2 = L_1(Y) + L_2(r) = L(Y, r)$$

由上述公式可以看出，货币总需求由货币的交易需求、预防需求和投机需求三部分构成，由于它们出自不同的动机，因而分别受不同因素的制约，单项因素的波动都会引起货币总需求的变动，进而对经济体系产生影响。凯恩斯认为，货币的交易动机和预防动机货币需求取决于经济发展状况和收入状况，因而经济发展水平和收入水平的变化必然导致货币需求变化。但对于货币的投机需求，情况则有所不同。因为货币的投机需求主要受人们对未来利率预期变动的影响，由于人们对未来的预期因缺乏科学根据而存在不确定性，并且由于人们的环境、知识水平、性情等的差异，每个人的预期都有不同。按照凯恩斯的思想，预期的无理性导致预期缺乏科学性，从而货币投机需求的变动常常是剧烈且变幻莫测的，有时候甚至会走向极端而出现不规则的变化。

四、现代货币数量理论

现代货币数量论主要研究货币需求的决定，并把货币作为影响经济最重要的因素。1956年，米尔顿·弗里德曼在《货币数量论——一个重新表述》一文中发展了货币需求理论。弗里德曼将货币看作是资产（财富）的一种形式，从人们如何选择资产形式以保存财富的角度来研究货币需求。弗里德曼说："货币数量论首先是货币需求理论，而不是关于产量、货币收入或价格水平的理论。"现代货币数量理论的关键方程或模型可表示为如下公式：

$$\frac{M}{P} = f\left(Y, W; r_m, r_e, r_b, \frac{1}{P}\frac{dP}{dt}; u\right)$$

式中，$\frac{M}{P}$代表实际货币需求；Y代表实际国民收入（作为总财产的代表）；W代表非人力财产占总财产的比率；r_m、r_e和r_b分别代表货币、股票和债券的预期名义收益率；$\frac{1}{P}\frac{dP}{dt}$代表预期的物价变化率；u代表其他影响货币需求的因素。该式反映了实际货币需求是由多方面因素决定的，其中，国民收入的影响最重要，货币、股票、债券等的预期收益率以及预期物价变动率也影响货币需求。

弗里德曼的现代货币数量论对西方货币需求理论的发展有着巨大的贡献，其特征主要有以下四点：首先，弗里德曼认为货币需求主要是由持久性收入决定。在短期中持久性收入虽有变动，但波动不大；长期中持久性收入是稳定增加的，货币需求也稳定增加。因此，货币需求函数是一个稳定的函数。其次，弗里德曼的现代货币数量论用货币需求函数与货币供给函数来说明名义收入（即实际国民收入与价格水平）的决定。由于货币需求函数具有稳定性，货币供给函数（即货币供给量）的变动是决定名义收入的唯一重要变量。再次，弗里德曼认为价格水平只对名义货币需求有影响而对实际货币需求没有影响，但价格水平变动率对实际货币需求有微小影响。最后，弗里德曼认为货币需求对利率不敏感。当利率的上升引起股票、债券等其他资产的预期回报率增加时，货币的预期回报率也相应地上升，换言之，二者对货币需求的正负影响抵消后，货币需求函数将保持相对不变。美国经济决策曾受弗里德曼现代货币数量理论及货币主义"单一规则"政策主张的影响。货币主义认为财政政策的作用非常小，而货币政策的作用是重要的；

主张以货币供给量作为唯一的控制因素,并认为稳定的货币供给增长率可促使经济持续平稳发展。弗里德曼现代货币数量理论对居民资产合理选择形成了很大影响,成为家庭投资的重要参考理论。

第二节 利率理论

一、古典利率理论

古典利率理论又称实物利率理论,是指从19世纪末到20世纪30年代的西方利率理论,认为利率为储蓄与投资所决定的理论。古典利率理论的代表人物主要有庞巴维克、马歇尔、维克塞尔以及费雪等。

(一)庞巴维克的价值时差论与迂回生产决定说

庞巴维克是现代资产阶级的著名经济学家、奥地利学派的主要代表人。他在1884年发表的《资本利息理论的历史与评论》和1889年发表的《资本的积极理论》中,详尽阐述了他的利息和利率理论。庞巴维克的主要观点是价值时差要求利息补偿,利息主要源于迂回生产[①]的优越性。该理论简单粗陋,主要是由于1889年以前的经济运行简单所造成的。

(二)马歇尔的等待与资本收益说

马歇尔是英国著名的经济学家、剑桥学派的创始人、新古典经济学理论体系的建成者。他的主要观点是,抑制现在的消费、等待未来的报酬,为资本供给的决定因素(等待即是储蓄,储蓄是利率的增函数),而利率为资本的供给和需求所决定,利息是人们等待的报酬。

上述庞巴维克和马歇尔的利率理论构成了古典利率理论的基础,后来经过维克塞尔和费雪等经济学家的发展才最终形成所谓的古典利率理论。

(三)维克塞尔的自然利率学说

维克塞尔是瑞典著名经济学家、瑞典学派的创始人。他所著的《价值、资本与地租》(1893年)、《利息与物价》(1898年)都有关于利率问题的论述。他运用一般均衡方法提出了自然利率学说。维克塞尔的自然利率学说认为,(实物形态的)资本供给和需求相等(也即储蓄和投资相等)时的利率称为自然利率。自然利率对物价完全保持中立,相当于资本的预期收益率。而货币利率则是指资金供求均衡的利率(现实市场的利率)。他指出自然利率与货币利率的关系为,在货币利率低于自然利率的情况下,企业家获利的机会较多,形成经济的累积性扩张。在货币利率高于自然利率的情况下,企业家的盈利机会减少,形成经济累积收缩。因此要使经济保持均衡,就必须保持货币利率与自然利率的长期一致。

---

① 迂回生产:先生产出工具、机器等中间产品,然后再用中间品生产出最终消费品。

（四）费雪的时间偏好与投资机会说

费雪是美国著名的经济学家和货币金融理论家，也是古典利率理论的主要倡导者之一。他写了大量关于利率和利息问题的著作，最著名的主要有1930年的《利息理论》和1907年的《利率论》。费雪的主要观点是，利息产生于现在物品与将来物品交换的贴水，由主观因素和客观因素共同决定。主观因素就是社会公众对现在物品的时间偏好，客观因素则是指可能的投资机会。在货币市场和证券市场上，公众的时间偏好决定着资本的供给，而企业家对投资机会的选择则决定着资本的需求。当资本供给与资本需求相等时，就决定了整个社会的利率水平。

综上所述，古典利率理论认为利率具有自动调节经济，使其达到均衡状态的作用。古典利率理论（实物利率理论）支配理论界达200余年之久，直到20世纪30年代西方经济大危机。

二、流动性偏好理论

凯恩斯流动性偏好理论是利率决定理论中的一种，凯恩斯学派的流动性偏好理论认为利率不是决定于储蓄和投资的相互作用，而是由货币量的供求关系决定的。凯恩斯学派的利率理论是一种货币理论。

流动性偏好理论认为，利率取决于货币数量和一般人的流动性偏好两个因素。凯恩斯认为，人们在选择其财富的持有形式时，大多数倾向于选择货币，因为货币具有完全的流动性和最小的风险性，而通常情况下，货币供应量是有限的。人们为了取得货币就必须支付代价。所以，利息是在一定时期内放弃货币、牺牲流动性所得的报酬，而利率就是人们对流动性偏好，即不愿将货币贷放出去的程度的衡量。利率是使公众愿意以货币的形式持有的财富量（即货币需求）恰好等于现有货币存量（即货币供给）的价格。当公众的流动性偏好强，愿意持有货币的数量大于货币的供给量时，利率就上升；相反，公众的流动性偏好较弱，愿意持有的货币量小于货币供给量时，利率就下降。但当利率水平降到一定低的水平后，几乎所有的人都会预期未来利率不会继续下降，也就是说未来的债券价格不会继续上升。每个人从收益和风险的角度考虑，都不会持有任何债券，所有的资产都以货币形式存在。一旦发生这种情况，货币需求就脱离了利率递减函数的轨迹，流动性偏好的绝对性使货币需求变得无限大，失去了利率弹性。我们称这一现象为"流动性陷阱"，这时金融货币当局无论怎样扩大货币供给，都不会使利率进一步下降，从而货币政策丧失了有效性。"美国在1932年中的若干时期，都出现过金融恐慌或清算恐慌。那时无论条件如何合理，几乎没有人愿意把现款脱手。"[①]

三、可贷资金理论

可贷资金理论又称为新古典利率理论，这一理论产生于20世纪30年代，是由罗伯森和俄林等人在古典利率理论基础上提出的。该理论认为，利率不是由储蓄与投资所决定，而是由借贷资金的供给与需求的均衡所决定。该理论的主要观点可归纳为以下几点。

---

① 凯恩斯. 就业、利息和货币通论[M]. 北京：商务印书馆有限公司，2014.

(一)可贷资金供求的构成及其均衡

可贷资金的供给主要来自储蓄、商业银行的信用创造和央行的货币发行。央行的货币发行属外生变量,储蓄和商业银行的信用创造都与利率同方向变动。可贷资金的需求则是指投资和货币的窖藏。投资和货币的窖藏与利率呈反方向变动。可贷资金的供给与需求的均衡决定着市场利率的变化。

(二)可贷资金的供求均衡与储蓄投资的均衡储蓄的差别

在可贷资金均衡条件下,储蓄并不一定等于投资。因为储蓄者可能持有部分现金(窖藏)而不储蓄,借款者也可能持有部分(窖藏)资金而不投资。但是随着利率的上升,储蓄越来越趋近投资。

(三)从可贷资金的供求均衡到债券供求均衡

现代社会中,可贷资金的需求表现为债券的供给,而可贷资金的供给则表现为债券的需求;利率与债券价格反向相关,解释债券价格变动的原因,也就可以解释利率波动的原因。

(四)债券的需求、供给及其均衡

债券的需求表现为在其他经济变量(如收入、其他资产的预期回报率、风险和流动性)不变的情况下,债券的预期回报率越高,则对其需求数量越多;债券的预期回报率越低,则对其需求数量就越少。债券的供给是指在其他经济变量不变的情况下,随着债券的价格上升,债券供给增加。当债券需求数量等于供给数量时,债券市场也达到了均衡,在这个价格水平上,既没有债券的过剩,也没有债券的不足,与这一价格水平相对应的市场利率恰好能使得此时的资金供给等于资金需求。

四、IS-LM 模型

IS-LM 模型,是由英国现代著名的经济学家约翰·希克斯(John Richard Hicks)和美国凯恩斯学派的创始人汉森(Alvin Hansen),在凯恩斯宏观经济理论基础上概括出的一个经济分析模式,即"希克斯-汉森模型",也称"希克斯-汉森综合"或"希克斯-汉森图形"。按照希克斯的观点,流动偏好和货币数量决定着货币市场的均衡,而人们持有的货币数量既决定于利率,又决定于收入的水平。IS 曲线表示在物品市场达到均衡(即投资等于储蓄)时,利率和国民收入之间的关系。或者说,IS 曲线是表明这样一条曲线,在它上面的每一点,利率与国民收入的组合是不同的,但是投资都等于储蓄。LM 曲线表示在货币市场达到均衡(即 $L=M$)时,利率和国民收入之间的关系。或者说,LM 曲线是表明这样一条曲线,在它上面的每一点,利率与国民收入的组合是不同的,但是货币供给都等于货币需求。

(一)IS 曲线

在分析 IS 曲线时,具有以下几方面的假设。

(1)投资与利率呈反方向变动,投资量是利率的递减函数。

（2）在两部门国民收入决定中，国民经济的平衡要求投资等于储蓄。

（3）储蓄是国民收入的函数。一般来说，两者同方向变化。

根据以上几个假设，可以描述出在利率和国民收入的不同组合条件下，储蓄等于投资的轨迹。假设：储蓄函数为 $S = -50 + 0.2Y$，投资函数为 $I = 100 - 2\,500r$，下面用图 9-1 描述。

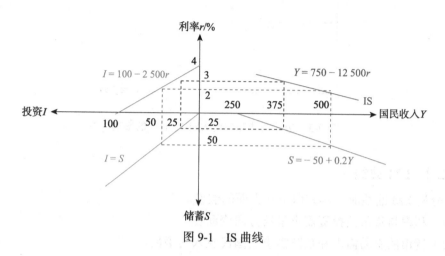

图 9-1　IS 曲线

通过对图 9-1 的分析可知，IS 曲线的方程式为：$I = 100 - 2\,500r = S = -50 + 0.2Y$，由此可得 $Y = 750 - 12\,500r$。根据以上分析，要使储蓄和投资相等，就必须要有高的利率和少的国民收入的组合，或者是低的利率与多的国民收入的组合。其内在的经济逻辑是，利率下降，投资增加，国民收入增加，储蓄也增加；相反，利率上升，投资减少，国民收入减少，储蓄也减少。

另外，影响 IS 曲线移动的主要因素为投资和储蓄的变动。如果投资的边际效率（收益）上升，则在同样的利率条件下，投资增加，国民收入增加，使得储蓄增加，与投资相等，从而 IS 曲线向右上方平行移动；反之亦然，如图 9-2 所示。

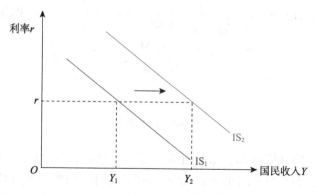

图 9-2　投资增加对 IS 曲线的影响

如果国民边际储蓄倾向变小（或边际消费倾向变大），则相同的国民收入水平下，储蓄下降，投资与储蓄要相等，必须利率上升，从而 IS 曲线向右上方平行移动；反之亦然，如图 9-3 所示。

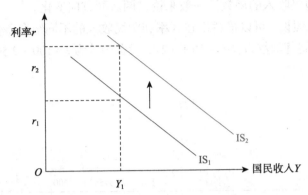

图 9-3　边际消费倾向增大对 IS 曲线的影响

（二）LM 曲线

在分析 LM 曲线时，具有以下几方面的假设。

（1）利率与货币的投资需求呈反方向变动。

（2）货币的交易需求和预防需求是国民收入的函数。

（3）货币的供给由中央银行外生决定，在一定时期内为既定的常数。

根据以上几个假设，可以描述出在利率和国民收入的不同组合条件下，货币供给等于货币需求的轨迹。假设货币供给量为 $M=120$ 亿元；货币交易需求和预防需求方程式为 $L_1=0.25Y$；货币投资需求曲线方程式为 $L_2=100-2\,000r$；当 $P=1$ 时，$M_d=M_s$ 即 $L=L_1+L_2=M$；下面用图 9-4 来描述。

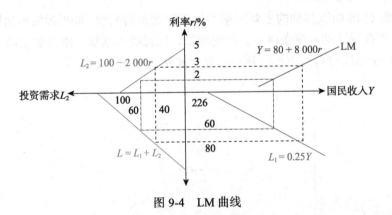

图 9-4　LM 曲线

通过对图 9-4 的分析可知，LM 曲线与货币供给量相等时的方程式可以表示为：$L=L_1+L_2=M$，也即 $0.25Y+100-2\,000r=120$。另外，根据以上分析，货币的供给和货币的需求决定了 LM 曲线，所以，货币的供给和货币的需求发生变化，那么 LM 曲线也会发生相应的变动。货币供给量增加时，LM 曲线向右下方移动，表明在相同利率水平上会形成更多的国民收入。这是因为在利率保持不变时，货币的投资需求也保持不变；增加的货币供给转化为货币的交易需求和预防需求，这就带动了国民收入的增加，LM

曲线向右下方移动；或者在国民收入不变时，货币的交易需求和预防需求不变，增加的货币供给要为货币投资需求所消化，利率必须下降，利率下降，国民收入不变，LM 曲线向右下方移动。如图 9-5 所示。

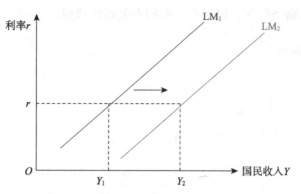

图 9-5　货币供应量增加对 LM 曲线的影响

货币供给量不变时，如果利率不变，货币的投资需求增加，那么 LM 曲线向左上方平行移动；反之亦然，如图 9-6 所示。如果国民收入水平不变，物价上涨，货币的交易需求增加，导致 LM 曲线向左上方平行移动；反之亦然，如图 9-7 所示。

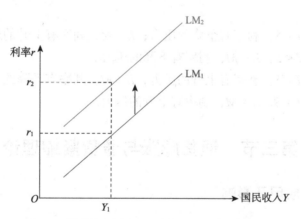

图 9-6　货币的投资需求增加对 LM 曲线的影响

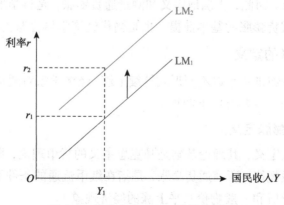

图 9-7　物价上涨对 LM 曲线的影响

（三）IS-LM 模型

IS-LM 模型可以在一个坐标平面中用两条相交的斜线表示，如图 9-8 所示，横轴表示经济需求面决定的收入或产出（Y），纵轴表示利率（r）。IS-LM 模型是反映产品市场和货币市场同时均衡条件下，国民收入和利率关系的模型。

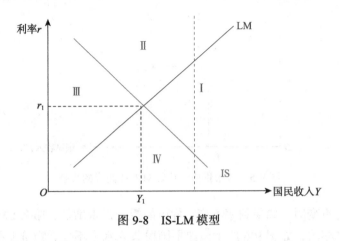

图 9-8　IS-LM 模型

从图 9-8 可以明显看出的是，在 IS-LM 模型的四个不同区域存在不同的经济运行特征。

在第Ⅰ区间：$I<S$，利率有下降的压力；$L>M$，利率有上升的压力。

在第Ⅱ区间：$I<S$，$L<M$，利率有下降的压力。

在第Ⅲ区间：$I>S$，利率有上升的压力；$L<M$，利率有下降的压力。

在第Ⅳ区间：$I>S$，$L>M$，利率有上升的压力。

第三节　通货膨胀与通货紧缩理论

一、通货膨胀的成因及影响

通货膨胀是现代货币理论中所涉及的一个与实际生活最密切的问题，也是世界各国普遍存在的经济现象。因此，正确地定义和测量通货膨胀，是科学地分析通货膨胀的原因以及有效地防止通货膨胀的基本前提，也是当代经济学界普遍关心的问题。

（一）通货膨胀的定义

通货膨胀指一般物价水平以不同形式持续上涨。经济学家对通货膨胀下了各种各样的定义，但归纳起来，主要有以下两种。

1. 传统的通货膨胀定义

传统的通货膨胀定义，其理论基础是马克思主义的货币理论，即纸币流通规律。根据马克思的纸币流通规律，所谓通货膨胀，是指在纸币流通的条件下，由于纸币过度发行，而引起的纸币贬值和一般物价水平上涨的经济现象。

2. 现代通货膨胀的定义

现代西方经济学家普遍认为，通货膨胀指一般物价水平以不同形式持续地上涨。这一定义必须注意的是：首先，"一般物价水平"是指所有商品和劳务价格，因此，局部性的物价上涨不被视为通货膨胀。其次，"持续地上涨"说明，在真正的通货膨胀过程中，个别物价虽有升降，但一般物价则呈长期上升的趋势。因此，季节性、暂时性或偶然性的物价上涨，不能被视为通货膨胀。

（二）通货膨胀的成因

1. 需求拉动型通货膨胀

需求拉动型通货膨胀是指总需求过度增长所引起的通货膨胀，即"太多的货币追逐太少的货物"，按照凯恩斯的解释，如果总需求上升到大于总供给的地步，此时，由于劳动和设备已经充分利用，因而要使产量再增加已经不可能，过度的需求能引起物价水平的普遍上升。所以，导致总需求增加的任何因素都可能是造成需求拉动型通货膨胀的具体原因。

2. 成本推动型通货膨胀

成本或供给方面的原因形成的通货膨胀，即成本推动型通货膨胀，又称为供给型通货膨胀，它是由厂商生产成本增加而引起的一般价格总水平的上涨，造成成本向上移动的原因大致有：工资过度上涨；利润过度增加；进口商品价格上涨。

工资推动通货膨胀主要表现为工资过度上涨所造成的成本增加而推动价格总水平上涨，工资是生产成本的主要部分。工资上涨使得生产成本增长，在既定的价格水平下，厂商愿意并且能够供给的数量减少，从而使得总供给曲线向左上方移动。在完全竞争的劳动市场上，工资率完全由劳动的供求均衡决定，但是在现实经济中，劳动市场往往是不完全的，强大的工会组织的存在往往可以使工资过度增加，如果工资增加超过了劳动生产率的提高，则提高工资就会导致成本增加，从而导致一般价格总水平上涨，而且这种通胀一旦开始，还会引起"工资—物价螺旋式上升"，工资和物价互相推动，形成严重的通货膨胀。工资的上升往往从个别部门开始，最后引起其他部门攀比。

利润推进的通货膨胀是指厂商为谋求更大的利润导致的一般价格总水平的上涨，与工资推进的通货膨胀一样，具有市场支配力的垄断和寡头厂商也可以通过提高产量的价格而获得更高的利润，与完全竞争市场相比，不完全竞争市场上的厂商可以减少生产数量而提高价格，以便获得更多的利润，为此，厂商都试图成为垄断者，结果导致价格总水平上涨。一般认为，利润推进的通货膨胀比工资推进的通货膨胀要弱。原因在于，厂商由于面临着市场需求的制约，提高价格会受到自身要求最大利润的限制，而工会推进货币工资上涨则是越多越好。

造成成本推进的通货膨胀的另一个重要原因是进口商品的价格上升，如果一个国家生产所需要的原材料主要依赖于进口，那么，进口商品的价格上升就会造成成本推进的通货膨胀，其形成的过程与工资推进的通货膨胀是一样的，如20世纪70年代的石油危机期间，石油价格急剧上涨，而以进口石油为原料的西方国家的生产成本也大幅度上升，从而引起通货膨胀。

（三）通货膨胀的影响

如果通货膨胀是在预料之内的，银行可以调整存贷款利率，员工可以与企业谈判调整工资合同，包括随着物价上涨的工资上调。例如，假设每个人都预料到通货膨胀的发生，各行业的工资每年将上涨5%，那么员工就不会跳槽，企业主也不会多请工人干活，每个人都只会待在原来最合适自己的地方。在通货膨胀被人们所预料的情形下，即使全社会每个人的收入都增加5%，但谁也不会高兴，因为每个人都知道，此时用在其他消费品上的开支都将增加5%。

如果通货膨胀发生在意料之外，情况就不同了。在这种情形下，如果债权人没有正确预期通货膨胀的影响，那么他将遭受损失，而债务人则会因此获利。对于债务人来说，他们的借贷甚至相当于无息借款。面对物价可能持续上涨的预期，消费者倾向于尽早花出手中的货币，这就增加了市场中的货币供应量，反过来再次加大货币贬值的风险。靠固定经济收入生活的民众，如领取固定退休金的民众会发现他们的购买能力持续下降，这样的结果就是生活水平降低。

在通货膨胀发生的情形下，整个经济必须承担重新定价的成本（又称菜单成本），包括价目表、表格、菜单等都需要更新。如果本国的通货膨胀率远高于其他国家，那么国内产品将在国际市场丧失竞争力。另外，通货膨胀也是经济增长的一个信号。缺少通胀反而是经济疲软的信号之一，因此许多国家都注意维持适度的通货膨胀率来促进经济快速发展。比如近些年来，许多发展中国家都努力把通胀率维持在2%～3%之间。

最后，通货膨胀对贵金属价格也会产生一定的影响。通货膨胀与贵金属价格之间，呈相互同步密切正相关性的关系，黄金白银通常在通货膨胀压力上升的特定条件下，呈现明显的"保值避险"保障性功能。通货率影响一个国家货币的购买力，当一个国家物价稳定、通货率相对低时，其货币的购买力就会很稳定，这时作为保值之用的黄金白银就不会那么吸引消费者，贵金属价格自然受到影响而下降；当一个国家的物价波动大、通货膨胀率高、物品价格不稳定，肯定会引起人们的恐慌，人们手中的货币购买力下降，货币没有了保障，人们就会购买黄金白银来保值，贵金属价格就会不断攀升。

二、通货紧缩的成因及影响

（一）通货紧缩的定义

通货紧缩是一种货币现象，指当货币供给总量少于社会所能提供的商品和劳务的价值总量时，即当过多的商品追逐过少的货币时，而引起的一般物价水平的持续下降。这里必须指出的是，部分商品或劳务价格的下降不能看作通货紧缩，只有一般物价水平持续下降才能称为通货紧缩。

有部分经济学家把通货紧缩定义为，物价下跌必须同时伴随国民收入的负增长和货币供应量的减少。这是混淆了经济衰退和通货紧缩的区别，既不符合世界各国通货紧缩的实际情况，更与我国当前通货紧缩的实际状况不符。

也有部分学者把通货紧缩定义为货币政策的紧缩。他们认为，由于"通货"即为货币，因此，通货紧缩即为货币政策的紧缩。这种观点把通货紧缩的经济现象与货币政策的经济行为混为一谈。虽然通货紧缩与货币政策的紧缩之间有一定的联系，但并不存在绝对的因果关系，更不能视为等同。通货紧缩作为通货膨胀的对立面，是指一般物价水平持续下跌的经济现象；而货币政策的紧缩，则主要是指利率上调和货币供应量减少等政策手段的实施。紧缩的货币政策如使用不当，会造成通货紧缩；但通货紧缩并不是货币政策紧缩的必然结果，它是由多种原因形成的。

（二）通货紧缩的成因

通货紧缩的成因是多种多样的，从历来世界各国发生的通货紧缩来看，主要是由以下原因引起的。

1. 中央银行过度使用紧缩的货币政策

在经济扩张时期，货币供应量过度膨胀。中央银行若采取紧缩的货币政策，紧缩货币供应量和信贷规模，将使货币供应量和商品流通的需要量趋于一致；但是，如果中央银行过度采用紧缩的货币政策，将使流通中的货币量不能满足商品流通的需要量，从而产生物价的持续下跌。例如，美国20世纪30年代的通货紧缩便是典型的货币政策引起的通货紧缩。

2. 社会公众预期利率和资本边际效率会降低

社会公众对利率和资本边际效率的预期将会影响有效需求。因为利率是投资的成本，资本边际效率则是投资的收益。当人们预期实际利率将进一步降低时，会增加储蓄减少投资，以便将来用较少的成本获取较大的收益；而当人们预期资本边际效率降低时，也会减少投资。这样，就出现了有效需求不足，进而导致物价的持续下跌，造成通货紧缩。

3. 政府大量削减支出

政府支出的增加或减少也会影响有效需求。如果政府为了降低赤字，大量削减公共开支，减少转移支付，就会使有效需求趋于减少，加剧商品和劳务市场的供求失衡，从而促进通货紧缩的形成。

4. 社会生产能力过剩

社会生产能力过剩会使物价持续下跌，形成通货紧缩。东南亚金融危机表明，生产能力过剩出现的商品供过于求，会使物价持续下跌；同时，生产能力过剩导致的资本设备过剩，加剧了生产能力的进一步过剩，会形成新的通货紧缩压力。

5. 国内金融体系的效率低

国内金融体系的效率低，表现为银行业的不良资产增加以及金融机构不能满足企业贷款的需要。假如一国银行业存在大量的不良资产，金融机构便不愿意向企业发放贷款或片面提高贷款利率，从而造成信贷紧缩，进而发展成为通货紧缩。比如，日本银行业由于存在严重不良贷款问题而不愿发放贷款，提高信贷标准，这样就减少了社会总需求，形成通货紧缩。

（三）通货紧缩的影响

一般来说，适度的通货紧缩，通过加剧市场竞争，有助于调整经济结构和挤去经济中的"泡沫",也会促进企业加强技术投入和技术创新,改进产品和服务质量,对经济发展有积极作用的一面。但过度的通货紧缩,会导致物价总水平长时间、大范围下降,市场银根趋紧,货币流通速度减慢,市场销售不振,影响企业生产和投资的积极性,强化了居民"买涨不买落"心理,左右了企业的"惜投"和居民的"惜购",大量的资金闲置,限制了社会需求的有效增长,最终导致经济增长乏力,经济增长率下降,对经济的长远发展和人民群众的长远利益不利。由此看来,通货紧缩对经济发展有不利的一面。为此,我们必须通过加大政府投资的力度,刺激国内需求,抑制价格下滑,保持物价的基本稳定。

另外,与通货膨胀相反,通货紧缩意味着消费者购买力增加,但持续下去会导致债务负担加重,企业投资收益下降,消费者消极消费,国家经济可能陷入价格下降与经济衰退相互影响、恶性循环的严峻局面。通缩的危害表现在:物价下降了,而个人和企业的负债却由此增加了,因为持有资产实际价值缩水了,而对银行的抵押贷款却没有减少。比如人们按揭购房,通缩可能使购房人拥有房产的价值,远远低于他们所承担的债务。

日本长期通货紧缩的原因探析

过去十几年来,日本持续出现通货紧缩的现象,原因会是什么呢?估计主要与日本人口结构的变化有关,年轻的日本变成老年的日本,导致日本人口增长速度持续下降。到 2005 年,人口开始负增长,导致日本消费能力难以提升,这样的局面遏制了物价上涨,这是一个长期过程。

人口老龄化导致了日本劳动力规模停滞增长,或劳动力萎缩,导致劳动力价格上涨,导致生产投资机会减少,导致生产投资消费减少,这进一步降低了社会的总消费能力,导致生产进一步过剩,物价难以上涨。日本 30 年前投资消费占日本 GDP 的比例有多大,与现在相比差距多少呢?有兴趣的可以对比一下。同时,人口的老龄化也导致了日本年轻人口比例下降,导致房屋需求量下降或停滞不前,促使房产泡沫破裂,进而导致房价下跌,这也是一个长期过程,这对降低日本物价帮助很大,是日本通货紧缩的重要推手。

科学技术依然在迅速前进,日本社会生产效率依然在逐渐提高,人均生产能力在提高,这促使日本物价持续下降。日元被迫或主动地持续升值,对于外贸占 GDP 比例很大的日本的购买力影响很大,日元持续升值导致日元在日本国内的购买力持续提高,这对日本的通货紧缩帮助很大。日元升值导致日本顺差减少,顺差减少可以减少日本财富外流,这也可以提高日本国内财富的供应量,对降低日本物价有帮助。

日元地位的逐渐上升,导致日本以外储备的日元增多,这对减少日本国内流通的日元有一定价值,这也有利于遏制日本物价上涨。日本货币发行规模增长速度不大,日本政府没有用日元大量购买美元,发行货币的政策,这客观上导致日本新发行货币并不多。日本通货紧缩的局面,导致日元具有保值增值作用,加大了日元财富储备的功能。房价的下跌,股票价格的下跌,以及人口的老龄化,都会导致货币财富储备功能的加强,因为理性的国民需要掌握自己的命运,储蓄财富是重要的本能。生活质量越高,需要储蓄的财富就越多，收入越多，需要储蓄的财富也越多，热爱储蓄的国民的人均总储蓄应该随着经济发展越来越多，房价的下跌，股票价格的下跌，必然会促使其他财富储备增加，货币财富自然而然成为越来越重要的财富储备。货币财富储备功能越强，货币的流动交易功能就越弱，货币的流动速度就越慢。

日本国民热爱储蓄，这是农耕民族进化的天赋。而经济发展需要消费，日本往往通过政府促进社会消费，这很重要，政府借债消费，可以部分满足日本国民的财富储蓄渠道，导致国债成为日本国民重要的财富储蓄渠道。这个财富储蓄渠道不能关闭，日本人需要财富储蓄渠道。日本人口掌握的大量国外财富或大量美元也是日本人口的重要财富储蓄渠道，这个财富储蓄渠道对日本的通货紧缩没有帮助。在日本持续通货紧缩的过程中，日本劳动力价格是持续缓慢上涨的，考虑到通货紧缩因素，日本人口的购买力在持续上升。

请思考：
1. 什么是通货紧缩？
2. 日本通货紧缩的原因是什么？

案例讨论分析

【本章小结】

货币需求是由诸多因素决定的内生变量，货币量对经济的影响取决于货币需求函数的具体形式和稳定性。

凯恩斯将人们的货币需求动机分为交易动机、预防动机和投机动机。其中投机动机是他所独创的。他认为该动机在传播货币数量改变所产生的各种影响这一点上特别重要；货币需求的增加一方面是由于收入增加引起的交易需求和预防需求的增加，另一方面是由于利率下降引起的投机需求的增加。

以弗里德曼为代表的新货币数量说放弃了传统货币数量说中将货币需求看成是常数的做法，认为它是由许多变量决定的函数，但又认为货币需求函数是相对稳定的。国民收入的变化来自货币供给，从而认为货币供给是最重要的政策变量。

古典利率理论主要包括庞巴维克的价值时差论与迂回生产决定说、马歇尔的等待与资本收益说、维克塞尔的自然利率学说以及费雪的时间偏好与投资机会说。古典利率理论认为利率具有自动调节经济，使其达到均衡状态的作用。而凯恩斯学派的流动性偏好理论认为利率不是决定于储蓄和投资的相互作用，而是由货币量的供求关系决定的。凯恩斯学派的利率理论是一种货币理论。可贷资金理论又称为新古典利率理论，该理论认为，利率不是由储蓄与投资所决定，而是由借贷资金的供给与需求的均衡所决定。

根据通货膨胀产生的原因，西方经济学家认为可将通货膨胀分为需求拉动型通货膨胀和成本推动型通货膨胀。通货膨胀产生的影响主要有意料之中的影响、意料之外的影响、产生菜单成本以及对贵金属价格也会产生一定的影响。

通货紧缩产生的原因大致可分为中央银行过度使用紧缩的货币政策、社会公众预期利率和资本边际效率会降低、政府大量削减支出、社会生产能力过剩以及国内金融体系的效率低。通货紧缩所产生的影响主要表现为物价下降了,而个人和企业的负债却由此增加了,因为持有资产实际价值缩水了,而对银行的抵押贷款却没有减少。比如人们按揭购房,通缩可能使购房人拥有房产的价值,远远低于他们所承担的债务。

【复习思考题】

1. 马克思的货币需求理论的主要内容是什么?
2. 简述传统货币数量论的内容。
3. 简述凯恩斯三大货币需求动机的内容。
4. 凯恩斯是如何论述货币需求与利率之间关系的?为什么说这对传统的货币数量论构成冲击?
5. 试比较古典利率理论和可贷资金理论的异同。
6. 通货膨胀和通货紧缩产生的原因各有哪些?

【进一步阅读书目】

1. 秦国楼. 现代金融中介论[M]. 北京:中国金融出版社,2002.
2. 刘仁伍,刘华. 人民币国际化:风险评估与控制[M]. 北京:社会科学文献出版社,2009.
3. 陈志武. 金融的逻辑[M]. 北京:国际文化出版公司,2009.
4. 吴晓求. 金融危机启示录[M]. 北京:中国人民大学出版社,2009.
5. 马君潞. 国际货币制度研究[M]. 北京:中国财政经济出版社,1995.
6. 王广谦. 20世纪西方货币金融理论研究:进展与评述[M]. 北京:经济科学出版社,2000.
7. 钱荣堃. 国际金融[M]. 天津:南开大学出版社,2002.
8. 格利,肖. 金融理论中的货币[M]. 上海:上海三联书店,2006.

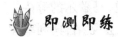

第十章

金融发展、金融危机与金融监管

【本章学习目标】

通过本章学习,学生应该能够:
1. 掌握金融压制和金融深化理论的核心思想及政策含义;
2. 掌握金融约束理论的核心思想和政策含义;
3. 熟悉金融监管的必要性、特征和主要内容;
4. 了解金融监管的体制;
5. 理解金融风险及金融危机的定义及特征。

亚洲金融自由化与金融危机

20世纪70年代,金融抑制和金融自由化的理论被提出,受到该理论的影响,在20世纪80年代一场循着该思路的金融自由化改革在世界各地展开。20世纪80年代至90年代,印度尼西亚、马来西亚、韩国、泰国等亚洲国家在利率市场化、资本账户开放、金融机构准入等方面进行了金融自由化改革。1997年,以量子基金为首的国际投资者做空泰铢,1997年7月2日,泰国被迫宣布放弃固定汇率制度,实现浮动汇率制度,此后菲律宾比索、印尼盾、马来西亚林吉特都受到国际投机者的冲击,引发了亚洲金融风暴,这场金融危机还波及韩国、日本等其他亚洲国家。这次金融危机不仅暴露了一些亚洲国家经济高速发展背后的深层次问题,也引发了关于金融自由化和金融危机关系的大讨论。

引导案例分析

第一节 金融发展理论

金融与经济增长之间的关系是学界长期关注的问题。部分学者认为,金融对经济发展作用有限,如 Robinson 认为金融体系的发展只是为了适应经济发展的需要;Lucas 就认为金融在经济增长中的作用被过分夸大。大多数学者认为金融发展对经济增长具有促进作用,如 Schumpeter 最先承认金融发展对经济增长的促进作用;Hicks 分析英国的产业革命,认为金融体系发展对工业化起着关键性的作用;Goldsmith 认为经济与金融发展大致平行；20 世纪 90 年代，Levine、King、Greenwood 和 Jovanovic 等经济学家在内生经济增长理论的基础上，通过模型构建和实证方法证明金融对经济增长有显著的影响。

一、金融的功能与经济增长

Ross Levine 对金融与经济增长的文献进行总结后认为金融体系具有五大功能：①便利交易，规避、积聚和分散风险；②配置资源；③监督经理人，便利公司治理；④动员储蓄；⑤便利商品与服务交换。金融体系的这些功能通过有效地降低交易及信息成本，促进经济发展。

（一）便利交易，规避、积聚和分散风险

这里所考虑的主要是两类风险：流动性风险和特有风险（idiosyncratic risk）。流动性风险是与资产转化为交换中介相联系的不确定性风险。

1. 金融体系减少流动性风险，增加资本积累

第一，金融市场能提高流动性。首先，金融市场能减少储蓄者的信息成本，金融市场使个人可以在市场上发行和交易证券，增加流动性。其次，股票市场能便利交易、降低交易成本。Levine 认为，流动性的股票市场便利了股东出售其股份，通过减少流动性风险，使公司更容易筹集到资本。当股票市场交易费用下降时，对高收益低流动性项目的投资增加，如果这些项目存在外部性，将导致稳态增长速度加快。流动性还会影响交易成本，如果交易所有权的成本高昂，周期长的生产技术会缺乏吸引力，由二级市场交易成本衡量的流动性会影响生产决策，高流动性将带动资金流向周期长、高回报的技术项目。

第二，金融中介能提高流动性，减少流动性风险。在 Diamond 和 Dybvig 的流动性模型中，银行能向储蓄者提供流动性存款，并对高流动性的低回报投资进行组合，以满足其对存款及高回报低流动性投资的需求。通过这种方式，银行既便利了长期高回报投资需求又为储蓄者提供了防范流动性风险的全面保障。总而言之，流动性风险的降低，有利于银行增加高回报低流动性投资、加速经济增长。

2. 金融体系能分散风险，加速技术进步

除了对资本积累的影响，风险分散也会影响技术变化。创新不仅能使公司获得有利的市场地位及高额利润，还会加速技术进步。但从事创新有风险，对创新项目进行分散化投资组合，能减少风险并增加对促进增长的创新项目的投资。这样，拥有风险分散功能的金融体系就加速了技术进步和经济增长。

（二）配置资源

1. 金融中介能节约信息成本，改进资源配置

Diamond 等认为，降低信息成本是金融机构出现的动机，金融中介节约了信息获取和处理的成本，增加了投资项目的信息披露，改进了资源配置。Greenwood 等认为公司借助金融中介和市场选择最具潜力的公司及经理人，能够带动资本更有效配置和经济更快增长。金融中介还可以通过识别最佳生产技术、识别最具创新成功率的企业家来提高

技术创新率。

2. 股票市场能降低信息成本，改进资源配置

股票市场也能影响公司的信息获取和传播，当股市规模及流动性增大时，市场参与者有更大的动力获取公司信息，公司信息的增加能够改进资源配置，进而促进经济增长。

（三）监督经理人、便利公司治理

除了降低获取信息的事前成本外，金融合同、市场及中介会削弱融资活动后信息的重要性，并降低事后监督经理人、实施公司治理的成本。

外部债权人——银行、股票及债券持有人，不进行日常管理，而是创造金融安排，迫使内部所有者及经理人按外部债权人的利益经营公司。缺乏强化公司治理的金融安排，不利于动员储蓄，并会因此阻碍资本流向营利性投资项目。因而，降低监管成本和实施成本的抵押及金融合同有助于减少有效投资的障碍。

1. 金融中介有助于改进公司治理

除了特定的金融合同，金融中介能进一步降低信息成本。金融中介通过"受托监管"安排，避免重复监管，节约总监督成本。但"受托监管"安排又会带来谁来监督监管者的问题。若金融中介拥有分散的资产组合，则储蓄者不必监督中介，因为通过其良好的资产组合，金融中介总能满足储蓄者的提款要求。这样，拥有分散的资产组合金融中介通过降低监管成本鼓励有效投资。此外，金融中介通过和公司建立长期关系，进一步降低信息成本，这反过来又有利于外部融资和资源的有效配置。长期改进公司治理的金融安排通过优化资源配置促进资本积累和更快的经济增长。

2. 股票市场能改进公司治理

除了债务合同和银行，股票市场同样能促进公司治理，在有效反映公司信息的股票市场上公开交易股份使所有者能把股票价格和管理者报酬相联系。在发达的股市中如果公司经营不佳而被接管，其经理人会在接管后被解雇，被接管的威胁有助于把经理人激励与股东利益联系起来，改进公司治理。

（四）动员储蓄

动员储蓄功能通过提高风险分散程度、增加流动性以及优化公司规模，改进了资源配置。没有大量投资者的介入，生产将被限制在低效率规模，从分散的储蓄者手中动员储蓄的成本是高昂的，主要包括：克服从不同个人手中集中储蓄的交易费用，消除影响储蓄者自愿放弃储蓄控制权的信息不对称的成本。由于动员储蓄的高昂交易成本和信息成本，减小摩擦、聚集风险的金融安排产生了创造小单位金融工具，为家庭持有多样化的资产组合、投资于高效率公司及增加资产流动性提供了机会；通过减少筹资生产部门和剩余资产部门之间的交易和信息成本，投资者通过中介集中资金进行投资。

除了通过影响资本积累进而促进经济增长以外，动员储蓄还能通过改善资源配置促进技术创新，进而影响经济增长。

（五）便利商品与服务交换

降低交易成本的金融安排能提升专业化、促进技术创新及经济增长。更加专业化需要更多的交易，因为每笔交易都是有成本的，因此降低交易成本的金融安排将有利于专业化。通过这种方式，便利交换的金融市场能够促进生产力的提高，生产力的提高会反作用于金融市场，促进金融市场的发展。

二、金融结构与经济增长理论

20世纪初经济学家就认为，英国和德国金融结构的差异有助于解释19世纪末到20世纪前十年德国经济的快速增长。德国是银行主导的金融体系，银行与企业联系紧密，减小了银行获取企业信息的成本；英国是市场主导的金融体系，银企关系不那么紧密。Levine认为金融结构与经济发展研究的局限性主要表现在以下几方面：第一，缺乏定量分析和实证研究；第二，缺乏对影响经济发展的其他因素的考虑和控制；第三，把金融市场和银行的关系看作是对立的，实际上，虽然银行和股票市场提供许多相似的服务，但二者有不同的金融功能，股票市场为减少流动性风险提供金融工具，而银行有助于减少信息成本和改进公司治理，二者既是相互补充的又是相互竞争的；第四，金融结构的分析范围集中于英国、美国、德国和日本少数几个发达国家，样本局限性过大；第五，忽视了银行与股票市场的互动关系。

针对上述局限性，经济学家对金融结构与经济增长的关系进行了扩展性的研究，从金融市场与银行的关系、企业外部融资依赖性、银行业结构等方面论述金融结构与经济增长的关系。Levine和Zervos通过国别回归分析银行与资本市场对经济增长各自及共同的影响。Demirgüç-Kunt和Maksimovic通过跨行业分析和国别分析，发现依赖外部融资的行业在金融发达的国家发展更快。Centorelli和Gambera通过实证研究发现银行业内部集中程度对行业增长有重要影响，银行业集中度高有利于借贷关系的发展，这会促进企业的成长，进而推动经济增长。

三、金融发展与经济增长的因果性分析

大量的文献及实证研究结果表明，金融发展和经济增长之间存在因果关系。Goldsmith假定金融体系与金融服务的供给数量和质量正相关，他使用35国1860—1963年的数据，以金融中介资产除以GDP衡量金融发展，得出金融发展水平影响经济增长的结论。King和Levine分析了80个国家1960—1989年的数据，研究金融发展水平是否能预测长期经济增长、资本积累和生产力增长。他们检验了1960年的金融深度指标值（DEPTH）是否能预测其后30年的经济增长、资本积累和生产力增长。回归结果表明金融发展水平与经济增长指标之间存在显著的正相关关系，金融发展可以较好地预测以后30年经济增长情况。Rajan等关注金融与经济发展的理论机制，认为金融市场和金融机构有助于公司解决逆向选择和道德风险问题，从而减少公司外部融资成本，促进外部融资依赖型公司的快速发展，从而加快经济增长。Beck对63个国家1963—1995年的实际人均国内生产总值、实际人均储蓄率、生产力增长、法律起源等变量进行回归分析后发现银行部门的发展与经济增长有正向的、显著的因果关系，即银行部门的发展水平通过生产力增长和技术水平进步极大地影响着经济增长。

另外，经济增长也影响着金融发展。Goldsmith率先进行了这方面的研究，他研

了 35 国金融中介组合与经济发展的关系。世界银行（1989）、Demirgüç-Kunt 和 Levine 通过检验近 50 个国家在 1990—1993 年金融中介、金融市场的组合与经济发展之间的联系，扩展了 Goldsmith 的研究，表明各国的金融发展有着相当大的国别差异，并随着国家经济的发展而变化。研究发现，伴随经济发展和国民收入的提高出现四种情况：①以金融中介总资产或总负债/GDP 衡量，金融中介规模扩大；②商业银行在信贷配置中的重要性相对于中央银行增强；③非银行金融机构重要性上升；④股票市场的流动性增强。

【专栏 10-1】 发达国家金融发展历程

1587 年威尼斯银行的产生标志着银行的产生，经过 400 多年的金融发展历程，目前发达国家已经形成了独立的中央银行、较为完善的商业银行体系、较为发达的金融市场和较严格的银行监管体系。综观发达国家的金融发展史，可以将其划分以下三个阶段。

（一）早期自由化时期（1580—1933 年）

从第一家银行威尼斯银行建立到 20 世纪 30 年代的大萧条期间，发达国家尚未形成金融监管和存款保险机制，是金融发展的早期阶段。这一时期的金融体系中，非银行金融机构少，金融发展体现出综合化和自由化的特点，具体表现如下。

1. 银行经营综合化

这一阶段金融体系中银行占绝对主导地位，银行经营多种业务，包括吸收存款、发放贷款、汇兑、贴现、担保、信托、买卖证券、发行银行券等。

2. 银行经营自由化

由于这一时期尚未出现过大规模的经济和金融危机，政府对于银行业的经营活动基本上没有限制，银行处于自生状态。

（二）限制化时期（1933 年至 20 世纪 70 年代）

1929—1933 年席卷全球的大萧条成为金融发展史上的转折点。1929 年 10 月，美国华尔街股市发生大崩盘，导致银行挤兑，引发银行倒闭和金融危机，金融危机又加剧了经济危机。这使发达国家政府意识到对商业银行进行监管和限制十分必要。1933 年，美国国会通过了限制商业银行的经营业务和范围的《格拉斯·斯蒂格尔法》，法案确立了美国金融业银行、证券分业经营的模式，禁止银行包销和经营公司证券，只能购买由美联储批准的债券，允许商业银行以信托的名义代客买卖公司股票，该法案还成立了联邦存款保险公司，禁止向活期存款支付利息，并且重组了美联储。之后，美国又相继颁布了《1934 年证券交易法》、1940 年《投资公司法》《投资顾问法》等一系列法案，逐渐完善和强化了分业经营的法律和规则。受到《格拉斯·斯蒂格尔法》的影响，日本也实行了银行和证券分业管理体制，第二次世界大战到 20 世纪 70 年代，日本政府对金融业实施了一系列管制措施，包括长短期金融分离、银行业与证券业分离、利率限制、外汇管制等。发达国家的这些限制措施，起到了减少金融风险、遏制金融危机的作用，促进了"二战"后发达国家的经济发展。

（三）综合化时期（20 世纪 80 年代至今）

进入 20 世纪 70 年代，发达国家的金融限制措施逐渐显示出对经济的束缚，1971—1980 年间，美国的 GDP 年均增长率仅为 3.29%、德国为 2.91%、日本为 4.5%、英国只有 1.97%。同时，由于资本国际化导致资金供给增加，银行的竞争加剧，分业经营和严格管制大大削弱了的银行竞争力，放松金融管制的呼声不断增加。20世纪80年代，发达国家银行的业务范围又开始逐渐扩大，金融市场得到了迅速发展，发达国家的金融发展进入自由化和新综合化时期，这一时期发达国家的金融发展呈现以下特点：利率市场化，金融机构业务全能化，金融市场迅速发展。

第二节 金融压制、金融深化与金融约束理论

一、金融压制与金融深化理论

1973年经济学家爱德华·肖和麦金农在他们的著作《经济发展中的金融深化》及《经济发展中的货币与资本》中提出了金融压制与金融深化理论，针对发展中国家的特点论述了金融与经济发展之间的关系，肖和麦金农认为金融压制是无区别的"扭曲包括利率和汇率的金融价格"，降低"实际增长率及金融体系相对于非金融部门的实际规模……阻滞了发展中国家的经济发展进程"。肖和麦金农提出解决金融压制的政策建议是金融自由化：提高官方利率或降低通货膨胀率，完全取消利率上限，实现投资最大化，提高投资的平均效率。

（一）金融压制的定义

肖和麦金农认为，金融压制是这样一种现象，即在发展中国家，利率被人为压低，或由于通货膨胀率较高，导致实际利率太低甚至为负，货币积累即储蓄不足，从而导致投资不足，抑制经济的发展。

（二）金融压制的特征

肖和麦金农认为金融压制具有以下特征。

1. 货币化程度低

存在金融压制的国家，由于市场的分割性，商品交易的范围和规模受到许多限制，因而货币经济所占比重小，而自给自足的非货币经济比重较大，货币在整个经济中的作用受到限制。

2. 金融机构中现代部门和传统部门并存

处于金融压制的国家，现代金融部门与传统金融部门并存。现代金融部门是以现代化管理方法经营的大银行及其他金融机构等；传统金融部门是以落后方式经营的小规模钱庄、放债公司和当铺等。

3. 缺乏完善的金融市场

货币化程度低缩小了金融交易规模，导致了经济发展的不确定性，从而压制了直接融资方式的发展，使金融市场发展落后甚至根本没有形成金融市场。

4. 政府对金融活动实行严格管制

存在金融压制的国家对贷款利率规定严格的上下限，人为压低利率和汇率。

5. 金融体制不平衡且效率低下

金融体制不平衡表现在：发展中国家一般商业银行占绝对优势，非银行金融机构不发达；国营金融机构多而民间金融机构少。在缺乏竞争的环境中，金融机构普遍效率低下或者沦为政府弥补财政赤字的工具，无法发挥金融机构的真正功能。

（三）金融压制理论

由于发展中国家的货币金融制度具有上述特点，所以不能完全照搬传统的货币金融理论和发达国家的金融实践经验。麦金农认为，在发展中国家货币和实质资本并不是通常的替代关系，而是同方向变动、相互促进、相互补偿的关系。麦金农据此建立了以下货币需求函数：

$$(M/P)^D = L(Y, I/Y, d - p^*)$$

式中，$(M/P)^D$ 为实际货币需求函数，L 为货币需求函数，Y 为国民生产总值，I 为投资；$d - p^*$ 为实际存款利率，d 为名义存款利率，p^* 为物价预期变化率。

麦金农认为，货币供应量对储蓄、投资有直接影响。投资函数为

$$I/Y = F(r^*, d - p^*)$$

式中，r^* 为实际资本收益；F 为投资函数。通过分析这一公式，得出货币需求与实际投资同方向变化，说明了货币不是实际资本的替代物，货币成为投资的先决条件。

发展中国家效仿发达国家采取的低利率政策非但没有刺激投资，反而加重了其资本不足的负担。另外其他干预政策，如压低汇率、增发货币等，加剧了发展中国家的金融压制状况。在这种情况下，麦金农根据发展中国家的具体情况，把货币金融理论和发展理论有机结合起来，形成了"金融压制论"。

（四）金融深化理论

发展中国家要发挥金融对经济的促进作用，就应该放弃"金融压制"政策，实行"金融自由化"或"金融深化"。

金融深化论的核心观点是：一个国家的金融体制与该国的经济发展之间存在着一种互相刺激和互相制约的关系。在政府放弃对金融体系和金融市场的过分干预，允许市场机制特别是利率机制自由运行的前提条件下，一方面，健全的金融体系和活跃的金融市场能有效地动员社会闲散资金并使其向生产性投资转化，还能引导资金流向高效益的部门和地区；另一方面，经济的蓬勃发展，通过增加国民收入和调高各经济单位对金融服务的需求，刺激了金融业的扩展，由此形成金融—经济发展相互促进的良性循环。

1. 金融深化理论的政策含义

金融深化理论主张发展中国家应该实行促进经济发展的货币金融政策，即发展中国家应从本国实际出发进行金融改革，解除金融压制，消除资本形成的桎梏，并采取适合本国国情的货币金融政策。它们主要包括以下几方面。

（1）金融体制改革。彻底改革金融体制，使银行体系和金融市场能真正发挥其功能，即吸收和组织社会储蓄资金并将之引导至生产性投资。

（2）利率自由化。政府应放弃对利率的人为干预，使利率能正确地反映资金的供求

状况和衡缺程度。

（3）抑制通货膨胀。政府不应采取通货膨胀的方式来刺激经济增长，相反，政府应努力通过采取紧缩货币或增强货币需求（提高存款利率）的方法以抑制通货膨胀，提供一个稳定的经济环境以促进经济发展。因为实际货币量（M/P）与名义货币量（M）不是同一个概念，因此，降低通货膨胀率并不意味着实际货币量的缩减和投资减少。

（4）政府放弃对金融市场和外汇的管制。政府还应放弃对金融体系和金融市场的管制与限制，以鼓励各种金融事业的发展。政府还应放宽外汇管制，在适度范围内任汇率浮动，使汇率能正确反映外汇的实际供求状况。

（5）其他改革措施。"金融深化"还包括贸易自由化、税制合理化及财政支出政策的改革，促使国内企业同国外企业进行竞争，实行有利于进出口贸易的增值税，提高税制结构的收入弹性、取消对亏损企业的补贴。通过上述改革减轻政府的财政负担，缓解通货膨胀的压力，为"金融深化"提供良好的经济环境。

总之，这些政策的中心含义是要减少政府干预，消除"金融压制"、推进"金融深化"，以达到经济增长的目的。

麦金农认为，发展中国家要实现金融深化，财政、货币与外汇政策的排列顺序至关重要，政府不能够、也不应该同时采取全部的自由化措施。政府应该逐步实现以下政策：首先，财政政策改革应该先于金融的自由化；其次，实现利率自由化；最后，放开汇率管制，让市场外汇供求决定汇率水平。

2. 金融深化的效应

（1）金融深化的正效应。

①收入效应。肖一直强调，实际货币余额并不是社会财富，因而实际货币余额的增长也不是社会收入增加。肖所谓的收入效应，是指实际货币余额的增长使社会货币化程度提高，由此对实际国民收入的增长所产生的影响。这种收入效应是双重的，既包括正收入效应，也包括负收入效应。正收入效应是由于货币服务行业对国民经济具有促进作用而产生的；而负收入效应则是由于货币供应需要消耗实物财富和劳动，从而减少生产性资源而产生的。金融深化的收入效应应当是有利于经济发展的正收入效应，而货币政策目标应该是不断提高这种正收入效应，同时相应地降低负收入效应。

②储蓄效应。储蓄效应表现在两个方面：一是由收入效应引起的，即金融深化引起国民实际收入的增加，在储蓄条件一定的情况下，社会储蓄总额也将按一定比例相应增加；二是金融深化提高了货币的实际收益率，鼓励人们的储蓄行为，从而提高居民的储蓄倾向。

③投资效应。投资效应也包括两方面的含义：一是储蓄效应增加了投资总额，二是金融增长提高了投资效率。

④就业效应。货币实际收益率的上升导致投资者资金成本的提高，因此投资者将倾向于以劳动密集型的生产代替资本密集型的生产，以节约资本。这样，整个社会的就业水平将得到提高。

（2）金融深化的负效应。

①引发金融体系动荡。金融深化的短期金融市场利率和资本市场利率（公司债券与

股票市场利率)、国际业务汇率被随市场供求而变动的利率所替代,提高了金融业务预期收益的不确定性和风险性;金融深化为企业开辟了更多的直接融资渠道,银行间的金融业务竞争加剧从而使银行利润下降;金融深化往往使实际利率高于市场出清的均衡利率。

②经济滞胀。居民的边际消费倾向下降,减少了拉动投资的社会总需求;高利率增加了企业持有流动资金的机会成本以及融资成本,降低了投资收益率,甚至使企业无利可图或亏损,从而制约了企业的投资动力;短期外国资本流入和追求高利润常导致更多的消费信用等。以上这些,加上政府为控制赤字而减少支出所产生的投资减少,会通过乘数效应大规模收缩经济,使经济出现停滞和衰退。

③债务危机。一些发展中国家在未能有效控制财政赤字、实现预算平衡的情况下急于推行金融深化战略,从而提高了实际利率。一方面,政府为避免财政赤字所导致的通货膨胀,往往以高于市场的利率在国内大量举债,这势必会增加政府负债的融资成本;另一方面,政府为推动经济快速增长而大量从国外融资,为国内经济运行注入资金,但因微观经济活力不足,投资收益率低下,因而难以征收足够的税收来弥补政府赤字、偿还债务。债务高利率的累积效应将使债务与其 GNP 的比例上升到无法控制的地步,从而引发债务危机。

④可能导致破坏性的资本流动。金融深化使国内存款利率高于世界金融市场的利率水平,而其间的利差往往不能通过国内货币的预期贬值而抵消;资本的边际生产力通常较高,国内企业能从国外大量融资,政府为扩张经济而大量吸引外资,因此过早地放松或取消了对资本流动的限制。这些都会导致大规模的短期资本流入,破坏中央银行控制货币流通基数的能力,引起严重的通货膨胀。一旦抑制经济过热,又会引起资本大量流出,导致经济迅速衰退。

【专栏 10-2】 发展中国家的金融自由化历程

20 世纪 70 年代末开始,为了促进经济发展,大多数发展中国家对金融业进行了以金融自由化和对外开放为核心的金融改革。发展中国家的金融发展可以分为三个阶段。

(一)金融自由化时期(20 世纪 70 年代末至 20 世纪 80 年代前期)

主要发展中国家金融自由化的时间见表 10-1。

表 10-1 主要发展中国家金融自由化的时间

国家或地区	起始年份	大规模自由化时间	国家或地区	起始年份	大规模自由化时间
巴西	1989		新加坡	1978	1973—1996
智利	1974	1985—1996	阿根廷 1	1977	1977—1982
印度尼西亚	1983	1989—1996	阿根廷 2	1987	1993—1996
韩国	1983		哥伦比亚	1980	1995—1996
马来西亚	1978	1992—1996	秘鲁	1991	1993—1996
菲律宾	1981	1994—1996	委内瑞拉	1991	
泰国	20 世纪 80 年代中期	1992—1996	埃及	1991	1992—1996
尼泊尔	1989		摩洛哥	1991	1996
斯里兰卡	1978		南非	1980	1984—1996

续表

国家或地区	起始年份	大规模自由化时间	国家或地区	起始年份	大规模自由化时间
巴基斯坦	1991		以色列	1987	1991—1996
孟加拉国	1989		土耳其1	1980	
印度	1992		土耳其2	1988	1990—1996

资料来源：WILLIAMSON J, MAHAR M. A survey of fiancial liberalization[J]. Essays in international finance, 1998(211): 12.

　　这一时期，根据麦金农和肖的金融自由化理论，发展中国家进行了金融自由化改革，肖和麦金农的金融自由化理论认为，通过利率市场化，能够动员储蓄，促使储蓄向投资转化，从而推动金融发展，刺激经济增长。因此，这一阶段的金融自由化改革主要侧重于微观领域，措施是实现利率市场化，金融业对外开放。

（二）以"华盛顿共识"为基础的金融发展时期（20世纪80年代中后期至1997年）

　　20世纪80年代中后期在解决拉美国家债务危机的过程中，威廉姆森（1990）提出了"华盛顿共识"，并在20世纪90年代被诸多发展中国家用于指导金融改革。该共识包括十个方面：加强财政纪律，转变公共支出优先权，改革税制，利率市场化，采用竞争力的汇率，贸易自由化，放松对外资的限制，国有企业私有化，放松政府管制，保护私人财产权。"华盛顿共识"总体上可以归结为三点：审慎的宏观经济政策、促进外向型经济发展的政策和推动自由市场资本主义的政策。在发展中国家金融改革的实践中，由于更加强调经济增长和就业增加，表现出斯蒂格利茨所述的"快速的私有化""快速的自由化""快速的政府的角色最小化"。

　　这种快速的私有化和自由化给发展中国家带来了巨大的金融风险：首先，发展中国家在制度不完善的条件下进行金融自由化改革、开放金融市场。在前述的发达国家金融发展史中可以看到，发达国家的金融市场化和自由化是个漫长的过程，是伴随着金融制度的完善发展起来的，相对而言，发展中国家的金融自由化则十分迅速，这导致发展中国家在缺乏金融安全制度和措施的条件下，迅速对外开放了金融市场，外资流入刺激本国经济增长的同时也带来了巨大的金融风险。其次，外向型经济削弱了政府宏观调控能力。发展中国家的外向型经济依赖于国际市场，当20世纪90年代国际市场日趋饱和时，以东亚国家为代表的外向型经济国家的出口贸易下降，国际储备减少，这严重影响了发展中国家对汇率和外部经济失衡的调节能力，使金融风险增加。伴随着金融自由化进程，20世纪90年代发展中国家金融危机不断，特别是1997年的亚洲金融危机，对全球经济造成了巨大影响，这使人们重新审视发展中国家的金融自由化实践和"华盛顿共识"。发展中国家在实践"华盛顿共识"进行金融自由化改革时，忽略了其他领域、制度改革以及宏观经济发展。发展中国家的金融改革逐渐过渡到"后华盛顿共识"阶段。

（三）以"后华盛顿共识"为基础的金融发展阶段（1998年至今）

　　与"华盛顿共识"相比，"后华盛顿共识"更加强调以下四方面：第一，认为金融制度是金融改革的关键因素，主张渐进式的金融改革；第二，强调政府在改革中的作用；第三，鼓励竞争；第四，强调宏观经济稳定的重要性。亚洲金融危机后，发展中国家在金融发展中更加重视对金融体系的监管和相应法律法规建设。例如：韩国在金融危机后成立了直接隶属总理的金融监管委员会，并且强化了存款保险公司的作用，修改《韩国中央银行法》，赋予"韩国银行"独立制定货币政策的权利；韩国对所有金融法规，包括银行法、金融公司法和专业金融机构法进行了全面的修改和补充，对开设金融机构的具体要求、不同金融机构的业务范围、贷款风险管理、监管权限都做了新的规定和要求，韩国还设立了"金融重建局""金融机构发展基金"，以加强金融监管；而印尼则恢复了贷款限额制度。

二、金融约束理论

赫尔曼和斯蒂格利茨在《金融约束：一个新的分析框架》一文中重新审视了金融体系中的放松管制与加强政府干预的问题，确立了通过政府推动金融深化的策略，认为肖和麦金农的金融发展理论的假设前提为瓦尔拉斯均衡的市场条件，在现实中，这种均衡条件难以普遍成立。况且，由于经济中存在着信息不对称、代理行为、道德风险等因素，即使在瓦尔拉斯均衡的市场条件下，资金资源也难以被有效配置，所以政府的适当干预是十分必要的。金融约束的目标是政府通过积极的政策引导为民间部门创造租金机会，尤其是为银行部门创造租金机会，使其具备长期经营的动力，以发挥银行掌握企业内部信息的优势，减少由信息问题引起的不利于完全竞争市场形成的一系列问题。

（一）金融约束的概念

金融约束是一系列金融政策，这些金融政策构成政府推动金融深化战略的核心，制定的目的是在金融部门和生产部门设立租金。金融约束的本质是通过一系列的金融政策在民间部门创造租金机会。金融约束不同于金融压制：金融压制是政府从民间部门攫取租金，金融约束是政府在民间部门创造租金。

（二）金融约束基本分析框架

金融约束下租金机会的产生机理，可以通过引入一个简单的三部门体系信贷市场的供求模型来阐释。假设金融体系分为：供给资金的家庭部门、使用资金的企业部门和作为金融中介的银行部门，并假设客观经济环境稳定，通货膨胀率较低且可以预测，实际利率为正值，租金创造的利率机制表现如图10-1～图10-4所示。

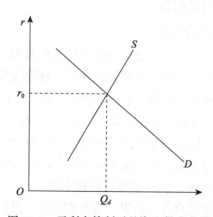

图10-1　无利率管制时的资金供求曲线

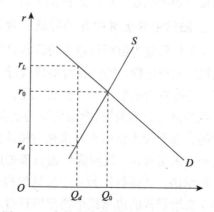

图10-2　存款利率控制时的资金供求曲线

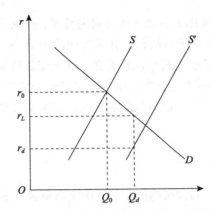

图 10-3　租金效应对资金供求曲线的影响　　图 10-4　贷款利率控制时的资金供求曲线

（1）没有利率管制的情况下，市场均衡利率为 r_0、资金量为 Q_d（图 10-1）。

（2）存款利率控制下，没有贷款利率控制，存款利率为 r_d，市场贷款利率为 r_L，此时金融部门获得了 $r_L - r_d$ 部分的租金（图 10-2）。

（3）银行获得租金后会增加投资、改善存款的基础设施，提高存款的安全性，从而产生租金效应，使资金供给曲线 S 向右移动到 S'，银行获得租金 $r_L - r_d$，这样社会资金可以更方便地进入正式的金融部门，企业也可以因为较低的利率 r_d 而得到贷款额 Q_d，大于瓦尔拉斯均衡市场条件下所能得到的贷款额 Q_0。（图 10-3）。

（4）政府进行贷款利率控制，如果贷款利率控制在均衡利率之上，租金的分配与没有贷款利率控制一样，如果贷款利率控制在均衡水平之下，租金便在银行和企业之间进行分配，银行得到的是 $r_L - r_d$，企业得到的是 $r_0 - r_L$（图 10-4）。

（三）金融约束的影响：租金的作用

在金融约束论中，租金是一个核心概念，租金的创造和获取所依靠的制度安排对租金促进金融深化的最终效率有着重要的影响。在金融约束论中讨论的租金主要是"租金机会"，而非"租金转移"。租金转移改变了收入分配，但不直接影响争夺这些转移的当事人的动力。租金机会则视当事人的情况而定，如果租金机会使竞争性均衡下供给不足的活动得到递增收益，那么这些租金机会可以增进福利。

1. 金融约束对金融中介的影响：金融部门的租金

（1）平均租金为银行创造了特许权价值。平均租金为银行创造了特许权价值，有助于加强银行的稳定性。特许权价值使银行的经理人员不会拿经营特许证去冒险或瓜分银行资产。特许权价值创造了"长期"股本，这种股本短期内不可能得到，也不会由于负面的宏观经济冲击而消失。金融约束为金融部门创造了租金机会，租金产生特许权价值，使银行的大部分股本价值来自未来的持续经营，银行对维持经营有着持续的热情，股本不会被经理人员抽走，从而降低银行道德风险行为发生的可能性。因此，特许权价值建立了一种承诺，让银行作为一个长期机构开展业务，加强了银行的稳定性。

（2）新增贷款的边际租金诱使银行寻求更多的存款。如果可以得到租金，银行必然会设法投资，使客户更方便地进入正式的金融体系。赫尔曼和斯蒂格利茨认为资金供给不但是存款利率的函数，同时也是证实金融部门便利程度的函数，银行因此就有动力增加投资，使储蓄的供给曲线外移，从而获得边际租金。金融约束使银行只要新增存款就可获得租金，从而促使银行寻求新的存款来源。

2. 金融约束对生产部门的影响：生产部门的租金

（1）金融约束加快了与企业相关的股本的自然积累过程：股本效应。当企业增加其在项目中的股本份额时，代理成本会减少。使银行贷款给新的配额限制项目的一个办法就是企业增加其在项目中的股本投入。企业股本投资的增加不但降低了代理成本，而且它作为一种显示工具，把好的贷款人与不好的借款人区别开来。如果企业掌握专有信息，知道某一项目比同类其他项目收益更高，就会愿意拿出更多的资源保证该项目融资，银行可根据企业增加对项目的股本投入推知这一专有信息。

如果贷款利率同样受限制，贷款中就会蕴含租金，而且如果银行善于甄别企业，则好企业将从金融约束中得到更多的租金份额。这些好企业随后可用这些增加的财富从正式的金融部门成功地获取融资。

（2）贷款利率降低减少代理成本。降低贷款利率可以减少代理成本，较低的贷款利率提高了申请借款人的整体质量，减弱了企业收益函数的凸性，降低了破产概率。为了使银行的盈利能力不受影响，存款利率（银行资金成本）也要下降，但存款利率的下降幅度无须和贷款利率的下降幅度一样。

（3）总投资增加。在生产部门设立租金可使投资资金供给增加，从而使得总投资增加。首先，可用于投资的资本增加，企业部门的边际储蓄倾向很高，把租金从居民部门转移到生产部门减少了（居民）消费，增加了（企业）储蓄。其次，投资的边际成本下降，当企业的收入升高时，它们的总投资随储蓄增加而增加，这是因为相比于外部筹资方式，如发行新股或者借款，企业用自有资本（保留收益）投资降低了中介成本。以上两种效应都增加了经济中的总投资。

（四）金融约束论的政策建议

1. 政府控制存贷款利率

将存款利率控制在一个较低的水平上，但要保证实际存款利率为正值，降低银行成本，创造可增加其特许权价值的租金机会，减少银行的道德风险行为，使之有动力进行长期经营。

2. 限制银行业竞争，确保金融体系的稳定

竞争引起经常性的银行倒闭，危及金融体系的稳定，限制银行业的竞争可以提高金融体系的安全性，对整个经济具有重要的外部效应。为了规制银行业的竞争行为，政府需要控制该行业的进入，但这不意味着禁止一切的进入，而是指新的进入者不能侵占市场先进入者的租金机会。在一国金融深化初期，一家银行进入新市场后，该市场也许还有潜力容纳更多的几家银行。在这种情况下，禁止所有后来者的进入不能说是有效率的，解决的办法是使后来者付出一定的经济成本补偿先来者的租金部门损失。这样先来者的特许权价值得到补偿，后来者也可获得部分租金，因此增加了整体社会利益。除了市场准入控制，政府可以通过引导竞争来抑制破坏性竞争，通常政府很难制定规章制度有效抑制非生产性竞争，而是相机行事，如某些补贴的分配或新分支机构的经营特许证。

3. 偿还期转换

从发展长期信贷市场的角度看，偿还期转换政策能够促进金融深化。大多数发展中国家的商业银行不愿意发放长期贷款，因为发放长期贷款除了信用风险以外，民间银行还承担通货膨胀的风险。政府可以帮助民间银行参与长期融资，将风险区分开来，让最有能力的主体有效地承担风险：民间银行承受信用风险，发挥其在选择客户和监督贷款方面的比较优势；政府承担通货膨胀风险。如果通货膨胀与预期不一致，政府将承担损失；如果贷款客户经营不善，民间银行将承担损失。

4. 限制资产替代性政策

限制居民将正式金融部门中的存款转化为其他资产如证券、国外存款、非正式市场存款和实物资产等。首先，金融约束论认为发展中国家证券市场尚不规范，治理结构不合理，证券市场的发展会使银行失去部分收益最高的业务，损失特许权价值，影响银行部门的租金，威胁金融体系的稳定。其次，国外存款替代国内金融中介储蓄对国内经济尤其有害，其原因是资金没有用于再投资。政府需要通过资本控制限制资本外流。最后，非正规金融部门存款不流动、制度结构薄弱、履行合同能力低、无法在内部创造货币、贷款机会有限、不受法律保护引起的不便等都使非正规部门的效率大大低于正规金融部门的效率。

（五）金融约束的管理

1. 金融约束的条件

金融约束的前提条件是：第一，宏观经济环境稳定；第二，通货膨胀率低且可预测；第三，实际利率为正。

2. 金融约束的最优水平和资本市场发展的顺序

金融约束的最优水平用干预的强度和广度来衡量，将随着金融深化程度的加深而下降。金融约束是一种动态的政策制度，应该随着经济的发展以及向更自由、更具竞争性的金融市场这一大方向的迈进而进行调整。首先，存款利率的控制要适度，金融约束应该是温和的，实际存款利率应为正值，Murdock 和 Stiglitz 的研究表明，只要干预程度较轻，那么约束可以与经济增长正相关。其次，贷款利率的控制极为复杂，政府不应该歧视高风险项目，在制定贷款利率时，应估计到风险补偿，并允许补偿性余额的存在。最后，贷款利率控制与定向信贷和产业政策的联系更为紧密，如果贷款利率控制是产业政策的一部分，政府应意识到它在信息方面的优势和劣势，因为成功地实施贷款利率限制非常困难，政府应在发展的初期逐步取消贷款利率控制。

金融约束政策的选择应该遵循一个自然的顺序。对于金融深化程度很低的经济来说，金融约束可能包括存款和贷款利率控制、市场准入限制以及限制资本市场的竞争等。随着经济的发展，应该先放松贷款利率控制，然后是存款利率限制，为政府证券发展一个民间债券市场；最后发展公司债券和股票市场并给银行部门引入竞争。

第三节 金融风险与金融危机

一、金融风险的定义与特征

（一）金融风险的定义

金融风险是指资金的所有者或投资者在投资或融资过程中，因偶发性或不完全确定性因素所引起的收入的不确定性和资产损失的可能性，而不是金融资金已经发生的损失。

（二）金融风险的特征

金融风险的特征可以归纳如下。

1. 不确定性

金融活动是在不确定的环境中进行的，金融运作主体所面对的情况纷繁复杂、变化多端，而金融运作主体的认识能力是有限的，金融风险在何时、何地、以何种形式出现，其发生概率、影响范围、危害程度、损失大小等都难以事先把握。

2. 客观性

金融运作主体的倒闭和破产，股市、期货行情的涨跌，利率、汇率的变动等都是独立于人的主观意志之外的客观现象，由此产生金融风险。只要有金融活动，就存在风险性，完全无风险的金融业务在现实金融活动中不可能存在。

3. 或然性

金融风险的存在及发生服从某种概率规律，并非毫无限制，但亦非确定不移的因果规律，而是以一种或然规律存在并发生着。

4. 损益性

由于预期结果与目标结果的偏离，金融活动可能给经济带来某种形式的损失或收益，在多种情况下讨论金融风险时只考虑其带来的损失。

5. 扩散性

金融是现代经济的核心，金融风险不是孤立地影响金融系统，它必然扩散并辐射到经济运行的各个方面。

6. 社会性

金融机构是一种特殊的行业，其营运资金主要来自客户的存款和借入资金，因而社会公众与金融机构的关系是一种依附型、紧密型的债权债务关系。一旦金融机构经营不善，无偿债能力，就会导致存款挤兑，损害公众利益，进而破坏金融体系和经济秩序的稳定。

二、金融风险的分类

金融风险纷繁复杂，其类型也多种多样，按不同角度有不同分类方法。

（一）按金融风险的起因分类

按金融风险的起因，金融风险可分为环境风险、市场风险和运作风险。

1. 环境风险

环境风险又表现为政治风险、经济风险、社会风险、文化风险、政策风险和形势风险。

2. 市场风险

按金融市场的组织结构，市场风险主要表现为货币市场风险、资本市场风险、外汇市场风险、黄金市场风险、保险市场风险、信托市场风险、基金市场风险、财务市场风险、租赁市场风险和抵押（典当）市场风险等。其中货币市场风险又包括存款市场风险、票据市场风险和同业的抵借风险；资本市场风险包括长期放贷市场风险、投资市场风险、房地产金融市场风险、证券市场风险（包含股市风险和债券市场风险）、衍生金融工具市场风险（包括期货市场风险、合约市场风险等）；外汇市场风险包括利率风险、汇率风险、本币兑换与交易风险，以及外币投资风险等。

3. 运作风险

运作风险包括运作主体风险、运作客体风险、运作规制风险和运作项目风险。运作主体风险下有素质风险和行为风险；运作客体风险下有金融信誉风险、经济信心风险、环境与社会风险和政治态度风险等；运作规制风险下有法律性风险、规章性风险、制度性风险、体制性风险、行政性风险、规划性风险、标准性风险等；运作项目风险下有流动性风险、经营性风险、效益性风险、可控性风险等，此外行为风险还包括决策风险、操作风险、行政干预风险、权力参与风险、人情风险、治安风险、内控风险、信息处理风险等[1]。

（二）按金融风险的范围分类

按金融风险的范围，金融风险可分为微观金融风险、中观金融风险和宏观金融风险。

1. 微观金融风险

微观金融风险是指个别金融机构在运营过程中发生资产或收入损失的可能性。

2. 中观金融风险

中观金融风险是指金融业内部某一特定行业存在或面临的风险。

3. 宏观金融风险

宏观金融风险是指整个金融业存在或面临的系统风险，即那些可能危及整个金融体系安全、危及国民经济安全运行乃至危及社会稳定和国家安全的金融突发事件，包括存款挤提风潮、银行或非银行金融机构倒闭风潮、汇率的急剧变动、股市的暴涨暴跌以及恶性通货膨胀等。

---

[1] 邱霈恩. 中国金融风险防范探略[J]. 管理世界，1998（2）：64.

（三）按金融风险的形态分类

按金融风险的形态，金融风险可分为以下几种。

1. 信用风险

信用风险是指债务人在合约期满后不能偿还本金和利息而形成的风险。

2. 流动性风险

流动性风险是指金融机构无力满足债权人提存和清算支付的要求，从而给金融机构的信誉带来严重影响，甚至造成金融机构挤兑的风险。

3. 利率风险

利率风险是指由于利率敏感资金配置不合理而给金融机构带来损失的风险。

4. 汇率风险

汇率风险是指经济主体在持有或拥有外汇的经济活动中，因汇率的变动而蒙受损失的可能性。

5. 通货膨胀风险

通货膨胀风险是指物价普遍、持续上涨，金融主体的资产实际收益率和负债成本变化而给金融主体带来损失的风险。

6. 经营和管理风险

经营和管理风险是指由于银行自身经营管理方面存在的问题而形成的风险。

7. 政府介入风险

政府介入风险是指政府介入银行经营，从而增加资产风险，降低信贷资产质量的可能性。

8. 国家风险

国家风险是指金融机构由于拥有对一个国家的债权而产生损失的可能性。

（四）按风险的发展过程分类

按风险的发展过程，金融风险可分为潜在风险和现实风险。

1. 潜在风险

潜在风险是指现实中还未发生的风险。

2. 现实风险

现实风险是指已经形成正在发生和产生后果的风险。

在金融运行过程中，这些金融风险交织在一起，构成了复杂的金融风险体系。

三、金融危机

（一）金融危机的含义与分类

金融危机是指所有或绝大部分金融指标急剧的、短暂的、超周期的恶化，这些指标包括短期利率、资产价格、厂商的偿债能力以及金融机构的破产等。

根据国际货币基金组织的《世界经济展望1998》，金融危机可以分成几种类型：货币危机、银行业危机、外债危机、系统性金融危机。货币危机是指投机性冲击导致一国货币迅速贬值，或者导致一国货币当局不得不采取动用大量外汇储备、大幅提高利率等措施保卫本国货币币值的危机。银行业危机，是指实际的或者潜在的银行挤兑、倒闭，导致银行无法按时偿还其债务的现象，或者是政府为阻止上述现象不得不提供大规模救助的现象。外债危机，是指一国不能偿付其外债而引发的危机。系统性金融危机，是指严重的金融市场崩溃，是对实体经济产生较大不利影响的危机。

（二）金融危机的特征

1. 突发性

纵观近年来世界上的金融危机，无论是20世纪80年代的发展中国家债务危机、1997年的亚洲金融危机，还是2008年的美国次贷危机，爆发都十分突然。金融危机往往由某一事件触发，导致突发性的大规模危机。例如，1997年的亚洲金融危机的导火索是量子基金冲击东南亚国家货币，导致金融危机突发。

2. 传染性

金融危机会在不同领域和不同地区传染，体现出很强的传染性。金融危机会由货币危机、外债危机或者银行业危机中的某一个领域开始，迅速传播到其他领域或者形成系统性金融危机。例如，亚洲金融危机由货币危机开始，传染到银行业带来银行业危机，进而出现系统性金融危机。

同时金融危机也会在不同国家之间进行传播，如2008年的美国次贷危机传导到欧洲，引发欧洲的欧债危机就是典型的例子。

3. 可预测性

金融危机是金融风险的积聚和集中爆发，虽然具有突发性，但却是能够预测和有规律可循的。例如，1999年，国际货币基金组织和世界银行向各成员推荐"金融稳定指标体系"，包括反映银行体系、金融市场和宏观经济在内的39个指标，通过监测这些指标，各国可以及早发现金融风险，起到预测和预防金融危机的作用。

第四节 金融监管的必要性及体制

一、金融监管的含义及特征

（一）金融监管的含义

金融监管是一个国家（地区）的中央银行或其他金融监督管理当局依据国家法律法规的授权对金融实施监督管理的称谓。金融监管有广义和狭义之分，广义的金融监管除包括一国（地区）中央银行或其他金融监管当局对金融体系的监管以外，还包括各金融机构的内部自律、同业互律性组织的监管、社会中介组织的监管等。狭义的金融监管仅包括一国（地区）中央银行或其他金融监管当局的监管。

（二）金融监管的特征

金融监管具有以下特征。

1. 规范性

金融监管的规范性主要体现在以下几个方面：首先，金融监管主体规范。金融监管主体一般是政府通过法律法规的形式指定的政府机构或准政府机构，金融监管主体对金融机构的监督和管理也必须在相关法律法规的授权范围内进行。其次，金融监管的方式规范。金融监管主体必须依据相应的金融监管法律，制定相应的监管制度、监管指标，确定适当的金融指标警戒线，并以此为依据实施监管。最后，金融监管的内容规范。金融监管的内容包括金融机构的市场准入和退出监管、金融机构内部控制监管以及金融机构经营管理监管。金融机构的准入和退出监管要具备相关法律制度规定的条件，并按规定的程序进入和退出金融行业；金融机构的内部控制也需要建立相应的制度和会计系统，使金融机构按制度规定进行自律监管；对金融机构经营管理的监管，是注重金融机构的操作是否具有合规性和审慎性，更是金融监管规范性的体现。

2. 间接性

金融监管不同于金融管制，金融监管是一种间接调控方式。金融监管当局在实施金融监管时，按相应的法律法规依靠经济手段对金融机构实施监管，对金融资产的价格在金融监管下不是通过固定或规定价格上限，而是通过存款准备金、再贴现和公开市场操作实现，控制可贷资金规模，调节利率水平，对于汇率则是通过抛补干预的方式把汇率维持在适当水平；对金融机构政府不再实施信贷配给管理，而是通过存款准备金和再贴现调节可贷资金量，通过规定资本充足率指标、清偿力标准和存款保险制度保证金融机构的安全和资金供给者的利益。

3. 强制性

金融监管是以金融监管法规作为保障和基础的，从由谁监管到如何监管的金融监管全过程都有一系列的法律法规作出详细规定，法律规定的金融监管主体必须对金融机构根据监管法律规定的内容、依据法律规定的方式进行监管，法律法规具有强制性决定了金融监管也具有强制性。

4. 灵活性

金融监管中的间接调控方式更便于监管当局根据形势需要随时调节金融活动，保证金融安全。当利率过高时，政府可以灵活运用各种宏观调控工具达到降低利率的目的，如政府可以降低再贴现率或减小存款准备金率以增加金融机构的可贷资金比例；使社会资金供给增加，利率就会下降。同时，面对不同服务领域，不同地区金融监管当局也可以制定不同的标准，对金融机构的相关监管指标只制定一个警戒线而不固定指标数额，如英格兰银行对外汇持有风险进行监管时就规定银行承担的每一种外汇的交易性外汇风险净额的资产与负债差额不得超过银行资本的10%；即期与远期之和不超过资本的15%；低于上限规定都被认为金融风险较小，这就给予金融机构一定的空间，显示了金融监管的灵活性。

二、金融监管的必要性

（一）金融在经济中处于特殊地位

金融是现代经济的核心，金融体系是全社会货币的供给者和货币运行及信用活动的中心，金融的状况对社会经济的运行和发展起着至关重要的作用，具有特殊的公共性和全局性；金融业是一个存在诸多风险的特殊行业，关系到千家万户和国民经济的方方面面，一旦金融机构发生危机或破产倒闭，将直接危害众多投资者的利益，后果十分严重。

（二）金融体系存在内在脆弱性

明斯基（Minsky）1982年在《金融体系内在脆弱性假说》一书中，在"资本主义繁荣与萧条长波理论"的基础上提出了"金融脆弱性假说"，认为金融脆弱性是金融体系内生的，不可避免。明斯基将借款的企业分为三类：抵补性的借款企业（hedge-financed firm）、投机性的借款企业（speculative-financed firm）和庞氏企业（Ponzi firm）。抵补性企业风险最安全，因为其每期总量上的预期收益都大于债务；投机性企业有一定风险，其总体预期收益大于债务额，但是在借款后的一段时期会出现本期收益小于本期债务的情况；庞氏企业风险最大，其每期收益和总预期收益都小于债务总额。明斯基认为在金融繁荣一段时间之后，银行会将资金大量流入投机性企业和庞氏企业，加剧金融体系脆弱性，在经济萧条到来时，就会出现金融危机。

在明斯基的金融脆弱性假说基础之上，克瑞格从银行的角度分析金融脆弱性，提出"安全边界说"。克瑞格认为银行家作出放贷决策时，依据借款人过去的信用记录，而不是未来的预期。因此，银行家以借款人本身的"信用风险"而非贷款项目的风险评价来估计信用边界。在经济繁荣时期，借款人的信用记录良好，导致银行家发放贷款的安全边界降低，金融脆弱性加剧。当安全边界降到最低时，一旦经济出现新的微小的偏离，就会出现债务拖延支付，产生债务紧缩的连锁反应。

这些观点都说明金融体系具有内生脆弱性，因此政府应该维护金融秩序，保护公平竞争，提高金融效率。

（三）金融市场存在市场失灵

市场在某些情况下会失去其优化资源配置的功能，降低经济运行的效率，即存在"市场失灵"，相应地，就需要政府的管制来弥补或纠正。金融市场上存在的失灵包括以下几方面。

1. 金融市场中的外部负效应

金融领域的外部负效应问题尤为严重：首先，金融机构负债率较高，且其债权人分布面很广，可能覆盖社会各阶层。于是某家金融机构倒闭，受损失小的仅是其所有者，众多债权人也将蒙受损失，其中有相当部分是社会民众。其次，金融机构在经营中出现的问题具有传染性。一家金融机构由于经营管理不善等原因倒闭，可能会波及其他金融机构。因此，金融机构的外部负效应在一定条件下将会自我放大，若发展到极端，就会导致系统性的金融危机，引致市场崩溃，造成宏观经济动荡。即使并未发生金融机构系统性的经营危机，作为社会中心的某家大银行倒闭，也可能会引起清算体系运转不畅甚至于中断，造成社会财富的损失。

2. 金融市场中的垄断

金融业具有一定程度的自然垄断倾向。例如，所有的交易都通过一家清算机构处理，将极大便利交易的进行；金融机构业务范围越大，越有可能为客户提供全面、便捷的服务。随着银行施行的信贷组合的多样化，信用风险可以相应降低。同时，在市场竞争中处于优势的金融机构为占据更大的市场份额也会设法将对手挤出市场，使金融业务趋于集中。金融业的垄断将导致资金价格上升、服务质量下降、客户受到不公平的歧视性待遇。

3. 金融市场中的信息不完全和不对称

在金融交易市场上普遍存在信息不对称现象。在借贷市场上，供需双方拥有的信息量有着显著差异。由于信息不对称，金融契约签订前的"逆向选择"可能导致借贷市场萎缩；金融契约签订后，"道德风险"问题又对信贷资金安全构成威胁。金融中介机构本身是有助于解决信息不对称问题的一种机制，然而这种机制也存在着缺陷：金融机构并不能通过客户鉴别体系和监督系统彻底消除信息不对称问题；同时，金融机构本身也存在着道德风险，如由于金融机构的杠杆比率比一般企业高出很多，所有者所受损失与债权人的损失对比而言并不高，因此所有者对金融机构经营者的行为有可能缺乏足够的约束，金融机构有从事高风险投资的倾向。即使是在股票、债券等公开市场上，也存在信息偏差问题，如内幕交易、操纵行情、违反公开信息义务、欺诈客户等，致使市场价格不能真实地、全面地、及时地反映相关信息。

综上所述，金融市场的一般缺陷、金融体系所处的关键地位、金融体系的内在脆弱性、发生连锁支付危机的可能性，都意味着如果没有外部力量的控制，金融领域一旦出现问题将会导致巨大的社会代价，或是对宏观经济造成严重影响，或是使广大处于信息劣势的市场参与者受到损害，因此客观上要求依靠政府的权威对金融业实施较为严格的监管。

三、金融监管体制

金融监管体制是指一国对金融机构和金融市场实施监督管理的方式及组织机构的总和。从广义上讲，金融监管体制包括监管目标、监管范围、监管理念、监管方式、监管主体的确立、监管权限的划分等。从狭义上讲，金融监管体制则主要指监管主体的确立及其权限划分。根据监管主体的多少，各国金融监管体制可划分为两类：单一监管体制和分业监管体制。

（一）单一监管体制

高度集中的单一监管体制是指单一的中央级机构如中央银行或专门的监管机构对金融体系进行监督管理，代表国家有英国、埃及、巴西、印度。单一监管是指由一家监管机构承担监管职责，将金融业作为一个互相联系的整体统一进行监管。

（二）分业监管体制

分业监管是根据金融机构及其业务范围的划分，由多家专业监管机构分别进行监管。

分业监管体制又分为双线多头监管体制和单线多头监管体制。

双线多头监管体制：以美国为代表，"双线"指的是联邦政府和州政府两条线，"多头"是指在一个国家中有多个行使金融监管职能的机构。

单线多头监管体制：指金融监管权力集中于中央，但在中央一级又分别由两个或两个以上的机构负责金融业的监督管理。

四、金融监管的主要内容

（一）准入监管

1. 对新设金融机构进行管制

对新设金融机构进行管制主要目的在于：阻止不合格的金融体系成员进入，以保证金融业的安全和稳定；防范金融业集中于少数集团而不利于竞争；限制金融机构数量。

2. 所有国家的银行管理都是从市场准入开始

一家银行在允许营业前必须符合金融监管部门制定的多方面要求，如最低限度的资本等。从发展趋势上看，各国在审批过程中的行政随意性不断减少，金融监管当局对外国银行进入本国市场采取更为宽松的态度。

3. 准入监管是对金融市场进入的监管

准入监管是对金融机构筹集、设立、经营，即进入金融市场的监管，主要包括两方面的内容：金融机构开业登记监管和业务范围监管。

（二）市场运作过程监管

1. 资本充足性监管

在满足资本充足性的条件下，金融机构的资本既能应付坏账损失的风险，又能保证金融机构正常运作以达到盈利，所以资本充足性是衡量金融机构经营状况是否稳健的一个重要标志。资本充足性的有关比率一般包括资本与总资产的比率、资本与风险资产的比率以及资本与负债的比率等。

《巴塞尔协议》对银行的自有资本比率进行了规定：第一，规定银行资本分为核心资本和附属资本、银行资本与加权风险资本的比率高于8%，其中核心资本的比率不低于4%；第二，根据资产的性质，规定不同的风险权重；第三，重视银行表外业务给银行带来的风险，为各种表外业务规定了换算系数。

2. 流动性监管

这一问题直接表现为金融机构是否有足够的现金用于支付某个特定到期日的到期债务。这就要求金融机构拥有一定比例的现金和一定比例变现能力较强的资产；要求金融机构资产与负债的期限结构和利率结构搭配得当；要求金融机构的资金来源和资金运用在期限、币种和地区上适当分散并搭配得当。

流动性管制又称清偿能力管制。流动性是指银行根据存款和贷款的变化，随时以合理的成本举债或者将资产按其实际价值变现的能力。金融监管当局对银行的流动性非常重视，对银行流动性的监管政策通常有两种：向银行发布衡量和管理流动性风险的指标和要求银行流动性资产与总资产的比率、流动性资产与存款的比率达到一定标准。

流动性监管指监管机构对银行运用资金来满足储户提款和随时可能发生的资金需要的能力大小进行监督和管理。流动性监管的目的是：既要防止流动性不足而导致银行的支付危机，又要避免出现超流动性而降低银行收益，力图做到安全性和营利性的统一。核心内容是衡量银行资产流动性，它受银行资产变现或举债难易程度、所需时间长短、变现时是否有资本或利息损失等因素的影响。

3. 业务范围监管

长期金融业务与短期金融业务的选择限制；直接金融业务与间接金融业务的选择限制；银行业务与非银行金融业务的选择限制；金融机构与工商企业相互持股和人事结合的限制；商业性金融业务与政策性金融业务的分离或者结合。

在金融创新不断涌现、各类金融机构业务交叉和各种存款界限日趋模糊的条件下，在金融体制一体化和经营业务多样化、综合化的新形势下，银行业务的种种传统限制正在被逐步放松或取消。

4. 贷款风险监管

贷款风险一般体现在对单个客户的贷款集中和对特定部门或行业的贷款集中，几乎所有国家都建立了对银行大额贷款的监控制度，要求银行提供这方面的资料。

由于获利越多，资产风险越大，大多数国家的中央银行都尽力控制风险的集中，通常限制一家银行向单个借款者提供过多的贷款，以分散风险。为了分散贷款风险，防止贷款的过度集中而增加金融风险，各国都规定了银行发放单一巨额贷款的限制。

5. 准备金管理

监管当局的主要任务是确保银行的准备金是在充分考虑谨慎经营和真实服务质量的基础上提取的，如果认为准备金的提留不符合要求，监管当局将采取措施，监督银行达到要求。实践证明，提高准备金水平，才能保持并增强银行的实力。

6. 外汇风险

鉴于外汇业务相对于本币业务的复杂性和高风险性，各国金融监管当局对金融机构的外汇业务活动进行严格的监督管理。

7. 国家风险管理

国家风险因政府借款人不能或不愿履行偿债业务而给贷款人带来的风险；由政府担保的私人或公共部门实体因政府不愿或不能履行担保而违约拖欠，由此给贷款人带来的风险；因借款人无法将本国货币兑换为外汇而给贷款人带来的风险。各国金融监管当局对国家风险进行严格的监督管理。

事后监管包括对金融机构的检查稽核和保护性措施。

（三）退出监管

市场退出监管是指金融监管当局对金融机构退出金融业、破产倒闭或合（兼）并、变更等实施监督管理。当某个金融机构遇到流动性困难，以至于可能动摇公众信心或影响金融稳定时，监管当局可根据需要通过协调和组织行业支持、提高临时贷款等方式予以紧急求助。如果这些措施仍无法恢复其正常运营的能力，监管当局将尽力促成有实力的金融机构对其进行兼并或收购。对有可能引发信用危机、严重影响存款人利益的金融机构，金融监管机构可以依法采取直接干预措施。最后贷款人制度和存款保险制度也是金融监管的一部分。

【专栏 10-3】 中国的金融监管体系

目前，我国金融机构体系是以中国人民银行、银保监会、证监会为监管主体，以银行金融机构及非银行金融机构为监管客体的金融机构体系。

1. 中国人民银行

1983 年 9 月，国务院规定中国人民银行剥离商业银行业务，专门行使中央银行职能。中国人民银行的主要职责是金融监管，制定和执行货币政策。实行总分行制，其分支机构按照总行的授权，负责本辖区的金融调控、货币政策执行职能，不负责为地方经济发展筹集资金。在总行和分支机构之间，银行业务和人事干部实行垂直领导、统一管理，地方政府需保证和监督央行贯彻执行国家的方针政策，但不能干预央行的职责。国家外汇管理局是中国人民银行代管的国务院直属局，代表国家行使外汇管理职能，其分支机构与同级中国人民银行合署办公。

2. 银保监会

根据十届人大一次会议通过的《国务院机构改革方案》，国务院决定设立银监会，2003 年 4 月 28 日，银监会正式挂牌。1998 年 11 月保监会成立，是全国商业保险机构的主管部门，为国务院直属正部级事业单位。2018 年两会通过国务院机构改革方案，将银监会和保监会职责整合，组建中国银行保险监督管理委员会，作为国务院直属事业单位。银保监会依法依规对全国银行业和保险业实行统一监督管理，维护银行业和保险业合法、稳健运行。依据审慎监管和金融消费者保护基本制度，制定银行业和保险业审慎监管与行为监管规则；制定小额贷款公司、融资性担保公司、典当行、融资租赁公司、商业保理公司、地方资产管理公司等其他类型机构的经营规则和监管规则，制定网络借贷信息中介机构业务活动的监管制度。

3. 证监会

1992 年 10 月，国务院证券委员会和中国证券监督管理委员会宣告成立，标志着中国证券市场统一监管体制开始形成。1997 年 11 月，中央召开全国金融工作会议，决定对全国证券管理体制进行改革，将原由中国人民银行监管的证券经营机构划归中国证监会统一监管。1998 年 4 月，根据国务院机构改革方案，决定将国务院证券委员会与中国证监会合并。经过这些改革，基本形成了集中统一的全国证券监管体制。1999 年 7 月 1 日，《中华人民共和国证券法》(以下简称《证券法》)正式实施。

2004 年 8 月修订的《证券法》规定，证监会的职责是依法对证券市场实行监督管理，维护证券市场秩序，保障其合法运行。具体来说主要包括：制定有关证券市场监督管理的规章、规则，并依法行使审批或者核准权；对证券的发行、交易、登记、托管、结算，进行监督管理；对证券发行人、上市公司、证券交易所、证券公司以及中介公司等机构的证券业务活动，进行监督管理；制定从事证券业务人员的资格标准和行为准则，并监督实施;监督检查证券发行和交易的信息公开情况;对违反证券市场监督管理法律、行政法规的行为进行查处等。

小牛资本集团非法吸收公众存款案

2013 年被称为中国互联网金融元年,拥有多年资管经验的彭铁在这一年创立了小牛资本,这家公司以普惠金融、科技金融为主营业务。由于投资门槛低(一元起投)、年化收益较高(7%左右)、公司注重公关形象,吸引了诸多投资者。公司鼎盛时期业务遍及深圳、重庆、天津、西安、青岛等全国 20 多个城市,管理 2 800 亿资本,员工数量过万,服务客户超 800 万。

在资金运用方面,2014 年以前,小牛募资的钱大部分投向了房地产;2014 年以后,则全部流向了资本市场。2016 年 12 月,小牛在线已跃居成为华南最大的线上普惠金融理财平台,注册用户突破 400 万,累计成交额超过 460 亿。2018 年小牛的 P2P 业务迅速跻身行业前三,其他普惠金融、消金放贷、投资管理风生水起。

但是,2018 年 6 月小牛理财产品开始出现逾期,2019 年小牛另一大业务"小牛新财富"也爆发大规模逾期,全国各地分公司涉嫌非法吸收公众存款被警方立案调查。2020 年 5 月 9 日,小牛在线宣布退出网贷领域。而此时,小牛还有借贷余额 104 亿元,出借人数 11 万,都面临逾期不能收回。2021 年 1 月 13 日,深圳警方宣布正式立案调查小牛资本集团,并对相关涉案高管采取刑事强制措施。

案例讨论分析

资料来源:小牛资本案移送检察院起诉 累计非法吸收公众存款达 1 000 余亿[BE/OL]. 新浪财经. (2021-08-26). https://finance.sina.com.cn/money/bank/gsdt/2021-08-26/doc-ikqciyzm3779307.shtml.

请思考:

1. 金融风险的特点是什么?
2. 为什么要进行金融监管?
3. 监管部门如何处理金融监管和金融创新的关系?

【本章小结】

金融发展理论包括金融压制与金融深化理论、金融约束理论。金融压制是在发展中国家,利率被人为压低,或通货膨胀率较高,导致实际利率太低甚至为负,货币积累即储蓄不足,从而导致投资不足,抑制经济的发展。金融深化论的核心观点是:一个国家的金融体制与该国的经济发展之间存在着一种互相刺激和互相制约的关系。金融深化理论主张,发展中国家应实行促进经济发展的货币金融政策,即:发展中国家应从本国实际出发,进行金融改革,解除金融压制,消除资本形成的桎梏,并采取适合本国国情的货币金融政策。它们主要包括:①金融体制改革;②利率自由化;③抑制通货膨胀;

④政府放弃对金融市场和外汇的管制；⑤其他改革措施。金融深化还包括贸易自由化、税制合理化及财政支出政策的改革，如逐步消除贸易保护。总之，这些政策的中心含义是要减少政府干预，消除金融压制、推进金融深化，以达到经济增长的目的。金融约束是一系列金融政策，这些金融政策构成政府推动金融深化战略的核心，制定的目的在于在金融部门和生产部门设立租金。金融约束的本质是通过一系列的金融政策在民间部门创造租金机会。金融约束不同于金融压制：金融压制是政府从民间部门攫取租金，金融约束是政府在民间部门创造租金。金融约束论的政策建议：政府控制存贷款利率；限制银行业竞争，确保金融体系的稳定；偿还期转换；限制资产替代性政策。

金融市场的一般缺陷和金融体系所处的关键地位，易于动荡的、内在脆弱性、发生连锁支付危机的可能性都意味着，如果没有外部力量的控制，金融领域一旦出现问题将会导致巨大的社会代价，或是对宏观经济造成严重影响，或是使广大处于信息劣势的市场参与者受到损害，因此客观上要求依靠政府的权威对金融业实施较为严格的监管。金融监管具有规范性、间接性、强制性的特征。金融监管包括准入监管、市场运作过程监管以及退出监管。

金融风险是指资金的所有者或投资者在投资或融资过程中，因偶发性或不完全确定性因素所引起的收入的不确定性和资产损失的可能性。而不是金融资金已经发生的损失。其特征有：不确定性、客观性、或然性、损益性、扩散性、社会性。金融危机是指所有或绝大部分金融指标急剧的、短暂的、超周期的恶化，这些指标包括短期利率、资产价格、厂商的偿债能力以及金融机构的破产等。其特征有：突发性、传染性、可预测性。

【复习思考题】

1. 金融压制和金融深化理论的核心思想是什么，有何政策含义？
2. 金融约束理论的核心思想和政策含义是什么？
3. 简述金融监管的必要性。
4. 金融监管的特征是什么？
5. 金融监管的主要内容包括哪些？
6. 金融监管的体制有哪些，中国施行的哪种金融监管体制？
7. 什么是金融风险，其特征是什么？
8. 金融危机如何界定？金融危机的特征是什么？

【进一步阅读书目】

1. 刘鹤. 两次全球大危机的比较研究[M]. 北京：中国经济出版社，2013.
2. 王胜邦. 国际金融危机与金融监管改革[M]. 北京：中国金融出版社，2013.
3. 戈顿. 对金融危机的误解——我们为何无法发现其来临[M]. 北京：中国金融出版社，2016.

4. 麦金农. 经济自由化的顺序——向市场经济过渡中的金融控制[M]. 北京：中国金融出版社，1993.

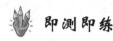 即测即练

第十一章

国际金融体系

【本章学习目标】

通过本章学习,学生应该能够:
1. 掌握国际收支概念和国际收支失衡的类型及调节;
2. 掌握汇率的定义、种类和影响汇率的因素;
3. 掌握汇率制度的概念、种类;
4. 掌握国际货币体系的概念和演变过程。

怎么兑换美元更划算

小张打算出国,需要兑换一些美元。他走入中国银行,看到电子显示屏上跳动的数字不知所措。他想换 1 000 美元到底需要准备多少人民币呢?来银行之前,有朋友告诉他银行换现汇和现钞不是一个价格。什么是现汇?什么是现钞?它们有什么区别?银行兑换现汇和现钞是否价格不同?他到底应该换的是现汇还是现钞?哪个划算呢?现在兑换美元合适吗?带着这些问题的小张,一脸茫然地走向银行窗口向银行工作人员询问。

引导案例分析

第一节 国际收支

一、国际收支的概念

根据 IMF 的解释,一国的国际收支是指在一定时期内(一年、一季、一月)一国(或地区)的居民与非居民之间进行经济交易的系统记录。国际收支概念的内涵非常丰富,应从以下三方面理解和把握这一概念。

第一,国际收支概念中强调居民与非居民的含义。居民是指在一个国家(或地区)的经济领土内具有经济利益的经济单位,包括自然人、政府、非营利团体和企业。IMF 规定:自然人居民,是指那些在本国居住时间长达一年以上的个人,但官方外交使节、驻外军事人员等一律是所在国的居民;法人居民,是指在本国从事经济活动的各级政府机构、非营利团体和企业。据此，跨国公司的母公司和子公司分别是所在国的居民，政府机构包括在其境内的各级政府机构以及设在境外的大使馆、领事馆和军事机构等都是本国居民，国际组织机构如联合国、国际货币基金组织以及世界银行等是任何国家的非居民。

第二，国际收支是以交易为基础的，它是居民与非居民之间所发生经济交易的货币记录。其中经济交易包含五种类型：①金融资产与商品和劳务之间的交换。②商品和劳务与商品和劳务之间的交换转移。③金融资产和金融资产之间的交换。④无偿的、单项的商品和劳务转移。⑤无偿的、单项的金融资产转移。

第三，国际收支是一个流量概念，描述了一定时期（一年、一个季度或一个月）的发生额。与国际收支相对应的一个概念是国际借贷，国际借贷是指一国在一定时点上对外债权与对外债务的汇总，它是一个存量概念。

二、国际收支平衡表

国际收支平衡表是一国对其在一定时期内（一年、一季、一月）国际经济交易，根据交易的内容和范围设置项目和账户，按照复式簿记原理进行系统记录的报表。国际货币基金组织通过出版《国际收支手册》，对编表所采用的概念、准则、惯例、分类方法以及标准构成都做了统一的规定或说明。根据《国际收支手册》第6版，国际收支平衡表由经常账户（current account）、资本账户（capital account）、金融账户（financial account）、净错误和遗漏账户（errors and omissions account）构成。

（一）经常账户

经常账户是国际收支平衡表中最基本最重要的账户，它反映一个国家（或地区）与其他国家（或地区）之间实际资源的转移，包括商品与服务（goods and services）、初次收入（primary income）和二次收入（secondary income）三个科目。经常账户和它的各个科目都列入贷方额与借方额以便计算差额。

1. 商品与服务

（1）商品（goods）。商品是经常账户以及整个国际收支平衡表中最重要的科目，记录一国商品的进出口，又称有形贸易，包括一般商品与其他商品，其中一般商品包括除中介贸易品、非货币黄金（non-monetary gold）、旅行携带品、建筑物（construction）和政府商品与服务（government goods and services）以外的，经济所有权在居民与非居民之间发生了交易的商品；其他商品主要包括中介贸易品和非货币黄金。在处理上，货物的出口和进口应在货物的所有权在居民与非居民之间转移时记录下来。一般来说，货物的进出口都使用离岸价（FOB）计价。商品的贷方记录出口值，借方记录进口值。

（2）服务（services）。服务包括运输、旅游、通信服务、建筑服务、保险服务、金融服务、计算机和信息服务、专有权利使用费和特许费、其他商业服务、个人文化和娱乐服务、政府服务等内容。服务的贷方记录服务输出值，借方记录服务输入值。

2. 初次收入

初次收入指因对生产过程的贡献或向他人提供金融资产与出租自然资源而获得的

收入，主要包括雇员报酬、股息和利息、再投资收益等。

3. 二次收入

二次收入主要记录发生在居民与非居民间的不发生对等偿付的单方面支付，即经常转移。经常转移分为政府单方面转移和私人单方面转移。

（二）资本账户

资本账户包括非生产、非金融资产的取得或处置和资本转移。非生产、非金融资产的收买或放弃是指各种无形资产如专利、版权、商标、经销权以及租赁和其他可转让合同的交易。资本转移是资产（非现金或存货）的所有权在居民和非居民之间的转移；或者是使一方或双方获得或处置资产（非现金或存货）的转移，或者为债权人减免负债的转移。资本账户反映了国际资本流动，包括资本流入和资本流出。资本账户的贷方记录资本流入，借方记录资本流出。

（三）金融账户

金融账户包括直接投资（direct investment）、证券投资（portfolio investment）、金融衍生工具和雇员认股权（financial derivatives and employee stock options）、其他投资（other investment）和储备资产（reserve assets）五个部分。

（1）直接投资。直接投资的主要特征是指投资者对非居民企业的经营管理拥有有效的控制权。直接投资可以采取在国外直接建立分支企业的形式，也可以采用购买国外企业一定比例以上股票（IMF 规定 10%，我国规定 25%以上）或是采取将投资的利润进行再投资的形式。

（2）证券投资。证券投资是指购买非居民政府的长期债券、非居民公司的股票和债券等。

（3）金融衍生工具和雇员认股权。金融衍生工具指与其他特定金融工具、指标和商品联系，并可以在金融市场上针对特定金融风险进行交易的金融工具，主要包括期货、期权和互换等。雇员认股权（ESOs）是在既定日期创建的，授予雇员可以在约定时间内、以约定价格购买一定数量雇主股票的权利。

（4）其他投资。其他投资是指所有直接投资、证券投资或储备未包括的金融交易，包括长期和短期贸易信贷、贷款、货币和存款等。

（5）储备资产。储备资产是指一国货币当局拥有的可以满足国际收支平衡需要的对外资产，包括货币性黄金、特别提款权、在基金组织的储备头寸、外汇资产等官方对外资产。按照借贷记账法的原则，储备资产减少计入贷方，储备资产增加计入借方。

（四）净错误和遗漏账户

按照复式记账原则，国际收支账户的借方总额和贷方总额应该相等，但在实际中并非如此。由于不同账户的统计资料来源不一、记录时间不同以及一些人为因素（如虚报出口）等原因，国际收支账户出现净的借方或贷方余额，这就需要人为设立一个平衡账户——净错误和遗漏账户，在数量上与该余额相等而方向相反与之相抵消。当经常账户、资本账户和金融账户总计贷方总额大于借方总额，净错误和遗漏项下的借方记入与该余额相同的数额；相反，当出现借方余额时，则在净错误和遗漏项下的贷方记入相同数额。

国际收支平衡表标准格式简表见表 11-1。

表 11-1　国际收支平衡表标准格式简表

项目	贷方	借方
一、经常账户		
1. 商品与服务		
（1）商品		
（2）服务		
2. 初次收入		
3. 二次收入		
二、资本账户		
1. 非生产、非金融资产的取得或处置		
2. 资本转移		
三、金融账户		
1. 直接投资		
2. 证券投资		
3. 金融衍生工具和雇员认股权		
4. 其他投资		
5. 储备资产		
四、净错误和遗漏账户		

三、国际收支差额

通过分析一国国际收支平衡表，可以判断该国在全球国际经济交易中所处的地位、该国整体的国际收支状况以及该国货币汇率的未来走势等，国际收支平衡表对本外国贸易商、投资者、政府机构以及国际金融组织都具有非常重要的作用。通常人们采用国际收支差额分析法，即通过计算该国的贸易收支差额、经常账户差额、资本和金融账户差额以及综合差额来分析和判断一国在一定时期内的国际收支状况。

（一）贸易收支差额

贸易收支差额是指商品和服务进出口之间的差额。如果贷方金额大于借方金额（即出口大于进口），代表该国存在贸易顺差；反之，则代表该国存在贸易逆差；如果二者相等，代表该国贸易收支平衡。商品和服务进出口情况综合反映了一国的产业结构、产品质量和劳动生产率状况，反映了该国产业在国际上的竞争能力。因此，对贸易收支的差额进行分析是十分重要的，人们甚至可将贸易收支作为国际收支的近似代表。

（二）经常账户差额

经常账户差额是一定时期内一国商品和服务、初次收入以及二次收入项目贷方总额与借方总额的差额。当贷方总额大于借方总额时，经常账户为顺差；当贷方总额小于借方总额时，经常账户为逆差；当贷方总额等于借方总额时，经常账户收支平衡。

虽然经常账户不能代表全部收支，但它综合反映了一个国家对外经济交易的一般态势，各国和国际货币基金组织都特别重视经常账户差额情况。

（三）资本和金融账户差额

资本和金融账户差额是国际收支账户中资本账户与直接投资、证券投资、金融衍生工具和雇员认股权以及其他投资项目的净差额。该差额具有以下两层含义：第一，它反映了一国为经常账户提供融资的能力。根据复式记账的原则，国际收支中的一笔贸易流量通常对应一笔金融流量，当经常账户出现赤字时，必然对应着资本和金融账户的相应盈余，这意味着一国利用金融资产的净流入为经常账户提供了融资。因此，该差额越大，代表一国为经常账户提供融资的能力越强。第二，该差额还可以反映一国金融市场的发达和开放程度。一般而言，金融市场开放的国家资本和金融账户的流量总额较大。

（四）综合差额

综合差额是经常账户与资本和金融账户中的资本转移、直接投资、证券投资、金融衍生工具和雇员认股权、其他投资账户所构成的余额，也就是将国际收支账户中的官方储备剔除后的余额。它是全面衡量一国国际收支状况的综合指标，通常所说的国际收支差额往往就是指国际收支的综合差额。如果综合差额为正，则称该国国际收支存在顺差；如果综合差额为负，则称该国国际收支存在逆差；如果综合差额为零，则称该国国际收支平衡。国际收支综合差额具有非常重要的意义，可以根据这一差额判断一国外汇储备的变动情况以及货币汇率的未来走势。

四、国际收支失衡的类型

国际收支均衡是一国政府要实现的外部均衡目标，但在绝大部分情况下，国际收支往往是失衡的。导致国际收支失衡的原因是多种多样的。按照发生原因的不同，可将国际收支失衡的类型分为以下五种。

（一）偶然性失衡

偶然性失衡是指短期的、由非确定或偶然因素引起的国际收支失衡。这种性质的国际收支失衡，程度一般较轻，持续时间不长，且带有可逆性。因此，这种失衡是暂时性的，一旦这些因素消失，国际收支便能恢复到正常状态。

（二）结构性失衡

结构性失衡是指国内经济和产业结构不能适应世界市场变化而发生的国际收支失衡。结构性失衡通常反映在贸易账户或经常账户。结构性失衡有两层含义。一层含义是指因经济和产业结构变动的滞后和困难引起的国际收支失衡。这种含义的结构性不平衡，在发达国家和发展中国家都有发生。另一层含义是指由于一国产业结构单一，或其产品出口需求的收入弹性低，或虽然出口需求的价格弹性高，但进口需求的价格弹性低所引起的国际收支失衡。这层含义的结构性不平衡在发展中国家表现得尤为突出。结构性失衡具有长期性。

（三）周期性失衡

周期性失衡是指经济周期波动所引起的国际收支失衡。当一国经济处于衰退期时，社会总需求下降，进口需求也相应下降，国际收支发生盈余。相反，如果一国经济处于扩张和繁荣时期，国内投资与消费需求旺盛，对进口的需求也相应增加，国际收支便出现逆差。

（四）货币性失衡

货币性失衡是指因一国的价格水平、成本、汇率等货币性因素变动而引起的国际收支失衡。当一国供应量增加，该国的生产成本与物价水平普遍上升，必然导致该国出口减少、进口增加、经常账户赤字。同时，货币供应量增加，还会引起本国利率下降，导致资本流出增加，从而造成资本和金融账户的逆差。两者结合在一起，会造成一国国际收支逆差；反之，国际收支盈余。

（五）外汇投机和不稳定的国际资本流动造成的失衡

国际金融市场上存在巨额的游资，一有风吹草动，这些资金就会在各国之间频繁移动。这些资金具有突发性、规模大的特点。在国际资本流动迅速的今天，外汇投机和不稳定的国际资本流动往往成为一国国际收支失衡的重要原因。

五、国际收支调节

国际收支调节是指消除一国国际收支失衡的内在机制与作用过程。它包括国际收支自动调节机制和国际收支失衡政策调节。

（一）国际收支自动调节机制

国际收支自动调节机制是指在没有人为力量干预的情况下，国际收支失衡引起的国内经济变量变化反过来又用于国际收支，从而导致国际收支失衡缩小并趋于平衡。这种功效在不同的国际货币制度下是不同的。

1. 国际金本位制度下的国际收支自动调节机制

早在18世纪，英国的大卫·休谟就提出了"价格—铸币流动机制"，揭示了在国际金本位制度下的国际收支自动矫正机制。在金本位制度下，当一国出现国际收支逆差时，就意味着本国黄金的净流出。由于黄金外流会导致国内黄金存量的减少，国内货币供给量就会下降，从而引起该国物价水平的下跌。物价下跌将提高本国商品和劳务在国际市场的国际竞争力，削弱外国商品和劳务在本国市场的竞争力，从而使该国商品和劳务的出口增加、进口减少，直至消除该国国际收支赤字。相反，当一国出现国际收支顺差时，黄金的净流入将导致国内黄金存量的增加，国内货币供给量会相应上升，从而引起该国物价水平的上涨。物价上涨将提高外国商品和劳务在本国市场的竞争力，削弱本国商品和劳务在国际市场的国际竞争力，从而使该国商品和劳务的进口增加、出口减少，该国国际收支顺差会减少直至消除。

2. 信用货币制度下的国际收支自动调节机制

在信用货币制度下，纸币流通使国际货币流动失去直接清偿性，国际的货币交换必须通过汇率来实现,因此"价格—铸币流动机制"不复存在。但是信用货币制度下,国际收支的失衡会通过汇率、利率、物价、收入等变动而自发得以调节。

(1)汇率的自动调节机制。浮动汇率制度下,一国国际收支逆差时,外汇市场上的外汇需求大于外汇供给,在政府不对外汇市场进行干预的前提下,外汇汇率将上升,本币汇率下跌。如果该国满足马歇尔-勒纳条件,那么本币贬值将会增加出口、减少进口,逆差逐渐减少,国际收支趋于均衡;相反,当一国出现国际收支顺差时,本币汇率的自发上升也会使该国的国际收支自发趋于均衡。

需要注意的是,固定汇率制度下,汇率的不变或者是有限变动,将使汇率的自动调节机制失效。

(2)利率的自动调节机制。固定汇率制度下,国际收支失衡会通过货币供应量的调整而引起利率变化,而利率水平的变动反过来又会对国际收支不平衡起到一定的调节作用,最终会减少或消除国际收支失衡。例如,当一国国际收支逆差时,为了维持固定汇率制度,货币当局必然会干预外汇市场,抛售外汇储备,回购本币,从而造成本国货币供应量的下降。货币量的减少会提高利率,从而导致资本流出减少或资本流入增加,国际收支得到改善。反之,国际收支顺差时会通过货币供应量的上升和利率水平的下降,导致资本流出增加、资本流入减少,最终国际收支盈余减少甚至消除。

(3)物价的自动调节机制。价格的变动在国际收支自动调节机制中也发挥重要的作用。当一国国际收支出现赤字时,货币供应量的下降会通过现金余额效应或收入效应(支出减少)引起价格水平的下降。本国商品相对价格的下降,会提高本国商品的国际竞争力,从而使本国的出口增加、进口减少,该国国际收支状况得以改善;相反,国际收支盈余会通过物价水平的上涨,削弱该国商品的国际竞争力,进而在一定程度上矫正国际收支盈余。

(4)收入的自动调节机制。一国国际收支失衡会导致国民收入相应发生变化,而收入的变动会改变人们对国外商品、劳务和金融资产的需求,从而降低国际收支的失衡。当一国国际收支出现逆差时,国民收入相应减少,社会总需求降低,进口减少,贸易账户得到改善。同时,国民收入降低还会减少人们对国外劳务和金融资产的需求。通过经常账户和资本与金融账户的改善,整个国际收支逆差减少,最终国际收支平衡。相反,当一国国际收支顺差时,国民收入上升,进口需求以及对国外劳务和金融资产需求上升,国际收支顺差减少。

(二)国际收支失衡政策调节

虽然国际收支自动调节机制能从一定程度上缓解国际收支失衡状况,但这一机制只能在某些经济条件或经济环境中才起作用,而且作用的程度和效果无法保证,作用的时间也较长,因此,当国际收支出现失衡时,一国政府往往主动采用政策来对国际收支进行调节。目前,世界各国普遍采取的调节国际收支失衡的政策主要有以下三种。

1. 外汇缓冲政策

外汇缓冲政策是指运用官方储备的变动或向外短期借款来对付国际收支的短期性失衡。一般的做法是建立外汇平准基金,当国际收支失衡造成外汇市场的超额外汇供给或需求时,货币当局动用该基金在外汇市场公开操作,买进或卖出外汇,以消除超额的外汇供求。

一般来说，外汇缓冲政策往往只适用于解决国际收支的短期性失衡，不适合于调节长期、巨额的国际收支逆差。这是因为一国的外汇储备是有限的，如果完全依靠动用储备可能会造成外汇储备枯竭；而向国外借款来填补外汇储备的不足又会加重外债负担，反而会加剧国际收支逆差。此外，运用该政策还需要具备一定的条件，如必须具备充足外汇和实施公开市场操作的有效条件等。

2. 支出增减型政策

支出增减型政策是指改变社会总需求或国民经济中支出总水平的政策。这类政策旨在通过改变社会总需求或总支出水平来改变对国外商品、劳务和金融资产的需求，从而达到调节国际收支目的。支出增减型政策主要包括财政政策和货币政策。

（1）财政政策。财政政策是指通过改变政府财政开支和税收的方式来平衡国际收支。当一国国际收支逆差时，政府可以实行紧缩的财政政策，通过降低财政开支或提高税率来抑制投资和消费，降低社会总需求，导致物价下跌，继而促进出口、抑制进口，消除国际收支逆差，实现国际收支平衡；相反，当国际收支顺差时，政府采用扩张性的财政政策，增加政府开支或降低税率，刺激投资和消费，增加对商品的需求，促使物价上升，抑制出口，增加进口，国际收支顺差减少，继而实现国际收支平衡。

（2）货币政策。货币政策是指一国货币当局通过调整再贴现率、法定存款准备金率和公开市场操作等手段引起国内货币供应量和总需求以及物价水平的变化，以实现对国际收支的调节。当一国国际收支逆差时，中央银行可以采用提高再贴现率及法定存款准备金比率或在公开市场上出售政府债券的方法提高市场利率，抑制社会总需求并通过物价下降来改变进出口；同时，利率的上升会吸引国外资本流入。通过经常账户和资本与金融账户的改善，国际收支最终恢复平衡。相反，当国际收支顺差时，通过扩张性的货币政策，降低再贴现率、法定准备金率或在公开市场上买入债券，促使利率下降，增加社会总需求，增加进口、减少出口的同时，导致资本流出增加，减少国际收支顺差。

支出增减型政策的实施可能是以牺牲国内经济为代价。比如，当一国国内经济紧缩性政策在减少进口支出的同时也抑制了本国居民对国内产品的需求，由此会导致失业和生产能力过剩。在本国经济业已不振、失业严重的情况下，国际收支赤字的出现常常会使当局陷入左右为难的境地。只有在国际收支赤字是因总需求大于充分就业条件下的总供给引起的情况下，采取紧缩性经济政策才不至于牺牲国内经济目标。因此，这类政策适宜用来纠正国际收支的周期性赤字。

3. 支出转换型政策

支出转换型政策是指不改变社会总需求和总支出而改变需求和支出方向的政策。这类政策主要有汇率政策和直接管制政策。

（1）汇率政策。汇率政策是指运用汇率的变动来纠正国际收支失衡的调节政策。在不同的汇率制度下，各国制定汇率政策的方式是不一样的。固定汇率制度下，政府通过货币法定贬值或升值的方法来调节国际收支。浮动汇率制度下，政府可通过对外汇市场干预，人为地促使本国货币下浮或上浮来调节国际收支。但是，汇率政策的奏效是需要一定条件的。其中，著名的马歇尔-勒纳条件，即出口商品的国外需求弹性与进口商品的国内需求弹性之和大于1，是本币贬值改善贸易收支的前提。并且，只有在各国没有贸易限制和不采取报复措施的条件下，货币贬值才能扩大出口。

（2）直接管制政策。直接管制政策是指对国际经济交易采取直接行政干预的政策，主要包括贸易管制和外汇管制。直接管制政策的优点主要是效果迅速而显著，并且当国际收支失衡的原因为局部因素时，可以区别对待，不会引起整个经济发生变动。但是，直接管制并不能真正解决国际收支失衡问题，只是将显性国际收支赤字变为隐性国际收支赤字；而且一旦取消管制，除非经济结构得到改善，否则国际收支赤字仍会重新出现。此外，管制政策的实行容易引起他国报复。

第二节　外汇与汇率

一、外汇的概念和种类

（一）外汇的概念

外汇（foreign exchange）是国际汇兑的简称，包含动态和静态两种含义。动态含义上的外汇是指国际上为清偿债权债务，将一国货币兑换成另一国货币的过程；静态含义上的外汇是指国际上为清偿债权债务进行的汇兑活动所凭借的手段或工具，也可以说是用于国际汇兑活动的支付手段和支付工具。

静态的外汇又有广义与狭义之分。广义的外汇是泛指一国拥有的以外国货币表示的资产或证券，如以外国货币表示的纸币和铸币、存款凭证、定期存款、股票、政府公债、国库券、公司债券和息票等。《中华人民共和国外汇管理条例》中规定外汇的具体范围包括：①外币现钞，包括纸币、铸币；②外币支付凭证，包括票据、银行存款凭证、邮政储蓄凭证等；③外币有价证券，包括政府债券、公司债券、股票等；④特别提款权（SDR）；⑤其他外汇资产。狭义的外汇是指以外币表示的，可直接用于国际结算的支付手段和工具。从这个意义上说，只有存放在国外银行的外币存款，以及索取这些存款的包括银行汇票、支票等在内的外币票据才是外汇。我们通常所说的外汇是狭义的静态外汇。

严格地说，一种货币成为外汇必须具备三个条件：第一，普遍接受性，即该货币在国际经济往来中被各国普遍接受和使用；第二，可偿付性，即该货币是由外国政府或货币当局发行并可以保证得到偿付；第三，自由兑换性，即该货币必须能够自由地兑换成其他国家的货币或购买其他信用工具以进行多边支付。国际货币基金组织按照货币的可兑换程度，把各国货币大体分为可兑换货币（convertible currency）、有限制的可兑换货币（restricted convertible currency）、不可兑换货币（non-convertible currency）。严格意义上的外汇应是可兑换货币。

（二）外汇的种类

按外汇的来源、兑换条件、交割期限的不同，可对外汇进行如下分类。

1. 按来源分类

按来源不同，外汇可分为贸易外汇和非贸易外汇。贸易外汇是指通过贸易出口而取得的外汇；非贸易外汇则是通过对外提供服务（劳务、运输、保险、旅游等）、投资（利息、股息、利润等）和侨汇等方式取得的外汇。

2. 按可否自由兑换分类

按可否自由兑换，外汇可分为自由外汇和记账外汇。自由外汇是指不须经过货币发行国批准就可随时兑换成其他国家货币的支付手段；记账外汇是指必须经过货币发行国的同意，才能兑换成其他国家货币的支付手段。记账外汇一般是在双边贸易支付结算协议的安排下，由贸易双方设立专用账户，记载彼此间的债权和债务，并在年度终了时，对账面余额进行轧差。由于记账双方协定开立的专用账户用于贸易清算，故记账外汇也可称为协定外汇或清算外汇。

3. 按交割期限分类

按交割期限不同，外汇可分为即期外汇和远期外汇。即期外汇是指外汇买卖成交后，在2个营业日内办理交割的外汇，又称为现汇；远期外汇是指外汇买卖双方按照约定，在未来某一日期办理交割的外汇，又称为期汇。

二、汇率的标价方法和种类

（一）汇率的概念

汇率，又称汇价或外汇行市，是指两种货币兑换的比率，或者是用一种货币表示的另一种货币的价格。

折算两个国家的货币，需要首先确定以哪个国家的货币为标准。根据确定的标准不同，产生汇率的两种不同标价方法，即直接标价法和间接标价法。此外，根据外汇市场的惯例，还有美元标价法（U.S.dollar quotation system）。

（二）汇率的标价方法

1. 直接标价法

直接标价法是以若干单位的本国货币来表示一定单位（1个或100个、1 000个单位等）的外国货币的标价方法。例如：2021年4月30日，人民币外汇市场牌价为：USD1 = CNY6.467 2，即为直接标价法。在直接标价法下，当一定单位的外国货币折算的本国货币的数额增大时，说明外国货币币值上升，本国货币币值下降，称为外币升值，或本币贬值。相反，当一定单位的外国货币折算成本国货币的数额减少时，称为外币贬值，或本币升值。目前，绝大多数国家（除英、美）都采用直接标价法。

2. 间接标价法

间接标价法是以若干单位的外国货币来表示一定单位本国货币的标价方法。例如：2019年4月30日，纽约外汇市场美元对港元的汇价为：USD1 = HKD7.764 3，即为间接标价法。在间接标价法下，当一定单位的本国货币折算的外国货币的数额增大时，说明本国货币币值上升，外国货币币值下降，称为本币升值，或外币贬值。反之，则称为本币贬值，或外币升值。目前，世界上只有美国和英国采用间接标价法，但美元对英镑保留了过去习惯用的直接标价法。

3. 美元标价法

第二次世界大战以后，国际金融市场之间的外汇交易迅速增长，为便于国际外汇交易，银行间的报价多以美元为标准来表示其他货币的价格。这种以美元为标准、用一定量的其他货币给美元标价的方法称为美元标价法。汇率越高，说明1美元能兑换的其他货币越多，美元币值越高，其他货币币值越低。

（三）汇率的种类

在实际中，按照不同的标准，对汇率可以进行不同的分类。

1. 按制定汇率的方法分类

按制定汇率的方法不同，汇率可分为基本汇率（basic rate）和套算汇率（cross rate）。

（1）基本汇率。一国在对外提供自己的外汇报价时，应首先挑选出具有代表性的某一外国货币（关键货币或代表货币），然后计算本国货币与该外国货币的汇率，由此形成的汇率即为基本汇率（又可称为中心汇率或关键汇率），该汇率是本币与其他各种货币之间汇率套算的基础。关键货币往往是在国际贸易、国际结算和国际储备中主要使用的货币，并且与本国的国际收支活动密切相关。第二次世界大战以后，美元成为重要的国际支付手段，故许多国家把本国货币对美元的汇率作为基本汇率。

（2）套算汇率。套算汇率又称交叉汇率，是指通过两种货币基本汇率之比套算出的汇率。例如：2021年4月30日，美元对人民币的汇率为：USD1 = CNY6.467 2，美元对港元的汇率为 USD1 = HKD7.764 3，则在这两个基础汇率的基础上可以套算出港元对人民币的汇率为 HKD1 = CNY0.832 9（HKD1 = CNY6.467 2/7.764 3 = CNY0.832 9）。

2. 从银行买卖外汇的角度分类

从银行买卖外汇的角度，汇率可分为买入汇率（buying rate）、卖出汇率（selling rate）和现钞汇率（bank note rate）。买入汇率和卖出汇率是银行买卖外汇的汇率报价。买入汇率，也称买入价，是银行向同业或客户买入外汇所使用的汇率。卖出汇率也称卖出价，是银行向同业或客户出售外汇时所使用的汇率。通常外汇银行低价买入外汇，高价卖出外汇，买入汇率和卖出汇率之间的差额就是外汇银行的收益，一般为1‰~5‰，但具体情况要受外汇市场行情、供求关系以及外汇银行的经营策略影响。

外汇银行所报出的两个汇价中，前一个数值较小，后一个数值较大。在直接标价法下，数值较小的为外汇银行买入汇率，数值较大的为外汇银行的卖出汇率；而在间接标价法下，数值较大的为外汇银行的买入汇率，数值较小的为外汇银行的卖出汇率。例如：某日瑞士苏黎世外汇市场和伦敦外汇市场的报价如下：

苏黎世　　　　　　　　USD1 = SFR 1.388 0 ～ 1.391 0
（直接标价法）　　　　（银行买入美元价）（银行卖出美元价）
伦敦　　　　　　　　　GBP1 = USD1.570 5 ～ 1.573 5
（间接标价法）　　　　（银行卖出美元价）（银行买入美元价）

买入汇率和卖出汇率的平均数称为中间汇率（middle rate），也称中间价。中间汇率一般用于新闻报道和经济分析。

现钞汇率是指银行买卖外国现钞的价格。现实中由于外币通常不能在本国流通，也不能直接用于支付，银行买入外国现钞后，必须将其运送到货币发行国才可使用，需要花费一定的运费和保险费，同时也损失一定的在途利息。因此银行的现钞买入价要比外汇买入价低，而卖出外币现钞时的汇率则与外汇卖出价相同。

3. 按外汇买卖成交后交割时间的长短分类

按外汇买卖成交后交割时间的长短不同，汇率可分为即期汇率（spot exchange rate）和远期汇率（forward exchange rate）。

（1）即期汇率。即期汇率也称现汇汇率，是指交易双方成交后，在2个营业日内办理交割所使用的汇率。一般来说，即期汇率就是现时外汇市场的汇率。

（2）远期汇率。远期汇率也称期汇汇率，是指买卖双方成交时，约定在未来某一日期进行交割时所使用的汇率。

远期汇率有两种报价方法。一种是直接报价（outright rate），即直接将不同交割日期的远期汇率的买入价和卖出价表示出来，其方法与即期汇率报价相同。瑞士和日本等国采用这种报价方法。另一种是用远期差价（forward margin）或掉期率（swap rate）进行报价，即银行在报出即期汇率的同时，也报出远期汇率与即期汇率的偏离值或点数（一点是万分之一，即 0.000 1）。交易者可根据报价信息计算出远期汇率。英、美、德、法等国采用这种方法。远期差价有升水（at premium）、贴水（at discount）和平价（at par）三种形式。升水表示远期汇率比即期汇率贵，贴水表示远期汇率比即期汇率便宜，平价表示远期汇率和即期汇率相等。汇率的升水、贴水或平价主要受利率差异、外汇供求关系以及汇率预期等因素的影响。

由于汇率的标价方法不同，计算远期汇率的原则也不同。在直接标价法下，远期汇率等于即期汇率＋升水或者即期汇率－贴水；在间接标价法下，远期汇率等于即期汇率－升水或者即期汇率＋贴水。例如：某日香港外汇市场外汇报价，美元的即期汇率为 USD1 = HKD7.796 4，3 个月美元升水 300 点，6 个月美元贴水 250 点。则在直接标价法下 3 个月期美元汇率为 USD1=HKD（7.796 4 + 0.030 0）= HKD7.826 4，6 个月期美元汇率为 USD1 = HKD（7.796 4 − 0.025 0）= HKD7.771 4。再如，在伦敦外汇市场上，美元的即期汇率为 GBP1 = USD1.571 5，3 个月美元升水 400 点，6 个月美元贴水 200 点，则 3 个月期美元汇率 GBP1 = USD（1.571 5 − 0.040 0）= USD1.531 5，6 个月期美元汇率 GBP1 = USD（1.571 5 + 0.020 0）= USD1.591 5。

除上述之外，汇率还有其他许多不同的划分方式，如按外汇的汇付方式不同，可分为电汇汇率、信汇汇率和票汇汇率；按国家对汇率管制的宽严程度，可分为官方汇率与市场汇率；按外汇的用途不同，可分为贸易汇率和金融汇率；按外汇买卖的对象不同，可分为同业（银行间）汇率和商业汇率；按外汇银行营业时间，可分为开盘汇率和收盘汇率；按汇率制度不同，可分为固定汇率和浮动汇率；等等。

三、影响汇率变动的主要因素

作为一国货币对外价格的表现形式，汇率受到国内国外诸多因素的影响。具体来看，影响汇率的主要因素可总结为如下几方面。

（一）国际收支

国际收支是一国对外经济活动的综合反映，其收支差额直接影响外汇市场上的供求关系，是影响汇率变化的一个直接的也是最主要的因素。当一国国际收支出现顺差时，在外汇市场上就会表现为外汇供给大于外汇需求，外币的汇率下降或该国货币的汇率上升。相反，一国的国际收支出现逆差，外汇市场上就会表现为外汇供给小于外汇需求，外币的汇率上升或该国货币的汇率下降。

需要指出的是，短期的国际收支差额不一定会对汇率产生影响。这是因为短期、临时性、小规模的国际收支差额可以轻易被国际资金流动、相对利率、政府干预等因素抵消。但是长期、巨额的国际收支逆差一般会导致本国货币贬值。

（二）通货膨胀差异

在纸币流通制度下，一国货币发行过多，流通中的货币量超过商品流通的实际需要，就会造成通货膨胀。通货膨胀意味着物价升高，货币的购买力降低，发生对内贬值。其他条件不变的情况下，货币对内贬值必然引起对外贬值。但是需要注意的是：只有两国通货膨胀率存在差异，通货膨胀才会对两国货币的汇率产生重大影响。通货膨胀差异是决定汇率长期趋势的主要因素之一。较高的通货膨胀会削弱该国产品在国际市场的竞争力，引起出口的减少；同时，提高进口商品在本国市场的竞争力，引起进口增加，从而改变经常账户。此外，通货膨胀的差异还会影响人们对汇率的预期。如果一国通货膨胀率较高，人们就会预期该国货币趋于贬值，会把手中持有的该国货币转化为其他货币，造成该国货币在外汇市场上的现实下跌。一般而言，通货膨胀率高的国家的货币在外汇市场上趋于贬值，通货膨胀率低的国家的货币在外汇市场上趋于升值。

（三）利率差异

利率是资金的价格，利率的高低影响金融资产的供求。利率对于汇率的影响主要通过资本，尤其是短期资本在国际的流动而起作用。如果一国的利率水平高于他国，表示使用本国货币资金的成本上升，本国资金流出减少，外汇市场上本币供应减少；另外，也表示资金的收益上升，国外资金流入增加，外汇市场上外币供应增加。本币、外币供求的变动会导致本币升值；反之，外汇市场上本、外币供求的变动会导致本币贬值。现在，国际资本流动规模远超过国际贸易额，因而利率对汇率变动的作用就更为重要。

（四）经济增长率差异

两国经济增长率差异对汇率变动的影响较为复杂。如果一国的出口基本不变，经济高速增长会因国民收入水平的大幅度提高而导致该国对外国商品和劳务的需求高涨，因此该国的经常账户很可能逆差，造成本国货币汇率趋于下降。但如果国内外投资者将该国经济增长率较高看作是资本收益率较高的反映，该资本的净流入很可能抵消或超过经常账户的赤字。在这种情况下，该国货币的汇率不是下跌而可能上升。当然，一国的实际经济增长率较高，能够增强人们对该国货币的信心，这也能在一定程度上抵消本国货币汇率下跌的压力。如果一国经济的高速增长是由于出口竞争能力提高和出口规模扩大而推动的，该国的出口超过进口，经常账户的顺差会使本国货币汇率趋于上升。

一般而言，在短期，高经济增长率可能不利于本国货币在外汇市场的行市，但是长期会有力地支持本国货币的强势。

（五）外汇市场的投机活动

外汇市场的投机活动对汇率的变动具有重要影响。特别是在世界金融市场上充斥着巨额游资的今天，这些资金根据各种信息和投机者对汇率变化的预期，在短期内从一种货币转换成另一种货币，为获取投机利润的跨国资本流动必然会对外汇市场产生较大的冲击，进而引起汇率的变动。

（六）中央银行干预

出于宏观经济调控的需要，各国中央银行大多对外汇市场进行干预，希望汇率的波动局限于政策目标范围内。政府干预外汇市场的常见方式是：进行公开市场操作（在外汇市场买卖外汇），调整国内货币和财政政策，公开发表能够影响预期的导向性言论，与其他国家进行货币合作等。这种干预会在短期内对汇率的变动产生较大影响，但不能从根本上改变汇率长期变动趋势。

毫无疑问，还有其他因素，如信息传递、心理预期、政治形势等也会对汇率的变动产生不同程度的影响。现实中，这些因素有时是相互促进、相互制约，有时是相互抵消，因而对汇率的总体影响是不确定的。我们在分析汇率变动时，不能只从某一个角度或因素进行，而要从多角度全面综合剖析。

第三节 汇率制度

一、汇率制度的概念和内容

汇率制度（exchange rate system），也称汇率安排，是指一国货币当局对本国汇率变动的基本方式所做的一系列安排或规定。其主要内容包括：确定汇率的原则和依据，维持与调整的办法，管理汇率的法令制度和政策以及制定、维持和管理汇率的机构。汇率制度是国际货币制度重要组成内容，它制约着汇率水平的变动。

二、汇率制度的种类

汇率制度最主要的两大类型是固定汇率制度和浮动汇率制度。从历史发展进程来看，自 19 世纪中末期金本位制在西方各国确定以来一直到 1973 年，世界各国的汇率制度基本上属于固定汇率制度；1973 年以后，世界主要工业国家实行的是浮动汇率制度。

（一）固定汇率制度

固定汇率制度是指政汇率受平价的制约，只能围绕平价在很小的范围内上下波动的汇率制度。根据确定汇率的基础不同，固定汇率制度又分为金本位制度下的固定汇率制和纸币流通下的固定汇率制度。

1. 金本位制度下的固定汇率制度

金本位制度，是以黄金作为本位货币的货币制度。典型的金本位制度即金币本位制下，国家通过法律规定金铸币的重量、形状和成色；金币具有无限法偿权，可以自由铸造、自由输出入、自由熔化；各国之间国际结算使用的货币是黄金，国际储备货币也是黄金。

金本位制度下的固定汇率制度具有如下特点：①汇率是由两种货币的含金量之比即铸币平价决定；②外汇市场中的实际汇率根据外汇市场的供求状况，围绕着铸币平价上下波动；③汇率波动在黄金输出点与输入点之间；④汇率的形成是自发的，国际上没有对汇率的统一安排和规定。可以说金本位制度下的固定汇率制度是典型的固定汇率制度。

2. 纸币流通下的固定汇率制度

纸币流通下的固定汇率制度是指 1944 年布雷顿森林体系下建立的以美元为中心的固定汇率制度。与国际金本位制度下的固定汇率制度不同，布雷顿森林体系下，美元与黄金建立固定的比价关系，规定 1 盎司黄金 = 35 美元；其他货币与美元挂钩，即双挂钩原则。此外，在布雷顿森林体系下，汇率的变动虽然受到外汇市场供求的影响，但不存在自动调节机制，各成员方政府有义务承担稳定汇率的责任，当汇率波幅超过平价的 ±1% 时，有关国家的货币金融管理当局就必须干预外汇市场，使汇率回落到规定的波幅之内。

金本位制下的固定汇率和纸币流通条件下的固定汇率共同点在于：①各国对本国货币都规定有金平价，中心汇率是按两国货币各自的金平价之比来确定的；②外汇市场上的汇率水平相对稳定，围绕中心汇率在很小的限度内波动。两者的区别主要是：①金本位制度下的固定汇率制是自发形成的；在纸币流通条件下，固定汇率制则是通过国际协议（布雷顿森林协定）人为建立起来的；②在金本位制度下，各国货币的金平价不会变动，而在纸币流通条件下，各国货币的金平价经国际货币基金组织的核准是可以调整的。因此，纸币流通下的固定汇率制度实质上是"可调整的钉住"汇率制度。

（二）浮动汇率制度

1. 浮动汇率制度的概念

浮动汇率制度是 1973 年固定汇率制度崩溃后主要西方国家普遍实行的一种汇率制度。在浮动汇率制度下，政府不再规定金平价和对外国货币的中心汇率，也不规定汇率上下波动界限，货币当局也不再承担控制汇率波动界限的义务。汇率取决于外汇市场上的外汇供求状况，外汇供过于求，外汇汇率下跌；外汇供不应求，外汇汇率就上升。

2. 浮动汇率的种类

按政府对汇率是否干预，浮动汇率可分为自由浮动和管理浮动。自由浮动又称"清洁浮动"，是指货币当局对外汇市场不加任何干预，完全听任汇率随市场供求状况的变动而自由涨落。管理浮动又称"肮脏浮动"，是指政府对外汇市场进行公开或不公开的干预以影响外汇供求关系，使汇率向有利于自己的方向变动。目前，各主要工业国实行的基本上是管理浮动，绝对的自由浮动在现实中是不存在的。

按汇率的浮动方式，浮动汇率可分为单独浮动、联合浮动和钉住浮动。单独浮动又称独立浮动，指一国货币不与任何国家货币发生固定联系，其汇率根据外汇市场的供求状况单独浮动。例如美元、澳大利亚元、日元、加拿大元和少数发展中国家的货币。联合浮动又称共同浮动,是指国家集团在成员国之间实行固定汇率,同时对非成员国货币采取共同浮动的方法。如在欧元推出之前欧洲货币体系成员国实行联合浮动。钉住浮动是指一国货币与外币保持固定比价关系,随外币的浮动而浮动。按钉住货币种类不同,钉住浮动又分为钉住单一货币和钉住一篮子货币。钉住单一货币是指一些国家由于历史上的原因,对外经济往来主要集中于某一发达国家或主要使用某种外币,因此将本国货币与该国货币挂钩。钉住一篮子货币是指一些国家将本币与一篮子货币挂钩。一篮子货币多是由与该经济联系最为密切的国家的货币组成。

三、汇率制度的选择

（一）固定汇率制度与浮动汇率制度的优劣比较

长期以来,固定汇率制度与浮动汇率制度孰优孰劣一直是国际金融领域中一个争论不休的问题。有人赞成浮动汇率制度,同时赞成固定汇率制度的也大有人在。

1. 赞成浮动汇率制度、反对固定汇率制度的主要理由

（1）浮动汇率制度能够自发调节国际收支均衡。浮动汇率制下,国际收支的失衡可以通过汇率的自由浮动自发调节,不需要专门的政策和强制性措施。固定汇率制度下,当一国国际收支失衡时,需要政府采用紧缩性或扩张性的货币和财政政策,这样就会造成国内失业的增加或物价上涨,国内经济发展目标容易和国际收支平衡目标之间产生冲突和矛盾。

（2）浮动汇率制度可提高一国货币政策的独立性。固定汇率制度下,当一国国际收支失衡时,为维持汇率的稳定,政府当局必须进行相应的干预从而导致本国货币量的增加或减少。浮动汇率制度下,货币政策从对汇率政策的依附中解脱出来,国际收支的失衡通过汇率的上下浮动自发调节,货币政策可以专注于内部平衡实现。

（3）浮动汇率制度可以减少货币受冲击的可能。浮动汇率制度下的投机是双向的,高卖低买的投机商可能因遭受损失而出局；而固定汇率制度下的投机是单向的,只赚不赔,一旦发展成为恶性赌博,则对固定汇率制度造成巨大的冲击,导致一国政府的外汇储备短期耗尽,诱发金融危机。

（4）浮动汇率制度可以隔绝通货膨胀的国际传递。浮动汇率制度下,国外通货膨胀会通过促进本国货币的升值来抵消国外通货膨胀对国内物价的影响,从而隔绝国外通货膨胀的影响。固定汇率制度下,国外的通货膨胀会通过"一价定律"和外汇储备的变动两个渠道传递到本国。

（5）浮动汇率制度更有利于国际贸易和国际投资。浮动汇率制度下,国际收支的失衡可以通过汇率的浮动而自动恢复平衡,这样就避免了固定汇率制度下为维持国际收支平衡而采取的直接管制措施,从而更加有利于国际投资和贸易。

（6）浮动汇率制度可以消除汇率决定的不对称性,便于经济政策的国际协调。布雷顿森林体系下存在如下两种不对称性：一是美元的国际储备地位决定美联储在货币供给方面的领导地位,其他国家部分丧失货币供给自主权；二是任何其他国家在出现"根本性失衡"时可以相对于美元贬值,而美元却不允许对其他货币贬值。浮动汇率制度的支持者认为，浮动汇率制改变了布雷顿森林体系下汇率决定的不对称状态，并且浮动汇率制度下由于国际储备多元化，美元的国际储备地位下降，各国可以自主决定本国的货币状况。

2. 赞成固定汇率制度、反对浮动汇率制度的理由

（1）浮动汇率制度助长了国际金融市场上投机活动，导致国际金融局势更加动荡。浮动汇率制度下，当外汇投机者看到一种货币正在贬值或预期它即将贬值，他们会不顾汇率的长期趋势不断卖出这种货币。当越来越多的投机者采取同样行为时，预期的贬值就会变成现实。这种反稳定性投机加剧了汇率围绕其长期趋势的波动。

（2）浮动汇率制度不能完全隔绝通货膨胀的国际传递。浮动汇率制度下，当本币贬值时，进口成本上升，本国物价上涨；当本币升值时，进口成本因价格黏性不易下降或下降很少。这样，净效应也是物价上涨。

（3）浮动汇率制度不利于国际贸易和国际投资。浮动汇率制度下，货币频繁波动使进出口的未来收益变得更不确定。这种不确定性使国际贸易的成本增加，各国从国际贸易中获得的收益下降，从而降低贸易量及贸易利益。同样，投资收益的不确定性可能阻碍国际生产性资本的流动。

此外，浮动汇率制度下，由于缺乏对汇率的有效约束，各国为实现国内经济目标，容易推行竞争性贬值的政策，造成国际经济秩序混乱。

以上是关于汇率制度选择时争论的主要问题。可以看出，两种汇率制度各有特点，不能一概而论。

（二）影响汇率制度选择的主要因素

汇率制度的选择是一个十分复杂的问题。不同国家或者同一国家不同的发展时期，对汇率选择的要求和标准都是不一样的。在世界经济一体化的背景下，影响一国汇率制度选择的因素很多，归纳起来主要有如下方面。

1. 经济规模

经济规模是影响一国汇率制度选择的重要因素。大国由于在经济上更独立，因此不愿意为维持固定汇率制度而使国内经济政策受制于其他国家，更愿意实施浮动汇率制度。此外，对于大国而言，国际贸易额在 GNP 中所占比重通常要低于小国，所以相对于小国，大国往往更少从汇率的角度出发考虑经济问题。

2. 开放程度

一国经济越开放，贸易品价格在整体物价水平中所占比重越大，汇率变动对国家整体价格水平的影响也就越大。为了在最大程度上稳定国内价格水平，越开放的国家越易于选择固定汇率制度。

3. 通货膨胀率

具有较高通货膨胀率的国家往往很难维持与其他国货币的固定汇率。现实中，通货膨胀率高于或低于世界平均水平的国家实施的往往是浮动汇率制度，这样汇率就可以通过在短时间内的调整来弥补通货膨胀的差异。

4. 贸易伙伴国的集中程度

生产、出口结构单一，贸易地区分布集中的国家更适合于选择固定汇率制。相反，贸易伙伴国较分散的国家更愿意实施浮动汇率制度，因为出口与贸易地区分布多元化可以丰补歉，稳定出口收入，汇率变化对国际贸易的影响不大。

5. 金融市场的发育程度

一国汇率制度选择要与金融市场的发育程度相适应。金融市场规模越小，国内外资产的可替代程度越低，货币市场和期货市场越不完善，外汇管制的程度越高，意味着汇率变动对经济的冲击越大。因此，金融市场发育程度低的国家如若实施浮动汇率制度，不仅不能享受到浮动汇率制的好处，相反会面临汇率变化的种种威胁，现实中这些国家更愿意采取固定汇率制度。

影响一国汇率制度选择的因素还有很多，如政治格局等，但是需要注意的是终究是经济因素而非政治格局决定一国的汇率制度。

第四节　国际货币体系

一、国际货币体系的概念与内容

国际货币体系又称国际货币制度，是为适应国际贸易与国际支付的需要，各国政府对货币在国际范围内发挥世界货币职能所确定的原则、采取的措施和建立的组织形式。它是国际货币关系的集中反映。

国际货币体系一般包括以下几方面内容：①汇率制度，即各国货币间汇率的确定与变化机制，包括不同货币之间汇率的决定，选择浮动或是固定的汇率制度安排等内容。②国际储备资产的确定，即为满足国际支付和调节国际收支的需要，一国应持有的储备资产总额和构成。③国际收支的调节方式，即当出现国际收支不平衡时，各国政府应采取什么方法弥补这一缺口，各国政策措施如何互相协调。④各国货币的可兑换性与国际结算的原则，即一国货币能否自由兑换、在结算国家间债权债务时采取什么样的结算方式、对支付是否加以限制等。

在以上几方面内容中，汇率制度居于核心地位，它随时随地制约着国际货币制度的其他方面，反映了一定时间内国际货币制度的特征。

国际货币制度可以根据汇率制度或储备资产的形式划分。根据储备资产的不同，国际货币制度可分为金本位制、信用本位制和金汇兑本位制。其中，金本位制是只以黄金作为唯一国际储备资产，信用本位制是只以外汇（如美元）为储备资产而与黄金无任何联系，金汇兑本位制是同时以黄金和可直接自由兑换的货币作为储备资产。根据汇率制度划分，国际货币制度有固定汇率制度和浮动汇率制度，以及介于两者之间的可调整钉住汇率制度、管理浮动汇率制度等多种类型。实际中，两种划分往往结合在一起，形成金本位条件下的固定汇率制度、以不兑换的纸币（如美元）为本位的固定汇率制度、以黄金和外汇作为储备的可调整固定汇率制度和管理浮动汇率制度。在浮动汇率制度下，由于国际收支的失衡可以通过汇率的变动自动调节，因此国际储备并不必要，其他汇率制度都需一定的国际储备。

二、国际货币体系的演变

100多年来国际货币体系大体经历了国际金本位货币体系、布雷顿森林货币体系、牙买加货币体系。然而，不管世界上实行的是哪种货币体系，都会涉及以下三方面的重要问题：一是以什么作为国际货币，二是各国货币之间的汇率问题，三是国际收支失衡的调节问题。

（一）国际金本位货币体系

该货币体系从1880年开始到1914年结束，是世界上第一次出现的国际货币体系。它的全盛时期为1897—1914年。

1. 国际金本位货币体系的基本特征

国际金本位货币体系是严格的固定汇率制。在这种货币体系下，黄金是国际货币，各国对本国的货币都规定了含金量，黄金可自由输出输入，货币发行数量受黄金储备数量限制，黄金流入货币供给增加，黄金流出货币供给减少；国际货币的兑换以铸币平价为基础，黄金输送点为汇率波动上下限，因此货币的汇率长期稳定，在35年内基本一直没有变动。国际金本位具有自动调节国际收支的机制，当一国发生对外收支顺差时，黄金就会流入，从而国内货币供给增加、物价上涨、进口增加、出口减少，对外收支逐渐转入逆差，这样，黄金就会流出，国内货币供给量就会减少，物价下降，出口增加而进口减少，对外收支又转为顺差。如此循环往复，自动调节。

1914年第一次世界大战爆发后，参战各国为了筹集庞大的军费开支，纷纷发行不兑现的纸币，发生了严重的通货膨胀，汇率剧烈地波动，标志着金本位制结束。此后，1914—1944年，金本位制处于中断、恢复和崩溃之中。

2. 国际金本位制度的评价

从理论上国际金本位制度是完美的。其基本特征是黄金作为国际储备货币、固定汇率制度和国际收支的自动调节机制。从实际情况看，金本位制对当时世界经济的发展起到了积极作用，其具体表现在：首先，有利于保持货币对内和对外价值的稳定。对内，各国发行货币以黄金为保证，不易造成通货膨胀；对外，各国货币间的汇率以铸币平价为基础，受外汇市场供求的影响上下波动，但不会超过黄金输送点。其次，有利于国际贸易和国际资本流动，推动了商品流通和信用的扩大，促进了各国的经济发展和就业。最后，有利于国际经济政策协调。金本位制度下，各国将国际收支和汇率的稳定即外部平衡放在首要地位，从而有利于各国间经济政策协调。

但是，国际金本位制度也有缺陷，主要表现在如下两方面：一是黄金供应和储备的有限性限制了货币供应，难以适应经济增长需要；二是国际收支的自动调节机制是以各国政府对经济的自由放任为基础的，或是干预的目标是以维持外部均衡为前提，从而牺牲国内经济，造成国内矛盾上升。

（二）布雷顿森林货币体系

第二次世界大战结束前夕，为了改变由于金本位崩溃而出现的国际经济混乱的局面，促进战后各国经济的恢复和国际经济的合作，美、英等44个国家300多位代表参加了1944年7月1日在美国新罕布什尔州的布雷顿森林召开的"联合国家货币金融会议"，签订了以怀特计划为基础的《国际货币基金组织协定》和《国际复兴开发银行协定》，统称《布雷顿森林协定》。在这一协定基础上产生的国际货币制度被称为布雷顿森林体系。

1. 布雷顿森林体系的主要内容

（1）建立一个永久性的国际金融机构，即国际货币基金组织，旨在促进国际货币合作。

（2）规定以美元作为主要的国际储备货币，实行美元黄金本位制。美元直接与黄金挂钩，规定1盎司黄金35美元（即1美元含金量为0.888 671克），美国政府承担了各国政府或中央银行按官价兑换黄金的义务；其他国家与美元挂钩，规定与美元的比价，从而间接与黄金挂钩，继而决定各成员方货币彼此之间的平价关系。

（3）实行可调整的固定汇率制度。IMF规定各成员方政府有义务承担稳定汇率的责任，当汇率波幅超过平价的±1%时，有关国家的货币金融管理当局就必须干预外汇市场，通过调节外汇供求（包括采取其他相应措施）使汇率回落到规定的波幅之内。但是在国际收支出现"根本性失衡"（fundamental disequilibrium）时，得到国际货币基金组织的同意可以对本币的平价进行调整。

（4）IMF向国际收支赤字国提供短期资金融通，以协助其解决国际收支困难。

（5）废除外汇管制。IMF协定第八条规定成员方不得限制经常账户的支付，不得采取歧视性的货币措施，要在兑换性的基础上实行多边支付。

2. 对布雷顿森林体系的评价

布雷顿森林体系的核心是双挂钩原则，即美元和黄金挂钩，其他货币和美元挂钩。经过这一系列安排，一方面结束了战前国际货币金融体系动荡无序的状态，为世界经济增长创造了有利的条件；另一方面使得美元成为储备货币，弥补了国际清偿力的不足。此外，布雷顿森林体系下实行的是可调整的固定汇率制度，在该货币体系下，货币汇率得以维持稳定，促进了国际贸易、国际投资的发展，并且国际货币基金组织向成员方提供的各种贷款在一定程度上可以缓解成员方的国际收支困难。而且布雷顿森林体系下，外汇管制的取消进一步推动了战后的国际贸易和货币合作。

布雷顿森林体系下，储备货币和国际清偿力的主要来源依赖于美元，美元成了一种关键货币。它既是美国本国的货币，又是世界各国的货币。这是布雷顿森林体系的根本特点。因此，布雷顿森林体系下的国际货币制度实质上是以黄金—美元为基础的国际金汇兑本位制。要维持这一体系，必须具备三个基本条件：一是美国国际收支顺差保证美元对外价值稳定；二是美国的黄金储备充足以保证美元对黄金的兑换性；三是黄金价格维持在官价水平。显然，美国的财政经济实力决定这三个基础是否稳固。从20世纪50年代后期开始，美国财政经济状况不断恶化，美元、黄金大量外流，美元危机频频爆发。70年代后，美国经济状况每况愈下，国内通货膨胀问题严重。1971年5月和7月至8月，美元连续发生两次危机，美元成为外汇市场上主要抛售对象。美国的黄金储备急剧减少，同年8月下旬，美国的黄金储备只剩下102亿美元，与1958年相比，下降了约

50%。美国总统尼克松于1971年8月15日宣布实行新经济政策,实行了美元贬值,并暂停美元兑换黄金。由此,美元和黄金的兑换性遭受冲击,意味着双挂钩的布雷顿森林体系开始瓦解。到1973年2月,国际外汇市场美元危机再次出现,美国政府再次宣布美元贬值,并最终停止美元与黄金的兑换。至此,双挂钩制度已不复存在,布雷顿森林体系彻底崩溃。

(三)牙买加货币体系

布雷顿森林体系崩溃后,国际货币金融局势一直处于动荡中,世界各国都希望建立一种新的国际货币体系,以结束这种混乱局面。1976年1月,IMF"国际货币制度临时委员会"在牙买加首都金斯敦召开会议,就汇率制度、黄金处理、扩大信贷额度等问题达成了一些协议,即《牙买加协议》。该协议内容在同年4月通过的第二次"国际货币基金协议条款"修正案中得到肯定,并于1978年4月开始生效。

1. 牙买加体系的内容及特征

牙买加体系的内容如下:①取消货币平价和各国货币与美元的中心汇率,正式确认浮动汇率的合法性,允许成员方自由地选择汇率制度。②黄金非货币化,取消黄金官价。成员方可以在市场上自由买卖黄金,取消成员方之间以及成员方与IMF之间必须用黄金清算债权债务的义务。③增加成员方缴纳的基金份额。由原来的292亿特别提款权单位增加到390亿特别提款权单位,主要增加的是石油输出国组织成员国的基金份额。④规定特别提款权作为主要国际储备资产和各国货币定值的标准,以及进行国际借贷之用。⑤扩大对发展中国家的资金融通。IMF将所持有的黄金的1/6按市场价格出售,用超出官价所获得的利润设立信托基金用于向发展中国家贷款,同时扩大基金组织信贷部分的贷款额度(由占成员方份额的100%增加到145%)和对出口波动补偿贷款的额度(从份额的50%扩大到75%)。

《牙买加协议》后的国际货币体系实际上是以美元为中心的多元化国际储备和浮动汇率体系。这一体系具有如下运行特征:①多元化的国际储备体系。在这一体系中,黄金的国际货币地位趋于消失,美元在诸多储备货币中仍居于主导地位,但它的地位在不断削弱。②多种形式的汇率制度安排。这个体系中,各国可以自行安排汇率制度。主要发达国家实行单独或联合浮动;多数发展中国家采取钉住汇率制度,与主要货币或篮子货币保持固定比率。③多样化的国际收支调节机制。汇率机制、利率机制、国际货币基金组织干预与贷款、国际金融市场的媒介作用以及有关国家的外汇储备、债权债务调节等多种机制相机抉择作用,改变了布雷顿森林体系下国际收支调节渠道的有限性。

2. 对牙买加体系的评价

牙买加货币体系同以往体系相比,一个重要的优越性是:各国因为没有切实的义务维持汇率的固定,因此有了更大的政策自由。这对维持国际经济运转和推动世界经济发展起到了积极作用。但是同时应看到这种体系也存在一个重大的缺陷,即缺少稳定性。首先,多元化储备体系下,国际储备货币间的投机不可避免;其次,现实情况表明,浮动汇率频繁波动,增加了汇率的风险,影响了国际贸易和投资;最后,国际收支失衡的局面日趋严重。

2020年中国的国际收支状况

2020年,新冠肺炎疫情全球蔓延,严重冲击全球经济和国际贸易,我国疫情得到有效控制,稳外贸、稳外资等政策措施积极推进,经济发展稳定恢复,有效促进了国际收支基本平衡。我国经常账户和非储备性质的金融账户呈现"一顺一逆"。经常账户顺差2 740亿美元,非储备性质的金融账户逆差778亿美元,外汇储备规模稳定在3.2万亿美元左右。2020年我国国际收支主要特点如下。

一、经常项目顺差增加

货物贸易顺差扩大。按国际收支统计口径,2020年,我国货物贸易出口24 972亿美元,较2019年增长5%;进口19 822亿美元,略降0.6%;贸易顺差5 150亿美元,增长31%。

服务贸易逆差收窄。2020年,服务贸易收入2 352亿美元,较2019年下降4%;支出3 805亿美元,下降25%;逆差1 453亿美元,下降44%。其中,运输项目逆差381亿美元,下降35%;旅行项目逆差1 163亿美元,下降47%,体现了新冠肺炎疫情蔓延下跨境旅行支出萎缩的影响。

初次收入呈现逆差。2020年,初次收入项下收入2 417亿美元,较2019年下降12%;支出3 469亿美元,增长11%;逆差1 052亿美元。其中,投资收益为主要项目,我国对外投资的收益为2 244亿美元,外商来华投资的利润利息、股息红利等合计3 315亿美元,投资收益总体为逆差1 071亿美元。

二次收入保持小幅顺差。2020年,二次收入项下收入376亿美元,较2019年增长45%;支出281亿美元,增长80%;顺差95亿美元,下降8%。

二、非储备性质的金融账户逆差

2020年非储备性质的金融账户逆差778亿美元,较上年323亿美元的顺差规模增长63%。该项下的主要特点如下。

直接投资顺差增加。按国际收支统计口径,2020年,直接投资顺差1 026亿美元,较2019年增长1倍。我国对外直接投资(资产净增加)1 099亿美元,下降20%;境外对我国直接投资(负债净增加)2 125亿美元,增长14%,说明外资对我国疫情防控成效高度认可,并看好国内经济发展前景。

证券投资保持顺差。2020年,证券投资顺差873亿美元,其中一季度小幅逆差,二季度以后恢复顺差。2020年,我国对外证券投资(资产净增加)1 673亿美元,较2019年增长87%;境外对我国证券投资(负债净增加)2 547亿美元,增长73%,反映双向证券投资更趋活跃。

其他投资呈现逆差。2020年,存贷款、贸易应收应付等其他投资逆差2 562亿美元,发挥了平衡跨境资本流动的作用。2020年,我国对外的其他投资净流出(资产净增加)3 142亿美元,主要是境内外汇流动性相对充裕,境内主体的多元化资产配置需求上升;境外对我国的其他投资净流入(负债净增加)579亿美元,2019年为净流出(负债净减少)437亿美元。

三、储备资产保持稳定

2020年,因交易形成的储备资产(剔除汇率、价格等非交易价值变动影响)增加280亿美元。其中,交易形成的外汇储备上升262亿美元,保持基本稳定。综合考虑交易、汇率折算、资产价格变动等因素后,截至2020年末,我国外汇储备余额32 165亿美元,较2019年末增加1 086亿美元。

四、净误差与遗漏出现在借方

在国际收支平衡表编制方法基本不变的情况下,2020年的净误差与遗漏出现在借方,为1 681亿美元。

2020年新冠肺炎疫情全球蔓延,发达国家制造业活动受阻,而我国产能率先修复,经常账户顺差逆势增加,表现出较强的稳定性,体现了贸易结构优化和出口市场多元化的效果。从相对规模看,我国经常账户顺差与GDP之比为1.9%,继续处于合理均衡区间。未来,随着全球经济贸易活动逐步恢复,国内经济结构持续优化,我国经常账户保持平衡的基础将进一步巩固。而非储备性质的金融账户呈现逆差,主要是我国私人机构正在不断累积对外资产。具体看:一是境内居民对外证券投资增加,多元化资产配置需求较强;二是对外直接投资总体理性有序;三是银行对外存贷款增多。同期,来华直接投资、证券投资、其他投资等全部对外负债均为净流入,未出现对外债务去杠杆。此外,对外投资的增加带来收益收入,进一步扩充了我国的对外资产。

案例讨论分析

资料来源:2020 年中国国际收支报告专题《疫情全球蔓延下我国经常账户运行保持稳健》.(2021-03-29). https://www./63.com/dy/article/G695R2EK0550A542.html.

请思考:

1. 2020年中国国际收支的特点是什么?
2. 2020年中国货物贸易出现顺差的原因是什么?这说明了什么?
3. 2020年中国直接投资顺差的原因是什么?这说明了什么?

【本章小结】

国际收支是指在一定时期内(一年、一季、一月)一国(或地区)的居民与非居民之间进行经济交易的系统记录。国际收支平衡表是一国对其在一定时期内(一年、一季、一月)国际经济交易,根据交易的内容和范围设置项目和账户,按照复式簿记原理进行系统记录的报表。根据《国际收支手册》第6版,国际收支平衡表由经常账户、资本账户、金融账户、净错误和遗漏账户构成。

汇率,又称汇价或外汇行市,是指两种货币兑换的比率,或者是用一种货币表示的另一种货币的价格。外汇汇率有直接标价法、间接标价法和美元标价法。

汇率制度也称汇率安排,是指一国货币当局对本国汇率变动的基本方式所做的一系列安排或规定。传统上,按照汇率变动的幅度,汇率制度被分为两大基本类型:固定汇率制度和浮动汇率制度。

国际货币体系又称国际货币制度,是为适应国际贸易与国际支付的需要,各国政府对货币在国际范围内发挥世界货币职能所确定的原则、采取的措施和建立的组织形式。它是国际货币关系的集中反映。它先后经历了国际金本位体系、布雷顿森林体系和牙买加体系,各体系均有利弊。

【复习思考题】

1. 试述国际收支的概念及国际收支平衡表的构成。
2. 试述国际收支失衡的主要类型。
3. 试述国际收支的自动调节机制。
4. 试述国际收支的政策调节机制。
5. 简述影响汇率变动的因素。
6. 比较固定汇率制度和浮动汇率制度。
7. 试述国际货币体系的演变过程。

【进一步阅读书目】

1. 克鲁格曼,奥. 国际经济学:理论与政策:下册 国际金融[M]. 北京:中国人民大学出版社,2016.
2. 任康钰. 经济学学术前沿书系:国际金融热点问题探析[M]. 北京:经济日报出版社,2013.
3. 梅金. 国际金融与宏观经济[M]. 北京:北京大学出版社,2005.

 即测即练

参 考 文 献

[1] 中共中央马克思恩格斯列宁斯大林著作编译局. 马克思恩格斯全集：第 13 卷[M]. 北京：人民出版社，1972.
[2] 张启文. 金融学教程[M]. 北京：中国农业出版社，2014.
[3] 彭兴韵. 金融学原理[M]. 6 版. 上海：格致出版社、上海三联书店、上海人民出版社联合出版，2019.
[4] 聂丹. 货币金融学新编[M]. 北京：清华大学出版社，2019.
[5] 胡庆康. 现代货币银行学教程[M]. 6 版. 上海：复旦大学出版社，2019.
[6] 张薇薇，武立. 货币银行学[M]. 北京：清华大学出版社，2016.
[7] 曾红燕，李绍昆. 货币银行学[M]. 北京：中国人民大学出版社，2017.
[8] 米什金. 货币金融学[M]. 北京：中国人民大学出版社，2016.
[9] 曹龙骐. 金融学[M]. 5 版. 北京：高等教育出版社，2018.
[10] 蒋先玲. 货币金融学[M]. 北京：机械工业出版社，2013.
[11] 易纲，吴有昌. 货币银行学[M]. 上海：格致出版社，2014.
[12] 范从来，姜宁，王宇伟，等. 货币银行学[M]. 南京：南京大学出版社，2013.
[13] MADURA J. 金融市场与机构[M]. 何丽芬，译. 8 版. 北京：机械工业出版社，2010.
[14] 马杜拉. 金融市场与金融机构[M]. 何丽芬，等译. 5 版. 北京：中信出版社，2003.
[15] HULL J C. 期权、期货和其他衍生品[M]. 庄新田，黄玮强，等译. 7 版. 北京：机械工业出版社，2014.
[16] 中国银行间市场交易商协会教材编写组. 现代金融市场：理论与实务[M]. 北京：北京大学出版社，2019.
[17] VINEY C，PHILLIPS P. 金融机构、金融工具与金融市场[M]. 路蒙佳，译. 8 版. 北京：中国金融出版社，2020.
[18] 纪志宏. 金融市场创新与发展[M]. 北京：中国金融出版社，2018.
[19] FABOZZI F J，MODIGLIANI F，JONES F J. 金融市场与金融机构基础[M]. 孔爱国，胡谓，张湄，等译. 4 版. 北京：机械工业出版社，2010.
[20] 黄达. 金融学[M]. 北京：中国人民大学出版社，2003.
[21] 郑道平，张贵乐. 货币银行学原理[M]. 6 版. 北京：中国金融出版社，2009.
[22] 钱水土，等. 货币银行学[M]. 北京：机械工业出版社，2007.
[23] 庄毓敏. 商业银行业务与经营[M]. 5 版. 北京：中国人民大学出版社，2019.
[24] 罗斯，等. 商业银行管理[M]. 刘园，译. 9 版. 北京：机械工业出版社，2013.
[25] 米什金，等. 金融市场与金融机构[M]. 丁宁，等译. 9 版. 北京：机械工业出版社，2020.
[26] 罗格夫，谢华军. 十字路口的中央银行独立性[J]. 中国金融，2019（24）：12-14.
[27] 刘肖原，李中山. 中央银行学教程[M]. 4 版. 北京：中国人民大学出版社，2020.
[28] 尹继志. 中央银行独立性的国际比较与思考[J]. 南方金融，2010（4）：38-44.
[29] 黄宪，江春，赵何敏，等. 货币金融学[M]. 2 版. 武汉：武汉大学出版社，2008.
[30] 秦国楼. 现代金融中介论[M]. 北京：中国金融出版社，2002.
[31] 刘仁伍，刘华. 人民币国际化：风险评估与控制[M]. 北京：社会科学文献出版社，2009.
[32] 陈志武. 金融的逻辑[M]. 北京：国际文化出版公司，2009.
[33] 吴晓求. 金融危机启示录[M]. 北京：中国人民大学出版社，2009.
[34] 马君潞. 国际货币制度研究[M]. 北京：中国财政经济出版社，1995.
[35] 王广谦. 20 世纪西方货币金融理论研究：进展与评述[M]. 北京：经济科学出版社，2000.

[36] 钱荣堃. 国际金融[M]. 天津：南开大学出版社，2002.
[37] 格利，肖. 金融理论中的货币[M]. 上海：上海三联书店，2006.
[38] 莫顿，博迪. 金融学[M]. 北京：中国人民大学出版社，2007.
[39] 麦金农. 经济自由化的顺序 向市场经济过渡中的金融控制[M]. 北京：中国金融出版社，1993.
[40] 赫米斯，伦辛克. 金融发展与经济增长——发展中国家（地区）的理论与经验[M]. 北京：经济科学出版社，2001.
[41] 赫尔曼，穆尔多克，斯蒂格利茨. 金融约束：一个新的分析框架[M]//青木昌彦，金滢基，奥野-藤原正宽. 政府在东亚经济发展中的作用：比较制度分析. 北京：中国经济出版社，1998.
[42] 王广谦. 20 世纪西方货币金融理论研究：进展与评述[M]. 北京：经济科学出版社，2003.
[43] 王曙光. 金融自由化与经济发展[M]. 北京：北京大学出版社，2003.
[44] 姜波克. 国际金融新编[M]. 5 版. 上海：复旦大学出版社，2012.
[45] 马君潞，陈平，范小云. 国际金融[M]. 北京：高等教育出版社，2011.
[46] 刘舒年，温晓芳. 国际金融[M]. 4 版. 北京：对外经济贸易大学出版社，2010.

教学支持说明

▶▶ 课件、教学大纲、参考答案申请

尊敬的老师:

您好!感谢您选用清华大学出版社的教材!为更好地服务教学,我们为采用本书作为教材的老师提供教学辅助资源。该部分资源仅提供给授课教师使用,请您直接用手机扫描下方二维码完成认证及申请。

任课教师扫描二维码
可获取教学辅助资源

▶▶ 样书申请

为方便教师选用教材,我们为您提供免费赠送样书服务。授课教师扫描下方二维码即可获取清华大学出版社教材电子书目。在线填写个人信息,经审核认证后即可获取所选教材。我们会第一时间为您寄送样书。

任课教师扫描二维码
可获取教材电子书目

 清华大学出版社

E-mail: tupfuwu@163.com   网址: http://www.tup.com.cn/
电话: 010-83470332/83470142   传真: 8610-83470107
地址: 北京市海淀区双清路学研大厦B座509室   邮编: 100084

财政与金融专业教材书目

咸宁市金融专业技术协会